不列颠古典法学丛编

欧诺弥亚译丛

洛克与政治理性

Our only Star and Compass:
Locke and the Struggle for Political Rationality

[美]彼得·C.迈尔斯(Peter C. Myers)　著

刘敏　王涛　译

华东师范大学出版社

华东师范大学出版社六点分社　策划

云南大学人文社会科学研究基金项目（16YNUHSS002）"洛克契约建国理论"结项成果

欧诺弥亚译丛·总序

近十余年来,汉语学界政治法律哲学蔚然成风,学人开始崇尚对政治法律生活的理性思辨,以探究其内在机理与现实可能。迄今为止,著译繁多,意见与思想纷呈,学术积累逐渐呈现初步气象。然而,无论在政治学抑或法学研究界,崇尚实用实证,喜好技术建设之风气亦悄然流传,并有大占上风之势。

本译丛之发起,旨在为突破此等侧重技术与实用学问取向的重围贡献绵薄力量。本译丛发起者皆为立志探究政法之理的青年学人,我们认为当下的政法建设,关键处仍在于塑造根本原则之共识。若无此共识,则实用技术之构想便似空中楼阁。此处所谓根本原则,乃现代政法之道理。

现代政法之道理源于对现代人与社会之深入认识,而不单限于制度之塑造、技术之完美。现代政法世界之塑造,仍需重视现代人性之涵养、政道原则之普及。若要探究现代政法之道,勾画现代人性之轮廓,需依傍塑造现代政法思想之巨擘,阅读现代政法之经典。只有认真体察领悟这些经典,才能知晓现代政法原则之源流,了悟现代政法建设之内在机理。

欧诺弥亚(Εὐνομία)一词,系古希腊政治家梭伦用于描述理想政制的代名词,其着眼于整体福祉,而非个体利益。本译丛取其古意中关切整体命运之意，彰显发起者们探究良好秩序、美好生活之要旨。我们认为，对现代政治法律道理的探究，仍然不可放弃关照整体秩序，在整体秩序之下看待个体的命运，将个体命运同整体之存续勾连起来，是现代政法道理之要害。本译丛对现代政治法律之道保持乐观心态，但同样尊重对古典政法之道的探究。我们愿意怀抱对古典政法之道的崇敬，来沉思现代政法之理，展示与探究现代政法之理的过去与未来。

　　本译丛计划系统迻译、引介西方理性时代以降求索政法道理的经典作家、作品。考虑到目前已有不少经典作家之著述迻译为中文，我们在选题方面以解读类著作为主，辅以部分尚未译为中文的经典文本。如此设计的用意在于，我们希望借此倡导一种系统、细致解读经典政法思想之风气，反对仅停留在只言片语引用的层面，以期在当下政治法律论辩中，为健康之政法思想奠定良好基础。

　　译丛不受过于专门的政法学问所缚，无论历史、文学与哲学，抑或经济、地理及至其他，只要能为思考现代政法之道理提供启示的、能为思考现代人与现代社会命运有所启发的，皆可纳入选目。

　　本译丛诚挚邀请一切有志青年同我们一道沉思与实践。

欧诺弥亚译丛编委会
二零一八年元月

献给我的父亲母亲

缅怀我的祖父哈罗德·L. 基普

目　录

序　言

当代学者普遍认为，政治自由主义遇到了麻烦。他们还普遍认为，自由主义总是遇到麻烦，或者说这种麻烦根植于自由主义的那些首要原则。因此，那些想让自由主义实践发扬光大的人，要么被迫寻找替代性的首要原则，要么被迫说服我们，我们无需一个基础性论证就能得到所欲的自由主义实践。因而，最近学界向我们推荐自由派亚里士多德、自由派阿奎那、自由派尼采等等。我并不嘲笑这些努力，尽管我觉得它们的可信度差别很大。有的在我看来较有说服力，也有不少好处。尽管如此，他们还是让我想起了孟德斯鸠评价哈林顿的话："他照着拜占庭的样子建造卡尔西顿。"自由主义者也许可以对自己质疑敝帚自珍感到自豪，但是他们应当注意，他们正在找寻的东西可能就在自家门口附近。

按照我的理解，自由主义的家首先是洛克的政治哲学。但是对许多人来说，这个家只会给他们带来麻烦。直到最近，洛克研究领域——以缺乏共识且互相讽刺著称——唯一达成的最低共识是：洛克无法帮助当下的自由主义者解决那些让他们头疼的大问题。根据长期分野的学术观点，洛克要么与我们毫不相干，要么与我们极为相关。阅读这些洛克研究文献的读者碰到了两个不同的洛克，或者说，过着双重生活的洛克：剑桥学派的洛克（白天的洛克）善意且虔诚，但局限于他的那个时代，陷在神学的泥潭中；施特劳斯学派的洛克（夜晚的洛克）哲学上有敏锐的眼光，具有普世意义，但却是一位教导自我中心主义、唯物主义和怀疑主义的道德堕落分子。晚近一些学者发现了洛克被低估的哲学深度，潜藏在沉静而节制的道德和政治教导背后。我这项研究也意在加入这个行列。

也许，就如极具挑战性的一种批评所言，洛克为了得出结论对人做了简化（这个说法源自布鲁姆［Allan Bloom］）。然而，即便不是一位洛克主义者，我们也会认为，所有宪制秩序都会对人做出简化，所有宪制秩序都没有宽泛或纵深到足以容纳所有的人类形态或最高的人类形态。我们也无需成为一位马基雅维利主义者就会对下述事实印象深刻，即：考虑到所有利弊，洛克得出的结论是其他所有政治方案——无论是前现代的或现代的，自由主义的或非自由主义的——都无法企及的。我认为最可靠的结论是，如果说洛克做了简化，那也是他有意为之，而且在关键方面，他的成功恰在于他的有意为之，而非出于历史偶然。所以，我试图同情地理解这个有意，希望通过加强对洛克的理解，更好地评价当代自由立宪主义以及现代政治思想的优点和限度。

我想，这本书标志着我完成了学术生涯的第一步。因此，我想借此良机，对我学术路上所受的指点深表谢意。当我还是西北大学的本科生时，唐纳德·史崔克兰德（Donald Strickland）引我走上了政治哲学之路。已故的埃里克·黑勒（Erich Heller）在比较文学课程上充满魅力的深刻教诲突破了传统的学科界限，让我下定决心走上政治哲学之路。我在芝加哥洛约拉大学上研究生时，吉姆·怀泽(Jim Wiser)教诲思路之清晰，堪称典范，他对我的鼓励和谆谆教导让我感怀至今。简·亚伯勒(Jean Yarbrough)竭力想让我明白，什么才是专业的政治学研究。她想必常常觉得有点白费力气。我持续上她的课，我对她感激尤深。她和汤姆·恩基曼(Tom Engeman)以不同的方式引导我认真研究现代政治思想和当代自由主义，向我展示了现代自由主义面临的深层困难，让我更成熟、更公正地看待其优点。为了改进我的论文，恩基曼比其他所有人更为费心。他对我博士论文的批评一针见血，对有些问题刨根究底。他们曾经是现在依然是我的好师友。我也感谢我在威斯康星大学奥·克莱尔分校的同事，尤其是两位系主任，汤姆·巴斯(Tom Barth)和兰·甘布里尔(Len Gambrell)。感谢他们的友爱，尤其感谢他们非常耐心地支持我，让我有时间正确地理解洛克。最近数年，我和迈克尔·扎克特(Michael Zuckert)与凯瑟琳·扎克特(Catherine Zuckert)相谈甚欢，他们两位堪称我的学术典范，对我的批评洞见非凡，我的洛克研究和政治哲学研究从中深受启发、受益匪浅，我为有他们这样的师友而深感高兴。我也感谢罗曼·利特菲尔德(Rowman & Littlefield)出版社审稿人约翰·亨廷格(John Hittinger)。感谢他思虑周全的批评，他的建议对我帮助极大。尽管缺点不可避免，但在他们慷慨的帮助下，我算是交上了满意的答卷。

　　我也感谢支持我写作此书的研究机构。威斯康星大学奥·克莱尔分校的研究生办公室1992年和1993年提供的资助，让我能赴牛津查阅博德利图书馆的洛克拉夫雷斯手稿。1994年秋季学期，伊尔哈特基金会和威斯康星大学奥·克莱尔分校的资助让我免于生活之忧，可以投身研究。

　　第五章和第六章的内容曾以"平等、财产与宗派问题：洛克式混合宪制"(Equality, Property, and the Problem of Partisanship: The Lockean Constitution as Mixed Regime)为题,发表于《解释》1994年秋季第一期(第22卷)。第四章的内容曾以"在上帝主宰与人类主宰之间:自然状态与洛克政治思想的基础"(Between Divine and Human Sovereignty: The State of Nature and the Basis of Locke's Political Thought)为题,发表于《政体》1995年夏季第四期(第27卷)。我感谢这些期刊的编辑惠允我重刊于此。

　　我亏欠最多的还是我的家庭,这种亏欠无法偿还,我的感激无以言表。

第一章　导论：洛克、自由主义和政治理性

[1]我研究洛克的政治哲学，既有政治方面的原因，也有理论方面的原因。我将结合我们社会盛行的诸多自由主义理论以及古今政治哲学巨著来研究洛克的政治哲学。这项研究起初源于对这个现代自由共和国及其宪法秩序的命运的政治关切。这个宪法秩序尽管不完美，但托此秩序的福，得享自由与繁荣之福的人口数量史无前例且愈益庞大，他们正是依照这个秩序的原则统治自己。由于自由社会（在某种程度上，其他任何宪制模式都无法与之匹敌）将自身的道德和政治兴旺系于理性在公共和私人生活中的地位，因此上述政治关切就上升到了理论或哲学高度。就像普布利乌斯(Publius)为美国宪法草案辩护时所做的著名论述，似乎天将大任于新自由共和秩序先驱者的美国人民："来决定这个重大问题：人类社会，是否真能通过反思和选择，建立优良政府？还是命中注定，要依赖机运和暴力，建立政治制度？"①

因此，我的研究是一项个案研究。我认为，与其他研究相比，研究洛克对于判定现代自由立宪主义的道德和理论资源来

----

① The Federalist #1。［译按］中译文参照《联邦论》(尹宣译，南京：译林出版社，2010年)，据英文略有改动。

说更为不可或缺，因为我在洛克的政治哲学中发现了现代自由主义思想最为深刻且最具哲学自觉意识的表达。[2]在其最深层的地方，它探究了现代自由宪制结构以何种方式要求并允许我们提出，理性与健康的公共生活之间的关系这个苏格拉底式问题。

在接下来的章节中，我在阐述洛克的政治哲学时意在表明，无论洛克在时间上与大多数当代自由主义理论离得很远，还是与大多数当代自由主义理论存在重要的延续性，相比当代的自由主义和其他现代政治哲学的颇丰著述，我们会发现，洛克对政治理性和自由政治的基础的阐述更胜一筹，更具现实性，更具哲学自觉，更具政治敏感性。为了能将这个主要论点阐述详尽，我必须首先简要地检视当代自由主义理论的状况，大致勾画当代主流理论的优缺点，以保证在重新考察洛克时，能使洛克自由主义的卓异之处更为醒目。出于相同的目的，尤其是考虑到洛克的各种解读学派间持续不断的激烈争论，我必须简要澄清我研究洛克的解释方法所秉持的原则并为之辩护，将我对洛克政治哲学实质的解读置于与其他主流解读的关系中。

一、论当代自由主义理论

对于研究自由立宪主义的学者，我基本上支持下述这种自由主义者，他们主张一种更为彻底而直接的理性主义，一种目的性的甚至是"至善论"自由主义。面对社群主义颇具影响的批判，[①]某些愈发明显且给人警醒的自由社会的实际败绩，以及主

---

① 例如，Alasdair MacIntyre, *After Virtue* (Notre Dame, Ind: University of Notre Dame Press, 1984)；又见Michael Sandel, *Liberalism and the Limits of Justice* (Cambridge, Mass.: Harvard University Press, 1982)及 "The Procedural Republic and the Unencumbered Self," *Political Theory* 12 (1984): 81—96。

流自由主义理论在有效回应上述问题时的捉襟见肘，某些当代学者的"自由主义必须学习或重新学习德性语言"这个命题赢得了越来越多的支持。为了回应当代杰出的自由主义理论家及社群主义者的批评，这些学者颇有说服力地论证说，自由主义理论被理解成目的论上中立的抽象个人主义学说并不恰当，故而自由社会也不应被理解成由追求自利的个体组成的联合，这些个体仅仅受一种在设计上多少有些任意的"公平分配"程序规则引导。这些学者包括威廉·格斯顿（William Galston）、约瑟夫·拉兹（Joseph Raz）、斯蒂芬·萨尔克弗（Stephen Salkever）、J·布热津斯基（J. Budziszewski），某种程度上也包括斯蒂芬·马塞多（Stephen Macedo）。[①]与前述对自由社会的理解相反，在这种视角下，自由政治社会基于一种具有广泛包容性但却较为特别的人类福祉观，由一套道德德性与理智德性维系。我们需要这两种德性，我们也应当为之辩护。至善论自由主义者（liberal perfectionist）发现，自由主义实践总的来说比社群主义和更现代的自由主义理论所描述的自由社会高明，在道德上更为可取。因此，他们认为有必要通过为最佳的自由主义实践，提供更充分的解释和更坚定的支持来重新理解自由主义理论。

在至善论自由主义者看来，自由政治社会通常被组织起来追求一些特定的实质善。[3]这些善主要包括：人身安全及个人财

---

① 参见William Galston, *Liberal Purposes* (Cambridge: Cambridge University Press, 1991); Joseph Raz, *The Morality of Freedom* (Oxford: Clarendon Press, 1986); Stephen Salkever, "Lopp'd and Bound": How Liberal Theory Obscured the Goods of Liberal Practices," in *Liberalism and the Good*, edsx R Bruce Douglass, Gerald R. Mora and Henry S. Richardson (London: Routledge, 1990), and *Finding the Mean* (Princeton, N. J.: Princeton University Press, 1990); J. Budziszewski, *True Tolerance* (New Branswick, N. J.: Transaction Publishers, 1992); Stephen Macedo, *Liberal Virtues* (Oxford: Clarendon Press, 1990)。Steven Kautz为自由主义德性所做的颇具思想性的辩护也值得关注*Liberalism and Community* (Ithaca, N. Y.: Cornell University Press, 1995)。

产安全；物质生产力及总体的舒适生活水平；在自由选择的广阔范围内追求个人、社会及精神幸福，他们的这种追求受到立宪有限政府以及宽容和文明准则的保护；自由且全面的运用人的慎思理性(deliberative rationality)，培育理性自治这项德性。[①]尽管如此，自由主义的善的多元特征并不意味着，作为证成自由立宪秩序的理由，这些善没有层级之分，位于同一平面上。这个世界有如此多的人容易遭受无心或有意的暴力、政治或宗教压迫、贫穷及非人道的劳动及其他不一而足的弊病，而一个关心他人且具有人道精神的人不会无视人身安全、公民自由、政治自由及物质繁荣的好处。然而，一个人可以既坚持这些典型的自由主义目标的好处，但同时承认，这些目标归根到底必须服从超越这些目标的某个善或某些善。将生命、自由及繁荣三者作为最终目标，认为三者比使这些选择得以可能的那些选择的目的或内容绝对高出一等则是本末倒置，从而忽视了我们努力保障其福祉的那些人的尊严。在至善论自由主义者通常提及的善中，以自身为目的故而能够证成自由立宪秩序的善是理性自由的生活或慎思理性的生活。[②]因此，那些希望为自由主义的优点辩护的人必须为理性生活的优点(卓越和好处)辩护。

（一）中立主义者及反基础论自由主义的失败

另一种当代自由主义理论没有足够认真地对待这种辩护的必要性，这是它们决定性的失败之处。在这类自由主义理论中，最有影响力的是以约翰·罗尔斯(John Rawls)的政治思想为代表的中立论自由主义(neutralist liberalism)。这种理论为过去数十年间

---

① 参见Galston, *Liberal Purposes*, 21, 173—76; Macedo, *Liberal Virtues*, 9.39—40; Salkever, "Lopp'd and Bound," 168。

② Macedo, *Liberal Virtues*, 39—77; Salkever, "Lopp'd and Bound," 188.

自由主义思想家的争论定了基调。[①]一般而言，中立论自由主义大体上意味着一种使政府受根本程序限制或正当性限制的宪法学说，如此一来，这种学说必须对特定的人类幸福或人类善观念保持原则上的中立。[②]它在很大程度上被视为至善论的对立面。后者被认为是这样一种学说，它在分配公共资源时偏向于促进人的卓越或人的最终目的。[③]在评价中立主义立场时，人们必须首先承认，罗尔斯及其他中立主义理论家难能可贵地表示，我们需要致力于个人权利，慷慨的包容，同情与宽容，对教条主义的反抗，以及对实际生活中的权威主义的怀疑主义式抵制等等这些自由主义传统的瑰宝。[4]中立主义者极为强调理性这项德性在个体或社会慎思中的正面作用，例如罗尔斯隐含地将人权基于慎思正义规则和形成合理的"生活计划"的能力。虽然这种学说的优点不少，但是当代自由主义中立论最终却因其倡导者无力或不愿从理论上充分证成他们的理性生活观念和理性社会观念而颇受打击。

---

① John Rawls, *A Theory of Justice* (Cambridge, Mass.: Harvard University Press, 1971), and *Political Liberalism* (New York: Columbia University Press, 1993). 其他类型的自由论中立主义出现在Robert Nozick, *Anarchy, State, and Utopia*, Cambridge, Mass.: Harvard University Press, 1974; Bruce Ackerman, *Social Justice in the Liberal State* (New Haven, Conn.: Yale University Press, 1980); and Charles Larmore, *Patterns of Moral Complexity* (Cambridge: Cambridge University Press, 1987). 我倾向于将Ronald Dworkin加入这个名单。尤其是参见氏著*Taking Rights Seriously* (Cambridge, Mass.: Harvard University Press, 1977), xv, 273; 又见"Neutrality, Equality, and Liberalism," in *Liberalism Reconsidered*, eds. Douglas MacLean and Claudia Mills (Totowa, N. J.: Rowman and Allenheld, 1983), 1—11; and *A Matter of Principle* (Cambridge, Mass.: Harvard University Press, 1985), 181—213. 对自由主义中立论各种脉络的详尽区分，参见Raz, *The Morality of Freedom*, 110—33; Galston, *Liberal Purposes*, 79—117; Rawls, *Political Liberalism*, 191—93。

② 在最常见的中立主义学说中，政府行动的结果可能在实质上中立，也可能在实质上不中立，但是政府不能通过任何有争议的具体幸福观念或善观念具有内在优越性证成自己的行动。参见Rawls, *Theory*, 12, 17—20, and *Political Liberalism*, xv—xix, 24以下, 59以下; Ackerman, *Social Justice*, 3—30; Larmore, *Patterns*, 40—68。

③ Rawls, *Theory*, 325—32, 又见553—54。

困难在于，他们坚持将人类理性视为一种工具性官能，从而无力判断某个目的或欲望目标是否相较于其他最值得我们选择。①用列奥·施特劳斯(Leo Strauss)的话来说，这种对理性的一般理解带给我们一种表面上零售合理性，实际上批发非理性的伦理学。②这种学说的隐含之意是，我们无法从本质上判断，致力于理性探索正当或善的本性的生活是否比(罗尔斯给出的一个臭名昭著的例子)数草叶的生活更值得尊重。③这种工具论理性概念反映了一个(在第一代中立主义者中尤为突出)更宽泛的、有关中立社会道德包容性的推断。④在一个能够协调所有合乎理性的、非压迫的目的或生活规划的宪制秩序中，在各种最终目的之间做出选择这项非工具性任务并不具有政治紧迫性。这个推断存在两方面的问题。即使我们接受这个有关包容性的说法，中立主义理论家似乎依然有责任证成正义本身为什么值得选择，为什么应当追求非压迫性目的而不是压迫性目的。尽管罗尔斯严肃对待我们需要通过教育来培养可欲的正义感这个问题，但是鉴于他自负地假定正义和人类幸福可以兼容，⑤人们有理由怀疑，罗尔斯及其他中立主义者是否全面考虑了人类的不义欲望或专横欲望。⑥

---

① Rawls, *Theory of Justice*, 14, 142以下。

② Leo Strauss, *Natural Right and History* (Chicago: University of Chicago, 1953), 4—5. 一种习俗主义的社会科学将我们置于"这样的地位：在小事上理性而冷静，在面对大事时却像个疯子在赌博；我们零售的是理性，批发的是疯狂。如果我们所依据的原则除了我们的盲目喜好之外别无根据，那么凡是人们敢于去做的事就都是可以允许的。当代对自然权利论的拒斥就导向了虚无主义——不，它就等同于虚无主义。"([译按]中译本参[美]列奥·施特劳斯：《自然权利与历史》，彭刚译，北京：生活·读书·新知三联书店，2003年。)

③ Rawls, *Theory of Justice*, 432—33.

④ 对两代中立主义的论述，参见Patrick Neal, "Vulgar Liberalism," *Political Theory* 21, no. 4 (1993), 90—92。

⑤ Rawls, *Theory of Justice*, 560.

⑥ Harvey C. Mansfield, Jr., *The Spirit of Liberalism* (Cambridge, Mass.: Harvard University Press, 1978), 90—92.

　　无论如何，如许多批评家所观察到的，我们还有更有力的理由怀疑，自由主义中立论者设想的社会能否真正平等地包容所有合理的或非压迫性目的。在其最极端的形式里，自由社会的中立主义观念类似于柏拉图的《理想国》对民主政体是"最美的政体"——这个政体"包含所有政体类型"，因此就如"着了所有颜色的多彩斗篷"——这种夸张的描述。[①]与它的反基础主义(antifoundationalist)继承者一样，中立的自由民主政体就像一个巨大的、无所不包的、色彩斑斓的帐篷，为丰富多彩的善观念或生活方式提供了庇护所，对它们来者不拒。[②]这个观念的决定性困难可直接追溯到它根本的中立主义和反至善论前提。无中不能生有，"无"生出的仍然是"无"(Ex nihilo, nihilum)：任何正义学说都无法源于一个对人类善真正保持中立的基础。[③]事实上，中立主义理论家设想的政体在目的论上并不中立，而是基于一些没有公开承认的、颇具争议的甚至具有排他性的有关正义、善及人性本身的预设。

　　尽管中立主义理论家坚持自由社会别具一格的包容性是在宣称，此种社会只排除那些不合理的、不宽容的或狂热的东

---

① 参见557a—558b。

② 在《正义论》中，有关包容性的承诺基于一系列"首要"善的存在，罗尔斯将这些善视为一种必要的善。它们是"每个理性人都应该想要的东西"或"无论一个人的'理性计划'为何，通常都用得上的东西"。通过将自己的活动限于公正分配首要善，一个自由政府能够协调所有具有最低限度合理性的善观念或幸福生活观念，从而消除造成政治社会宗派纷争的正当理由(62，比较92)。比较Ackerman, *Social Justice*, 31, 348。

③ Raz, *Morality of Freedom*, 110—33; Galston, *Liberal Purposes*, 91—97; Budziszewski, *True Tolerence*, xi—xv, 57以下; Patrick Neal, "Liberalism and Neutrality," *Polity* 14, no. 4 (Summer 1995): 667—76, 及"Vulgar Liberalism," 625—29。又见Michael Perry, "Neutral Politics?" *Review of Politics* 51, no. 4 (1989): 479—509, 及Macedo, *Liberal Virtues*, 39—77。

西，①[5]但是，宣称一个自由中立的社会不能容纳的那些善观念事实上(ipso facto)不合理，似乎涉及到一种特殊的教条的合理性定义，似乎是一种有关自由主义宽容或开放的特殊表述。很清楚的是，某些本身并不狂热也不反理性的至善论目的，只有在那些公开优先促进它们的社会或文化中才会被认真追求。例如，对于真诚投身于律法主义启示宗教的人而言，或对于身体力行要求较高的严厉德性的人而言，一个宪制上世俗化或道德上多元的中立社会(无论多么中立)似乎都对他们的最高目的抱有敌意。除非自由主义中立论者宣称理性人不会投身这样的生活方式，否则自由主义中立论者必须承认，在终极意义上，他们的正义原则并不是中立的，在大原则上有其自己的偏向。对于宣称在目的论上中立的社会或学说来说，承认其大原则上有偏向都将是致命的。一如布泽谢斯基睿智的说法："表明某些道路通向罗马、很多道路通向罗马、绝大多数道路通向罗马、我们偏爱的道路通向罗马都不够。除非条条大路通向那里，否则它就不是罗马……不是所有大路都通向那里，因此那里不是罗马。"②

　　承认自由社会在大原则上有其偏向，标志着中立主义理论从第一代向第二代过渡。罗尔斯在《正义论》中明确表示要确立，从永恒的观点来看每件事(sub specie aeternitatis)，一些通过理性获得并能为人普遍接受的真正的正义原则。③罗尔斯最近否认了这点并提出了自由主义的完全重新定义，一个"政治"的——自觉有

---

① Rawls, *Theory*, 216—21; 比较Larmore, *Patterns*, 60。
② Budziszewski, *True Tolerance*, 62; 又见96n3。比较Dworkin, *Taking Rights Seriously*, xv, 180, 182; Ackerman, *Social Justice*, 357—69; Larmore, *Patterns*, 53, 61—62。
③ Rawls, Theory, 587. 尽管如此，必须指出，罗尔斯在早期著作里就有些怀疑首要善的普遍可欲性，因此也暴露出他对自己理论的中立性的某些怀疑，预示了他的反基础主义转向。

偏向的——而非"形而上的学"或普世的学说。[①]修正后的理论大致保留了旧有理论对包容性的乐观,尤其是该理论宣称自由秩序能协调所有合理的"整全学说"。[②]然而在这个修正版本里,"不拒斥民主政体的要素"的学说才可以说是合理的学说。[③]因此,自由主义正义原则被认为有赖于一种对现代立宪民主的特殊信奉。

　　将他的论证重新牢固扎根于立宪民主的政治文化,罗尔斯实际上提出了一种自由主义版本的社群主义。[④]社群主义为了反对他早期理论中显然抽象的理性主义,提出了一种"情境化"或者公共建构的自我。为了回应这一批评,罗尔斯造了"情境化理性"(situated reason)这个概念。[⑤]同样,罗尔斯在评价其他正义及幸福观念时断言民主优先于哲学,确立了自己与后现代反基础主义的自由主义的亲缘性,其最坦白、最热情的支持者是罗蒂(Richard Rorty)。[⑥]尽管罗尔斯声称对这种或那种整全学说可能的真理性持开放态度,甚至坚称彻底的怀疑论对政治自由主义具有毁灭性,[⑦]他仍然分享了罗蒂的如下观点,即自由主义民主并不需要通过真正的哲学论证来进行自我公共证成,而且通过拒斥

[①]　"没有哪个社会世界……会不排斥某些以特殊方式来实现某些根本价值的生活方式。"(*Political Liberalism*, 197; 198n33)尽管罗尔斯把这件事说得有些轻巧,他还是承认,排斥或忽略某些生活方式是否令人遗憾这个问题没有得到解决。[译按]中译文参照[美]罗尔斯:《政治自由主义》,万俊人译,译林出版社,2000年。

[②]　意即,一种为人类价值和德性做出整全安排的学说(*Political Liberalism*, xxvii, 11—14, 87)。

[③]　*Political Liberalism*, xvi, 48—66.

[④]　参见Kautz, Liberalism and Community, xi, 82以下。

[⑤]　尤见Sandel, *Liberalism and the Limits of Justice*, 又见Charles Taylor, "Atomism," in *Communitarianism and Individualism*, eds. Shlomo Avineri and Avner de-Shalit (New York: Oxford University Press, 1992), 29—50。

[⑥]　有关Rroty的著作,比较Richard Flathman, *Willful Liberalism* (Ithaca, N. Y.: Cornell University Press, 1992)和George Kateb, *The Inner Ocean* (Ithaca, N. Y.: Cornell University Press, 1992)。

[⑦]　*Political Liberalism*, 62—63.

这种论证作为公共证成的资格，自由主义民主的目的反而能得到最好的实现。对于罗尔斯和罗蒂而言，某个特定正义原则是否合理并不依据其真理性来判断，[6]而是以其在多大程度上能推进自由主义民主的目的来判断。①

罗蒂激进而毫不妥协的拒斥所有哲学推理或真理主张，拓展了(或者说概括了)罗尔斯的政治反基础主义。他相信，这种反基础主义学说的确立是一项解放事业。在罗蒂看来，当我们把习俗中固有的词汇定型，将习俗中的语言想象成自然秩序或神给定的秩序的真正唯一代表，我们就令其他人听令于他们并不接受的词汇，对他人实行了僭政。尽管启蒙理性主义的词汇也许最初服务于自由主义目的——尤其在初创时期反对宗教宗派主义和权威主义时——但如今它已然完成自己的使命了。②罗蒂宣称理性主义词汇已自我毁灭——我们长期坚持的对超验道德秩序的神学与哲学信仰也同时被抛弃——并为之庆贺。这个世界的后形而上学祛魅为成就真正乌托邦自由主义的大有作为做好了准备。在这种自由主义中，既有一种同情性的甚至更为包容性的团结社群伦理学，也有一种个人自我创造或自我表达的私人反讽伦理学，后者与前者共存，甚至维系并舒缓了前者。③

我与其他目的性至善论自由主义的支持者一道认为，中立主义及反基础主义学说的兴起对保存诸多德性(特别是，对理性的热爱)构成了潜在的危险，而这些德性是一个健全的自由社会的希望所在。与这些学说的支持者的看法相反，这些学说其实并没有在提炼和巩固原初的自由主义图景，而是造成了巨大的改朝换

---

① Rawls, *Political Liberalism*. See Rorty, Contingency, Irony, and Solidarity (Cambridge: Cambridge University Press, 1992), 57; 又见 *Objectivity, Relativism, and Truth* (Cambridge: Cambridge University Press, 1991), 179—91。

② *Contingency*, 44.57; *Objectivity*, 192—95.

③ *Contingency*, xv, 52—57, 190.

代: 以前以反思和选择为由提出自己的要求, 现在则教导其臣民视自己为纯粹机运和暴力的副产品。尽管中立主义的商谈机制意在纠正宪法政治协商中那些不正义的自利主张, 但是这个机制依然有效地排除了, 证成作为自由社会根基的某个善观念或某些善观念所需的相关论辩。① 与此类似, 通过最终限制他有关正义的推理与自由民主政治文化的相关性, 罗尔斯颇为有效地剥夺了自由民主政府为了回应外部或内部的非民主挑战从理论上证成自身的手段。② 如此一来, 自由民主社会对理性讨论的一贯信奉蜕变为一种处理各种非民主群体和社会的专断作风, 对于本来打算将其公民忠诚基于理性的那部分本国公民来说亦是如此。③

罗蒂完全意识到, 他的进路(甚至比罗尔斯晚期的进路更甚)容易被指摘为非理性主义和道德多元主义。作为一位有原则的反基础主义者, 他建议不要在理论上讨论这个问题,④ 而要去消除那些引发理论顾虑的实践问题。他坚持认为, 政治共同体并不一定需要非相对性的真理或理性证成: "一种信条依然能调整行动, 被认为值得为之赴死, 即使人们非常清楚这种信条不过是历史的偶然。"⑤[7] 即便出于论证方面的原因, 先假设这个自信满

① Galston, *Liberal Purposes*, 22—41; 比较Macedo, *Liberal Virtues*, 25。
② 例如, 国际政治问题似乎就是罗尔斯的政治概念一个无法回答的 "拓展问题"。See *Political Liberalism*, 245, Galston, *Liberal Purposes*, 136—38, 154—58; John Gray, "Can We Agree To Disagree?" New York Times Review, 16 May 1993, 35。
③ 此外, 即使对于接受自由民主的立宪形式具有绝对优势这个前提的民主政体成员来说, 罗尔斯也没能证成他的下述做法, 即针对各种合理的整全学说保持严格中立的公共立场。有人可能在承认道德多元这个当下事实的同时仍(与拉兹一样)主张, 尊重民主共识可以与赞同一种有助于形成对某个整全学说的未来共识的宪法程序完美兼容。罗尔斯坚持将道德—理论多元主义的实际持久存在这个假定纳入宪法推理, 从而有效地将一个我们历史中完全偶然的、暂时的事实绝对化。Raz, *Morality of Freedom*, 126及Russell Hittinger, "John Rawls' Political Liberalism," *Review of Metaphysics* 47 (March 1994): 589—90, 594—95, 598—602。
④ *Contingency*, 44, 54.
⑤ *Contingency*, 189.

满的断言为真，反基础主义者的立场仍然带来了深层次的困难：即便(特别是如果)他们关于历史偶然性的观点没有削弱我们的道德政治信念，这种观点也肯定会削弱我们批判这些信念的能力。说一个社会能够既具有反思自觉又保持封闭，甚至可能是充满活力的或健康的，这是一回事，但说这是一个自由社会则是另一回事。罗蒂追随奥克肖特(Michael Oakeshott)认为，"我们的社会是一个道德社会吗？"这个问题不具有正当性。原因在于，对于任何特定共同体的成员而言，在罗蒂看来，道德仅仅是集体性自我断言。它不过是我们的所作所为，真理不过是(至少在当时)占据主导地位的意见。①

当然，罗蒂在某种程度上也敏感地意识到了这种封闭性的危险。尽管他心里认为自由主义民主仅仅是另一种部族主义(或种族中心论)，他依然坚持认为，自由主义民主的自我怀疑有其杰出之处，其包容性也有进步意义。总而言之，自由主义民主是最不相信种族中心论的种族中心论。②无论如何，我们仍有理由担心，罗蒂式政治社会将展现一种极端且自我毁灭的自由主义宗派和民主主义宗派。谈到自由主义者时，罗蒂试图说明，他的自由反讽主义(liberal ironism)伦理学(或个人的艺术创造)依其内在逻辑应当仅仅是私人性的故而是对社会具有善意的表达，悬搁而非鼓励统治欲。在自我创造的反讽论实践(ironist practice)与"社会

----

① *Contingency*, 59, 52。比较 "The Old-Time Philosophy," *New Republic*, 4 April 1988。罗蒂在这篇文章中轻蔑地认为，"各个知识分子派系"的活动就是在寻找"敲得嘭嘭响的桶子鼓"(tom-toms to beat)(33)。因此，他让人想起了他的实用主义同道霍姆斯(Oliver Wendell Holmes)在那篇论战性文章《自然法》(Natural Law)中的感想。霍姆斯有些讽刺又有些无情地指出："权利仅仅是先知的臆想——也就是设想出一种支撑如下事实的物质，即公共强制力将被调动起来制裁那些践踏权利的人……毫无疑问，这些法律权利的背后是权利维护者的斗争意志……一条狗也会为了自己的骨头而战。" *Collected Legal Papers* (New York: Harcourt Brace Jovanovich, 1920), 313—14。

② *Contingency*, 198.

政策问题无关"这个观点中，罗蒂发现，尼采和海德格尔反自由主义的政治学都是"歧出的、个人特有的（idiosyncratic）"。他们对"历史升华"（historical sublime）的追求堕入了形而上学，因此背叛了反讽主义者的自我创造理想。①人们兴许会质疑反讽主义的自我没有文化或政治前提这个断言，以及反讽主义伦理学只关涉私人生活而不会造成有害的社会后果这个推定。然而，还有更为根本的困难。如果在罗蒂看来，所有创造性努力（包括道德和政治创造）根本上都是个人特有的东西（idiosyncrasy）而已，那么，就个人特有的东西提出指摘，对于罗蒂的反讽主义来说有什么意义呢？罗蒂为什么非要把尼采的政治学解释为堕入形而上学，而不将其解释为艺术创造活动的表达？创造性反讽主义者为什么应当选择私人自我而不是公共世界作为艺术媒介？

与此相似，谈到民主主义者时，罗蒂不太重视下述危险，即自我怀疑的包容性本身会变得任意和教条，一种报复的心态使得历史上"被排斥的"、"被边缘化的"以及他们的同盟将矛头指向那些"被包容的"。他最多只是部分地承认，教条地解放普通人以压倒与独特的人（不同于纯粹不同的人），尤其是压倒优秀的人，这本身就存在民主性不正义。[8]一般来说，如果一种学说将真理问题（the true）还原为有效性问题（the effectual），并且在道德上傲慢地孤芳自赏，那就难免恶化社会中掌权人士——包括自称为自由派和民主大多数的人——将正义等同于他们自己的意志命令的倾向。实际上，与更早的现代思想家将反本质主义应用于自然体相比，罗蒂更直率地将他坚定的反本质主义应用于思想体。他设想，尽管他所培育的实用主义和反讽主义事实上根植于马基雅维利和尼采，但是它们将结出自由、民主、多元主义的果

---

① *Contingency*, 99—107.

实，而非马基雅维利和尼采的果实。①归根到底，这个设想不过是基于他自己个人特有的希望。②

　　总而言之，当代最具影响力的自由主义理论，之前因我们这个世纪的无序而生。这些自由主义理论因一种最终将削弱其有效回应这些无序的能力的热情而遭殃。自由主义中立论者渴望用理性之治压倒非理性宗派主义(irrational partisanship)，最初自命不凡地认为能够用比1688年"光荣革命"更光荣的方式(因为他们更理性主义)来确立合法政府。然而，他们觉得迫切需要证明，随着我们发现了一种正确无疑的、受到恰当制约的理性主义学说，理性不但能够兵不血刃而且能较为包容地占据统治地位，从而没必要再去辩驳各式宗派性目的论或神学主张。与此同时，反基础主义的自由主义者相信，更激进的和更完备的批判有助于个人和社会的进一步解放，故而宣称他们揭开了理性本身固有的宗派面纱，恢复了诗意想象的至上地位。

　　自由主义起初运用怀疑理性反对权威性教条主义。这些自由主义的不同变体将此立场推至极端，向我们推荐了一个对自身特殊性视而不见的社会，一个被其自身特殊性一叶障目的社会。它们都将自由社会真正的自我批判能力以及自由社会能够达到的最高程度的合理包容置于糟糕的危险境地。它们都误解了自由主义式自由(liberal freedom)兴旺的必要社会和文化条件。一种由任意或冲动的自我表达与哀怨消极的依赖关系不稳定结合而成的伦理学代替了由理性且负责的自治构成的伦理学。自由主义的宽容沦为一个"势利"而又善妒的冒牌货，这个冒牌货的事业要求弃绝自由社会福祉所必需的其他德性。③大多数当代自

---

① See Harvey Mansfield, "Democracy and the Great Books," *New Republic*, 4 April 1988, 35.

② *Contingency*, 141以下；96—188。

③ Budziszewski, *True Tolerance*, xi.

由主义既觉得自己可以任意玩弄非理性主义，又觉得自己不得不被迫适应非理性主义的高歌猛进，故而似乎愈益无法抵挡浪漫派反自由主义似是而非、持续不断的吸引力。后者要么体现为自我超越的社群主义，要么体现为无政府的个人解放主义。这样一来，自由主义就可能丧失其独特的优点，从而迷失自我。

（二）自由理性主义的问题

现在需要重构或恢复真正的理性论自由主义。这种自由主义充分意识到其主张的独特性，能够处理有关人性和人类理性之地位的深层哲学问题，[9]故而能够像来自自由主义传统之外的挑战学习并对之作出回应。当然，这些最佳自由主义实践特有的诸多善、德性和权利需要一个中立主义和反基础主义理论无法提供的更强的解释和辩护，并不表明此种解释和辩护已出现在某个其他理论中。特别是，人们也许甚至会质疑，自由主义至善论这个替代方案是否可以真正有效地回应反基础主义的批判。循着这条质疑思路得出的最终结论是，我们必须考虑到下述可能性，即现代自由主义对公共证成以及通过反思与选择确立人民自治的需要根本就不可能得到满足，这种需要不可避免会受挫，这种需要不但与现代自由主义思想的前提相抵触，而且与人性及政治生活的本质相抵触。

即使人们不接受后现代、反基础主义对理性主义传统的绝对拒斥，人们也会觉得，它们的批判有利于我们再次关注理性在政治生活中颇成问题的地位。尤其鉴于不那么克制的现代或启蒙理性主义表述，这种批判至少冷静地颇为有益地提醒我们注意，柏拉图坚持认为政治共同体类似洞穴，具有非理性特征。从柏拉图的视角看，城邦的良好状态要求尊重如下事实，即人类主要且一般都是怀有信念的造物，可直接通过神法或制造诗人的想象作品来统治，最多也只是间接受理性力量的统治。反之，真正理性的哲学生活的良好状态要求哲学生活超越政治生活，找到自己追求的恰当目标。苏格拉底在《理想国》中融合哲学与政治权力的要求是一个悖论，而且具有反讽意味，因为城邦天生不愿直接诉诸理性。其中的隐含之意是，理性只有通过保留其本质上超政治的取向，才能保存自己的尊严，从而保存它可能具有的某种程度的指引政治生活的力量，主要是通过隐秘的方式或间接的方式。

与此相反，现代政治哲学的革命性创始人发现，在他们那个时代，政治社会的良好状态受到所谓据最高地位的信仰的威胁，他们心中想着目的论理性的可疑之处和潜在压迫性，故而觉得有必要挑战柏拉图的悖论。在柏拉图的政治哲学中，理性生活的善被抬升至政治领域之上而得享保护。在现代早期思想中，理性的崛起一般是通过更广泛的自我降格，通过降低甚或否认理性作为人类生活目的的地位。通过形成一些审慎的联盟——服从正确的激情，使自己可能有机会统治①——理性得以有效要求获得政治权力。但是，一如马基雅维利所警告的，雇佣军并不可靠，这支军队从来不真正属于你自己。②[10]人们也许会质疑，通过利用“低下却牢固”的激情这只军队，理性在现代早期作品中是否为了获得转瞬即逝的权力而放弃了自己要求合法统治的权利，最终发现自己屈从了比当初所抵抗的力量更为异质、更具威胁的力量。

因此，由于理性主义对一个完全理性化的政治社会的热切憧憬，其本身却经不起自己必须接受的理性检验，现代早期理性主义的革命遭到了后来的或后现代的强烈抵制，这就可以理解了。与此相似，我们也可以理解，在现代自由主义的理论根基不断遭受攻击的情况下，即使那些较为欣赏自由主义实践之优点的学

---

① 因此，正如霍布斯优雅地说道：“思想之于欲望，一如侦察兵和间谍，四处巡逻，搜寻被欲望之物。”*Leviathan*, ed. C. B. MacPherson (New York: Penguin, 1968), chap. 8, p. 139。

② *The Prince*, chaps. 12—13.

者,也应该会对该理论是否能长期有效心存深深的怀疑。人们必须十分认真地对待缜密的悲观主义者的下述意见,即:现代自由主义——主要借助理性利己这项非目的论原则取得活力——愈发清楚地显示出,自己依赖于某些正在迅速枯竭且无法自我更新的道德和理论资源。[①]但是,无论这些后现代主义的和传统主义的怀疑多么可以理解,多么值得认真对待,它们都没能提供充分的理由来放弃实现政治生活中理性的间接统治这个古典希望或有关公共证成和人民自治的现代雄心。

与更为坦率的后现代批判者所言相反,将西方整个理性主义传统作为教条的"形而上学"予以摈弃是一种粗糙的夸张手法。这些人是尼采自诩启蒙过的末人的后继者,他们漫不经心地宣布"全世界早就疯了"。[②]如格斯顿所言,后现代对超文化思考之愿景的拒斥"源于荒谬地将某个哲学家(笛卡尔)在从事某个个人特有的哲学工作时犯的所有错误归咎于哲学本身。"[③]就现代政治思想更热情洋溢的那些表达而言,真正该反对的不是这些思想的理性主义,而是它们的过度理性主义(hyper-rationalism),教条地坚持这种或那种所谓科学学说的统治。因而,恰当的回应不是反抗理性的统治。当理性彻底从政治生活中退场,同时又过度政治化,结果很可能是某种暴政(tyranny)。我们需要的是一种恰当的、节制的、有关理性的政治观念,在保留现代和后现代的理性观念的优点的同时,缓和这些观念的缺陷。

[①] 例如,参见George Grant令人不安的论证, *English-Speaking Justice* (Notre Dame, Ind: University of Notre Dame Press, 1974), 48—68。他得出结论认为,"英语国家政治的正派和自信恰恰与哲学的缺席有关"(68)。比较Salkever, Finding the Mean, 205—36。

[②] *Thus Spoke Zarathrustra*, "Zarathustra's Prologue," section 5; 对西方传统的后现代讽刺的例子参见Rorty, *Contingency*, 77—79, 92, 96, 144, 151n12, 159和 *Objectivity*, 191。

[③] *Liberal Purposes*, 24; cf. 32—41.

　　一方面，自由主义需要保留那种作为属人目的的，享有柏拉图式尊贵的理性观，但又要避免将理性完全抬到政治生活之上，或危险地吹捧其超理性(suprarational)的自命不凡。另一方面，自由主义还需要这样一种理性观，它保留了普遍可及且政治上可及的现代理性及其对教条式目的论不无益处的怀疑，但又能避免让理性沦为亚理性(subrational)工具。某些出色的当代自由主义至善论者提出，我们所求索的政治理性观的要素可以在亚里士多德那里找到。[11]依此观点，洛克、孟德斯鸠、美国国父、托克维尔等思想家的作品描述的自由主义实践大厦能够在亚里士多德那里找到最坚实的基石。①亚里士多德能够为自由主义政治提供有益的理论支持，这在我看来似乎完全合情合理。尽管如此，我选择洛克作为研究对象是因为我认为，为了寻找自由主义政治鲜活有力的理性主义根基，我们无需跑这么远。

（三）现代自由理性主义的复苏

　　早期形态的现代自由共和主义代表了一种最节制、最现实、最理性的现代政治哲学。为了在一般意义上防止古典共和主义和前现代政治思想的矫枉过正，洛克、休谟和孟德斯鸠等哲学家与像《联邦党人文集》的作者那样的政治家联手设计了一种新的共和国形式，一种国土广袤而非局限一隅的共和国，一种商业而非军事共和国，一种代议制而非直接民主制共和国，一种倾向于民主制而

---

① 最近的论证尤见Salkever, *Finding the Mean*; Budziszewski, *The Resurrection of Nature* (Ithaca, N. Y.: Cornell University Press, 1986)。Galston的立场在我看来似乎有些模棱两可：尽管他明确同情亚里士多德的政治思想，但是他坚称自由主义的德性"无需从外部引入，因为这些德性蕴藏在自由主义实践与理论中"(*Liberal Purposes*, 217)。在同情这种观点的更早期学者中，雅法关于美国政体的著作尤为突出。林肯的性格，"美国政体中最高的东西"，在雅法看来，"不是基于《联邦党人文集》——尽管这部著作较为深刻——而是基于《尼各马可伦理学》"才可以被理解。"Leo Strauss: 1899—1973," in *The Conditions of Freedom* (Baltimore: John Hopkins University Press, 1975), 8。

非倾向于贵族制的共和国，最重要的是，所有这些在根本上都是理性主义的，其法权原则源自普遍的人类理性，而非排他性的公民神学或启示神学。①作为一种新政治科学的理论家和实践者，洛克和其他现代自由共和主义奠基者当然可以自认为是革新者，即便他们的革新看似没有现代性本身的哲学奠基者的影响那样深刻。尽管他们显然蒙恩于前辈的著作，但是不能简单地判定洛克和其他早期自由主义者的革新次于和低于马基雅维利等现代政治哲学开创者的革新。若要奠基一个稳定的现代共和国，成功完成现代革命，第二代的现代政治哲学家有必要缓和并在某些方面纠正第一代现代政治哲学家的革命热情。也许第二代成员的杰出优点恰恰在于，他们认识到，甚至就算在与前现代力量的斗争中（斗争结果尚不明朗），现代早期前辈的某些原则包含了某些新的不节制，其潜在的破坏力不亚于其前现代对手的原则的不节制。

　　第二代现代政治哲学家通过缓和其现代前辈的革命热情，为现代自由共和国的奠基做出了重要贡献，因此我认为，他们能够有所助益地引导今天的自由主义至善论者，正确回应那些鼓舞当代出色的自由主义理论的类似热情。在第二代现代自由立宪主义者中，洛克对古典与现代政治理性主义的困难与潜在危险都保持了哲学上的敏感，值得我们重新仔细思考。[12]尽管洛克最终显然站在现代人这边，我们还是可以相信他在《论理智行为》(*The Conduct of the Understanding*)中的话："古代与现代斗则两伤，此点毫无例外。明智的求知者从古代和现代那里都能博采众长、集思广益，从最能受益者处学习，在兼收并蓄中，不会赞赏错误，拒斥真理。"(24)鉴于现代人对目的论思维的拒斥是恢复至善论自由主义的最大障碍，重新思考洛克应该会对那些关心当代自由主义理论境况的学者特别有益。因为在普遍认为目的论批

---

① 特别参见Federalist #'s 1, 9, 10, 38。

判合情合理的学术气氛中,目的论问题的核心地位和洛克处理这个问题的敏锐性普遍没有受到当代学者应有的关注。

在接下来的章节中,我将论证,尽管洛克表面上常常显得时而教条,时而自相矛盾,但是在这种表象之下(或者把他的学说作为整体来考虑的话),人们会发现他理论上的异常微妙和节制。作为一位对宗教宽容有深远影响的理论家和合理的基督教的辩护者,洛克不是教条的世俗理性主义者,而是肯定理性与启示的合作在政治与哲学上都是必要的。作为支持技术理性的培根派分子,洛克却能理解如下两种观点都失之偏颇:一种是将自然理解为纯粹的力量储蓄池的技术自然观,以及随之而来的仅仅将理性生活理解为获取这些力量的无休止的活动。作为对前现代目的论的有力批判者,洛克肯定人类善的多元,并坚持公共生活应受有关个人权利或自我所有的道义论的支配。然而,洛克也意识到,如果不为理性生活本身的善提供合理的证明,个人自主和权利原则就是无本之木,故而微妙地保留了一种将理性不仅视为人类幸福的工具,而且视为其真正构成要素的非主观立场。总之,洛克格外清醒地认识到,至善论原则尽管曾经在理论上成问题,在政治上危险,(如果以一种恰到好处的节制形式)在政治上不可或缺,但是洛克努力想要说明,该原则如何才能被理解为支持而非破坏理性自由的实现。因此,鉴于洛克在解决我们至今仍然坚持的那种宪制的最深层理论和实践张力时展现出来的深刻洞见,他确实值得我们给予最为细致的关注。

我应当简短地描述一下我的具体解读及各个章节的相关内容。但是,我首先需要说一说我的解释进路。尽管此前有关洛克的大部分评论都没有想要冒犯非专业读者,但是晚近数十年洛克的解读确实再次充满学术争鸣。很多专家肯定会觉得,我到目前为止的分析已经存在一些可能引起争议的说法。[13]因而,为了拆除我现在脚下以及前方可能出现的地雷,我最好先简要考察一下这个领域,为我自己研究洛克的进路做一个定位并为之提供辩护。

二、解读洛克：作为政治哲学家和政治理性主义者

本研究最基本的核心主张亦最富争议。需要重申一下,我坚持认为只有下述方式才能最好且最有助益地理解洛克的政治思想：其一,要契合洛克的宏大意图,将他的政治思想理解为一项具有持久哲学意义的工作,木质上仍保有甚至启发20世纪后期政治讨论的鲜活能力；其二,要将他的政治思想理解为政治理性主义或节制的理性自由主义的实质性学说。当下,希望推进这种做法的人必定与两种截然对立且均富有影响力的意见发生争论。根据过去约摸40年影响深远的洛克解读作品,洛克要么离我们太远,要么在某些紧要方面离我们太近,以至于无法有力地帮助我们处理当代自由主义的问题。以最为尖锐的语言来陈述这种对立的话,我们可以说,根据过去数十年占主导地位的两个解释学派,洛克要么是一位17世纪的基督教思想家,其思想只与17世纪的基督教社会相关；要么是启蒙运动及伴其而生的自我毁灭的先驱,因而出人意料地成为当今反基础主义的近亲。[①]

这场争论包括以下两条主线：(1)在解释洛克与政治思想经典著作家时,哲学与历史之间的关系；(2)理性与启示作为洛克道德政治学说的具体基础和内容,它们相互之间的关系。在接下来的论述中,首先,我将捍卫我自己在解释方法方面的立场,其次是澄清洛克的政治理性主义,这在我看来是恰当理解洛克政治哲学的基础及实质的关键。在对后者的讨论中,我还将简要说明我

---

① 我这里对这场争论的基本情况的概述,模糊了各个解释学派诸多作品之间的具体差异。对各种解读(特别是力图"语境化"洛克的解读)的简要列举,参见Jerome Huyler, *Locke in Amertica: The Moral Philosophy of the Founding Era* (Lawrence: University Press of Kansas, 1995), 29。

的解读与晚近同样试图做出不同解读的几项研究的关系。

（一）洛克解释中的哲学与历史

在1950年代早期，施特劳斯与麦克弗森(C.B. MacPherson)打破了洛克研究领域既有的平静，重新开启了让洛克研究者不断产生分歧的争论。他们据斥人们通常对洛克的下述理解：洛克是一位真诚的基督徒，又是一位理论上含混不清的中世纪晚期自然法理论家。与之相反，施特劳斯与麦克弗森认为，洛克是一位坚定的现代自然权利理论家，一位霍布斯式利己主义者，一位早期资本主义唯物论者。[14] 尽管麦克弗森的解读本身具有相当的争议性，但他的解读与更为主流的解读存在某种亲缘性，都认为洛克的基督教信仰是真诚的。在麦克弗森看来，洛克思想的传统部分与现代部分之间的紧张关系，突显了洛克身处的17世纪英格兰社会的紧张关系。施特劳斯引发的争论更大，因为他认为洛克是一位自觉的现代政治哲学家，一位政治哲学隐微写作技艺的践行者。以施特劳斯学派的观点来看，洛克的神学信仰并不是其道德政治思想的真正基础，而是防止自己因传播异端意见而受迫害的修辞挡箭牌，是说服大多数非哲学家读者的教化工具。

1960年代，可能是当今最为流行的洛克解释学派的形成期。这个学派的形成很大程度上是在回应施特劳斯和麦克弗森的解读。拉斯莱特(Peter Laslett)在他为自己编辑的《政府论两篇》撰写的导论中播下了此番回应的种子，随着邓恩(John Dunn)全面研究洛克政治思想的著作问世，这种回应得以开花结果。随后，阿什克拉夫特(Richard Ashcraft)、塔利(James Tully)及塔克

---

① Strauss, *Natural Right and History*, 202—251; 又见"Locke's Doctrine of Natural Law," in *What is Political Philosophy? and Other Essays* (Glencoe, Ill.: Free Press, 1959), 197—220; C. B. MacPherson, *The Political Theory of Possessive Individualism* (Oxford: Oxford University Press, 1962), 194—262.

(Richard Tuck)（塔克的关注点更为广泛）的研究追随邓恩的研究并在某些方面予以改进和加强。[①]不论剑桥学派内部对于洛克的意涵持有怎样的不同意见，这个学派的成员都在根本问题上拒斥麦克弗森和施特劳斯的解读（尤其是施特劳斯的解读）。在这些修正史学家看来，麦克弗森和施特劳斯的解读错在疏于或失于充分重视如下事实：洛克的出版文本及私人著作有相当分量的证据表明，洛克宗教信仰之真、之深。尽管如此，这些后续修正工作的特色，与其说在于复兴了（也有某些重要的革新）有关洛克基督教政治道德学说这个更为传统的观点，不如说在于，它试图基于一种相对新颖且复杂巧妙的方法论来提出某种新传统主义解读。

　　我称之为"剑桥学派"[②]的那些成员，他们运用了由邓恩、波考克（J.G.A. Pocock）提出，并由斯金纳（Quentin Skinner）在一系列论文中详尽阐述的文本解释方法[③]，从根本上对麦克弗森和施

---

① Peter Laslett, "Introduction" to *Two Treatises of Government* (Cambridge: Cambridge University Press, 1960, 1988), 3—126; John Dunn, *The Political Thought of John Locke* (Cambridge: Cambridge University Press, 1969), and John Locke(Oxford: Oxford University Press, 1984; Richard Tuck, *Natural Rights Theories: Their Origin and Development* (Cambridge: Cambridge University Press, 1979); James Tully, *A Discourse on Property: John Locke and his Adversaries* (Cambridge: Cambridge University Press, 1980), and *An Approach to Political Philosophy: Locke in Contexts* (Cambridge: Cambridge University Press, 1993); Richard Ashcraft, *Revolutionary Politics and Locke's Two Treatises of Government* (Princeton, N. J.: Princeton University Press, 1986 London: Allen and Unwin, 1987), and *Locke's Two Treatises of Government* (London: Allen and Unwin, 1987); W. M. Spellman, *John Locke and the Problem of Depravity* (Oxford: Clarendon Press, 1988); John Mashall, *John Locke: Resistance, Religion, and Responsibility* (Cambridge: Cambridge University Press, 1994).

② 我的这个提法效仿了Michael Zuckert, "Appropriation and Understanding in the History of Political," *Interpretation* 13, no. 3 (1986): 403, 而他仿效了波考克的提法。

③ 尤见Quentin Skinner, "Meaning and Understanding in the History of Ideas", *History and Theory* 8 (1969): 3—53; "Motives, Intensions and the Interpretation of Texts," *New Literary History* 3 (1972): 393—408; "Some Problems in the Analysis of Political Thought and Action," *Political Theory* 2 (1974): 277—303;" Hermaneutics and the Role of History," *New Literary History* 7 (1975—76): （转下页）

特劳斯的解读的非历史性提出反驳。这些批评者们宣称，麦克弗森和施特劳斯分别受新马克思主义和保守主义对自由主义和现代性之恶的忧虑的激发，将这些20世纪的忧虑强行带入到他们对洛克的解读中。在邓恩富有挑衅性的措辞中，这些解读的结果是将洛克化身成"一个毫无生命力却又阴险狡诈的木偶，适于装点一出拙劣的道德戏剧"。①从根本上言之，剑桥学派的解读方法致力于克服这些偏见，将忠于历史视为其最重要的使命。在解读具体文本时，正确的目标是还原作者的自我理解。因此，假定某个文本的意涵由产生它的社会环境决定是错误的做法。然而，仅仅诉诸文本本身，将其与一切语境关系分离，还原某个文本的意涵，同样也是错误的做法。[15]如果写作构成一种沟通行为，那么这种沟通行为要想成功，其作者与他或她的读者之间就必须共享一套意涵或语言常规。因此，还原某个作者的意涵或自我理解，就必须还原该作者对其语言常规——作者意欲的沟通发生在这个语境中——的历史语境的理解。从这种"语言性语境论者"(linguistic contextualist)的视角来看，麦克弗森及其他马克思主义或新马克思主义解读的方法论缺点在于，他们假设物质原因或利益(与作者有意的意图相对)对决定作者的意涵发挥首要作用。另一方面，施特劳斯学派解读在方法论上的失败在于，他们宣称文本解读完全摆脱历史语境。这种脱离基于下述观点，即：

（接上页注③）209—32; and *The Foundations of Modern Political Thought* (Cambridge: Cambridge University Press, 1978)。又见J. G. A. Pocock, "The History of Political Thought: A Methodological Enquiry", in *Philosophy, Politics, and Society*, Series II, eds. Peter Laslett and W. G. Runciman (Oxford: Clarendon Press, 1962), and *Politics, Language, and Time* (New York: Atheneum, 1973); John Dunn, "The Identity of the History of Ideas," in *Philosophy, Politics, and Society*, Series IV, eds. Peter Laslett, W. G. Runciman, and Quentin Skinner (Oxford: Clarendon Press, 1972), 158—73; and Richard Ashcraft, "Political Theory and the Problem of Ideology," *Journal of Politics* 42 (August 1980): 687—705。

① Dunn, *Political Thought of John Locke*, 222.

最富天才和最具雄心的作者处理那些对人类具有永恒意义的问题,不仅意欲与当下的或即时的读者沟通,而且还意在与遥远的读者沟通。大多数此类著作家均是隐微写作的践行者这个典型的施派观点,加重了这种解读潜在的放任自由。

在接下来的章节中,这点将逐渐变得清晰,即我对洛克的解读受惠于施特劳斯解释进路甚多。因此,赞同剑桥学派的读者很有可能认为,我的解读似乎在方法论上靠不住。我将洛克解读为区别于那些限了一时一地之问题的政治思想家的政治哲学家。我将洛克解读为一个政治理性主义融贯学说——当代理论家可能认为是一种至善论自由主义——的设计师。赞同剑桥学派的读者很有可能认为,我的这些解读似乎是斯金纳所称的几种主要"神话"的典型。斯金纳及剑桥学派其他人致力于将历史解释这门科学从这几种"神话"中解放出来。[1]为了磨掉不利于不同解释方法追随者顺利展开辩论的偏颇棱角,兴许我可以首先指出,尽管我期望施派读者会觉得,我的解释原则总体上无可非议,但是这些原则中很少或几乎不完全为施派独有。申言之,不论施特劳斯学派和剑桥学派意见上的分歧是何等之深,这种分歧的本质恰恰常遭人误解,从而很不幸地模糊了双方某些重要且具有潜在研究价值的共识。[2]

两个学派间的分歧并不在于完全历史的解释进路与完全非历史的解释进路间的针锋相对。[3]两种进路都首先意在提供历史

---

[1] 见Skinner, "Meaning and Understanding",尤其是7—30。

[2] 我对剑桥学派解释进路的概括,主要受惠于两位学者更为详尽的批评性回顾:Nathan Tarcov, "Quentin Skinner's Method and Machiavelli's Prince," *Ethics* 92 (1982): 692—709, and Zuckert, "Appropriation and Understanding"。另一篇文章也很有用Gordon Schochet, "Quentin Skinner's Method" (*Political Theory* 2, no. 3 (1974): 261—76)。

[3] 对比Ashcraft, Revolutionary Politics, 3—5; Edward Harpham, "Introduction" in *John Locke's Two Treatises of Government*, ed. Edward Harpham (Lawrence: University Press of Kansas, 1992), 13 n4; Eldon Eisenach, "Religion and Locke's Two Treatises of Government," in *Locke's Two Treatises*, 50。

性解释。两者的目标都是还原作者的自我理解，两者都拒斥极端的语境还原论和文本脱离论。真正的分歧是：首先，在相对肤浅的层面上言之，如何确定理解相关文本的某个历史语境或某些历史语境。剑桥方法的支持者意在强调学术探索应有的自我克制，倾向于坚持相对狭窄的定位，即将文本的意涵置于文本产生的当下的或即时的历史—语言性语境中。另一方面，施特劳斯学派方法的支持者(以及其他许多非施派学者)坚持认为存在下述可能性，即：至少某些文本具有真正的哲学意义，超越了产生它们的即时环境。[16]这种进路不否认，在其地方性历史语境中考察文本的意义是恰当的做法，而只是提出，除了文本一时一地的意义外，那些最深刻的文本——与那些最有天赋和最具雄心的作者的意图相符——也许还具有较为广泛的意义(对于人类的意义)。我赞同对洛克的思想予以相当宽泛的语境化，但这不必然意味着，我认为剑桥学派支持者提出的特定且更狭窄的语境化是错误的或乏味无聊。相反，这种做法常常富有启发性，而且有时对于全面理解洛克来说不可或缺。尽管就其自身而言，它们并不完善。

从上述角度视之，尽管两个学派间的关系数十年来在愤怒的指责与固执的沉默之间摇摆，但是两个解释学派间的分歧没有大到无法和平共存甚至是相互合作。我们在考察某位作者的近期意图的同时，可以原则上承认从更长期角度考察这位作者的合理性，反之亦然。实际上，承认另一种语境考察的合理性至少为检验自己的解读是否可靠提供了一个有益的方法。①因此，有人兴许会对剑桥学派的杰出代表坚持缩窄语境解释的界限的做法感到困惑。②还原作者意图这项主要的历史目标并不能证成这个做

① 参见Huyler的贴切分析，*Locke in America*，尤其是35—36。阿什克拉夫特后来似乎也承认这点，*Locke's Two Treatises*，285n69。

② Zuckert, "Appropriation and Understanding," 421—422.

法。证成这个做法需要补充另一项解释原则。斯金纳对该原则的长段论述值得在此引用：

> 任何言论都必然体现了特定情景中的特定意图，并旨在回应特定问题，因此是针对其语境发出的，试图超越这种语境必然是幼稚的做法。这不仅意味着，经典文本关心的是他们自己的问题，而不是我们的问题。另外它还进一步意味着……哲学中并没有所谓的恒久问题。只存在个别问题的个别答案，而且，有多少不同的提问者，就可能有多少种不同的问题。因此，试图从经典著作家那里直接找到他们有关所谓的永恒问题的答案，进而从他们那里直接获益，这样做根本就无法使我们理解研究观念史的意义。①

相较于思想出现的特殊情境，施特劳斯和其他具有哲学倾向的读者对这些思想本身更感兴趣。他们的观点基于下述前提，即：在一流的思想家看来，特定共同体的争论只有作为有关政治生活本身的根本且持续的争论的具体表现才能被充分理解。相反，对于影响深远的剑桥学派进路的支持者来说，拓宽解释语境——从特定和即时的语境拓展到普遍和永恒的语境——从根本上说就是执迷不悟。[17]原因很简单：根本不存在更宽泛的、真正哲学意义上的语境。以这种观点来看，只有地方性的、具体的、即时的语境。斯金纳强调要立即排除更宽泛语境的可能性是因为，他深深信奉习俗主义（conventionalist）或反本质主义认识论。②我本人拒斥这种信奉，但是我既不宣称能够证明自然类

---

① Skinner, "Meaning and Understanding", 50.
② 特别是在阿什克拉夫特的著作中，拒绝政治哲学的另一个原因似乎是深植于这位解释者心中的平等主义立场。他拒斥政治哲学与意识形态的区分，不认为少数精英思想家体现了真正的、杰出的伟大，意在将政治理论"平庸化"（democratize），表明政治理论是"成千上万个"头脑的产物（*Revolutionary Politics*, 6—7）。

(natural kinds)的存在,也不简单假定自然类的存在。我也不是简单地假定或主张,能够确定无疑地证明,确实存在某些有关政治生活的永恒问题或与政治生活同生的问题。问题在于,事实上,斯金纳或任何人并没有证明它们不存在。这里的关键问题仅仅是,我们作为古老文本的解释者——无法明确回答是否存在具有真正哲学的话语这个问题——先验地排除这个可能性或保留开放态度,何者更为明智。在我看来,怀着一种开放精神来理解文本似乎更为明智。首先是鉴于它作为一项假设具有一定的合理性。其次是因为,斯金纳派和施特劳斯派都向往的忠于历史的解释,本身依赖于存在真正哲学的话语这一可能性。

我觉得,下述这个解释上的假说(得到大量令人印象深刻的经验证据的支持)完全合情合理,即:那些身处迥然不同的历史和政治语境的极具思想性的个人,严肃认真地探讨了我们自己的共同体以及其他人的共同体都最关注的问题。这些问题首先就包括下述这个在苏格拉底的开端处驱动政治哲学,并在《联邦党人文集》的导论中获得更熟悉表达的问题,即:人类社会能否通过"反思和选择"建立良好政府,而不是永远注定要让我们的宪制依赖于"机运和强力"(有人还会说,依赖于诗人的神话、实证启示或纯粹的迷信)?还包括下述这些更具体的问题:政治生活是自然的,还是习俗的;是否存在某些自然的、超习俗的正义原则,人类凭此能够被合理地认为拥有自然权利或负有自然义务;是否存在自然上最好或最正当的生活方式或公共组织模式等等。此外,在我看来,下述可能也合情合理,即:上述的追问者中最具思想性的人,无论在时间和文化上离我们多远,都有可能为某些我们可以从中得益的问题提供答案。尚须强调,我并不是提议用一个先验而僵化的解释原则来代替另一个先验而僵化的解释原则。我提议,我们在解读文本时,不应教条地坚持文本必然具有系统的融贯性或必然与我们相关,而是(特别是就那些明显具有哲学雄心和声望的著作家来说）假定这些文本具有融贯性和相关性，而这个假定一如其他假定可以被反例所证伪。

　　所有政治都具有地方性特征这个主张，可能令一位职业政治学者赢得有常识感的务实现实主义者名声，然而这并不是解释政治哲学著作的可靠基础。[18]斯金纳派对地方主义的坚持不仅不为他们的根本解释目标所必需，而且最终在两个重要方面与这个目标不相容。首先，这种地方主义至少给某些政治话语共同体强加了某种未经证明的封闭性，而且武断地拉低了最富远见的思想家的视野，降低了他们的思想高度。这种地方主义意图隔离政治哲学的过去与现在，结果却适得其反。它鼓励解释者不尊重具有雄心的著作家的主张或使这些主张变得琐碎，使之丧失深刻的理论创新，无法与早已作古的作家对话，无法启蒙距离遥远的听众。如此有限地评定理性的能力付出的最严重代价是，放弃我们作为政治哲学研读者甚至是作为公民的最高责任，即：考察我们自己和他人的正义和公共善观念的理性基础和可辩护性（而不仅仅是它们的修辞效果），将有关各种政体或宪制模式的主张作为各种论证而认真对待。①更狭义上的学术事业为此付出的代价同样令人难以接受。因为将当今的政治哲学实践与它的历史剥离，②不仅使过去的智慧无法出场，而且使当下无法在最重要的哲学维度上完全理解过去。

　　斯金纳在回应批评者时坚持说，他的解释进路并不否定历史上可能出现理论创造或革新。恰恰相反，他的方法通过描述令

---

①　参见Ruth Grant, *John Locke's Liberalism* (Chicago: University of Chicago Press, 1987), 10—11 n9。格兰特对比了自己与阿什克拉夫特的进路。她合理地指出：“尽管有必要知道一位作者为何写作及为谁写作……也有必要搞清楚该作者所言是否合理……当一位作者以论证的形式来言说时，就该考虑它作为一个论证的说服力，对于洛克来说尤其如此。”又见A. John Simmons, *The Lockean Theory of Rights* (Princeton, N. J.: Princeton University Press, 1992), 7。

②　见Schochet, 276n38。

特定理论与众不同的常规语境（conventional context），使得我们可以理解此种革新。然而，他对创新的承认是非常有限的。由于他对文本近期意义和意识形态意义的执迷，斯金纳实际上对如下区分漠不关心：能在特定政治或神学语境中发挥实效的观念和人们能够想到的观念。事实上，由于坚持否定存在持久的超历史问题，斯金纳坚持相信，可靠的历史研究使得解释者能够大体上确认，某个特定语境中的思想家能够想到或无法想到哪些思想。[①]他的方法无法让人认真反思，某些思想家究竟如何成为一位革新者，以及这些革新的影响有多深远。由于斯金纳（有意或无意地）扮演马基雅维利的传人，将观念还原成"实效真理"，他使得自己无法认识到马基雅维利及其他同等量级的思想家在革新方面的伟大地位。这是多么讽刺，又是多么不幸。[②]

如此一来，由于没能认真对待某些经典著作家自我理解的上述这个最重要的方面，狭隘语境论的践行者没有真正贯彻他们自己的历史意图。这指向一个更深层的困难。鉴于斯金纳的习俗主义前提，在历史解释中忠于历史对他来说，必定意味着保存或复原研究现象的自然特殊性，就其与我们的关系而言，一种根本的异己性。恰当的历史科学要求智识上的克制，压抑将植根不同历史环境的思想或经验普遍化或同化的欲望。在实践这个学科的过程中，历史学家尤其要抵抗将自己的历史语境的常规强加给另一种历史语境的诱惑。[19]斯金纳似乎不得不提出，通过这种自我克制，历史学家可以有效地将自己的头脑从构成自己的历史语境的那些常规中解放出来。问题在于，基于斯金纳自己的习俗主义前提，这种意在解放的自律根本就不可能。如果所有思

---

① Skinner, "Some Problems," 287—301，是否能够事先确定在某个语境中哪些观念可供思想家使用这个问题，参见"Meaning and Understanding," 8—9; "Some Problems," 283, 299—300。

② 参见Tarcov, "Skinner's Method," 702—09。

想都是特殊的,只有在独特的历史—语言语境中才能被人理解,那么所有解释原则就都是特殊的,只有在地方性范畴内才能被人理解。所有思想和所有事物都具有特殊性这个前提——正是基于这个原因,斯金纳须从他自己的历史常规中解放出来——与其说是把钥匙,毋宁说是把锁。这个前提本身必须被理解为某个特殊语境特有的习俗建构产物。换个隐喻来说,对于打量其他历史语境中的思想家和其他行动者来说,它是一面扭曲对象而非真实反映对象的透镜。斯金纳一贯遵循的地方主义解释原则,否定人心超越其最邻近的语言语境的能力,故而不仅否认存在政治哲学的可能性,而且否定人们可以不带偏见地解释古老的或异质的文本。剑桥学派的历史编纂学家努力复原促成此种文本的作者真实意图或作者的自我理解,故而他们被迫(看似较为合理)授予了自己一项特权,他们所研究的著作家却被不合理地拒绝给予这项特权。我认为,如果我们更前后一致地承认,某些此类思想家可能具有与我们相同或超越我们的理论能力,他们的下述谦逊可佩且明智的学术告诫将得到更完美的贯彻,即不要以我们自己的形象来重塑以前的思想家。①

洛克这个具体例子很好地表明,我们需要较为灵活且宽泛地确定与特定文本相关的语境。因为无论洛克自己对前现代的自然类学说富有穿透力的批判意味着什么,很清楚的是,洛克在理解自己著作的意义时没有采用地方主义的解释原则,因而,历史

---

① 最近,有几位学者,他们的学术训练使他们看似更亲近剑桥学派而非施特劳斯学派,然而他们却在某种程度上远离了斯金纳进路的极端历史主义因素。因之,塔利就宣称自己想要融合政治哲学与政治思想史这两门学科,并断言洛克的政治思想能够为20世纪的读者提供某些至关重要的批评性视角。参见An Approach to Political Philosophy, 尤其是1—6; 又见Jerome Huyler, Locke in America, 29—4, 尤其是30—31。某种更有限的让步出现在邓恩身上。他似乎不情愿地松动了自己早期的观点,即洛克与我们的社会毫不相干。("What Is Living and What Is Dead in the Political Theory of John Locke?" in *Interpreting Political Responsibility* (Princeton, N. J.: Princeton University Press, 1990), 9—25)。

解释者的恰当自制要求他们对更宽泛的语境化的可能性持一种开放精神。如果首先并主要从考察洛克如何自我理解来着手理解他，我们很快就会意识到下述可能性，即：我们面对的洛克可能是一位最不平常、最为激进、最富挑战性的著作家，一位值得距离遥远的数代研读者和思想家敬仰的教师和对话伙伴。

第一个明显之处是，洛克认为自己在极为艰深的方面是一位革新者。在他最具哲学雄心的著作《人类理智论》(*An Essay Concerning Human Understanding*)的"致读者的信"中，洛克承认他的某些观念"就算对自己而言也是新颖的"。他相当轻描淡写地表示，自己怀疑这些斗胆的观念在别人看来似乎"离经叛道"。当然，这封"致读者的信"也包含了洛克出名的谦辞，对于建构新科学的"大师们"而言，自己就是一名"打下手的小工"，不过是为"智识如己"的人而非"博于学、敏于思"的人写作的"学者"。[①]反思洛克的这些话及这封信的余下内容，人们也许会发现，即使他谦逊的修辞也暴露了他的巨大抱负，即意图通过为他们提供正确的科学概念，为这些"聪颖而勤勉的人的努力"扫除障碍。[②][20]然而，洛克并不总是如此这般隐藏自己欲进行革新的抱负。

实际上，所有《人类理智论》的研究者均会同意，洛克论战的火力多集中在经院哲学的逻辑和科学概念。洛克告诉我们，它们在他写作的时代依然在学术课程中占主导地位。尽管如此，

[①] Locke, "Epistle to the Reader" of *An Essay Concerning Human Understanding*, ed. Peter Nidditch (Oxford: Clarendon Press, 1975), 8—10.

[②] 如果想到这点，人们也许会这样来比较洛克与马基雅维利：洛克在"致读者的信"中提出以"最卑微的方式"为真理和效用的事业服务，而马基雅维利在《君主论》"献辞"中的谦卑不那么明显，他表示自己处于"较为低下和卑微的地位"。*The Prince*, ed. Harvey C. Mansfield, Jr., 4 (Chicago: University of Chicago Press, 1985). 关于洛克此信中的虚假谦逊，参见Rosalie Colie富有教益的洞见，"The Essayist in his Essay," in *John Locke: Problems and Perspectives*, ed. John Yolton (Cambridge: Cambridge University Press, 1969), 239—47。

在这场对抗中,最为重要的还远非推翻一系列为害一方的常规知识。为了补充《人类理智论》,洛克后来又写作了《论理智行为》。《论理智行为》一开篇,洛克就指责"学界采用了两三千年"的逻辑规则根本不完善,而他支持培根取代这些规则的伟大工程(1)。尽管这些表述暗示,"伟大的维鲁拉姆爵爷"(the great Lord Verulam)培根是比洛克更伟大的革新者,但是对我们来说更重要的是,这些表述包含了洛克对自己作品较大的哲学雄心。表明自己意图颠覆绵延两三千年的逻辑体系就是在将自己刻画为一场规模巨大且颇为震撼的哲学围猎的猎手。洛克宣称自己的著作是在延续(也许还有完善)培根的著作。这至少表明,他想要为培根自称划时代——他的理论作品的题目都表达出惊人的胆识——但仍尚在襁褓中的伟大工程做出实质贡献。①

　　洛克自称为"智识如己者"写作的意图看来似乎有着刻意的含混。相比其他人为自然科学做出的实质贡献,洛克仅作为一位微不足道的学者而写作,但是他却是作为哲学家为其他哲学家在写作,探索人类在科学上的智识范围与局限,特别是阐述他对现代科学事业对于人类的道德和政治意义更全面的理解。洛克既想在理论领域,也想在实践的政治领域做出创新。他的这个意图部分表现在下述的事实上,即他诉诸自然法而非宪制传统来证成1688年的光荣革命。斯金纳注意到了这点,阿什克拉夫特则就这点的地方语境意义做出了详尽的阐述。②更为令人惊异的是,据理查德·金(Richard King)考证,在一封写于1703年8月25日的信中,洛克直白地把他的《政府论两篇》作为具有持久意义的著作,

---

① 关于培根哲学及立法雄心的深刻性,参见Laurence Lampert, *Nietzshe and Modern Times: A Study of Bacon, Descartes, and Nietzshe* (New Haven, Conn.: Yale University Press, 1993), 1—141。

② Skinner, "Meaning and Understanding," 47—48, and "Some Problems," 286—87; Ashcraft, *Revolutionary Politics*, 286—337.

将其与亚里士多德的《政治学》并列为政治哲学的经典文本。①

　　此外，洛克认为自己的道德和政治作品的普遍意义主要在于，为大部分的前现代传统提供了切实可行的替代，而不是延续这些传统。作为道德、政治及理论改革的行动者，洛克将"古代哲学家"作为他的重量级对手，这些哲学家徒劳地探索"至善(Summum bonum)是否或由富足，或由身体悦乐，或由德性，或由沉思组成"(ECHU 2.21.55)。由于没有考察洛克对古典目的论科学的批判以及他的异端神学所带来的全面结果，某些杰出的学者依然错误地将洛克置于中世纪晚期的托马斯主义或基督教—亚里士多德主义道德政治传统中。②[21]我们将会看到，尽管洛克努力将有关理性完善(rational perfection)的另一种理解保存完好——他基于这种理性完善建立了他自己的政治道德原则——但是他对前现代目的论颇具雄心的批判却同时是他的实践与理论创新的关键所在。

　　在概括了现在主流解释进路的主要困难所在后，我就能够从更加积极的角度论述我解读洛克的方法的本质。与施特劳斯学派进路与剑桥学派进路的追随者们一样，我的主要目的是复原洛克作为一位作者的意图或自我理解。但是，相比于剑桥学派，我

---

① 参见Andrzej Rapaczinski, *Nature and Politics* (Ithaca, N. Y.: Cornell University Press, 1987), 15. 又见Paul Rahe, "John Locke's Philosophical Partisanship," *Political Science Reviewer* 20 (1991): 35—36, 讨论了阿什克拉夫特对"政治宏大叙事"的摈除，又见*Republics Ancient and Modern*, Chapel Hill: University of North Carolina Press, 1992), 526: "在光荣革命时期所有出版的小册子中，《政府论两篇》无疑最抽象且最激进。"

② Ascrfat, *Locke's Two Treatises*, 35—59, 又见"The Politics of Locke's Two Treatises," 18—22; Simmons, *The Lockean Theory of Rights*, 15—16; Tully, *An Approach to Political Philosophy*, 291. 又见Raghuveer Singh, "John Locke and the Theory of Natural Law," Political Studies 9 (1961): 105—18. Michael Zuckert, *Natural Rights and the New Republicanism*(Princeton, N. J.: Princeton University Press, 1994: 187—246)对这种传统主义的洛克解读提出了富有启发的批判。比较Rahe, "Locke's Philosophical Partisanship," 30—35。

并未仔细关注洛克思想与该思想所产生的地方性意识形态氛围的关系。基于我上述所示的原因，我相信，主要从现代政治哲学与自由主义政治理论这更宽泛且有所重叠的两个语境，来审视洛克的政治思想，品评其优点与不足，既合理亦有益。

说是这么说，但我还必须补充，我并没有将洛克的著作作为纯粹的哲学论证著作来解读。我并没有——就像分析学派最近的一个说法——试图有效地清除地方性语境对洛克文本的污染，然后再对文本"展开分析"。[①]与此不同，我首先假定，洛克是一位政治哲学家，尽管至少他的某些文本可以被认为是准确意义上的"哲学"话语，但是所有这些文本在某种程度上都是"政治"(civil)话语。[②]斯金纳坚持，伟大思想家所能思考的问题受到来自语境的限制。我认为这个看法有些狭隘也不够准确。但是，我们必须认真对待他的下述看法，即政治行动者(包括伟大思想家)能够明确言说的东西受到诸多语境方面的限制。[③]洛克明确肯定，这项原则适用于他的作品。他承认，他对自己的表述做出了裁剪，以对应各种不同读者的教化需要，[④]而且很有建设性地指出："哲学……在它出现于公众时，应该和婉礼让，而且只要不伤于真理和明确性，还应该穿着本国的普通服饰和普通语言。"(*ECHU* 2.21.20)因

---

① Eisenach, "Religion and Locke's *Two Treatises*," 50. 尽管Peter Schouls强调洛克认识论和教化思想革命性的反历史相对主义含意完全合理，但是由于他毫无必要地将洛克思想坚决地"去语境化"，他的研究也面临此种指责，参见氏著*Reasoned Freedom: John Locke and Enlightenment* (Ithaca, N. Y.: Cornell University Press, 1992), 尤见15—37。Simmons, *The Lockean Theory of Rights*在我看来也同样容易受到指责。

② 关于这种区分，参见*ECHU* 3.9.3以下。参见Strauss, *Natural Rights and History*, 220—21; Michael Zuckert, "Fools and Knaves: Reflections on Locke's Theory of Philosophic Discourse," *Review of Politics* 36, no. 4 (1974): 544—64。

③ Tarcov, "Quentin Skinner's Method," 700—01.

④ "我们理智方面的差异并不比味觉方面的差异小。因此，如果某人以为某个真理可以同样取悦所有人，则他正可以希望以同一种烹调法来缋宴一切的人。"(*ECHU* "致读者的信"，8; 又见Works 1832, 4.52—53)

此,为了复原洛克政治论证的哲学要义,我们必须牢记他表述这些论证的政治语境(civil contexts)。就像我在接下来的章节中将论证的那样,这首先意味着,我们必须牢记洛克在论证理性与(基督教)信仰极为敏感的关系时受到的语境限制。

　　最后,我想补充的是,我在努力将洛克的政治思想作为一种20世纪的读者依然觉得有生命力和指导作用的论证的过程中,心中会牢记教条地赋予研究对象以理论融贯性带来的危险。①我从洛克的论证具有融贯性和深度这个前提出发,但是我并不将这个前提作为一个毫无争议的教条,而是作为一个可供反驳的假说。除了其他一些更具体的证据,洛克自我评价其哲学大厦统一而融贯。我试图赋予这个自我评价以恰当的(故而是相当程度的)重要性(《人类理智论》1.4.25)。[22]在这个重要问题上,我完全同意塔科夫的推论:"如果我们希望从洛克那里学到什么,那么判定'洛克含混不清'的结论只能是不得已而为之,在此之前,我们最好探索一下其他的解释路径。"②

(二)论洛克政治哲学的基础与实质

　　毫不令人惊奇的是,除了某些例外,有关洛克政治思想实质的学术争论与解释洛克作品的恰当方法的学术争论一样,都试图形成一些结盟。然而,尽管我的解释进路在根本上赞同施特劳斯学派,反对剑桥学派,但是我对洛克政治思想实质的解读在某些重要方面与这两个主流学派都有所不同。而且,尽管对这种解

---

① 参见斯金纳关于"融贯性神话"的论述("Meaning and Understanding," 16—22),邓恩也反对某些评注者强加给洛克"不合理的融贯解释"(*Political Thought of John Locke*, 6)。

② Tarcov, "Locke's Second Treatise and the 'Best Fence Against Rebellion,'" *Review of Politics* 43 (1981): 200. 比较阿什克拉夫特类似的合理看法, Locke's *Two Treatises*, 225。

读的证成只有在接下来的章节中才能呈现,但为了让读者的思路能更容易地跟随我对支持我的实质结论的相关证据和推理的详尽阐述,简要说明我的解读与这两个主流解读进路的关系是有益的,特别是澄清政治理性主义这个概念的特征,这个概念在我看来似乎是恰当理解洛克政治哲学的基础与实质的核心。

我将政治理性主义置于我的解读的核心,首先是为了将洛克的工作区别于完全基于或必须基于宗教信仰的那种工作。我将同时论证,洛克 贯坚持认为他的政治原则的理由和证成能够通过理性发现,而且洛克尝试将理性生活或理性自由——不论在信仰生活中还是脱离信仰的生活中——作为健康政治的条件和目的予以倡导。这个论点针对不少学者,尤以邓恩和阿什克拉夫特为最。他们以不同方式证明,归根到底,洛克诉诸基督教信仰作为其道德和政治信条的唯一坚实根基。基于接下来的章节将详尽阐述的理由,我认为,这类学者在解释中过于扩大了洛克公开和私下做出的信仰表达,将其作为明显的、大量的、具有压倒性优势的证据来证明洛克基督教信仰的真诚。① 洛克发表和未发表作品

① 特别是阿什克拉夫特,运用相当具有攻击性的言辞,指责那些面对"大量"有关洛克宗教信念的公开和私下的证据,依然冥顽不灵地把洛克视为世俗思想家的学者"愚不可及"。["The Politics of Locke's Two Treatises," 17; 又见阿什克拉夫特对Thomas Pangle, *The Spirit of Modern Republicanism*这部书的书评,载于*Political Theory* 18, no. 1 (February 1990): 161]。他错误地指摘"施特劳斯学派为了省事,选择性地忽视"洛克论自然法的未发表手稿,但是阿什克拉夫特自己忽视了Strauss对Von Leyden编辑的《自然法论文集》(*Essays on the Law of Nature*)的长篇书评。该书评在20年前发表于《美国政治科学评论》(*American Political Science Review*)上,后又载于《什么是政治哲学》(*What Is Political Philosophy?*)。阿什克拉夫特也忽视了Robert Horwitz新编的洛克自然法手稿, *Locke's Questions Concerning the Law of Nature*, Ithaca, N. Y.: Cornell University Press, 1990)。更关键的是,阿什克拉夫特忽视了洛克在这个文本中始终用异教的术语来指神,参见Horwitz, "Editor's Introduction" to *Locke's Questions Concerning the Law of Nature*及该书的"Translator's Introduction", 55—59, 80—82, 以及洛克其他一些反常表述,包括David Wootton注意到的一个有趣的事实,即:洛克至少在一处未发表的手稿里尝试提出一种论证,向那些不信来世生活的人 (转下页)

中出现的一些明显反常的段落，至少应该让学者采纳一个更为温和的立场，即：洛克在内心最深处认为，理性与信仰的关系仍然相当复杂且存在诸多问题。但是我肯定拒斥下述观点：洛克在发现自己的理性主义无法成功后，逃到基督教启示那里寻求庇护。

　　我希望解释清楚，我之所以强调，相较于洛克诉诸信仰帮助的做法，他的政治理性主义更为重要，是因为我特别要质疑将洛克归为简单的整体论神本主义(holistic theocentrism)。这种做法有效地将洛克排除在当代宗教多元社会有关宪制根本问题的争论之外。[①]这个论点并不必然否认洛克基督教信仰的真诚。某些学者在为洛克这方面的真诚性辩护时显示出义愤填膺的激动。作为对施特劳斯学派含沙射影地认为洛克毫无信仰的回应，这种做法是可以理解的，尽管它根本无法得到证成。[②][23]尽管施特劳斯和潘戈(Thomas Pangle)小心地指出，他们的论证并不必然得出这个结论，然而他们对洛克隐微的利己主义的证明，难免得出洛克是神学不可知论者或决绝的无神论者的推论。况且，尽管施特劳斯在将洛克解读为激进革新者的同时，保持了自己一贯持重和审慎的修辞，潘戈却容许自己有时将洛克描述为歌德笔下的摩菲斯特(Mehistopheles)。潘戈在审慎地否定洛克对理性的抬高要求他"抛弃圣经"的同时，又说"洛克试图从圣经的角度来驳斥圣经"，他"攻击圣经概念"以及他的"令人愉快的，仁慈的……

　　(接上页注①)(即便确实不是无神论者)证明道德。David Wootton, "John Locke: Socinian or Natural Law Theorist?" 载于*Religion, Secularization, and Political Thought,* ed. James E. Crimmins (London: Routledge, 1989), 54—56, 66n50。

①　参见Dunn, *Political Thought of John Locke*, x—xi, 266—67及Stephen Dworetz, The Unvarnished Doctrine: *Locke, Liberalism, and the American Revolution* (Durham, N. C.: Duke University Press, 1990), 187—91。

②　包括阿什克拉夫特的前述言论。比较下述更为激愤的攻击：John Yolton, "Locke on the Law of Nature," *Philosophical Review*67 (1958): 477—98。

渎神论"。这之间显然（至少可以说）存在某种张力。[1]我并没有将某种激进世俗主义或无神论学说归给洛克。我仅仅建议，我们应努力体察洛克理性主义论证独有的力量和分量。

对于那些发现洛克的修辞颇为可疑的学者，我们姑且回应说，洛克基督教信仰的异端特征本身就足以解释他在许多公开论述（或极可能公开的论述）中的大部分拐弯抹角、暧昧不清和闪烁其辞。洛克的基督教异端信仰——他极有可能是索尼齐主义者（Socinian）[2]——的一个关键是必须适应他经常诉诸无需信仰协助的理性的做法。洛克显然想要通过说明他的政治原则符合（恰当理解的）基督教信仰，向其读者中的大量信徒证成自己的学说。[3]尽管如此，同样显而易见的是，除了上述努力，洛克还坚持认为，我们可以基于无需信仰协助的理性来建立相关证明。尽管在《论宗教宽容》（*Letter Concerning Toleration*）的论证里，他甚至设计了针对真正非信徒的某些论证。[4]因此，如果我们注意到他的意图以及他揭示和展示自己意图和修辞的复杂性，我们应该谨防，借助洛克的基督教信仰降低我们揭示洛克理性主义的融贯性和深刻性的努力。[5]无论他觉得采取何种方式来说服其读者中的

---

① Pangle, *Spirit of Modern Republicanism*, 141—58, 尤其是149, 145, 141, 158。比较 Strauss, Natural Right, 202—20。Rahe, Republics Ancient and Modern的相关讨论在我看来也一样模糊不清；例如比较302以下，490以下。

② 精确归类洛克的基督教信仰这个更深入的问题超越了本书研究范围。我建议将洛克定为索尼齐主义者，这尤其受到了David Wootton简要而有说服力的论证的启发，David Wootton, "John Locke: Socinian or Natural Law Theorist?"，也受到Rahe对相关证据的检视的启发，*Republics Ancient and Modern*, 297—312, 452—67, 489—501。同样信息丰富但终究眼光不够锐利的研究：Spellman, *John Locke and the Problem of Depravity*及Marshall, *John Locke*。

③ 有大量证据表明，洛克的这项工作至少在美洲殖民地取得了成功。相关分析参见Dworetz, The Unvarnished Doctrine。

④ 参见洛克的残稿"Morality"，重印于Thomas Sargentich, "Locke and Ethical Theory: Two M. S. Pieces," *Locke Newsletter* 5（1974）: 26—28。本书第五章将证明，洛克在*ECHU* 2.21也间接做了这种论证。

⑤ 比较有相似效果的论述，Peter Schouls, *Reasoned Freedom*, 4n7。

虔信者是必要或最有用的,在接下来的章节中,我都将努力揭示,哲学家洛克通过怎样的理性推理,向作为哲学家的自己证成那些政治原则,以及如何努力向所有理性读者证成那些政治原则。

施特劳斯学派的洛克解读的卓绝之处正在于此。轻易地认为洛克持有某种17世纪基督教信仰的做法,常常与下述看法相伴而行,即洛克是一位浅薄的、头脑混乱的思想家。例如,邓恩将洛克描述为一位"相当不融贯的思想家,不融贯得有些离奇的思想家"。只有基于洛克一系列最终无法验证的"神学信念",洛克的思想方能为人所理解并显得合理。① 然而,实际上所有洛克研读者都同意,洛克是一位十分谨慎的人。洛克既头脑混乱,又出奇的谨慎,这样的观点应该会令公允的学者蹙眉。② 施特劳斯及其弟子认为。"如此明显的错误和不一致性,不可能逃过洛克这等级别和这般冷静的思想家的眼睛"③。他们挖掘出了一位熟谙微妙之道并且哲学上令人生畏的洛克。[24]在洛克经常出现的善意但却相当糊涂的传统主义面相背后,实际上隐藏着一位处心积虑的著作家,一个不屈不挠的刨根问底的人。他极端鄙夷毫不反思就屈从思想惯例或思想风尚的做法。

但是,甚至那些同情施特劳斯进路的人也会质疑,施特劳斯学派的解读是否能够完全成功地复原洛克的政治意图和哲学意图。原因在于,施特劳斯派的解读将洛克置于现代政治哲学家——他们最终陷入理论危机——的前进(或倒退)道路中,将

---

① Dunn, *Political Thought of John Locke* (29, x—xi) 和 Laslett, "Introduction" (88—90, 82) 都断定洛克最终持有一种信心论 (fideism),他们大大咧咧地提出,尽管"所有思想家都是不一致的",但是洛克却是"所有伟大哲学家中最缺少一致性的一位"。又见 J. W. Gough, *John Locke's Political Philosophy* (Oxford: Clarendon Press, 1973), 123。

② Harvey C. Mansfield Jr., *America's Constitutional Soul* (Baltimore: John Hopkins University Press, 1991), 111。比较 Rahe, *Republics*, 452—54。

③ Strauss, *Natural Right*, 220.

所有指出洛克不融贯的相对不合理的指控都视为无稽之谈。但是，他们却用一个似乎更合理些的有关不融贯以及其他瑕疵的指控来代替那些有关不融贯的指控。这种不融贯和这些瑕疵，只有洛克这种级别的思想家才能做出来。更为关键的是，有人也许会问，不管剑桥学派有多少缺点，剑桥学派的评注家及其他学者就其强调洛克思想的道德维度而言，至少比最初的施派解读更令人信服些。对这种施派解读时常有些愤慨的反对还是有些道理的，原因在于，不论最初的施派解读在哲学上具有怎样的精密性和有益性，这种解读为了重塑洛克的持久意义和影响力，付出了模糊洛克的道德意图的代价，尤其是将洛克的思想与霍布斯"被公正谴责"的道德上虚弱的还原主义和习俗主义勾连起来。[①]

　　恰当理解洛克的思想高度并不需要付出这样的代价。通过强调政治理性主义这个概念，我不但要将洛克的事业区别于那些基于宗教信仰或超理性的事业，而且还将其区别于那些建构在亚理性(subrational)原则上的事业。洛克既是一位激进的道德还原论者，也是一位基督教信仰者。尽管洛克明确将自己的思想置于现代培根—笛卡尔科学革命的语境中，而且较微妙地暗示他在根本上同情现实主义者马基雅维利，同情反目的论的道德革命和政治革命，但是他尤其注意在努力推进现代事业中节制自己的特殊热情。洛克首先致力于推动理性自由的生活。洛克比同级别的大多数现代早期政治哲学家更清楚地认识到，赤裸裸的现实主义——精巧地将理性或科学还原为纯粹的工具，可以为大多数最强有力的激情服务——无法顺利地实现这个目的。在这个关键方面，能够最好地阐明洛克自己思想的现代思想家的著作，不是马基雅维

---

① 参见Strauss, Natural Right, 221, 267—81, 以及 "On the Basis of Hobbes' Political Philosophy", "What is Political Philosophy?", 载*What is Political Philosophy?*, 182, 191, 196, 40—55。

利、笛卡尔、霍布斯的著作，甚至不是培根的著作，[①]而是蒙田的著作。洛克与蒙田一样都认识到，将理性生活视为一种完善——既是一种手段，也是一种目的，既是人类幸福不可或缺的要素，也是实现人类幸福的途径——既是危险的，也是恰当且必要的。[②]

尽管如此，确立理性在洛克政治思想中的独立地位依然需要一些限定。这种要求指向洛克政治理性主义概念的重要性的第三个也是最后一个方面。再重复一遍，否认洛克的政治思想基于超理性或亚理性，并不是将下述观点归给洛克，即：理性自身足以支配政治社会，无需其他外部支持。[25]尽管洛克当然对理性自治的前景满怀希望，但洛克的政治理性主义概念也被认为表明，洛克认识到理性与政治生活之间本身就成问题的关系，故而认识到有必要使理性节制自己的要求以保有自身的支配力。[③]

尽管洛克有些夸张地认为，道德以及政治的法权原则能被归为证明科学或理论科学，但他并没有试图让政治生活完全服从纯粹理性的直接统治。他不是完全靠理性来支配政治生活，而是用一种经过调整以适应政治生活的理性，一种大众接受的理性或智慧(STCE 140)来支配政治生活。洛克指出，经过此番调整，理性

① 尽管洛克无疑受惠于培根，特别是接下来三章将详尽阐述的自然史方法，但是我认为，Rahe将洛克描述为"彻头彻尾的培根主义者"还是有些过头了。
② 尽管洛克和蒙田的关系更多地受到蒙田研究者而非洛克研究者的注意，但是有关这种关系的重要性的简要论述出现在Axtell, *Lcoke's Educational Writings*(63—64)和Zuckert, *Natural Rights*(197, 360n41)中。关于蒙田对洛克文字表述模式的影响，尤其是对洛克的《人类理智论》文风的影响，参见Colie, "Essayist in his Essay", 237, 257。更多的讨论出现在Rahe, *Republics Ancient and Modern*, 272—74, 291—92, 314—15。在他的《蒙田的政治哲学》这部出色的研究中，David L. Schaefer在多处提及他的研究对象与洛克的关系，他也引用了蒙田早期研究者关于两位思想家之关系的更全面的解释。*The Political Philosophy of Montaigne*, Ithaca, N. Y.: Cornell University Press, 1990。我感谢Professor Robert Eden最早让我注意到蒙田对于我们理解洛克的重要性。
③ 我对于洛克的思想为理性付出的艰难努力的强调也许与和Schoul的断言形成了对照。Schoul断言，洛克抱有教条的、狂热的、进步论的乐观主义(Reasoned Freedom, 172, 226, 231—32)。

将激情和意志为其所用，从而可以有效地支配我们，特别是首先要注意主流宗教信仰的合理性。从其最宽泛的意义观之，洛克政治哲学的复杂任务是为理性生活提供恰当的政治辩护，通过推动此种节制的、大众化的理性的广泛传播，确保基于被统治者理性同意的政府的必要条件，但是与此同时，保留理性作为目的本身的尊严地位。

因此，我的解读在确认洛克学说在哲学上的重要意义的同时，对将其描述为金玉其外但在道德上败絮其中的现代习俗主义提出挑战。因此，我在根本意图上与晚近的一些意在勾勒出另一种理解洛克政治思想之角度的努力相似。在过去十来年间，塔科夫、格兰特、拉帕钦斯基（Andrzej Rapaczynski）、舒尔斯（Peter Schouls）、西蒙斯（John Simmons）、扎克特（Michael Zuckert）和哈伊勒（Jerome Huyler）做出了富有洞见的研究。他们以各种方式证明，洛克的政治生活观在哲学上和道德上具有持久的影响力和意义。[①]我从他们的研究中获益匪浅，但就本导论的目的而言，这里没有必要对这些研究做一番批评性检视。随着我在如下章节具体展开自己的论证，我与他们在解释具体问题上的不同意见会逐渐浮现。这里我仅仅指出我的研究呈现出特别之处的几个方面。

与许多学者一样，我特别关心塔科夫所谓的洛克的政治道德

---

① Tarcov, *Locke's Education for Liberty* (Chicago: University of Chicago Press, 1984); Grant, *John Locke's Liberalism* (Chicago: University of Chicago Press, 1987); Rapaczynski, *Nature and Politics*; Schouls, *Reasoned Freedom*; Simmons, *Lockean Theory*; Zuckert, *Natural Rights*; Huyler, *Locke in America.* 除了上述著作，我也许还应该提及John Colman, *John Locke's Moral Philosophy* (Edinburgh: Edinburgh University Press, 1983)，科尔曼为洛克整体的哲学融贯性辩护，尽管他最终将洛克排除在一流道德思想家之外。另外，潘戈的重要著作《现代共和主义精神》（*Spirit of Modern Republicanism*）和Paul Rahe的著作《古今共和国》（*Republics Ancient and Modern*）与我所在的这类替代性解读进路之间的关系并不明朗。潘戈关于洛克思想受苏格拉底启发的说法为洛克解读提供了颇有洞见的重要创新，但是他的这个说法与他认为洛克根本上是一位功利主义者的断言存在紧张关系。我在第五章还将重新回到这个问题。

的基础这个"棘手的问题"。①尽管如此，我自己的进路的诸多特
别之处源于，我关注对洛克的哲学习俗主义指控的程度和方式。
如我之前所言，我最终拒斥这项针对洛克的指责。但是，考虑到
这项指责植根于洛克批判前现代的目的论自然观这个难题，相较
于其他当代的洛克研究者，我倾向于认为，这是一项较为合理且
在哲学上经得起一定考验的反对意见。②因为这个理由，并考虑
到这点对于至善论自由主义理论的有效性具有重大意义，我会对
其加以深入分析。这个问题意识很大程度上解释了，我为什么会
详尽讨论洛克的认识论（尤其是对自然科学的阐述），这在洛克道
德思想和政治思想的研究中并不常见。

[26]我对洛克自然状态概念和人类幸福概念的讨论偏离了
传统做法。首先，我提出，洛克的自然状态既无圣经根基，也不
仅仅是一种诠释工具，而是在将洛克研究自然科学或自然史的进
路应用于人性研究。其次，我提出，洛克的幸福观并不是资产阶
级的贪婪或富于远见的奋斗不息的自律精神。洛克将理性生活
既视为手段也视为目的，或者说，将其作为被他的非目的论自然
科学打垮的"至善"的代替物。此外，基于上述这两点，我的研究
强调洛克思想与蒙田思想的紧密关系也可算作一个特别之处。
也许，这种勾连有助于纠正洛克是情绪克制的利己主义宣讲师这
个有些夸张的名声。最后，我对洛克的政治道德的自然根基或经

---

① Tarcov, *Locke's Education for Liberty*, 77.

② 这里的例外是那些受到施特劳斯影响的学者。施特劳斯似乎认为，这种反对意
见根本无可争辩。在那些和我一样寻求替代性解读的学者中，塔科夫充分意识
到了这个困难的严重性，但是他主要意在详尽阐述洛克道德哲学（因此也是政治
哲学）的内容而非其理论基础（*Locke's Education for Liberty*, 77）。Zuckert, *Natural
Rights*没有详细分析洛克有关自然科学的具体观点，但是他确实对洛克批判有关
自然世界的目的论解释所具有的深意给出了经得住推敲且富于洞见的处理。我
和Zuckert之间最重要的分歧并不在于洛克的科学概念，而在于他对下述问题的
理解，即：洛克根据他对自然状况这个问题的理解而试图培养的理性自我究竟具
有怎样的道德地位。

验根基的理解，引导我去思考洛克有关最适于培养理性自治的伦理的文化和政治条件的看法。尽管其他学者已经就洛克专门针对孩子设计的教育体制进行了富于启发的研究，但是进一步分析洛克的政治宪制的教化意图将有助于完善这方面的研究。

三、论证的顺序

我以如下的章节顺序来展开我的论证。在第二章，从洛克自己的建议出发，我具体明确了洛克向读者许诺的理性主义是何种理性主义。洛克在其主要著作中以不同方式提出，他的政治思想基于不证自明的真理，基于(通过理性验证的)圣经启示，基于自然神学，基于非经验的纯粹演绎的道德体系。我提出，仔细评估这些不同选项最终迫使我们考察，洛克的政治思想如何基于他那种通过经验方式获得的人性观。

在第三章，我考察了洛克对自然科学的批判，特别想要弄清楚，洛克的批判对于获得有关自然和人类的自然状况(natural condition)的知识意味着什么。这里的目标是描述洛克借以证实其自然状态概念的经验的自然—历史进路。第四章关注自然状态本身，聚焦洛克对下述问题的理解的历史基础，即人类理性和人类对法的接受本身都存在问题。我想要在这个语境中说明，洛克政治哲学的核心问题在于为道德和政治理性而努力：努力实现冷静而清醒地认识人类状况的本质真相，包括其前景与局限，并根据这种认识来统治我们自己。[27]通过本章充分理解这个实质问题的基础，尤其是这个问题的心理维度，我们就能够看到，洛克有关自然状态之问题的认识如何在理论上和修辞上塑造并限制洛克对此问题的回应。

　　第五章描述了洛克对个体能动性*的阐述。本章在一个重要方面代表了我的论证的顶点。在本章中，我在洛克谨小慎微的修辞的局限内，重构了洛克对于理性追求幸福和运用理性自由——我们从这两方面完善自己要求尊严、权利和自治的主张——的看法。如此一来，我们就最终攀爬到洛克所理解的完全理性的生活的本质。在第六章，我下降到政治生活，考察洛克有关维持和推进理性生活——既包括这种生活的大众的、更独有的化身——的宪制条件和文化条件。更具体地说，我探讨了洛克的财产学说和他对合理基督教、家庭、政府机构及现代科学伟业的阐述。它们都是洛克努力处理和改进政治生活特有的无法逃避的宗派性的一部分。最后在第七章，我将就我们——当代自由主义和晚近的现代主义——如何从洛克的教诲中受益得出一些结论性思考。

---

*　[译注]译者请教了作者迈尔斯，从而得知，在他这本书中，agency是指做出理性的、负责的行为的能力。这里的"负责的"并不是指一种道德德性，而仅仅是一种令我们能够为自己的行为负责并主张拥有这些行为的特质。agency是人的人格的本质且必要的特质之一。当我用agent这个术语来解读洛克时，成为一个agent就是拥有或运用agency的能力。一个agent是在前文意义上的一个行为人，是行为的拥有者。基于迈尔斯的上述解释，译者将agency译为"能动性"，将agent译为"行动者"。参尼古拉斯·布宁、余纪元编著，《西方哲学英汉对照辞典》，人民出版社，2001年，页32。

第二章　根基问题

[37]对洛克政治理性主义的阐述必须从探寻洛克想要提倡的正义原则的基础开始。但是,这个"开始"事实上将占据本书的很大篇幅,直到第五章才告结束,本章的具体任务仅仅是澄清我们的研究目标。在《政府论两篇》(*Two Treatises of Government*)的"序言"中,洛克以他典型的暧昧但明显的大胆暗示了这部作品的总体特点和目标。他写道:"为了确保我们伟大的复辟者、我们现在的国王——威廉的王位,为了他的名位名正言顺地建立在人民同意的基础上","以向世界正视听,英格兰的人民热爱正当的和自然的权利,下定决心保有这些权利,他们已然救国于奴役和危亡之边缘。"(《政府论两篇》"序言")[①]一如评注家常常

---

① 我引用的洛克著作将以如下的缩写形式出现。*Of the Conduct of the Understanding*将以*CU*的形式出现,并标出段落编号。*The Correspondence of John Locke* (Oxford: Clarendon Press, 1976)将以*CJL*的形式出现,并标出信件编号。"A Discourse of Miracles" 将以*The Reasonableness of Christianity* (I. M. Ramsey 编辑,Palo Alto, Calif: Stanford University Press, 1958)的页码引用。*An Essay Concerning Human Understanding*将以*ECHU*的方式出现,并标出卷数、章节及段落号。*A Letter Concerning Toleration*将以*LCT*的方式出现,并标出页码(James Tully ed., Indianapolis: Hackett, 1983)。*Questions Concerning the Law of Nature*将以*LN*的形式出现,并标出段落号;采用Robert Horwitz编辑的版本(Ithaca, N. Y.: Cornell University Press, 1990)。*On the Reasonableness of Christianity* (转下页)

观察到的那样,《政府论两篇》是一部时效性作品,其写作与出版
都是为了推动、解释和辩护一场特定的政治行动。①但其实远不
止如此。洛克简洁的论述暗示,如果不能为更宏大的目的服务,
《政府论两篇》就不可能充分为其时效性目的服务。光荣革命将
"我们伟大的复辟者"推上了王位,一如洛克所希望被理解的那
样,这场革命与其说意味着古代宪制形式和英国人权利的复辟,
毋宁说意味着对一个现代政治哲学命题的肯定。我们在前一章
注意到了下属事实的革新意义,即:洛克很大程度上淡化了基于
英国立宪主义传统的常规证成模式,反而偏向于通过诉诸高级法
来论证自己的观点。洛克是否能够成功确立威廉特殊的名位并
向世界证明"英格兰人民"的做法,[38]依赖于他是否能够为一
个所谓的普遍正义原则辩护:正义的政府基于被统治者的同意,

(接上页注①)将以*RC*的形式出现,并标出对开本页码(George Ewing编,
Washington, D. C: Gateway, 1965)。*Some Thoughts Concerning Education*将以
*STCE*的形式出现,并标出段落号。《政府短论两篇》(*Two Tracts on Government*)
将以*ETG*或*LTG*的形式出现(分别指《英文短论》或《拉丁文短论》),并标出Philip
Abrams版的页码(Cambridge: Cambridge University Press, 1967)。*Two Treatises of
Government*将以*TT*的形式出现,并标出是上篇或下篇以及段落号。*The Works of
John Locke*将分别以*Works* (1823版)或Works(1877版)的形式出现,并标出卷数和
页码。博德利图书馆(Bodleian Library)的Lovelace Collection of the Papers of John
Locke中的文献以手稿位置、卷数及对开本页码的形式引用(例如,MS Locke c.
33, fol. 36)。着重号标出的部分为洛克强调,除非另有说明。

[译按]《政府论两篇》参照商务印书馆版本,[英]洛克,《政府论两篇》,叶启
芳、瞿菊农译,北京:商务印书馆,2012年;《人类理智论》参照商务印书馆版本,
[英]洛克,《人类理智论》,关文运译,北京:商务印书馆,1983年;《基督教的合
理性》参照,[英]洛克,《基督教的合理性》,王爱菊译,武汉:武汉大学出版社,
2006年;《自然法论文集》主要为译者自行翻译;《论宗教宽容》参照,[英]洛克,
《论宗教宽容:致友人的一封信》,吴云贵译,北京:商务印书馆,1982年。洛克
的早期文本*An Essay Concerning Toleration*译为《宽容短论》。

① Sterling Lamprecht, *The Moral and Political Philosophy of John Locke* (New York:
Russell and Russell, 1918); Harold Laski, *Political Thought from Locke to Bentham*
(New York: Henry Holt, 1920), 29; Richard Aaron, *John Locke* (Oxford: Oxford
University Press, 1957), 208; Peter Laslett, "Introduction", 59以下; J. W. Gough, *John
Locke's Political Philosophy* (Oxford: Clarendon Press, 1973), 138—44; Rirchard
Ashcraft, *Revolutionary Politics*, 530—91。

致力于确保某些对于人类来说自然而然的权利。

在《政府论(下篇)》的开篇处,洛克信心十足地概括了他的正义学说。"为了正确了解政治权力,并追溯它的起源",他提出,"我们必须考虑人类[原来]自然地处于什么状态。那是一种完备无缺的自由状态"和"平等的状态"(4)。自然状态(非政治状态)独有的自由和平等并不是绝对的,相反,两者相互限制。自然状态"并不是放纵的状态……人人有义务遵守的自然法统治着这种状态;而理性,也就是自然法,教导有意遵从理性的全人类:人们既然都是平等和独立的,任何人就不能侵害他人的生命、健康、自由或财产"(6)。就如自然自由受到尊重他人作为平等之人的义务的限制,自然平等也仅仅被施加了一项有限的(实质上消极的)义务,既尊重他人的独立地位,故而不得伤害他人。不过,我们凭什么或根据什么特许得到洛克归于我们的那些权利的保护?人类理性如何能够确立这种自然正义观?

在《政府论(上篇)》,洛克长篇累牍地指出,菲尔默爵士(Sir Robert Filmer)的论证,荒谬和令人奇怪的残缺不全(例如,II. 11、49、71、77)。在忍受够这一切后,那些将洛克序言中有关阐述正义的真正根基的允诺当真的读者,必定会对《政府论(下篇)》失望不已。尽管洛克声称"必定存在自然法",然而他在着手讨论自然惩罚权时却声称,"我这里不准备讨论自然法的细节"(12)。而且,洛克在《政府论两篇》里不但回避了自然法的具体内容,而且回避了自然法的基础。在《政府论(上篇)》,他暗示对这个问题的探寻将会偏离这部作品的主要实践目的,即"从古至今,为患于人类,给人类带来城市破坏、国家人口绝灭以及世界和平被破坏等绝大部分灾祸的最大问题,不在于世界上有没有权力存在,也不在于权力是从什么地方来的,而是谁应当拥有权力这个问题"(106)。

在结合洛克陈述中的其他困难考察洛克的这个说法后,拉斯莱特从更为整体的角度抱怨：对洛克来说，证明自然法的存在与内容似乎不仅偏离了《政府论两篇》眼下的目的，而且似乎总是偏离他眼下的目的。①这种抱怨可以理解，也有些道理。尽管如此，我希望说明，洛克在《人类理智论》(*An Essay concerning Human Understanding*)中坚持说"我们心中所燃的蜡烛已经足够明亮可以供我们用了"(1.1.5, 4.12.11)时，既不糊涂也不虚伪。洛克还在上述语境中坚称，我们的目的主要是实践方面的，②这就表明，与拉斯莱特下述看法相反，《人类理智论》的写作，就其与《政府论两篇》的关系而言，不是完全"为不同的目的而写，不是在完全不同的思想状态下写出来的"。③后来在《政府论(下篇)》中，洛克在某种程度上允许"此种话语"在术语使用上不那么精确(52)。[39]基于此，人们可以推知，洛克将《政府论两篇》视为纯粹的政治论著，哲学上更为严格的论证在其中没有立锥之地。④这意味着，为了更深入理解洛克所构想的正义的基础，相关研究应当超越《政府论两篇》，尤其要深入他的哲学和神学作品。然而，为了富有成效地展开此项研究，我们必须准确界定我们在寻找怎样一种证成。在我看来，拉斯莱特和其他人之所以受挫止步，是因为他们误解了洛克所允诺给出的证成类型。我将在本章中说明，探究洛克在《政府论(下篇)》开头有关正义之基础的那些主张的深层意涵，我们能更好地理解，洛克认为何种论证对于证成他的主张来说是必要的。在本章和接下来的章节中，通过反思这些最先提出的主张所隐含的论证，我们能更清楚的认识，洛克眼中的政治理性问题的复杂性和难度。

---

① Laslett, "Introduction," 82.

② "我们的职责不是要遍知一切事物，只是要知道那些关系于我们行为的事物。"(*ECHU* 1.1.6)

③ Laslett, "Introduction," 84.

④ 参见*ECHU* 3.9.3以下及Strauss, *Natural Right*，页220以下的讨论。

一、论诉诸自明的真理

乍一看，洛克与这些问题相关的第一个说法，严格来说，与其说是一个论证，毋宁说是一个先声夺人的宣言：确立自然权利学说根本无须通过真正的论证。"极为明显"，他宣称，"同种和同等的人既毫无差别地生来就享有自然的一切同样的有利条件，能够运用相同的身心能力，就应该人人平等，不存在从属或臣服关系"(II. 4)。人们从这一简洁而模糊的说法中马上会注意到，在使用"极为明显"这个短语时，洛克似乎将平等的自然权利原则归为自明的真理，一种我们凭直觉就会赞同的真理。他至少想留下这种印象的意图在接下来的段落中表现得更为明显，洛克借助"明智的胡克"的权威为自己的主张提供修辞上的支撑，后者认为人类自然平等的原则"既明显又不容置疑"(II. 5)。数段之后，自然法似乎变得更为明白易懂，这项原则不仅可以通过直觉知晓，而且实际上是天赋的(innate)原则。洛克用该隐忧惧弑杀兄弟而遭报应的例子来证明，"自然法如此平实，写于人人心中"，人人享有惩罚甚至是毁灭罪犯的自然权利。(II. 11)

某些学者从这些说法中推论说，洛克政治哲学中，某种直觉原则或天赋论构成了人类正义知识的基础。[①]这个推论尽管可以理解，但并不可靠。《政府论(下篇)》有关自明真理和天赋论的隐晦提法，自然会引导读者去探寻《人类理智论》对这些原则更为详尽的讨论，从而会碰到一个明显的问题。根据《人类理智论》第一卷对

---

① 有关天赋论是洛克自然权利的知识基础，参见C. E. Vaughan, *Studies in the History of Political Philosophy Before and After Rousseau* (New York: Russell and Russell, 1925)139. 有关自明真理是洛克自然权利的知识基础，参见Morton White, *The Philosophy of the American Revolution* (New York: Oxford University Press, 1978), 10—59. Yolton的"Locke on the Law of Nature"似乎要证明，洛克同时诉诸了某种经过修正的天赋论和自明原则(479—87)。

天赋论学说的系统攻击，根本就不存在天赋的道德原则。[40]"行动的原则确实存在于人类的欲望中，但这些远非天赋的道德原则，这些原则全盛之时，亦是人类所有道德颠覆之日"（1.3.3）。

问题尚不止于此。洛克的主要精力不但在天赋论这个具体学说，他还考察了所有有关道德知识的先验主张或未经辩护的主张，包括与天赋论密切相关的道德直觉论原则。依照洛克的解释，自明的或直觉的知识是理智所能获得的最为确定的知识。它"不可抵抗"，它"会立刻迫使人们来认知它，它不容心灵有一毫踌躇、怀疑和考虑"（*ECHU* 4.2.1）。直觉的说服力简单而又直接。只要人类是理性的，我们通过认知或把握相关名词的含义就能赞同它们。直觉的主张事实上是无需论证的陈述，人们必须予以认知与赞同。①在《人类理智论》中，洛克建议人们对任何有关不可质疑的原则的主张保持高度怀疑态度：

> 如果天赋的原则有其特有的权利，让人根据它们自己的权威不经考察就来相信它们，那么，我亦不知道，此外还有什么不可相信的东西，亦不知道还有什么可以被怀疑的原则。如果这些原则亦需要考察和检验，则我可以请问，天赋的第一原则可以如何检验得出。至少我亦该请问，有什么记号和标记可以使真正天赋的原则和其他原则有所分别；这样我好在许多妄人中间，不至于在这样重要的一点上犯错。（1.3.27；又见1.3.14、20、26）

根据自己对直觉的论述，洛克坚决否认自明道德规则的存在，一如他坚决否认天赋道德原则的存在："我想，任何道德原则

---

① 比较Grenville Wall, "Locke's Attack on Innate Knowledge," in *Locke on Human Understanding*, ed. I. C. Tipton (Oxford: Oxford University Press, 1977), 19—24。

在一提出以后，人们都可以合理地请问一个所以然的理由。但是这些原则如果是天赋的或至少是自明的，则这种问题是完全可笑的，荒谬的。"（*ECHU* 1.3.4；部分强调为作者所加）[1]否认这类规则或原则的存在是重要的，不仅仅因为这类主张是谬误。直觉论和天赋论很容易走向权威式滥用（authoritarian abuse），洛克对此异常敏感："像这样不经考察就被接受了的原则，是最危险不过的；而在道德方面，尤其如此；因为道德可以影响人的生活，并且给他们的行动以一种方向。"（*ECHU* 4.12.4）[2]道德原则能够通过理性予以辩护，这点具有最重要的实践意义。赋予某个道德原则无需理性证明的特权地位，将使道德话语堕落为"对立意志"之间完全武断的竞争。考虑到"大多数人肯毅然决然以热血护卫"他们最为珍视的原则（*ECHU* 1.3.27，又见1.3.26），这个问题不仅仅事关思想争鸣者的文明举止。随后的章节将具体表明，理论上或学说上的战争状态很难与真枪实弹的实际战争状态分离。这项观察位于洛克政治哲学的核心。

人们会感到奇怪，洛克为什么在他最政治的著作《政府论（下篇）》中，向读者推荐一种被《人类理智论》斥为理论上权威主义且政治上危险十足的证成方式。[41]洛克充分意识到，主张天赋或自明的道德真理会遇到哪些困难。这在《政府论两篇》与《人类理智论》中都体现得很明显。在《政府论（下篇）》中，在提出自明或天赋的道德法的说法后，洛克马上指出，自然法的知识既不是自然的知识，也不是直接获得的知识，而是需要研习的知识。（II. 12、124）。[3]我们现在最好先不管洛克这种怪异行文的原由，先深入考

---

[1] 洛克在早期未出版的《自然法问答》（*Questions Concerning the Law of Nature*）中，更为明确地否定自然法的天赋论或自明性。他指出，自然法"隐藏在黑暗当中"，只有付出辛勤的哲学劳动，才能重见天日（fol. 34，又见fols. 16, 37—46）。

[2] 有关自明原则或直觉原则暗含的权威主义含意，参见White, *Philosophy of the American Revolution*, 14—20。

[3] Strauss, *Natural Right*, 225—26。

察一下《政府论(下篇)》开篇有关正义学说的基础的说法。

　　从严格意义上来理解，洛克首先提出，从既定的物种平等(species equality)这个基本事实推出自然的道德平等，这点"极为明显"(II. 4)。在接下来的段落里，他将"人类依凭自然而平等"，"既明显又不容置疑"(II. 5)这个更宽泛也更模糊的看法归给(他自己显然赞同这个看法)胡克。因此，《政府论(下篇)》开篇的意思显然是说，从人类物种平等这个基本事实推演人类的自然法权平等(jural equality)是自明的真理，而且也许还意在表明，人类的物种平等这个事实本身就是自明的真理。①用最简单的话来说，洛克的推演得出了一种基本分配正义原则的变种：平等对待平等的人。两个问题随之而来。首先，洛克从物种平等这个假定事实推出自然权利平等，其有效性是自明的吗？其次，人类物种平等这个基本事实本身真的是自明的吗？我将按顺序分别考察这两个问题。对于第一个问题的仔细检讨立即要求我们考察洛克著名的"制造物"论证。

二、上帝的制造物论证

　　对洛克所谓的推演稍加反思就会发现，洛克这个推演的有效性无论如何都不是自明的。洛克的推演取决于几个限定条件，他直接或间接使我们注意到这些条件。首先，物种平等的事实意味着道德权利的平等这个推演基于下述前提，即：不存在某个更高的存在者(一位"同一物种全体成员的主宰")"明确宣称"此物种成员间存在正当的不平等(II. 4)。为了当下的分析，让我们

---

① 关于演绎的自明性，洛克坚持认为，"在证明性知识方面，理性每进一步，必然伴有一种直觉的知识；我们每走一步，必须凭直觉认识此一个观念与下一个中介观念(它可以用作证明)间的契合或相违"(ECHU, 4.2.7)。

先假定，洛克在《政府论（上篇）》中反驳菲尔默时已然确立了这个条件。但是，洛克肯定会赞同，即便不存在任何上帝授权的权利，仅仅物种平等这个事实也不能证成他最初的推演。例如，就弱肉强食的非理性肉食动物来说，平等对待平等者的规则并不会产生某种免于"从属或臣服"的关系，反而只会产生一种弱肉强食的平等权利或平等机会。这种反驳提出的问题似乎促使洛克更坚定地诉诸上帝制造物这个原则。

这个"制造物"论证，至少在它被提出来后的大约一个世纪里，成为最突出、最具历史影响力的洛克有关正义之基础的论证，[①][42]当下，它在许多学者那里再次成为洛克的政治哲学的根基。根据这个论证，并不存在一位授权从属或臣服关系的上帝或更高存在，恰恰相反，存在一位禁止我们伤害或支配他人的神。人类不能对他人的财产提出要求，因为我们全都是"全能和无限智慧的制造者"的"制造物"，故而是这位制造者的财产，"奉他的命令来到这个世界，从事他的事务"，负有尊重、保存自己和他人的积极义务（II. 6；又见56, 79）。[②]因此，上帝的制造物这个事实似乎是作为洛克论证前提的物种平等这个事实的基础，或者证成了这个事实。那么，谁是这位"全能的、无限智慧的制造者"？我们如何知道他的存在以及他的立法神意？

在《人类理智论》论"信仰和理性以及其各自的范围"一章中，洛克确定了两种回答上述问题的可能方式。有关上帝的存在与活动的知识可以通过理性或启示的方式传递给我们：要

---

① Dworetz, *Unvarnished Doctrine* 里多处出现。

② 有关制造者或创造者对其作品的权利，参见《政府论（上篇）》50—54、《政府论（下篇）》27、40—48。有关制造物论证对洛克的重要性，参见Tully, *Discourse on Property*, 3—4, 34—51; Colman, *Locke's Moral Philosophy*, 187—90; Ian Shapiro, *The Evolution of Rights in Liberal Theory* (Cambridge: Cambridge University Press, 1986), 96—108; Ashcraft, *Locke's Two Teatises*, 35—47; Huyler, *Locke in America*, 36—37, 79—100。

么通过"根据各观念进行演绎……这些观念是运用我们的自然官能……得来的",或者基于"说教者的信用……以特殊的传达方式由上帝来的"(4.18.2)。在洛克早期有关自然法的手稿里,洛克将"超自然的神启方式"排除在他的探讨范围之外(*LN* fols.23—24)。在后期出版的作品里,洛克扩展了早期手稿中的看法,有意使其制造物论证得以同时诉诸两种方式。特别是在整个《政府论(上篇)》,洛克诉诸的上帝制造物原则都显然指向圣经中的上帝(II. 30, 53, 86)。

如果我们基于这些陈述及其他相关陈述假定,洛克将神圣制造者等同于犹太—基督教所启示的上帝,那么,为了主张有关这位制造者的知识,洛克必须拥有关于圣经启示本身的可靠性的知识。于是,他在《人类理智论》中分析信仰与理性的区别时,两者各自"范围"的区别似乎变得不那么清晰了。洛克强调,自己重申了对阿奎那论信仰的下述理解,即:信仰高于理性,但并不与理性相悖。他坚持认为,如果我们将上帝视为"我们存在的宽宏的制造者",那么为了与之保持一致,作为信仰恰当目标的启示真理就不能破坏"上帝制造物模式中最为优秀的部分",也就是理智。启示真理不能与明白的、自明的或被证明的理性命令相矛盾,尽管它们可能取代理性做出的概然性猜测(*ECHU* 4.18.5—7)。在这种情况下,就信仰的主张而论,不可自我矛盾这项标准作为检测信仰合理性(reasonableness)的标准到底能起到多大的限制作用尚不清楚。尽管如此,清楚的是,为了将恰当的信仰区别于纯粹的狂热,洛克坚决让信仰或启示的主张接受合理性的检验。他勉强承认,"凡上帝所启示的都是确乎真实的";然而,牵涉到根本问题时,"它究竟是否是神圣的启示,则只有理性能做出判断"(4.18.10)。[43]洛克得出结论,尽管有人将信仰"与理性截然对立,但事实上,信仰不过是建立在最高程度理性基础上所要求人们做出的赞同"(4.16.14, 4.17.24)。他自信地宣称，"在任何事情上，我们都必须以理性为最终的裁判者和向导"（4.19.14；比较*TT* I. 58）。

　　考虑到洛克对合理区分真宗教与假宗教的必要性与可能性的肯定，洛克表白自己对基督教的虔信必然会激发许多读者的期望。面对气急败坏的爱德华兹（John Edwards）的指责，洛克宣称"我当然是一位基督徒"（*Works* 1823, 7.359）。此外，洛克类似的信仰表白广泛散见于他发表和未发表的著作中，似乎也支持了他的说法。即便在最理性主义色彩的著作中，他也声称，"旧约与新约文本中所言之事句句是真理，毫无谬误"（*ECHU* 3.9.23；比较*STCE* 158）①这似乎是比基督教不与理性真理矛盾这个最低限度的命题更有力、更肯定的说法。然而，我们必须格外小心地理解洛克肯定基督教真理的准确意思。正如他试图改善我们的科学探索一样，洛克也试图在更坚实的根基上确立我们的宗教信仰，找寻出真正的或最好的"准则，理性造物能够也应当用来……支配他的意见的准则"。人们必须对下述可能性保持敏锐，即：与洛克的其他看法一样，洛克所推荐的支配我们赞同宗教教义的准则，将会显得"颇为新颖……或偏离了寻常道路"。（*ECHU* 1.1.6，"致读者"，8）事实上，洛克并无意赋予自然理性提供基督教历史证据及其他有关神圣启示的主张的能力。这点将随着他论证的展开而逐渐清晰。对于那些渴望对基督教启示做出理性验证的人来说，洛克暗地里推荐了一种主要基于道德原则而非圣经时期的历史证据的论证。

　　从洛克典型的对这个敏感问题拐弯抹角的讨论中，人们可以推导出，任何从历史角度验证某个有关实定神启的主张的努

---

①　洛克宣称，基督教作为上帝意志的实定启示具有真理性和真实性，又见*RC* 237, 239.240；*Works* 4.96, 6.144—45, 356, 424。他指出，新约包含了或提供了真正道德的基础，参见*Works* 1823, 3.296；*STCE* 185；*RC* 239—45。

力都面临两个主要困难,分别对应我们接受此种启示的两种方式,
洛克将其命名为"原始的"(original)启示和"圣传的"(traditional)
启示:"所谓原始的启示,是指上帝直接印入的印象……至于圣传
的启示,是就文字语言向他人所传的那些印象而言,亦即指平常
互相传达思想的那种途径而言。"(ECHU 4.18.3)当然,大多数或所
有坚信实定启示真理的信徒,现在必须依赖后一种方式。洛克在
专门讨论理性与信仰的关系时,并没有直接挑战人们可以验证通
过圣传传播的启示这个可能性,它仅仅做出了下述耐人寻味的(并
容易惹人误解的)表述,即:针对这种主张,"理性有更多的事要
做"(ECHU 4.18.6)。尽管如此,在更为一般地讨论赞同历史证据
这个问题时,他宣称:"在圣传的真理方面,每推移一步,就要把证
明的力量减弱,而且圣传所经的人数愈多,它的力量和明显程度便
愈为减少。"(ECHU 4.16.10。比较Works 1823, 6.424)尽管洛克与阿
奎那对于理性与信仰的一般关系看法一致,但是洛克对圣传证据
所持的怀疑态度完全与阿奎那相悖。[44]阿奎那认为,古代世界的
大量皈依者为基督教的启示提供了重要的概然性支持。①

　　这并不是要忽略他的下述主张,即:尽管当"各种证据如果
和普通经验冲突,而且与历史和见证的报告,又和自然的普通进
程冲突,或者它们自相矛盾起来"时,要证成赞同会较为困难,但
是神迹"如有适当证验,则不但它们自身得到信仰,而且会使其
他需要它们来证实的真理得到信仰"(ECHU 4.16.9, 13)。在《基
督教的合理性》中,洛克肯定,耶稣及其追随者的神迹确实能够
得到很好的验证,或者说,这些神迹"永远无法也绝不能够被任
何基督教的敌人或反对者所否认"。当我们看到,在福音书中大
量使徒自己否认了这些神迹,洛克的此种肯定就显得非常令人

_____

① 参见*Suuma Contra Gentiles*, 1.6。

惊讶，[1]而评注者们也正确地让我们注意到这个说法是明显错误的。这方面最具启发性的一点是洛克选择了尤利安皇帝(Julian)做例子。正如迈克尔·扎克特指出的，这个例子"与洛克所意欲传达的信息恰好南辕北辙"。[2]与其同时代的见证相比，这个例子的历史久远性与模糊性，使得洛克很难证明，圣传记述可以确证基督教启示。

如果我们来考察有关原始启示的主张的基础，就会碰到更深层的困难。为了避免狂热，自诩接受此种启示的人必须自问："我如何晓得，上帝真就是这位启示者？我如何晓得，这个印象是上帝用他的神圣精神铭刻在我的心里的呢？我如何晓得，我故而应当服从这位启示者？"洛克坚持，这种纯粹主观的确认，不管打了多少包票，都是不够的。因而，"直接接受上帝启示的古代圣人，除了把自己内心确信的自然之光当作证据，还需要寻找其他证据。"这些"其他证据"要有"外在标志"或"可见标志"，得是看得见的神迹，以便说服他们自己或其他人自己收到的这个信息是真的。(*ECHU* 4.19.10—15; *RC* 143，237，240，242)这些标志是"理性不可能搞错的"。理性如何确定神迹的真伪？在这个关键时候，洛克的讨论戛然而止，显然满足于只提问而不作答。

对于洛克的沉默不语，唯一真正合理的解释只能是，洛克并不相信人类理性能够确立任何异常事件的神迹属性。在洛克逝世后出版的的手稿"论神迹"(*A Discourse of Miracles*, 1702)中，他径直肯定，神迹是"任何神启信仰者最终必然依赖的根

---

[1] 感谢Doug Kries教授提醒我注意这个事实。

[2] 比较*RC* 237, 240以及Michael Zuckert, "Locke and the Problem of Civil Religion", in *The Moral Foundations of the American Republic*, Robert Horwitz ed., (Charlottesville: University Press of Virginia, 1986), 198. 这个论证的扩展版出现在Michael Rabieh的 "The Reasonableness of Locke, or the Questionableness of Christianity," *Journal of Politics* 53, no. 4 (November 1991): 949—50.

据"(86)，并且隐含地表示，尝试确认这些神迹将面临无法克服的困难。他提出了一种随意的神迹定义，"一种可感知的运行，这种运行是见证者无法理解的，而且在神迹见证者看来，与业已确立的自然进程相悖。被他认为是由上帝带给他的"(79)。他部分基于教化方面的理由来证成这个定义的随意性：将神迹更严格的定义为"一些与确定的、业已确立的自然法相悖的运行，"[45]或者更进一步严格地定义为"超越所有被造物能力的神力运行"，将意味着，"即便不是就全人类来说，至少就头脑简单、目不识丁的人（绝大多数人都是如此）来说，神迹就没有什么意义了"(86)。有人对此提出反对意见：那种更随意的定义会将神迹相对化，从而使神迹无法成为神启的无效见证。洛克对此回应说，"携带比反对方更大的力量"可以作为将"某种非常规的运行"确认为神迹的充分诱因(82)。如果不同的神迹被认为验证了相反的或矛盾的"差遣"(missions)，真正的真相只能取决于哪方展现了更大的超自然力量。

　　然而，洛克的回应引出了几个相当困难的问题。如果"非常规的运行"之间不存在直接对立，甚至根本不存在任何对立，这种情况我们当作何判断？在不同的非常规运行间存在相反见证，仅仅某一方的力量更强这个事实是否足够确立其神圣性，还是说，这里需要设定一个最低程度的力量？存在相反的超自然运行是否应被认为证明了对立诸神的存在？我们如何准确判断展现出的力量有多大？做出这种判断本身难道不就要求我们掌握有关自然对抗超自然力量的知识，故而要求我们掌握有关物理自然法则的知识吗？洛克承认只有哲学家"能（至少能装作）知晓自然法"，没有人能确定上帝之下、人类之上的造物具有怎样的力量，因此他质疑"任何人，无论是博学之士，还是无知之人，能够在大多数情况下肯定地说，某个特定的运行是神迹"(86)。这不过是对这里涉及的困难的保守分析。一如洛克在《人类理智论》所言，有关自然法或自然存在物之力量的完备且完整的知识完全超出了人类理性的能力。如果严格确定神迹需要人们具备此种知识，人们就只能得出下述结论，即：人类的理性无法严格确定神迹，故而不能严格确证有关神启的主张。[①]在后期几封论述宽容问题的信中，面对着坚持教义的普罗斯特(Proast)，洛克明确否认，人类能够拥有关于基督教真理的确定知识。(*Works* 1823, 6.144, 424, 557—59)

就此点而论，人们兴许想知道，这个论证是否会疏离理性与信仰，而非加强两者的合作以对抗迷信。这个问题引出的一项反驳将对本书研究洛克的进路造成致命的威胁。如前一章中所提，某些学者坚持认为，随着他们日益看到洛克在验证基督教启示和阐述严格的可证明的道德科学上存在不可克服的困难，洛克晚年放弃了《人类理智论》中的理性主义，将基督教信心论(fideism)作为他的道德和政治教诲的唯一基础。[②]这种观点认为，将洛克从根本上视为政治哲学家或理性主义者而非政治神学家的做法，无视洛克(尤其是《基督教的合理性》)有关自己的政治思想的基础的成熟思考。[46]既然我从根本上将洛克解读为理性主义者，那么为了替我的这个解读扫清道路，就有必要证明，相关证据决定性地反驳了将洛克排他性地解读为基督教政治神学家或怀疑主义信心论者的做法。

首先，如果洛克退守到一种怀疑主义信心论立场，有效瓦解

---

① Richard Sherlock和Roger Barrus, "The Problem of Reglion in Liberalism," *Interpretation* 20, no. 3 (Spring 1993): 297, n15. Tully满足于假定，对洛克来说，启示是理性的基础。他对《论神迹》的解读相当草率且过于轻信(*An Approach to Political Philosophy*, 228—31, 313)。

② Dunn, 86, *Political Thought*, 80, 187—99, 263；又见*Locke*, 66。比较Richard Ashcraft, "Faith and Knowledge in Locke's Philosophy," in *John Locke: Problems and Perspectives*, ed. Yolton, 214—23; Laslett, "Introduction," 88—89; Spellman, *Locke and The Problem of Depravity*, 126—29。阿什克拉夫特后来又说，洛克从未持有一种理性主义伦理学。洛克始终肯定启示相较于理性的优越性(*Locke's Two Treatises*, 256, 267n16)。

信仰与狂热以及政治(civil)利益和属灵利益之间的重要区分,这差不多意味着他整个神学政治论事业的崩盘。洛克不可能没有意识到这种退却将会给他有关宽容、宗教应受理性审查的论证,以及合法政府应基于被统治者的理性同意的论证致命一击。但是,在创作《基督教的合理性》期间及其后,洛克仍然为其宽容论辩护,并且为《人类理智论》增加了一章("论狂热",在第四版中首次出现)。他在该章一如既往地指出,启示的主张应服从理性的判断,并且再次肯定了证明性道德科学的可能性(见1696年给朋友莫利纽克斯[William Molyneux]的信)。①此外,正如《人类理智论》事实上没有允诺理性享有在政治社会确立道德法的绝对能力(我们很快会看到这点),《基督教的合理性》也没有简单宣布理性无法完成它的道德任务。当洛克在《基督教的合理性》中宣称"没有得到信仰协助的人类理性会使人在道德大问题上失败"时,他并没有说,人类理性无法发现真正的道德原则。他说,理性"绝不能从毫无疑问的原则出发,通过清晰的演绎,得出整个'自然法'体系",理性并没有将自然法"作为律法"颁布给人类(241—42)。他在《基督教合理性》中对道德理性主义的具体批评(之前已经出现在《人类理智论》中)是在说,优先了启示的理性无法以令人信服的方式向人类的大多数显示道德规则的约束性或权威性。②具体的问题在于,不同于启示,没有信仰协助的理性无法提供"最确定、最把稳、最有效的道德教诲方式"。对于没有闲暇或能力进行证明的人类绝大多数来说,就更是如此。(RC 242—43;比较ECHU 4.20.2—5)

那些将此类说法视作洛克明白拒斥道德理性主义的学者需

---

①　见Colman, *John Locke's Moral Philosophy*, 138—40; Michael Ayers, *Locke* (London: Routledge, 1991), vol. 1, 123—24vol. II, 190; Marshall, *John Locke*, 436—47。

②　Ayers, *Locke*, vol. II, 190; Rabieh, "The Reasonableness of Locke," 942以下。

要记住，洛克有关令道德哲学深受其害的意见分歧或派系主义（sectarianism）的抱怨同样适用于圣经宗教（尤其是基督教）的历史实践（*ECHU* 3.9.23;《宽容短论》各处）。为了克服世俗道德哲学的派系主义，洛克不可能诉诸基督教的历史实践，而必须指望一种去除其自身历史派系主义的基督教。在他的成熟作品（尤其是《基督教的合理性》）中，洛克提出了这样一种对基督教的纯化式解读，突出基督教的宽容、和平，尤其是合理性。《基督教的合理性》强调，没有信仰协助的理性不能使道德真理普遍奏效。这并不意味着要放弃此类道德理性主义，而是要放弃那种在洛克时代的自然神论者及后续的启蒙思想家中占支配地位的过度理性主义（hyperrationalist）狂热。（见*Works* 1823, 2.265）[47]尽管洛克将《基督教的合理性》献给"真正基督教"的读者，但是他仍坚持该书标题暗含的意思，即"理性向我们确证了"启示真理（*RC* "序言"，243）。

相同和相似的证据也能够回应另一个与此相关且更具挑战性的反驳。这个反驳针对《基督教的合理性》有关道德理性主义的限度的表述。洛克断言，基督教启示的巨大而具决定性的优势在于，它提供了明确的奖惩来支撑道德生活，因为启示应许了没有信仰协助的理性无法证明的来世生活。"只有立于这个基础，道德方能任他东西南北风，我自岿然不动"（*RC* 245）。即便基督教启示不是道德知识的排他性来源，洛克难道不是肯定了，基督教启示具有使法律获得实效的排他性力量吗？回答是否定的：洛克始终如一地肯定，理性在发现道德法的内容及强制机制两方面都发挥作用。对于这个问题，《基督教的合理性》的做法与《人类理智论》相似。在《人类理智论》中，洛克表面上明白宣称上帝和道德法的来世奖惩的必要性，暗地里却悄悄限定了这些宣称。这些限定隐含在他的下述说法中：首先，来世惩罚的纯粹概然性（与纯粹的确定性相反）至少能为某些人提供道德的充分支撑；其次，对于某些人(即便不是大多数人),此世的惩罚能够为道德提供比来世惩罚更为有力的支撑(比较*ECHU* 1.3.6; 2.28.8、2.21.70; 2.28.12;又见《道德》(*Morality*) MS Locke c.28 fols. 139—40[①])。在《基督教的合理性》中,洛克表面上明白的断言也在语境中受到了限定,来世惩罚只用于"普罗大众",那些"不能使知之,必须使信之"的人(245,243)。洛克始终如一地坚称,至少对于少部分人来说,没有信仰协助的理性不仅能够发现道德规则的实质命令,也能够发现道德规则的充分动机支持。

由于将洛克视为怀疑主义的信心论者(fideist)或教条的理性主义者都不合理,我们就必须进一步探究,洛克希望保持并强化的(合理的)信仰与(不合理的)迷信之间的区分的根据是什么。洛克悄悄指出,不可能从历史上确证有关实定神启的主张。他这样做仅仅是想表明,只要这种主张取决于确立神启的历史确证,信仰就注定会沦为狂热。至少通过敦促《人类理智论》更为"明辨且眼尖"的读者探知宗教信仰的理性基础("致读者",9),洛克敦促他们将自己从迷信中解放出来。然而,通过含沙射影地指出,任何神启主张的历史确证的不可能性,洛克悄悄地准备将这种不可能的故而具有破坏性的标准替换为另一种更合理的准则,用以区分信仰与狂热。这有助于解释,《人类理智论》在结束理性与信仰的讨论时出现的令人困惑的大转弯。在表明为如何确证神迹这个难以回答的问题提供一个令人满意的答案对于树立恰当的信仰至关重要之后,洛克在总结时语气平和地保证说,这种答案根本没这么至关重要[48]:"上帝能够且有时会不用特殊的标记……启迪心灵……任何行动或见解如果契合于理性或圣经,则我们可以将其视为具有神圣权威"(4.19.14, 16)。除开神迹,我们还能凭什么来认定,圣经的教诲以及理性的教诲有神圣

---

① Sargentich将这篇手稿发表为 "Locke and Ethical Theory," 26—28。

权威的支持？

到最后，矛盾律的检验是洛克提供的唯一标准。我们没有理由否认某个宗教教义的真理性，除非它与理性确立的真理矛盾。换言之，即便没有能力确凿地确立某些具体的神启主张的真理性，我们仍然能依据一个更宽泛的标准判断这些主张的合理性。更具体地说，据此标准，我们能够断定，如果某个宗教教义，不与理性能够确立的有关上帝及上帝为人类设定的目的的结论矛盾，就具有某种最低限度的合理性。这项标准能使洛克积极评判基督教的合理性。尤其是在本书第六章，我们将分析，在洛克看来，恰当理解的基督教如何促进健康的道德和政治状态。目前最重要的是认识到，这个合理性标准对洛克制造物论证的重要性。在肯定圣经的真理性的同时，洛克至少鼓励某些读者探究这种肯定的依据，带着我们得出了下述初步结论，即：对基督教的合理赞同，其基础在于，基督教与理性在道德生活中的发现相吻合，也就是与自然法或自然神学吻合。为了彻底搞清楚制造物模式论证，人们必须离开圣经解释或神圣实定法，考察"自然宗教的戒律"。洛克认为这些戒律"对于所有人类来说，都是清楚明白的，几乎不能被反驳"（*ECHU* 3.9.23；比较*RC* 13—27，230—52）。①

相较于《政府论两篇》，我们可以在《人类理智论》中发现对于制造物论证更明显理性主义的阐述。在《人类理智论》的第四卷，洛克为肯定"上帝的存在"提出了如下论证（简要来说）：人类对我们自己的存在与智慧拥有一种本能的意识；人类存在不是永恒的，而是有一个开端；认为智慧存在物由非智慧存在物进化而

---

① 比较*TT* II. 6, 25。正如Pangle所说，在《政府论（上篇）》的某个地方，洛克不再将《圣经》视为独立的权威，随后便强调《圣经》的教诲符合自然法（*Spirit of Modern Republicanism*, 149）。又见Adam Wolfson, "Tolerance and Relativism: The Locke-Proast Exchange," Review of Politics 59, no. 2 (Spring 1997): 223—24。

来是荒唐的；因此，人类必定是拥有更高权力与智慧的永恒存在（我们可以称为"上帝"）的造物(4.10)。在这个上下文中，洛克没有分析这个论证在立法层面上的意涵。但是，他显然不满足于，从我们由享有更高权力和智慧的永恒存在创造而来这么一个前提推出人类的权利与义务，故而在《人类理智论》的其他地方详尽阐述了上帝的观念。他推理道，"我们所拥有的最先进的关于上帝的观念"是这样一个存在，我们将自身各种完美无限归因于这个存在。"因此，我们如果在反省内心时，得到'存在'、'知识'、'权力'、'快乐'等观念，"而且我们又以为这些观念有甚于无，多甚于少，则我们会把这些观念结合起来，并且各个赋予以无限性，使我们得到一个永久、[49]遍在、全能、全智、鸿福的上帝的复杂观念(3.6.11)。相应地，洛克随后提出，构成神圣造物主将我们作为他的制造物来统治的基础，不仅是无限的力量、智慧，而且还有"无限的……善和智能"（比较*ECHU* 4.3.18; 2.23.8; 4.13.3以及*TT* II. 6)。为了赢得人的服从，神法必须有最终的惩罚，而且必须关心人类的福祉，必须有智慧引导我们走向恰当的目的。因而，洛克在《基督教的合理性》的开篇就暗示，"伟大而无限的上帝的正义与善"构成了所有宗教的根基(1)。

然而，仍有必要更具体地探究神的智慧、良善及正义的本质。智慧的、良善的、正义的上帝既是人类的造物主，也是比人类"更低等造物"的造物主，而洛克又毫不含糊地坚称，人类肯定拥有对动物及更低形式存在物的绝对而专断的权力。我们能够"为了更高贵的用途，不顾低等造物的保存"，正当地毁灭低等造物。用来维系更高贵存在物（也就是"人"）的生存，显然是低等造物更高贵的用途(*TT* I. 85—87, 92; II. 6)。洛克所理解的上帝智慧与良善允许而且实际上要求高贵造物与低等造物的区分，这就要求以适于这些造物各自的特殊本性的方式来统治它们。因此，为了确立人类在根本权利上的自然平等这个原则，洛克认为有必要在上帝的制造物这个前提之外再加上一个前提。"有关一位权力无限，善意无极，智慧无边的无上的神灵（我们是他的制造物并且依靠于他）的观念，以及我们自己是拥有理智的、理性的存在物这个观念"，这两个观念"是我们的责任和行为规则的基石"（*ECHU* 4.3.18; 比较4.13.3）。

洛克坚决否认实定神启会背离理性的明白命令。这正是基于他对上帝的智慧、良善与正义的上述理解。据此前提，如下推论乃不可想象，即：一位智慧的上帝赋予人类独有的理性官能（同时没有赋予我们某些占支配地位的亚理性本能），但却颁布法律，"将他自己所给我们的知识的一切原则和基础推翻，使我们的一切官能都无用，使他的最神妙的制造物——人的理智——都毁灭了"（*ECHU* 4.18.5，又见4.17.24; 比较*TT* I. 56—58, 86）。根据同样的道理，上帝创造人类时赋予其追求幸福的不懈的、不可遏制的欲望，但却颁布一种如果予以服从则将为人类带来不幸的法律，这与上帝的良善与智慧不一致。（*ECHU* 1.3.3; *RC* 245）人类所遵从的道德法必然与人类对幸福的理性追求相容。事实上，洛克坚称，道德法的基本内容就是理性地追求幸福。①

第五章将更为细致地表明，我们还可以进一步分析这个论点。洛克宣称，理性地追求幸福确实是道德的，只要这种追求是为了获得上帝的奖赏（*ECHU* 1.3.6; 2.28.5, 8）。[50]假设洛克这里所说的上帝的奖赏是永恒救赎，那么人们会认为，理性地追求我们的来世目的可能需要完全牺牲我们的此世幸福。然而，同样的道理，智慧而善意的上帝既然要坚持自己救赎的允诺与定罪的威胁，他就应给人类提供一条通向救赎而远离永罚的可被发现且畅行无阻的道路。如果（1）只有当实定启示与自然启示相容时，

---

① Sargentich比较了*ECHU* 2.21.51和《道德》（*Morality*）这个残篇，"Locke and Ethical Theory," 26: "道德是人类获致幸福的规则"。

实定启示才能被确证；(2)自然启示对于来世问题缄默不言，那么就可推知，通向永恒幸福的道路必不会偏离通向世俗幸福的道路。两条路实为一条路，摆在我们面前。上帝意欲的道德善最终化约为理性推崇的那部分自然善（见*ECHU* 2.28.5）。

尽管《政府论(下篇)》似乎赋予上帝的制造物这项原则以首要地位，但是《政府论(下篇)》的论证也指向这个结论。在他最初谈及物种平等这个概念时，洛克认为，人类个人"都笼统地生来享有自然的一切同样的优势，能够运用相同的身心能力"(II. 4；比较II. 6及*TT* I. 67)。人类这个物种的平等这个前提意味着，所有人都平等享有那些基本权利，如果所有人都被"笼统地"或平等地赋予某些高贵的官能。洛克紧接着再次明确表示，我们作为人类成员被平等赋予的独特优势或高贵官能就是理性。自然法就是理性法。违背"理性的正当规则"就是"背离人性的原则"。这样做就是放弃人的权利，屈从强力法则或暴力法则——"这是野兽的存在方式"(II. 6、10—11、57、172、181；比较*ECHU* 1.1.1)。归根到底，正是我们特有的理性禀赋，而非上帝的制造物这个事实本身，将我们抬升为基本权利的平等享有者，使我们在高于低等造物的同时，自身内部并不存在三六九等。①

值得反复强调的是，这个结论无论如何都不暗示，洛克诉诸上帝的制造物原则的做法无关紧要。我只是主张，尽管洛克认为上帝的制造物这项原则对于道德能够具有实效来说相当重要，但是洛克对人类权利与义务的基本内容的理解最终取决于一种独立于上帝的制造物原则的人性理解，这种理解通过运用无需信仰协助的理性而获得。在后面的章节中，我会提出下述更为具体的

---

① Harvey C. Mansfield, "On the Political Character of Property in Locke," in *Powers, Possessions, and Freedom,* ed. Alkis Kontos (Toronto: University of Toronto Press, 1979), 33以下。

论点，即：洛克试图增加至少是政治道德对理性赞同的依赖，故而倾向于多少缓和道德对实定启示真理或来世惩罚的依赖。尽管如此，我现在关心的问题仅仅是要说明，洛克没有将一种基督教信心论甚或对某种神学论点的理性赞同，视为正义原则真正且排他的基础。毋宁说，在他有关理性与信仰在政治生活中角色的阐述中，我们能够看到的是一种粗糙的(当下的自由派也许会说)洛克的"重叠共识"，尽管比罗尔斯的"重叠共识"更为狭窄，在政治上更为自觉。在他所有成熟作品中，洛克都尽力在其政治思想的基础部位为两个形象留出空间：一位十足的理性主义者，坚信理性只有得到宗教的协助才能支配公共事务[①]；[51]一位基督教信徒，断定自己能够提出一种基于无需信仰协助的理性的道德论证，为真正的纯化的信仰服务。然而，两者都必须维持的共同的公开的根基是自然权利的正义学说，而这个根基基于一种无需信仰协助的理性能获得的对人类物种之本性的理解。

我认为，洛克有关自然权利之实质的论证，其焦点在于人类在理性方面的平等这个事实，而不是上帝的创造这个事实。接下来，我们要进入前一部分结尾处涉及的第二个问题。理性这项官能如何使我们有资格成为基本自然权利的享有者？对于这个问题，有许多话可以说。但是，如果暂且抛开这个问题不谈，将人类平等拥有道德或法权上合格的理性官能作为洛克的前提，那么他的自然权利演绎的有效性显然就没有什么问题。唯一成问题的只是这个前提本身是否为真。正如我们所看到的，至少在《政府论(下篇)》中，洛克希望给人留下下述印象，即他起初有关基本自然权利的推演源于一个自明的前提。然而，正如当下的思想家几乎都无法将这个前提视为自明的真理，我们有充分的理由怀疑，洛克本人是否仅以如此简单的方式来肯定人类在理性上的平等这个前提。

---

① Zuckert, "Locke and the Problem of Civil Religion," 182—83, 201—03.

　　在《人类理智论》中，除了关于我们自己的存在和上帝的存在的知识外，洛克否认我们对于任何实在的存在拥有直觉知识。即便我假定，自己拥有关于自己存在的直觉知识，甚至拥有关于我作为会思考的存在物而存在的直觉知识，我也无法宣称下述两个主张是自明的真理，即：我的思考能力就是那种使我成为自然权利享有者的推理能力；其他会思考的有限存在物存在并拥有必备的官能（见4.7.4；4.9）。根据《人类理智论》有关直觉知识的分析，《政府论两篇》里的法权前提似乎并不是一个自明的真理。这个前提仅仅是一个命题，需要经验或历史方面的确认。但如果是这样，洛克的论证在这个节点上会面临严重的困难：如果《政府论下篇》的正义原则依赖于我们有关自己的类本质（species nature）的经验知识，那么这些原则就依赖于一种《人类理智论》认定不可能获得的知识。（3.3；3.6）[1]

　　某些学者提出，为了避免这个困难，洛克提出了一种众所周知但却难以理解的证明性道德科学，试图使得道德知识不再依赖于自然知识。因此，塔利论证道，"《人类理智论》的主要思想体系的目标在于，证明道德与政治知识潜在的确定性与科学地位，阐明道德与政治知识对自然知识的优越性。"[2]尽管洛克在修辞上将《人类理智论》对于道德问题的关切置于从属地位，[3]但他

---

[1]　Laslett, "Introduction," 81—87.

[2]　Tully, *Discourse on Property*, 26.

[3]　在简要叙述《人类理智论》的成书经过时，洛克拒绝透露下述事实，即最初引发讨论的那个"非常遥远"的主题涉及"道德原则和启示宗教"（《人类理智论》"致读者"，7；Nidditch, "Foreword," xix）。与此类似，他通过对《人类理智论》的布局表明此书实际上不涉及道德问题。整部书没有一章的标题与道德问题直接相关。确实，讨论道德的章节也完全以偏离主题的方式出现。在2.21.72处，洛克希望，"读者能够谅解他偏题"讨论人类自由问题，但是对自由问题的讨论实际上占据了《人类理智论》最长的一章。（比较2.28—4.17）Nidditch贴切地指出，"洛克优先关注的是人类行为，而非科学探索，但是他又极力遮掩这点，这颇具讽刺意味"（xviii）。比较Colman, *John Locke's Moral Philosophy*, 1.

却做出不少鼓励这种解读的举动。他在《人类理智论》的结尾章节宣称，自然研究"完完全全区别于且不同于"伦理科学或道德科学。[52]他在整部作品中都坚称，无论我们对自然世界的知识如何的不完善，"我们心中燃烧的蜡烛，"如能得到正确的引导，"已经足够明亮可供我们用了"(4.21.5；1.1.5；比较4.12.11)。我并不否认这些论述的重要意义，但是在接下来的部分我将论证，一种与自然的经验研究完全剥离开来的道德科学并不能解决问题，也不是洛克的解决方式。仔细的考察将揭示，尽管洛克希望给人造成此种独立的表象，洛克提出的道德和正义科学事实上相当依赖于一种以历史为基础的有关人性和人类状况的观点。

三、一种证明性正义科学？

洛克有关一种证明性道德科学的见解完全取决于下述前提，即：道德话语的主要组成要素并非是有关实体(独立存在于世界上的事物)的观念或名称。道德话语的组成要素是情状(尤其是混杂情状)和关系。情状是复杂观念，"并不含有自身存在的假定，它们只是实体的一些附性或性质"(*ECHU* 2.12.4)。情状要么是简单的，要么是混杂的。混杂情状"是几个不同观念的组合体"，就如，"美，就是形相和颜色所配合成的，并且能引起观者的乐意来"(*ECHU* 2.12.5)。混杂情状包括了"神学、伦理学、法学、政治学和其他科学中最为常用的大部分语词"(*ECHU* 2.22.12；2.28.15)。按其定义，它们是一般观念，表示的是"事物一些类别或种类"(*ECHU* 3.5.1)。它们使我们能给不同行动分类，它们是我用来定义正义、渎神、通奸、谋杀、弑父诸如此类不胜枚举的概念的复杂观念(*ECHU* 2.22.12；3.5各处)。

下述事实对于洛克提出的严格意义上的道德科学之可能性来说至关重要，即：混杂情状与实体相反，与数学概念相似，

"其形成非常任意，并没有任何模型，也不参照任何实在的事物
(*ECHU* 3.5.3)。它们"在自然处并无根基"(*ECHU* 3.5.10)。"各
种混杂的情状既是各种简单观念所成功的迅速变化的集合体，而
且这些集合体只在心灵中有短期的存在"(*ECHU* 2.22.8)。从根
本上言之，它们不过是假设的结构或定义。例如，"杀"的行动对
人类而言可以有很多对象，"杀"的动作也能由很多（人类和非人
类的）行动者做出(*ECHU* 3.5.6)。因而，从世界呈现给人类感觉
的一大堆观念或迅速变化的观念联合中形成我们称之为"谋杀"
的复杂观念是理智的自由行为。这种抽象行为与经验可能呈现
给我们的其他无数可能的观念集合的形成一样，都不是在欲望驱
迫下忠实地代表外部秩序。[53]混杂情状的名称不但发挥标示
行动的功能，而且在某种重要的意义上说，构成了行动的种类：
"在混杂情状中……只有名称能保持那些本质，并使它们永久存
在"(*ECHU* 3.5.10；又见3.5.11)。①洛克论证道，"在任何种类的
个体未存在之时，这类的复杂观念就可以形成，可以抽象，可以
得到名称，可以构成种类"，这一事实毫无疑问地说明了此类观
念形成的任意性或意欲性特征(*ECHU* 3.5.5)。

　　因为混杂情状观念是理智的产品，所以它们原则上能获得
完美的定义(*ECHU* 3.11.15)。从某种意义上说，我们对混合情状
必定是完美的定义，必定"无所谓差误可言的，因为它并不与[除
与自身之外]任何东西互相参考"(*ECHU* 2.30.4)。用洛克更专业
的术语来表达就是，因为我们的混杂情状观念是"原型"，而不是
代表"摹本"或"真实存在着的东西"(*ECHU* 2.31.12以下)，它们
"就是，且便只能是相称的观念"(*ECHU* 2.31.3)。它们的实在本

---

① Christopher Aronson及Douglas Lewis, "Locke on Mixed Modes, Knowledge, and
Substances," *Journal of the History of Philosophy* 8 (1970): 195—96; Eugene Miller,
"Locke on the Meaning of Political Language: The Teaching of the Essay Concerning
Human Understanding," *Political Science Reviewer* 9 (Fall 1979): 178—84.

质和名义本质是同一的(*ECHU* 3.3.18)。理智真正能知道的只有它所制作的东西。①洛克说，最终就是基于这个原因，道德知识是可证明的。

> 因为所谓确定的知识既是对自己观念的契合或相违而有的一种认知，而且所谓证明也是经过别的观念的媒介对那种契合所发生的一种认知，而且道德的观念和数学的观念本身都一样是原型，一样是贴切的完全的观念，因此，我们在道德观念方面所见的契合或相违，一定可以产生出实在的知识来，正如我们在数学的形相方面一样。(*ECHU* 4.4.7)

如果脱离经验实在来考察道德科学，道德科学似乎仅仅需要确定所需的概念，形成规则以表明特定行动是正确或错误、道德的或邪恶的，并在具体事例中判断相关行动的性质以及这些行为是否符合相关规则。如果想到《政府论(下篇)》明显倚重人类实际的物种平等这个前提，有人兴许会反驳说，因为任何伦理体系必然包含它的规则主体的概念，出现基于经验的实体观念是不可避免的。洛克回答道："实体的名称，如果应用得当，则它们无法扰乱道德话语，正如它们无法扰乱数学话语。"实体的本性或定义"并不像本该那样，得到了充分的探究"。就道德规则的假定主体而言，洛克规定说：

> 则我们所谓人，只是说他是一个有形的理性的动物。在这里，我们并不考虑那个造物的实在本质或别的性质。因

---

① 因此，霍布斯说："只有那些产生于人类自己的意志的事物，人们能通过先验证明确立科学。"《论人》(*De Homine*) 10.4；比较10.5，又见《论公民》(*De Cive*) 18.4. 载于 *Man and Citizen,* ed. Bernard Gert (New York: Humanities Press, 1978), 41—43, 372—75.

此，在自然学者方面，他们虽然可以争辩，在物理的意义下，一个儿童或一个易子(changeling)，是否是人，可是这个问题与道德人(moral man)并不相干，因为道德人，这个永恒不变的观念，是指一个有形的理性的存在物。(*ECHU* 3.11.16)[54]

格兰特对此解释道："就受法律的支配这点而言，该问的问题并不是，这是一个人吗？而是，这是一个有形的理性的存在物吗？"①

在一篇名为《关于绅士阅读与学习的一些思考》(*Some Thoughts Concerning Reading and Study for a Gentleman*)的未刊手稿中，洛克指出，"政治学包含彼此不同的两个部分，其一是社会起源与政治权力的产生与限度，其二是在社会中统治人的技艺"。他给人们留下的印象是，只有统治技艺能够"通过经验和历史"学习得到，而政治社会的起源则基于更为抽象的推理；此外，他显然把《政府论两篇》归为有关政治社会起源的这类书，是政治知识中更为理论的那部分。②根据我们目前对《人类理智论》的论证的解读，洛克《政府论(下篇)》所依赖的人类物种平等这个前提，仅仅代表了"有形的理性的存在物"之间抽象或名义(nominal)上的平等(II. 12、57；*STCE* 31)。换言之，《政府论(下篇)》中人类在理性方面的物种平等——以及故而表述上有些问题的"自然状态"这个概念③——这个前提纯粹是一个假说。洛克既没有能力也没有义务为其提供经验层面上的辩护。

如此来解读的话，洛克提出的道德科学似乎就与今天的反

---

① *John Locke's Liberalism*, 30.

② 刊于Axtell, *Educational Writings*, 400。

③ Dunn, *Political Thought*, 97—106; Jeremy Waldron: "John Locke: Social Contract Versus Political Anthropology," *Review of Politics* 51, no. 3 (Winter 1989): 3—28.

基础论自由主义更为接近，而不是与反基础论者谴责的启蒙运动的"形而上学"政治学更为接近。这种道德科学只会激化而非解决道德知识的根基这个问题。根据标准的（理性主义）反驳意见，作为纯粹假说和定义的道德概念——不过是一种语言游戏——既无法证明道德规则的非关系性内容（nonrelative content），也无法证明道德规则的义务性。①尽管如此，在责备洛克理论上的不融贯（或为其找借口）之前，人们必须追问，洛克是否真的提出了这样一种道德概念。首先，洛克自己恰恰对纯粹基于定义的道德科学提出了两点反驳。他在《伦理学概论》（*Of Ethick in General*）——该文本来意欲作为《人类理智论》的结论）——这篇未刊手稿中指出，如果一种学说仅是提供"正义和节制的定义、偷盗和放纵的定义……道德就会失去力量，完全消散为一些闲言碎语、口角之争和细枝末节"。②在《人类理智论》中，洛克以一位可以想见的对话者的口吻反驳了这种观点的相对主义："如果道德知识在于我们对自己道德观念的思考，而且那些观念又和别的情状一样，也是我们自己所制作的，那么我们对于正义和节制将会发生怎样奇异的意念？人们如果可以任意形成恶和德的观念，则恶和德将会陷于怎样纷乱的地步呢？"（*ECHU* 4.4.9；比较4.5.7—8）

---

① 见James Gibson, "Locke's Theory of Mathematical Knowledge and a Possible Science of Ethics," Mind 5 (1896): 38, 50; Sterling Lamprecht, Moral and Political Philosophy of John Locke, 78; Richard Aaron, John Locke, 261—64; Wolfgang Von Leyden, "Introduction" to John Locke: Essays on the Law of Nature (Oxford: Clarendon Press, 1954), 53以下；Ashcraft, "Faith and Knowledge," 210以下；Geraint Parry, *John Locke* (London: Allen and Unwin, 1978), 34; Miller, "Political Language," 181; Jeffery Wallin, "John Locke and the American Founding," in *Natural Right and Political Right*, eds., Thomas Silver及Peter Schramm (Durham: Carolina Academic Press, 1984), 148—50。

② *The Life of John Locke*, ed. Lord Peter King (London: Colburn and Bentley, 1830), 311.

事实上，尽管洛克在提出可证明的道德科学时看似显得颇有自信，他明确对存在一种真正的道德科学这个说法加了较大的限定。在前引《人类理智论》的"人类知识的范围"一章里，洛克宣称，"如果能加以适当的考察和研索"，某些观念可以"在行动的职责和规则方面，可以供给我们以适当的基础"，从而使得道德学列于证明性科学，只要"人们能够带着同样的中立(indifferency)和注意力"，像注意数学那样注意道德学(*ECHU* 4.3.18)。[55]紧接着，洛克在解释为何在伦理学中进行证明要比在数学中进行证明困难得多时，更为谨慎的再次重申，"中立"的探索能让我们"比平常人所想象的更接近完美的证明"(*ECHU* 4.3.20)。在随后的 "知识的改进"一章中，洛克袒露了类似的心声："我相信，如果我们能采取一种适当的方法"，则"大部分道德"可以向"有思想的人"证明，具有与数学证明一样的清晰性。(*ECHU* 4.12.8)①

我们可以合理地认为，由于洛克承认道德学顶多是一种不完美的证明科学，所以它其实接受了对他的两个主要反驳。尽管在这个背景下，他并没有马上分析义务问题，但是洛克显然认为，道德规则的义务性是不可证明的。结合随后将考虑的一些限定条件，洛克反复坚称，自然的或普遍的道德规则作为法，要具有约束力的话，就必须来自于一个更高的意志并伴有彼世的惩罚(*ECHU* 1.3.6; *LN* fol.12)。根据这个推理，只有对来生的牢靠知识才能支撑起一种严格意义上的道德义务原则。然而正如我们所见，洛克认为，存在来生"远非理性所能发现"(*ECHU* 4.18.7)。尽管如此，值得强调的是，结合洛克《基督教的合理性》

① Gibson注意到，洛克在阐述可证明的道德科学的可能性时较为谨慎。但是，他似乎依然认为，洛克只是模糊意识到此种纯科学的困难("Locke's Theory", 50, 58)。

中更为直白的讨论,他在《人类理智论》中默认我们不能证明道德规则的义务性仅仅意味着,他承认理性主义有其限度,而非承认道德理性主义存在致命的缺陷。

洛克有所限定的表述表明,道德不能证明的部分不仅仅涉及义务问题。洛克承认,道德主体的本质也不可证明,这就引出了他对相对主义指责的回应。洛克明白宣称,道德定义在关键方面是理智的产物,被"非常任意地"制作出来。人们在评价这个说法时,兴许会以《政府论两篇》特有的警觉合理地提问:是谁出于何种目的构建了这些定义并赋予这些定义以权威?

塔利断言,洛克的政治思想是"某个既定文化的构成性和规定性观念"的产物并由这些观念构建。①洛克确实偶尔会建议,依赖语词的日常用法以澄清词语的恰当含义(例如,*ECHU* 3.6.51;3.11.11;4.4.10),并相应提出,哲学用法的功能仅限于分析和澄清日常用法中的词语和观念(比较*ECHU* 3.9.3;3.11.11)。然而,正如《人类理智论》自身顶多只是一种部分哲学性质的论述,②洛克在相关段落中仅仅提出了一种他眼中有些缩略的哲学概念。在建议普遍尊重日常用法后,洛克立马提出了一个不那么受限的关于哲学本质的概念。他将那些"通过改进他们的知识,获得了不同于通常观念的观念"的人排除在他给出建议的人群之外。(*ECHU* 3.11.12)[56]此外,与罗尔斯和当下的自由主义理论家不同,洛克明确拒斥将日常用语或共同体用法作为道德话语的基础。如果采用这样的标准,我们不仅无法跨越各个文化或道德共同体,证成道德规则,而且无法在自己的共同体内部证成道德规则。日常用法仅仅提供了"一个不确定的规则⋯⋯一个变化无

---

①　*Discourse on Property*, 24; 更为一般性的讨论,3—34。Tully在多大程度上依然持这种观点尚不清楚;见*An Approach to Political Philosophy*, 292以下。

②　见Zuckert, "Fools and Knaves"。

定的标准"，"最终归结到各人的特殊观念上"（*ECHU* 3.11.25；又
见3.9.8）。①对日常用法的反思最终会驱使我们思考，是否确实可
能存在一种心理的自然状态：一种完美的心理自由状态或自由创
造状态，"类似于巴别塔的状态"（*ECHU* 3.6.28；比较3.6.51），②
这个状态不可避免地存在某些不便，就像在《政府论（下篇）》中
驱使明智的人退出自然状态的种种不便。③

　　作为一位抵挡此种具有破坏性的相对主义的斗士，洛克假定
"有形的理性的存在物"——道德规则的主体和基本权利的享有
者——这个观念为真。然而，正如我们所见，洛克提出，由于有
关道德主体的观念是实体观念，因此我们必须将它的定义视为纯
粹的预设。显而易见，洛克希望《人类理智论》的某些或大多数
读者毫无异议地接受这个道德主体的观念，就如同他在《政府论
（下篇）》中用自明真理的修辞来满足某些读者或大多数读者的需
要。然而，存疑的是，洛克本人是否也是这样接受这个定义。首
先，基于一个任意认定的前提构建道德体系——无论看上去多么
合理——很难克服洛克明确拒斥的相对主义。如果这样做的话，
洛克就会与那些他贬为如打造"空中楼阁"般将道德理论化的人
为伍（*ECHU* 4.4.1）。更为关键的是，洛克对自己提出的道德科学
的明确限定条件表明，归根到底，他的道德科学并不取决于某个
先验前提，而是取决于对这种科学的适用对象的本质做出基于经
验的评估。

　　如果我们把洛克有关严格区分道德科学与基于经验的科
学的做法太过当真，我们就会忽视作为法与道德之对象的"有

---

① 　见洛克给Lowde的回复，见ECHU2.28.11的注释（ed. Nidditch）。
② 　Colman, *Locke's Moral Philosohpy*, 107—37.
③ 　参考Budziszewski的下述观点，即：当代自由主义和社群主义无论表面上存在
　　什么分歧，它们在肯定伦理中立原则方面是一致的。*True Tolerance*, xiv—xv,
　　5—6。

形的、理性的存在物"这个概念固有的颇成问题的双重性。如果不对我们的有形性(corporeality)与理性(rationality)之间的关系做出具体评估,这个概念在道德上就是模糊不清的,从而不足以定义道德科学的主体。洛克将有形性包括进他给出的定义是为了与他的下述主张保持一致,即:苦乐意识(以及智力[intelligence])是道德人格的关键所在(*ECHU* 2.227.17, 26)。①然而,智力与感觉、激情的共存并不足以使我们成为道德存在物。如果智力的功能仅仅是为我们追求幸福的自然倾向服务,而不是调整和引导这种倾向,那么智力将使我们成为非道德存在物或反道德存在物,而无法使我们成为道德存在物。再说一遍,"人的情欲中自然含有一些行动原则,但是……你如果听其自由活动,它们会使人们推翻一切道德"。(*ECHU* 1.3.13)

我部分基于这个原因认为,洛克承认其道德科学视道德主体的"中立"、思虑以及专注而定,不仅仅是在呼吁他的读者在道德推理中遵循正常推理或诚实推理的通常标准。[57]他是在表明,他的表面上先在的道德科学取决于一种先在的经验探究。尤其是为了衡量实际道德主体对法的接受或抗拒,洛克式道德科学要求评估,一个既有形又理性的存在物"中立"地抵御诱惑,不屈从于"罪恶、激情和专横的利益"或者在实践推理中不屈从于"对敬重、财富和权力的追慕",在多大程度上是其本性所在(*ECHU* 4.3.18、20)。如果我们主张,洛克持有一种纯粹抽象的、经验上不确定的道德学说,我们就既没有解释也没有证成洛克的下述做法,即暗中从《人类理智论》中"有形的理性的"存在物这个抽象类的道德或法权平等,推出《政府论(下篇)》中真实的人类的假定平等。我们为何应当假定,理性存在物或道德人格的道德和法权平等在真实的人类成员那里会得到承认?

———————————

① Ayers, *Locke*, II, 188—89.

　　对于赞同"抽象地"解读洛克道德哲学的人来说，这似乎是个相对不重要的问题。人类普遍具有最低限度的道德能动性（moral agency），即便不是一个先验事实，也至少是一个能从日常观察中看到的事实，不需要额外的经验研究。因而，西蒙斯断言，"就洛克依赖于人性事实推出自然权利的程度而言，这一推论仅仅依赖于相对没有争议且极为一般性的主张。"① 申言之，只要经验科学不能事先精确认定哪些人属于或超出道德人格的范畴，《政府论（下篇）》预设人的理性或道德人格作为明确的前提，就看似可得到证成。尽管看起来如此，但我们将在第四章和第六章清楚地看到，洛克并不认为，人类普遍具备有效的道德能动性是一个自然而然、正确无疑、可观察到的事实。无论洛克笔下的人类在道德能动性方面的平等这个前提基于一种经验探究具有何种重要意义，还有另外一个同样根本的问题需要我们予以考察。

　　即便假定人类在道德能动性或道德人格方面平等这个前提，我们也不必然就能合理地推出，人类的根本道德平等或法权平等这个洛克式原则。人类基本道德人格上的平等并不意味着我们在道德的决定性方面平等。相较于其他可能使有形的理性存在物彼此间不平等的相关道德角度，我们为何应当赋予道德人格平等这个事实以道德上的优先地位？尽管洛克清楚断言道德人格之间的平等，因而否认任何人享有统治他人的自然权利，但是他同样坚称，道德行动的目标是实现真正的幸福（见*ECHU* 2.21.31—71；2.27.17，25—26；2.28.4以下；II. 57）。② 对洛克来说，有关幸福的知识是或将是一种与道德有关的品质。那么，柏拉图和亚里士多德的下述教导是否显然错误且不值得考虑，即：实体的理性

① *Lockean Theory of Rights*, 105. 比较Rawls, *Theory of Justice*, 506—08。
② 回想一下洛克那篇不能确定写作日期的残篇"Morality"，参见Sargentich, "Locke and Ethical Theory," 26. 参见Colman, *Locke's Moral Philosophy*, 7, 42, 68—73; Rapaczynski, *Nature and Politics*, 151—68。

存在物知晓他们真正幸福的本质的能力并不平等,这种不平等的主要隐含之意就是一种更贵族色彩的自然正当概念?[58]如果洛克想要坚称,他的平等原则与这种重要的教导势不两立,他就必须说明,要么我们知晓幸福的能力大体上平等,要么我们这种能力的不平等在道德相关性上是次要的——也就是说,通过减少或模糊而非增强我们对这种不平等的道德考量,能更好地促进我们实现真正的幸福。在上述两种情况下,要说明这种不平等并不存在或这种不平等会导致实践方面的危险,都要求非常实质性的经验论证,需要探究下述问题:实体理性存在物或人作为自然类或习俗类(conventional kind)的地位;这种存在物的幸福是怎样的幸福;我们理解自己的真正幸福并致力于自己和他人幸福的能力是一种怎样的能力,其限度又如何;我们追求自己幸福的自然条件或文化条件。

除了偶尔给出的相反表述,洛克完全认识到,他的道德和政治科学取决于一种经验探究,而且他在所有著作中阐述这种科学的方式也反映出他的这种认识。在《人类理智论》第一卷的结尾处,洛克警告他的读者,除非读者们想当然地接受他的"一些原则",否则他们"不能期望在这里找到不可辩驳的有力证明"。然而,他明确指出,如果这些原则是无法证明的,那么这些原则就是成问题的。在洛克欲建立的"大厦"底端起支撑作用的不是某些任意的公理(只能支撑"空中楼阁"),而是由他自己和他人"无偏见的经验和观察"证实的一系列前提。(*ECHU* 1.4.25)权利担当者,实体的理性存在物,这个复杂观念并不是纯粹心理构建和创造的产品,而是在实际经验的指引下,通过抽象行为形成。这种经验的主要来源是内省和广泛的历史人类学探究。为了证实《人类理智论》中关于我们心理和道德官能的观点,洛克既诉诸"人类历史",也诉诸"我们每个人的自我发现"(*ECHU* 1.3.2; 2.21.7)。在《政府论两篇》、《人类理智论》及其他主要著作中,洛克通过广泛的人类历史解读,得出有关人类社会和文明发展的归纳性解释,此间多处谈及人性及各式人类激情的自然力量。①我认为,这些散见各处的历史阐述就是洛克隐晦暗示的"其他探究"的对象,可以用来衡量我们道德规则的真假(*ECHU* 2.28.20)。

最后一点,洛克关于道德和正义看似抽象的推理事实上基于深层的经验—历史论证这个论点,立马会遭到一个我们熟知的反驳,显得不堪一击。即便假定我们能够获得对人性及人类的自然状况无懈可击的理解,人们兴许仍会质疑这种知识的规范性意义。一如洛克自己所说,"从实然推出应然的论证并没有效力"(*TT* II. 103; 比较157)。就洛克对人类历史的解读而言,这种质疑看似切中要害。[59]尽管洛克有条件地诉诸于自然及人性中存在道德设计(moral design)这个前提,他从学术生涯一开始就坚称,自然法或真正的道德规则"藏于黑暗之中"。这一事实的有力标志不仅在于,人们就自然法的解释自说自话,存在深刻的道德分歧,而且这种道德分歧存在于历史上的人类社会之间(*LN* fols.34, 16, 62—81; *TT* I. 56—59; *ECHU* 1.3.9—12)。因为"战争的喧噪声构成人类历史这样大的一部分",洛克建议,应当尤为小心地教授历史,以免年幼的小孩误认为,"屠戮是人类可称颂的事业,是最具英雄气概的德性"(II. 175; *STCE* 116)。在《论学习》(Of Study)这篇未刊论文中,他特别建议下述这类人读

---

① 《政府论(上篇)》10、54、86、88、97;《政府论(下篇)》13、67、92、143;比较 *STCE* 34、100、103、106—107、119、123、148。洛克在《关于绅士阅读与学习的一些思考》(Some Thoughts Concerning Reading and Study for a Gentleman)一文中宣称,人们了解人性的方式,"主要通过经验,其次是明智地阅读历史",同时辅以特定的经典文本,例如亚里士多德的《修辞学》(*Rhetoric*)(见《洛克教育作品集》(ed. Axtell, 403)。Mark Glat准确地指出,《政府论(下篇)》更为关注人类历史而非英国历史。试图提供一种真正的政治历史分析的雄心是洛克思想的核心,"John Locke's Historical Sense," Review of Politics 43 (1981): 4, 15。

史，"他们心灵中已良好地树立道德原则，知晓如何判断人类行为"。①

基于诸如此类的证据，沃尔德伦(Jeremy Waldron)在一篇博雅而富于洞见的论文中推理道，洛克的契约论(广义上理解，包括他的自然状态和自然权利概念)所起到的是道德模板作用，这个模板加诸于政治社会的起源与发展的历史人类学阐述之上。"由于我们所拥有的道德范畴对历史研究是必要的，所以这些道德范畴自身不可能是历史研究的产品。它们的基础在于理性……或自然神学的非历史论证。"②尽管洛克否认从历史推出正当的论证效力，强调人类历史的道德偏差，他却没有肯定"事实"与"价值"的绝对分离或历史探究与道德探究的绝对分离。为了避免做出康德式或历史主义式自由主义特有的回应，洛克既没有为了寻求纯粹超验的道德学说完全从历史中抽离出来，也没有使道德沦为历史(或将理性的东西还原为道德和政治生活中的实际的东西)。相反，他一直都肯定，无需信仰协助的理性能够获得真正的道德规则或自然权利原则，只不过发现这些原则需要"研究"(这个条件在很重要的方面被低估了)(II. 12、124)。并且，一如我们所看到的，与沃尔德伦的看法相反，洛克所指的这种研究必然超越自然神学或理性的抽象事实。洛克关于这些主题的论证并非独立自足，而是引导我们探索一种历史论证，作为他的道德和政治科学的基础。

尽管沃尔德伦严格分离洛克的道德论证和历史论证的做法有些误入歧途，但是这篇论文颇为有益地强调了，我们需要改进对洛克的历史论证的理解。历史实践和未经教育的人类倾向包

---

① Axtell，《洛克教育作品集》，前揭，页422；又见页409—10。

② Waldron, "Social Contract Versus Political Anthropology," 18(强调为此文作者所加)。

含的真正道德原则明显的"非内在性"(nonimmanence)①并没有迫使洛克割裂道德探究与历史探究,但确实迫使他拒斥毫无批判地将"应当"和"是"(道德意义上理性的与实际的)等同起来的做法,并且承认,将自然权利原则的基础置于人类历史中这项必要任务极难完成。探索道德科学如同探矿,"财富藏于黑暗之中,必须勉力挖掘"(*LN* fol.34)。[60]无需信仰协助的理性确实可以获得自然权利原则,但是未经改进的理性无法获得这些原则,而且这些原则的基础也是毫无批判的日常观察无法获得的。要将这些原则的基础置于历史中,理性要求通过方法来实现自身的改进。我们将看到,在对道德的具体研究和对自然的一般研究中,富有批判精神的洛克式理性借以洞穿事物表面的工具基本上是培根式科学的工具。

四、结 论

洛克坚持人类理性能够获得正义原则的基础和实质。我认真对待洛克的这个看法,在本章中更为具体地检讨了洛克的思想最终采用了何种形式的理性主义。无论我们是否从人类物种平等的前提或上帝制造物模式出发,无论我们是否将上帝制造物模式理解为实定启示或自然宗教的一项指令,我们都将看到,洛克关于道德之实质的所有论证都取决于一种关于人性和人类自然状况的、非习俗论的、基于历史的解释。②

关于洛克的政治理性主义的性质或类型这个问题,我给出的上述这个一般性答案引出了进一步的问题。我认为,洛克完全

---

① 这个说法来自Michael Zuckert, *Natural Rights*, 187—288。
② 比较Mansfield:洛克"给怀疑论者留了一条路,给虔敬者留了另一条路。虔敬者的路更为明白易见,但这条路容易打转,因此,虔敬者最终欲有所前进,就不得不追随怀疑论者的足迹"("Political Character," 29)。

意识到，他的道德原则取决于部分隐藏起来的历史论证。我指出这点是想说明，洛克在《人类理智论》绝大多数篇幅中，坚持道德科学与自然科学在方法论上严格分离是他蓄意的修辞性夸张。与此分离关系密切相关的另一项区分也是如此，即：政治科学抽象的规范—理论原则与基于历史的审慎的统治技艺。①由此而来的问题在于，怎样的修辞策略导致了这种夸张。对于自己的道德和政治科学取决于某种自然观，洛克为何如此寡言少语，含糊其辞？我相信，这个答案的重要部分已经由施特劳斯和斯金纳提出来了：尤其涉及道德和政治科学的时候，试图掀起重要革新是困难的，实行起来可能会有危险，需要高超的修辞技法以及让新生事物看似一如其旧的瞒天过海才能。②洛克显然非传统的自然科学观，可能携带着一些非传统的道德含义。在那种情况下，通过夸大道德—政治科学的独立性，就能够使其道德—政治科学更容易被道德上传统的读者接受，从而为其不遗余力地攻击经院时代的或前现代的自然科学开辟出相对自由的空间。

或者，即便洛克的自然科学支持一种本质上传统的道德，这种自然科学仍然可以将道德原则变成经验概然性（与证明相对）问题，从而做出革新。洛克将自然科学与道德科学分离的修辞手法，使他能够借助"超验的"③或神本论(theocentric)的自然法论证，平抚某些读者在无法获得确定性的问题上获得确定性的愿望。在这种情况下，我们有必要对《人类理智论》在批判天赋论时最突出的、坚持不懈的反权威主义做出限定。[61]这里的要点

---

① 尽管格兰特强调规范性政治科学与经验性政治科学的区分，但她也被迫指出，洛克认为"自然是形成我们道德观念的恰当标准"(*John Locke's Liberalism*, 37；又见21—22, 37—41, 48)。

② Strauss, *Natural Rights*, 206—09; Skinner, "Meaning and Understanding," 32—35, 及 "Some Problems," 286—89, 293—301。比较Cox, *Locke on War and Peace*, 11。

③ 这个用语还是来自Zuckert, *Natural Rights*, 207以下。

并不是非要指责洛克虚伪或教条，或者将他等同于我们时代那些只在权威危及平等主义时才敦促我等"质疑权威"（当前，这也意味着质疑人类理性）的人。相反，这是在建议我们对如下可能性持开放态度，即：洛克有充分的理由拒绝鼓励人们，彻底地公开质疑或摧毁人类在理性上平等这个前提。一如我们将看到的，尽管洛克在说明自己的政治思想的基础时常常显得敷衍了事或过于自信，但是我们可以清晰地发现，特别是在《人类理智论》中，洛克在相对无声却异常激进地，在真正哲学的层面上质疑人类理性的本质以及理性与人类平等这项道德原则的关系。因此，如果作此解读，要理解洛克如何回应对他的教条主义指责，关键在于理解，为什么洛克的反权威主义使他没有过分深入、直接、公开地推敲平等理性主义（egalitarian rationalism）。

　　尽管如此，在全面回答洛克的修辞策略这个问题之前必须先回答一些更为急迫的问题。证明了洛克的道德—政治科学需要一个非习俗论的经验—历史论证作为基础，并不等于证明了洛克实际上提供了这样一个论证。洛克在《人类理智论》中主张，我们关于事物本性的观念并不基于事物的实在本性，恰恰相反，这些观念在决定性方面是习俗性观念。这似乎确实使他不太可能提出这样一个论证。要想知道，他笔下抽象的、有形的理性存在物，通过怎样的历史解释，成型为自然的、真正的、基本权利的自由且平等的享有者，我们需要更进一步了解，洛克所提出的用以改进我们的历史观察能力的科学概念。下一章的任务就是重新考察洛克对自然科学的批判性解释的目的和影响。

第三章　自然科学与自然史[*]

[67]在《人类理智论》"导论"中，洛克允诺基于"历史的、平白的方法"探究描述人类理智的运行机制(*ECHU* 1.1.2)。他研究自然的进路以及对理智的运行方式的描述都贯彻了这个方法。这种方法与他眼中前现代科学天真的自然主义方法截然相对。本章的一个目的意在说明，与通常的反驳意见相反，洛克作为政治思想家对一种自然观的依赖绝不是天真的举动。尽管如

[译注]国内学界对于"natural history"的译法存在一些分歧和争论，主要译法包括"博物学"、"自然史"、"自然志"、"自然探究"等。参见，吴国盛，"自然史还是博物学？"，载《读书》2016年01期；胡翌霖，"Natural History应译为'自然史'"，载《中国科技术语》2012年第06期。

　　一个核心问题在于，这里的"history"并不是现代人通常理解的"历史"。它并不是指过去的事物或事物在时间维度上的发展，而是指(粗糙地讲)搜集和探究关于事物的诸多事实。迈尔斯对译者解释说，在洛克那里以及本书的语境中，这种用法主要与培根的下述工作有关：将科学变得更为经验性，即更基于证据，更具有实验性质，基于对自然现象的细致观察。编纂有关一种自然生物的"history"是指，通过观察，搜集有关其行为和性质的证据。尽管如此，译者还是将"natural history"译为"自然史"。原因有二：首先，"自然史"在一定程度上已经是约定俗成的译法，例如接受度较高的"汉译世界学术名著丛书"的培根《新工具》就采用了这个译法。其次，如果用"博物学"、"自然志"等来翻译"natural history"，那么相同意义上的"history"、"historical"、"historically"就很难找到恰切的中文译法。尽管如此，我们在阅读译文时需要牢记，这里大部分的"历史"和"史"(尤其是第三和第四章)具有特定的含义。

此,本章的核心目的是处理一个更具挑战性的反驳意见,即:洛克对前现代自然主义强有力的拒斥导致他走向另一个极端,采用了一种激进的习俗主义立场。这一立场将有效地阻碍他诉诸自然作为其道德—政治思想的基础。

首先,我意在说明,尽管洛克拒斥前现代的自然种类学说(doctrine of natural species),并认为此种学说与理智实际形成种类观念(species ideas)的方式不一致,他并没有简单以彻底现代的习俗主义替代古老的自然主义。相反,他建议以根本的培根式历史方法作为替代方案的基础。此种替代方案是一种部分自然部分习俗的科学,在认识论上比旧观点更谨慎,更合理。然而,人们不能否认,尽管洛克充分认识到了习俗论观点固有的任意性(arbitrariness)危险,他在修辞上非常强调恰当理解的科学的习俗主义因素。因此,我其次意在复原促使洛克引导其读者来到任意性边缘的那种推理。这种推理体现在他从认识论上拒斥自然种类学说以及采用"微粒假说"(corpuscularian hypothesis)的做法。[68]为了引发切实的探究,洛克尽力使读者认识到科学的进步既是必要的,也是可能的。我们必须认识到,我们对自然存在物的观念是不相称的,这点最终无法克服,但与此同时,我们不能忽视它们的自然基础。洛克的自然—历史探究,在精心努力保存一种有关我们的观念的非任意的常识性认识的同时,促进一种对待科学进步的开放精神,这种进步基于对这些观念的不完善的认识。一如我们将在本章和下章中看到的,这种研究一般自然存在物的复杂的自然—历史进路,不仅提供了理智的关键语境,而且提出了影响深远的问题,即如何具体解释自然状态中的人性,而洛克的政治思想明确基于这项解释。

一、洛克对前现代科学的认识论批判

在《人类理智论》的"致读者"中,洛克表达了一个明显谦逊的意图，仅仅意在完成一项关键的准备工作："我们只当一个小工，来扫除地基，来清理知识之路上所堆的垃圾，那就够雄心勃勃了。"（*ECHU* 10）但是，《人类理智论》第一卷对普遍天赋学说的著名批判似乎完成了扫除地基的任务，进入第二卷则开始对人类理智的运行机制进行详尽的构建。《人类理智论》确实融合了构建性论证和批判性论证，但是批判性论证并不局限于第一卷。洛克对天赋论的批判仅仅是一项贯穿《人类理智论》始终且更为宏大、更为普遍的批判的一条脉络。这项批判针对下述看法，即自然为人类理智提供了充分的供给以获得有关外部世界的科学知识。这项更宏大的批判影响最深远的部分是，洛克拒斥前现代的目的论的亚里士多德式—经院主义的"实体形式"（substantial forms）学说或自然种类学说。根据这种经院学说，并不是人类理智，而是"自然确立了种类的界限"，产生了特殊的存在物，成为有限数量的实在本质的一部分，"从而形成这个或那个种类"（*ECHU* 3.6.30, 3.3.17；又见3.3.9, 3.6.14, 24；4.4.13；4.6.4）。这个种类学说不仅没能解释我们实际如何形成普遍观念，而且积极阻碍了科学的进步。

　　简要介绍一下洛克的经验主义认识论的基本原理有助于澄清这些论点。根据洛克的经验主义，观念是知识的组成要素。在洛克的用语中，"观念"在某种程度上泛指"幻想（phantasm）、意念（notion）、种类（species），或心灵（mind）所能想到的任何东西"（*ECHU* 1.1.8）。①有种意见认为，洛克最偏离"自然为人类理智提供了充分的供给"这个看法的地方在于他坚称，没有意念和原则是天生的；理智一开始或者在经验产生之前是空空如也的东

---

① 洛克使用这个术语的模糊性，尤其参见Gilbert Ryle, "John Locke on the Human Understanding," in *Locke and Berkeley*, eds., C. B. Martin and D. M. Armstrong (Garden City, N. Y.: Doubleday, 1968), 16以下。又见Colman, *Locke's Moral Philosophy*, 76—83。

西,"如白纸似的,没有任何标记"(*ECHU* 2.1.2;又见1.2.15)。
[69]观念只通过经验感觉和反思呈现给我们,其性质为简单或
复杂。在洛克的阐述里,简单观念是知识的真正建筑根基,或是
"我们所有知识的材料"(*ECHU* 2.2.2)。它们都是"非混杂的"
或"非复合的",不能再分解为更简单的观念,故而无法定义。心
灵既不能创造它们,也不能毁灭它们(*ECHU* 2.2.1,2;又见3.4.4,
7,11)。它们是唯一给定的东西,是直接知觉的唯一对象,心灵
接触外部世界的唯一联络点。复杂观念由"几个简单观念组合
而成"。心灵不仅知觉到简单观念,而且还对这些观念加工"劳
作",运用自身的能力"把它们加以连合,或加以并列,或完全分
开",以制作其他观念(*ECHU* 2.12.1)。通过自己的勤勉,心灵从
简单发展到复杂,最终获得繁多的观念,实际上不可胜数,各式
各样(*ECHU* 2.12.3;2.1.2)。

复杂观念是组合、比较和抽象的心理活动的产物。所有
复杂观念分为三种,情状(modes)、实体(substances)或关系
(relations)。情状或情状观念是这样的复杂观念,它们指涉的并
非是那些所谓自己独立存在的事物,而是独立存在事物的性质
(qualities)、特征(attributes)或改动(modifications)。在洛克的定
义中,它们作为复杂观念,只是"实体的一些附性(dependence),
或性质(affection)"(*ECHU* 2.12.4)。实体观念是我们归为独立存
在的观念。它们是"简单观念的组合体,这些简单观念的组合体
代表一些独立自存的特殊事物"(*ECHU* 2.12.6)。关系观念源自
理智使任何观念超出自身之外……看看那个观念同别的观念的
关系如何"的能力(*ECHU* 2.25.1)。

自然种类或实体形式学说固有的困难首先在于,我们无法
清楚地解释我们的实体观念。只要我们不能或不愿承认,在我
们的经验中,情状对实体的优先性,以及根本上而言,简单观念
对复杂观念的优先性,我们就意识不到有必要做出此种解释。从

认识论上的实在论或常识的角度来看,洛克经验主义中最引人注目的主张是下述命题,即:我们直接知觉到的不是如此这般的对象,而是互相分离的一些观念的组合。一如我们不能构想独立于原因的结果,独立于行动者或受动者的行动或被动,我们也不能想象简单观念能够凭自己而存在。例如,当我们知觉到颜色、凝性、快乐或痛苦的简单观念,我们发现有必要假定某种存在物或事物的存在,而这一存在物带有凝性、特定颜色的性质,或者感觉到苦乐。当我们观察到,数个简单观念"经常在一块"或长期共存,我们就假定,这些观念作为单一对象的共同性质而存在(*ECHU* 2.23.1)。通过一种无意识的心理反射,我们"便惯于假设一种基层(Substratum),(我们知觉到的简单观念)在其中存在,是它们产生的源泉"(*ECHU* 2.23.1, 2)。我们以形成精神实体的观念的同样方式形成有形实体的观念(*ECHU* 2.23.5;但是比较4.3.6)。

[70]在洛克看来,这个常见的推断还是有些道理。尽管他指出,无法想象一个假定命题并不足以证成应当赞同相反的命题(*ECHU* 4.3.6),洛克还是承认,"我们也分明知道,一定有一种实在的构造(constitution),共存的简单观念的集合体才有所依托"(*ECHU* 3.3.15; 3.6.13)。但是,当我们试图解释一种实体观念(一些共存性质的集合体在其中和谐并存)时,我们最多也只能说它是"一种无以名状的东西"(*ECHU* 2.23.2, 15; 1.4.18)。如果我们的实体观念不仅仅是不确定的推断,我们就必须能够确认这种特殊的构造,观念能和谐地存在其中。我们就必须能够确认这样的因果关系,这一关系使得实体中某些观念的特殊联合在本体上是必要的(*ECHU* 2.31.6)。但是在洛克看来,我们做不到这点,因为我们无法获得这种因果关系的严格知识。

在致力于讨论因果关系的短短一章里,洛克解释道,我们从这样的观察中推出了原因和结果的观念:"一些特殊的性质和实体开始存在起来,而且它们的存在是由别的事物的适当作用所引起的"(ECHU 2.26.1)。尽管如此,他在紧接着的段落和其他地方暗示,严格意义上讲,这样的推论是"经验"的而不是"科学"的,因为我们虽然得到它,"却不知道其运行机制",某个存在物通过这个运行机制使某种新性质或实体得以存在(ECHU 4.3.26;2.26.2)。因为"我们根本没有相关官能"来知晓"事物的内在构造和真正本质",我们所能获得的实体观念不过是"实体中所有的那些简单观念的集合体所形成的"(ECHU 2.23.32,3)。更进一步,我们的实体观念必然都是"不相称的",因为它们所能提供的不过是"所参照原型的部分的、不完全的表象"(ECHU 2.31.1,6)。它们之所以是不相称的,是因为我们根本不可能为某个实体的所有性质或力量做出全面的解释。"它(心灵)纵然尽力把任何实体的一些简单观念集合起来,它也不能确信,它所集合的那些观念确当于那个实体中所含的一切观念。"(ECHU 2.31.13;比较2.31.10;3.6.19;3.9.13;4.6.14)

　　这些根本的无能为力以同样方式限制了我们有关实体的类别(sort)或种类的知识。在我们平常的观察中,我们发现的不仅是共存观念的特殊集合,而且发现了其共存的模式。"凭着经验和感官的观察,知道某些简单观念的集合体常在一块存在,因此把这些观念的集合体结合起来",我们所形成的不仅是特殊的实体观念,而且是"实体的特殊类别"观念(ECHU 2.23.3;比较2.23.6,7,8;2.31.6;3.3.13;3.6.1)。就特殊实体而言,我们有关类别或种类的知识是经验意义上的或历史意义上的,而不是严格科学意义上的。正由于我们对特殊实体的内部因果构造无知,所以我们对因果的自然基础——用以将特殊实体归类为共同种类的成员——无知。[71]然而,尽管洛克并没有明确反对特殊实体——包含某个系列的共存观念——的假设,他却激烈而持久地反对自然确实提供了（或能够提供）关于实体种类的观念。尽管洛克承认，"人们最寻常不过地认为事物的类别"来自自然的设计，而非人类的技艺（*ECHU* 2.31.6；3.10.21），他还是指出，有关自然种类的通常假定"完全没有用"，会"严重扰乱我们对自然事物的知识"（*ECHU* 3.3.17；比较2.31.8；3.3.13；3.5.16；3.6.50；4.4.17；4.6.4）。

前现代自然种类学说的困难主要不在于个别观察者形成的种类观念千差万别（*ECHU* 3.3.14，3.6.26），而在于自然在产生各种事物时没有为我们提供校正我们观念的手段，以得到在科学上精确的自然种类定义。在《人类理智论》的"各种实体的名称"一章，"根据通常的假设"，洛克列出了给实体存在物分门别类的必要条件：

> 第一点……自然在产生各种事物时，经过设计，恒常要使它们具有某种有规则而确立的本质（regulated established esences）……第二点，我们必须知道，自然……是否永远达到它所设计的那种本质……第三点，我们应当决定，我们所谓妖种（monsters），是否真是一个独特的种类……第四点，我们所分类的……那些事物的实在本质，必须是我们能获知的（3.6.14—18）

对于第一个问题，即自然是否将事物设计为某种有规则的本质，洛克马上评论道，这个命题"必须先得到详细解释，我们才能表示赞同"（*ECHU* 3.6.15）。在《人类理智论》的其他地方，在讨论思想的各种程度和改动时，他说道，"行动者的动作是可以有专一和弛懈的，但是事物的本质则不能设想有这些变化"（*ECHU* 2.19.4）。就事物的本质而言，洛克坚持，自然的设计内在于

(immanent) 自然产物的现实化(actuality)。①换言之，自然种类学说要想确保获得我们自信地赞同，自然存在物的种类之间的界限必须完全清楚而精确，特定种类的每一成员都必须恒常不变地展现该种类的本质属性："因为两种事物如果精确地具有同一的实在本质，则它们便不应该有不同的性质，正如两个形相在共同具有圆形的同一实在本质时，不应该有不同的性质一样。"(*ECHU* 3.3.17, 3.6.8)

因此，洛克有关赞同自然种类学说的第一个和第二个前提条件就浮现出来了。我们能确定的是，只有当我们通过观察发现自然实际产生了界限清楚而精确的事物种类界限时，我们才能确信自然设计出具有特定本质的事物。因而，这个学说的主要困难源于下述事实，即自然并没有产生界限精确的种类。我们将其视为共同种类一员的特定存在物，时常大大偏离对种类来说较为关键的性质或能力。[72]洛克评论道，"常见的各种动物中的不规则的、骇人的生物，永远使我们有理由怀疑这两个条件中的一个，或同时怀疑两个条件"，即我们予以赞同的条件。(*ECHU* 3.6.16)

自然生产的不规则显然特别吸引洛克，一如其吸引培根。②洛克在表明"在我们以上的那些灵物的种类比我们以下的那些可感的物质的种类还要多"这个可能性时，暗示了比这个说法更为宽泛的上述那个主题。他对将地上造物的伟大的存在巨链这个传统观念做了颠覆性的重述③：

---

① Michael Ayers, *Locke*, vol. 2, 66—67; Zuckert, *Natural Rights*, 203.

② Bacon, *The New Organon*, ed. Fulton Anderson (Indianapolis: Bobbs-Merrill, 1960), Book 2, aphorisms 29—30, pp. 178—179.

③ 洛克对存在巨链概念的运用，对比Arthur Lovejoy, *The Great Chain of Being* [Cambridge, Mass: Harvard University Press, 1966 (1936)]及John Yolton, *Locke and the Compass of Human Understanding (*Cambridge: Cambridge University Press, 1970), 33, 及*Locke: An Introduction* (Oxford: Basil Blackwell, 1985), 109以下。

由我们往下数，都是循序渐进，一线相承，因此每一推移所差的都很小。有些鱼是生有羽翼的，它们常到空界；有些鸟是住在水中的……又有些动物，同鸟和兽都相近，因此，它们就成了一种中间物……有些动物的知识和理性，亦同所谓人一样。而且动植两界是很有联络的，所以你如果把最低的动物和最高的植物相较，则几乎看不到其间有什么大的差异。如是一直进到最低级最无机的物质部分，我们都可以看到，各个物种都是连合在一块的，而且其差异几乎是觉察不到的。(*ECHU* 3.6.12；比较4.16.12)

洛克将传统的上帝创世的丰裕原则(plenitude)向前推进到了动摇传统自然种类学说的地步。与其说他将自然秩序理解为存在巨链，毋宁说他将其比作由存在物扭结起来的绳索，人们仔细观察就会发现，这条绳索的"各个部分"以难以察觉的方式混合在一起。洛克所认为的种类界限的流动性与他的下述说法一致，即自然经常产生出——(用我们约定俗称的种类分类方法)我们通常称之为——"妖怪胎，在一切动物种类中都会产生，而且在人类方面，亦有易子，或别种奇怪的产物"(3.3.17；3.6.22以下，4.4.13以下)。

上述有关自然之反复无常的说法，特别恼人的地方在于，洛克强调了，如果将自然种类学说运用于人类，我们将面临怎样的困难。我们在界定人的时候通常会援引共同的形体或形相以及拥有某些共同的官能(主要是理性)。(2.12.6；3.3.10；3.6.3，26；4.4.16；4.6.15；4.7.16；4.17.1；*Works* 1823，4.74，378)。然而，这些性质并不恒常地同时存在于自然的生产中。"在人类中亦有许多生痴，形相虽同我们完全一样，但是没有理性，有的还没有语言。"(3.6.22)相反，某些存在物，尽管内在形相有缺陷，以至于外形上确实不能被认作人，但却毫无疑问拥有理性。例如，"原本

圣马丁(Abbot of St. Martin)生出来时,很不像人样,因此就有人
将他排除出人的种类",“不过他长来长去,究竟把真相露出来,
因此,人就给他施了洗礼"(3.6.26)。[73]洛克不会承认,根据生
物意义的世系出身,我们能可靠地决定谁自然的是人(或什么自
然的是人);他报告道,“历史如果不撒谎的话,则我们曾听说,妇
人们有的受了黑狒的孕;按照他们这种标准,我们真不知道在自
然中这种生产是何种实在种类,这就是一个新问题"(3.6.23;比
较4.4.16)。

　　某些评注者评论道,洛克在重述诸如此类的妖怪报道时太
过轻信。①然而,以报道的不真实性来反对洛克的论证,未免舍
本逐末。首先,洛克自己表达了对这些报道真实性的怀疑。他
不仅是有条件地记述妇人们受了黑狒的孕(“历史如果不撒谎
的话"),而且在进行类似的重述时,也就是在紧挨着的前一段
落,他更为直言不讳地提醒读者注意他对报道来源的权威性存
疑:“据人们说(这种情形亦并无什么矛盾可言[sit fides penes
Authorem]),有些动物,其语言、理性和形相的别的部分,都同我
们一样,不过有带毛的尾巴。"洛克关于妖怪问题的奇特记述本
身当然就令人很难接受,但是它们在论证中不过起着修辞夸张的
作用而已。真正的要点是,鉴于自然产生出怪胎,这类故事“并
无什么矛盾可言"(3.6.22;比较4.3.10)。尽管洛克承认,存在“自
然的寻常进程"(2.26.2, 4; 4.3.28; 4.6.13; 4.16.6; II. 60),他却仍
然否认,我们能够决定“妖怪"或那些看似旁落到自然寻常进程
之外的存在物的精确地位。只要我们对引起事物内在构造运行
的原因力一无所知,最好是把这些存在物仅仅当作自然设计的偶

---

①　例如,参见沙夫茨伯里三世(the 3ʳᵈ Earl of Shaftesbury)的判断。他认为这些段
　　落揭示了一个奇怪的“轻信的洛克先生",引自John Harrison and Peter Laslett,
　　The Library of John Locke (Oxford: Clarendon Press, 1971), 29。比较J. L. Mackie,
　　Problems From Locke (Oxford: Clarendon Press, 1976), 87—88。

然偏离(自然规则的因果过程受到了偶然干预),还是最好把这些存在物设想为自然生产的普遍偏差(errancy),对我们来说就是神秘的。

洛克得出结论,对于这个问题,"所能想象到的唯一帮助应该是,我们对各种事物的属性已形成了完美的复杂观念……因此,我们就可以把各种事物分成各个种类。但是,这两点我们都做不到"。正是由于我们不能确定地区分本质性质与偶然性质,也不能决定自然产生的怪胎的精确地位,所以,只要我们缺乏事物实在本质的知识,我们也不能得到事物属性或本质性质的完满解释。(3.6.19)最后的结果是,无论我们的常识预设为何,我们决定特殊实体的种类的类别的基础都不是它们的实在本质,而是"名义本质","后者存在于心灵抽象出的观念中(3.3.15;3.6.20,26)。我们对实体的内部因果构造一无所知,不仅意味着我们顶多得到实体的历史知识,得不到相关的科学知识(4.3.29),而且还意味着我们的种类概念在很重要的意义上基于人类的技艺或习俗。洛克争辩道,"很明显,"我们精确的种类观念"由心灵制成,而非自然制成"(3.6.26)。

洛克对自然种类学说的批判,构成了他时常有关理智的黑暗之所和狭窄之处的判断的核心。[74]"由此我们就容易看到,我们完全处于黑暗中,并且在存在方面……我们所知的,亦只限于极小的部分……要说到自然物体(更不用说属灵存在)方面的完备科学,则我相信,我们完全没有此种能力,因此,我敢断言,我们如果妄想来追求它,那只有白费心力罢了"(4.3.29)。理智是"黑暗之室……正同暗室差不多,与光明完全绝缘,只有小孔……"(2.11.17)。理智是"狭窄的"(2.23.28),"万分赶不上纷纭错杂的事物"(1.1.5)。在某些评注者(最著者为施特劳斯)看来,洛克的这一批判是在从哲学上有力挑战将道德—政治科学基于自然知识的做法。施特劳斯坚称,洛克哲学(包括其政治哲学)在根子上是一种毁灭性的习俗主义。"自此后,自然本身提供的仅是无甚价值的材料;形式则由人提供,由人的自由创造提供……因之,不存在理智的自然原则:一切知识都是习得的;一切知识都依赖于劳动,都是劳动。"①米勒(Eugene Miller)的评注更为具体:"卢梭以混淆了人与次人(subhuman)的界限著称,然而,洛克(起码和他的继承者一样)却提出论证反对,可以基于某个自然基础确定这个界限。"②如果我们根本无法可靠地知道人类本质上(by nature)是什么,那么我们如何能够认定人类是自然权利的理性保有者?根据这一解读,我们不仅要被迫赞同拉斯莱特有关"《人类理智论》没有为自然法留下空间"这个人所共知的判断③,而且要进一步延伸得出结论认为,《人类理智论》(或洛克的整个哲学)也没有为自然权利留下空间。

人们不能否认,洛克为这样的习俗论解读提供了可观的文本支持。正如我们所观察到的,洛克看到,心灵形成复杂观念与劳动这种活动——我们通过劳动生产有物质价值的事物——可以类比。他宣称,"人类的能力同其作用方式,在物质世界方面与思想世界方面一样"(2.12.1;又见2.2.2)。因而,问题很大程度上取决于洛克如何看待人类劳动的创造性力量,以及他希望把这一类比推进到何种地步。正如施特劳斯及其他评注者所分析的,细读《政府论(下篇)》至关重要的第五章将揭示,在洛克看来,与自然的自发生产相比,人类劳动在物质世界中的生产能力可谓巨大。尽管"自然和大地本身仅仅提供了无甚价值的材料,"洛克大略估计,人类劳动通过"发明和技艺"的武装,所产生的生产力是未经改造的自然的上千倍,甚至成千上万倍。(II. 43, 44, 48;更一般

---

① Strauss, *Natural Rights*, 249.
② "Locke on the Meaning of Political Language", 117.
③ Laslett, "Introduction," 81.

性的论述见32, 37—48)[1]依洛克所见,劳动这个活动——通过技艺得到改善——实际上是一种无中生有(ex nihilo)的创造。[2]

这个说法蕴含的物质劳动的极端创造性清楚表明了,洛克将思想活动同化为劳动的做法暗示了什么以及会带来哪些麻烦。洛克已然承认,正由于我们"并不能制作任何新物质分子,"所以,"人的智慧无论如何高超,理智无论如何扩大,它们亦没有能力……在心灵中来发明、制作新的简单观念"(2.2.2)。[75]如果考虑洛克在《政府论(下篇)》中坚称,自然没有为生产过程贡献任何价值,所有价值实际上都由人类劳动产生,那么《人类理智论》中的上述承认有什么意义?自然的供给对于人类理智来说到底有什么价值?根据《人类理智论》的论证,外部世界的有序性多大程度上取决于人类理智或人类心灵的创造性力量?显而易见,如果一个世界所能见到的仅是散乱简单观念的纯粹聚合,那么它就是一个无法了解的世界,因而也是一个无法栖居的世界,对应洛克在《政府论(下篇)》中描述为"无用"的未经改造的物质世界。根据洛克在《人类理智论》中的论证,人类心灵自然面对的是这样一个世界吗?自然难道没有为我们营造一个有序且可理解的外部世界提供任何重要的指引或训导吗?

二、洛克的习俗主义的限度

要理解洛克习俗主义的范围,首先澄清洛克批判前现代自然

---

[1] Strauss, *Natural Rights*, 235—49; Goldwin,"John Locke,"460—70; Neal Wood, *John Locke and Agrarian Capitalism* (Berkeley: University of California Press, 1984), 51—67; Pangle, *Spirit of Modern Repulicanism*, 141—45, 161—67; Zuckert, *Natural Rights*, 264—66.

[2] 对比培根《新大西岛》(*New Atlantis*)的本撒冷(Bensalemite)神意与"人文主义"的对比。参见David C. Innes, "Bacon's New Atlantis: The Christian Hope and the Modern Hope,"Interpretation 22, no. 1 (Fall 1994): 3—37。

科学的具体意图是有益的。我的总体目标是要说明,尽管洛克拒斥对自然的科学研究或证明性研究,青睐历史研究,这显然有些习俗主义因素,但这绝不意味着快速滑向了任意性(arbitrariness)。相反,通过强调习俗主义因素,洛克实际上意在推动对自然更谨慎、更节制、真正经验性的研究。

　　洛克相信读者会原谅他在本质(essence)问题上着墨太多,"因为人们在这方面所犯的过错不止是获得真正知识的最大障碍,而且人们往常竟认错误为真正的知识。"(3.5.16)。这些错误尽管并不源自于或限于经院中的"好辩者"(3.11.3),但经院学者的方法却阻碍了智识进步,这是洛克猛烈批判经院学说的要旨所在。归根到底,经院派在种类和本质问题上的错误只不过是他们那些根本错误中特别重要的例子。洛克笔下的经院学者由于坚持认为,自然种类本质不仅存在而且我们原则上能够了解,因此他们也坚持认为,(经过适当培养的)理智和外部自然世界存在直接对应关系。他们坚持,他们赋予各种实体的名称和定义能够完全相称地代表自然清晰展现的事物秩序。就如那些只对世界做纯粹前科学或常识性理解的人,他们错误地"认定他们的字眼代表着事物的实在"(3.2.5;又见2.13.18;3.9.5;3.10.14以下;3.11.6;4.4.17;4.7.15;*CU* 29)。总而言之,他们预设自然为人类理智提供了充分的供给。

　　这一影响深远的根本错误从两个方面妨碍了知识的推进。首先,经院学者把实体和种类的名称当作仿佛得到了自然本身的授权准许(或者用洛克的术语,仿佛它们本身就是"原型",而非"摹本"或复本),[76]从而试图掩盖对照经验实在(reality)提炼或纠正这些定义的必要。因此,洛克反对"某些哲学家"的做法,这些人"排斥感觉,相信理性(因为人们常常不适当地称由自己的原则演绎的论证是理性)"(4.20.10;4.3.16)。由于经院自然科学沉迷于事物的"实体形式"，这种自然科学将造物呈现为想象的造物，而不是理智的造物，只是心灵自己创造的东西的具化。最极端的结果是试图教条地把自然科学基于"抽象观念的思考"（4.12.9；4.7.11以下；4.8.9以下）。"推理者类于蜘蛛，"培根以类似的意思说道，"从它们自己的实体织造蛛网。"[①]其次，凭借其所谓的发现基于抽象的演绎推理这个事实，经院自然科学怀有一种不合理的期待，即这种科学将带来证明上的确定性。经院自然科学远离经验或历史探究，要求获得确定性的做法，随着经院自然科学使得"强不知以为知的自信"发生膨胀，带来的实践效果是造就了无穷无尽、数不胜数的争辩（3.8.2；又见3.6.49；3.10.21）。在洛克看来，这种虚荣，这种自负的空气般的争辩科学，可能的终局是堕落为"完全的怀疑论"或极端的认识论任性（1.1.7；3.10.22）。

　　为了反对这个经院概念及其背后的古典目的论科学，洛克赞同完全培根式的科学概念，这种科学立基于经验或历史探究而非抽象推理，允诺一种概然性而非证明性知识。在评价这种洛克式科学的习俗论解读时，我们需要理解，洛克为什么被说服认为，这种科学观将纠正而非恶化前现代科学的错误和谬误，将阻止而非促使科学堕落为"完全的怀疑论"。

　　基于反对自然种类学说的相同理由，洛克彻底否认严格的

---

① Bacon, *New Organon*, Book 1, aph. 95; 比较aphs. 62—72. 关于现代经验主义者或新"实验哲学"支持者如何反抗经院派的"理性主义放纵"，参看A. N. Whitehead, *Science and the Modern World* (New York: MacMillan, 1925), 12—24, 57以下。视洛克的批判为这次革命中的一部分，参看Maurice Mandelbaum, *Philosophy, Science, and Sense Perception* (Baltimore: John Hopkins University Press, 1964), 7—8, 53以下; John Yolton, "The Science of Nature," in *John Locke: Problems and Perspectives*, ed. Yolton, 188—93, 以及*Locke and the Compass of Human Understanding*, 44—75, 尤其是54以下; Kathleen Squadrito, *John Locke* (Boston: G. K. Hall, 1979), 38—29, 126.

证明性自然科学的可能性。接着，洛克迫不及待地补充说，"人们并不要以为我不敬尊有关自然的研究，或者有意阻止那种研究"（4.12.12）。尽管洛克论证了实体观念的推测性或假设性，论证了自然种类学说的谬误、无用及有害，他仍然坚持我们不能任意形成我们的实体及事类（kinds）观念。

> 因为人们虽然可以任意形成各种复杂观念，并且随意给它们以各种名称；但是他们在谈说实在的事物时，如果想使人理解，则他们必须在某种限度内，使他们的观念同他们所说的事物相契合。否则人的语言会成了巴别塔语言，而且各人的语言既然只有各人知道，则语言文字便不能供谈话和日常生活之用。（3.6.28；又见3.6.51）

我们最终无法确定自然的观念或性质是否存在必然的相合或相斥，但这并不能让我们在形成观念时摆脱重要的自然训导。[77]人们必然"不能把自己的假设作为自然规则……因为我所知道的任何定义，以及任何宗派的任何推测，都没有充分的力量来驳倒恒常的经验"（2.1.21，19；又见4.8.10）。恰恰相反，我们的不确定性强化了自然训导的必要性："我们实体的观念……它们所含的各个观念一定不能是心灵任意联系的"，而"只能是这样，只能由（在我们所见的范围之内）自然中共存的一些简单观念构成"（4.4.12）。

在这一方面，洛克比那些援引亚里士多德权威的经院学者更忠于亚里士多德的精神，驳斥他们在所有的探究领域追求确定性的过度理性主义要求："我们应当正确地运用我们的理智，只在使我们按照物象（objects）适宜于我们官能的那些方式和比例……倘或我们只能得到概然性……则我们便不当专横无度来要求证明，要求确定性"(1.1.5)①。某些观念间的必然关系不具有证明上的确定性，这并不意味着此种研究徒劳无益；这仅仅意味着，对自然的恰当研究，无论在方法和知识类型上，还是所能产生的赞同，皆不同于像数学那种所涉观念为心灵自己所造（或者说是原型）的学科。"我们必须……使我们的考察方法适合于我们所考察的观念的本性，适合于我们探求的真理"(4.12.7)。探究自然世界的恰当方法不是关于名称和定义的抽象的演绎推理，而是基于"经验"或"观察"的细致记录的概然性归纳推理(4.12.12，又见14；4.3.16)。②洛克拒斥前现代科学固有的天真的自然主义，但他没有走极端，没有肯定激进的习俗主义或历史主义。自然科学和自然种类的前现代学说事与愿违地引得其追随者偏离自然，而洛克却在敦促人们回到"知识的根基，即事物本身"(3.11.5；3.10.22，25；3.11.24，25；4.4.16，18；4.8.10)。洛克强调得当的历史研究可以使人通达自然，他以培根的用语来为自己的方法命名："为了正确地定义它们（实体）的名称，我们必须研究自然史；通过用心和考察，这些实体的属性就可以被发现"(3.11.24)。

　　诉诸自然史作为定义的尺度标志着洛克承认，我们关于实体类别的观念并不一定全然是习俗性的。自然种类的前现代错误学说部分基于经验。如约尔顿(John Yolton)所指出：贯穿《人类理智论》始终的"'事物自身的本性，这个提法'根本不是指'物

---

① 比较Aristotle, *Nicomachean Ethics* 1094b. Gilbert Ryle,"John Locke on the Human Understanding,"秉承类似的精神认为，洛克对哲学的主要贡献在于对科学的分类(38)。值得注意的是，相较于他主要的论战对象"经院学者"，洛克对亚里士多德更为尊重，更少视其为论战对象，这不同于培根在《新工具》(*New Organon*)中坚持以亚里士多德为论战对象的做法。

② 洛克坚持将概然性而非确定性作为人们在自然科学方面做出赞同的恰当标准。关于此点，参见Yolton,"The Science of Nature,"189以下；又见Barbara Shapiro, *Probability and Certainty in Seventeenth-Century England* (*Princeton*, N. J.: Princeton University Press, 1983), 3—73。

象的内部构造'……而是指涉观察到的物象。"①尽管如此，人
们不仅肯定会问，这个说法如何与洛克交替使用"事物的内部构
造，以及事物的真正本性"（2.23.32；又见2.23.29）相符，而且还会
提出更根本的问题，[78]即：洛克有关种类观念的历史形成的重
要说法如何能容得人类理智来确定事物自身的本性？

　　要找到这些问题的答案，我们首先必须更仔细地考察洛克对
自然科学的概然性推理的辩护，他认为这种推理正当而有用。鉴
于我们不能确定因果关系，洛克基于历史的自然研究面临的基本
问题涉及我们能够对归纳的概然性判断抱多大程度的信心。在
讨论"赞同的各种等级"一章时，洛克肯认，在多种程度上，"在
如此之多证据上建立的概然性……自然就决定了判断，"因此，
缺乏确定性的赞同肯定可以高于"信仰"或"猜度"（4.16.9）。在
最低程度的赞同中，洛克观察到，"各种事物的出现如果与人的
私心无关，如果某个特殊事实与那些坦白的见证相符，从而得到
证实……那么我们的赞同也是不能避免的。"更为牢靠的依据
则是"许多不受质疑的见证"支持我们自己的经验。例如，"大
部分人类爱私利甚于爱公益"这个命题具有较高的概然性，因为
"这是历史在一切时代给我们的说法，而且在我所能观察的范围
以内，我的经验也证实这一层"（4.16.7）。最终，某个命题"第一等
高度的概然性"则在下述情况下发生："一切时代，一切人的同意
（在我们所能知的范围内），如果都同一个人在相似情形下的恒常
而无变化的经验相符。"这种程度的概然性"几乎上升到确定性，
故而绝对支配我们的思想，充分影响我们的一切行动，就像最明
显的证明那般"。当我们发现事情"是常由同一途径出现"，一如
"物体的组成和属性"的情况一样，"则我们正可以推断它们是某
些恒常而有规则的原因所产生的结果"，"这个我们就叫做'根据

---

①　*Locke and the Compass of Human Understanding*, 124.

事物自身的本性而来的论证'"。(4.16.6；又见4.20.15以下)

　　人们会注意到洛克措辞的犹豫或模糊："我们把这叫做"根据事物自身的本性得来的论证，并不同于"这就是"根据事物自身的本性而来的论证。尽管如此，洛克坚称，这种论证能够宣称自己正当地基于自然世界的某种秩序，为常识性观察所能察知。"人们并不要以为我忘了，自然在产生事物时，曾经使它们有些相互赘似，更不要以为我否认这一层。这种情形在各方面都显著不过，尤其在动物，和以种子来繁殖的一切事物方面，更为显著。"(3.3.13；又见3.4.117；3.6.230，36，37)洛克不仅注意到，自然中的事物具有现象上的相像，而且还暗示，这种相像很可能还是内部相似或本体相似："就是这样的自然所造的许多特殊的事物，在许多可感的性质方面是一致的，而且在它们的内在结构和构造方面，亦或者是一致的。"(3.6.36)事物之间的相似性或"相似关系"使得我们能够对实体做出非任意的，具有充分经验依据的分类，也使得我们能够根据对共存观念的历史解释(这种解释多少经过提炼)，判断某个种类观念相较于其他观念所具有的相称性(3.6.31；4.6.13)。[79]例如，我们观察到"生命、感觉、自发运动和推理官能"这些性质有规律地共存于特定存在物中(3.3.10)，在此观察的基础上，洛克的论证容许并且鼓励我们把这些存在物当作同一种类的成员，并且假定他们现象上的类似性具有自然基础。

　　从自然的通常进程出发来进行论证的做法得到了洛克的辩护，这部分反映出一种务实的考虑。完全拒斥"根据事物本身的本性"进行论证以及任何以经验为基础的概然性论证，不仅不明智，而且事实上在日常生活中也难以为继。例如，我们假设，有某个蔬菜或某块肉有着特定颜色、结构、味道以及确定的生物谱系。再进一步假设，在所有或几乎所有之前观察到的例子中，这些性质与营养性质存在某种偶合。我们对相关实在本质的根本

无知,是否必然使我们可以合理地、代价高昂地怀疑眼前这个蔬菜或这块肉的营养性质?洛克给出的答案完全扎根于常识:

> 因为一个人在日常生活中如果除了直截明白的证明以外,再不愿承认别的一切,则他便不能确信任何事情,只有速其死亡罢了。他的饮食虽精美,他也不敢来尝试;而且我亦真不知道,还有什么事情,他在做时,是凭借毫无疑义,丝毫不能反驳的根据的。(4.11.10;又见1.1.5;4.2.14;4.10.2;4.11.2, 3, 4, 8; 4.14.1)[1]

　　一如我们将看到的,《政府论(下篇)》拒斥政府专断,同样依赖于这样一种论证。尽管为了能确定个人在法律治下的地位,我们可以单纯地假定,人类在通常的自然进程中发展出法权上合格的人类理性,但是洛克并没有表面上那样无所顾忌(II. 60—61)。洛克的论证,除了在日常事务中发挥的作用外,更重要的功能是使得一种基于历史的自然科学得以可能。肯认我们关于事物本性的概念极端任意,极难与洛克在皇家学会(Royal Society)的成员身份相容,也很难与如下事实相容,即:洛克不但称许而且某种程度上积极与"大师"们(波义尔[Boyle]、西德汉姆[Sydenham]及牛顿)合作研究,这些大师都是实验性的概然性的自然科学的倡导者。[2]洛克所举例的化学家(希望对金或硫酸

---

① 　比较King, *Life of John Locke*, 324。

② 　皇家学会的第一任秘书长Henry Oldenburg如此描述学会的目的:"首先,我们的任务是通过观察和实验的方式,仔细考察整个自然并研究其活动;从而锤炼出更为坚实的哲学以及更多文明的便利。"[转引自Michael Hunter, *Science and Society in Restoration England* (Cambridge: Cambridge University Press, 1981), 37]关于洛克和波义尔、西德汉姆的合作,参见Cranston, *John Locke: A Biography*, 88—93。关于洛克和牛顿的关系,特别参见G. A. Rogers, "Locke's Essay and Newton's *Principia*," Journal of the History of Ideas 39 (1978): 217—32。

做实验），如果不对研究的实体是什么抱持一个假定概念，或者对于该名称专指的一系列共存性质没有任何观念，他就很难有实验样本（见4.6.8以下；又见3.6.8）。洛克当然赞同，必须要有这样一种概念，但是他仍然坚称，相关观念仅代表名义本质，而非实在本质。然而要点在于，除非人们能够合理假定某些观念或某些性质必然且自然而然的共存（意即，除非人们能够合理假定，名义本质在自然中有可靠的基础），否则，名义本质对于实验设计就毫无帮助。[80]如果恒常不变的经验向我们表明，在所有方面符合我们有关火或铁的抽象观念的实体，都展现出"火能暖人，能使铅流"，"铁在水中则沉，在水银中则游"这些属性，我们能以最高的概然性推断，这些就是火和铁的本性(4.16.6)。说来说去，洛克不能逃避也不打算逃避下述这个简单事实，如果不对人们可以判断事物的本性这个可能性保持开放态度，我们就无法构想任何自然科学。

我们现在至少消除了洛克处理实体分类问题的某些含糊(3.6.43)。实际上，激发洛克表面上的激进批判的其实是一种相对温和的建设性反对意见，反对前现代的自然科学和自然种类概念隐含的任意性。洛克认为有必要质疑前现代科学，其理由与他相信有必要驳斥天赋学说一样：自然授予我们的种类观念具备完全相称性这个主张，与自然在我们出生时就在心灵上铭刻了命题知识这个主张一样，鼓励我们教条而又任意地坚持这些观念，仿佛这些观念不证自明，无需经验测定。如果考虑到这点，还认为洛克主张激进的习俗主义，主张彻底或完全地将种类观念之构建脱离经验基础就将是荒唐的。这个结果不是洛克论证的目的，也非其论证的必然结果。相反，洛克认识到经院学者天真的自然主义和彻头彻尾的现代习俗主义最终是一丘之貉，所以他在构建自己的论证时，力图避免这两种极端做法必然导致的任意性。

洛克拒斥确定性作为自然科学中的赞同的恰当标准表明，他否认分类的基础是一个"全有或全无"的命题。我们不能确定实体分类的精确自然基础，但这并没有迫使我们抱有一种纯粹的习俗主义。洛克为概然性赞同辩护，力图推动更为经验性的自然科学。因此，他通过批判自然种类学说让人们认识到，这样一种自然科学是必要的，也是可能的。它之所以必要，是因为自然没有为理智提供完备的供给，从而迫使我们为获得知识而劳动。这种知识在很大程度上，既不是直觉性的，也非显而易见。它之所以可能，是因为自然为我们的分类工作提供了基础，确保这项工作不会因为我们无法认识实在本质而堕落为任意。

另一方面，与某些评注者的主张不同，①这并不意味着洛克复兴了另一种形式的自然种类学说。说到底，我们无法回避下述事实，即洛克始终如一地强调并敦促我们抛弃获得终极的自然种类本质这个抱负。尽管如此，值得强调的是，洛克之所以将自然种类的前现代学说斥为"完全无用"(3.3.17)，[81]不仅是因为这种学说无法解释我们如何实际形成种类观念，而且因为我们没有必要为了避免走向任意诉诸此种学说。再强调一遍，我们关于实体的种类观念"是理智的作品，可是亦以事物[在自然中]的相似关系为基础"(3.3.13;又见3.4.17; 3.6.30, 36, 37)。尽管洛克明确坚持，"自然并没有造出这种东西，没有在人类中确立这种东西，作为种类间确立不移的界线"(3.6.27，部分强调为作者所加；又

---

① Gibson, *Locke's Theory of Knowledge*, 199—201; Aaron, John Locke, 204; Yolton主张，洛克没有否认自然类的存在(*Locke and the Compass of Human Understanding*, 32—33)。Mackie, *Problems from Locke*, 88和Colman, *Locke's Moral Philosophy*, 124都主张，洛克实际上肯定自然类的存在。Colman显然把ECHU3.10.21处段落误读为对自然物种存在的支持。正如Mackie所观察到的，相关的文本支持是ECHU3.3.13和3.6.36—37，但是我并不认为这些段落能支持这样的解读。关于洛克拒斥自然物学说的基础与限度，Ayers, *Locke*, vol. 2, 65—90提供了敏锐且颇具说服力的阐述。

见3.5.9)他也坚称,我们所构建的种类观念并不必定任意。自然让我们观察到的相对稳定共存的观念"束"[1]或性质"束",为我们构建种类观念以及历史地改进种类观念提供了非任意的基础,尽管并不必然完美。

洛克解释实体和种类观念的总体精神,精准地体现在《联邦党人文集》非典型的对认识论问题的简短提及中。普布利乌斯停下先前的讨论,开始清醒地提醒人们:非有机物形式、植物形式和动物形式之间的界限存在巨人的"模糊",这阻碍了"最为明智、最为勤勉的自然主义者"精确地划定三者间的界限,更不必说确定"自然分门别类出来的这三个类别中物象各自的特征"。因此,普布利乌斯认为,立法者在努力确定人类政府的恰当制度时面临诸多困难也就不足为奇。尽管有这样的困难,他并没有推断此种努力徒劳无用,而只是觉得"有必要降低我们对人类智力所能达致高度的期望与希望"。真正令人惊讶的倒是现在业已证明的人类心灵能达到的合理共识程度。[2]正如当代政治科学家威尔逊(James Q. Wilson)所说,"我不能界定黄昏,但这并不意味着我不能区别昼夜"。[3]正是本着此种精神,洛克关于种类观念的解释与他的下述坚持相辅相成,即"我们心中所燃的蜡烛已经足够明亮可以供我们用了"(1.1.5)。

对于洛克而言,由于人类知识"既不是完全必然的,亦不是完全随意的"(4.13.1),所以实体分类的恰当基础则部分具有习俗性,部分具有自然性。洛克反复强调,人类知识的习得或构建具有习俗主义因素。为了准确理解这点,人们必须记住洛克的立场最终是一种温和的立场。原因在于,洛克坚持认为理智疏离外

---

① 这个术语我借用自Mackie, *Problems from Locke*, 87。
② Federalist #37. 对比Wallin, "John Locke and the American Founding."
③ James Q. Wilson, "On Abortion," *Commentaty* 97, no. 1 (January 1994): 25.

部自然世界，确实会让人觉得他是后现代或反基础主义理论家的先声。洛克承认，我们必须基于对自然中共存之物的观察，形成实体和实体—种类观念。如果考虑到这点，那么他反复地用"任意"一词——"任意"一词在《政府论(下篇)》中主要意指不正当的不负责的权力——来描述此种观念的形成就尤其令人讶异。[82]同样令人讶异的是，尽管洛克最终为概然性判断辩护，但他却觉得可以偶尔贬损这种判断，甚至称"谨慎观察"得来的结果顶多称得上老于世故的猜想，仅仅是"意见"，缺乏"知识所必需的确定性"(4.6.13；又见4.2.14；4.3.14；4.12.10；4.15.4)。

在一个重要的方面，洛克(还有普布利乌斯)的批判认识论的道德紧迫性，很大程度上源于一些和当代自由主义反基础论者相同的动机。洛克提醒人们注意观念形成的习俗主义因素，他希望教导我们，"缓和我们的信条"(1.1.3)，"在这个迅速的、盲目的行动状态中……不要那么强加于人"(4.16.4；又见4.14.2)。举最重要的例子来说，过分确信有关人的观念的相称性就常常会轻易用这个观念将那些在某个性质上有缺陷的人排除在人类之外。这就是相当理性但却天生不像人样的僧正圣马丁这个让人警醒的例子给我们的教训(这个例子上文引用过)。敢于自我质疑的理性告诫我们，我们关于种类的观念(尤其是人类种类的观念)远非精确，无法以此为依据剥夺某些所属不清的人的受洗资格，更不要说作为剥夺他们的生命的依据(3.6.26—27；3.11.20；又见4.4.14以下)。就像当代自由主义反基础论者一样，洛克强调我们构建种类的习俗主义，提醒我们应清醒看到，人类犯错很自然，人类探究的物象具有无法克服的不确定性，故而在追寻智识和道德共识时需要宽容与妥协。

尽管如此，洛克与普布利乌斯相同，与当代反基础主义者不同的地方在于，他没有力图高举和平的事业盖过真理的事业，没有高扬自由民主盖过哲学，而是共同推动"真理、和平与学问”(3.5.16)。洛克没有绝对肯定我们构建种类的习俗主义，而是在修辞上突出我们构建种类时的习俗主义因素。他这么做是为了说服我们在进行这种构建时更谨慎小心些。正如培根坚持的，"商店的看法常常左右人们的需求，"[1]因而，正如我们将在接下来的章节中所看到的，洛克将自己的政治哲学大厦建基于欲望感或不安感刺激勤勉这项原则(2.21.34；又见*STCE* 126)。洛克较为怀疑心灵与自然之间的自然和谐是心理训导的一个来源这个看法。因此，他对自己的读者(尤其是《人类理智论》的读者)实施了一项冒险政策。为了刺激我们更为细致的探究，他必须首先动摇我们已然接受的观念。有些矛盾的是，他为了辩护概然性，偶尔会贬损基于概然性做出的赞同。为了防止将我们的观念教条地具体化，为了保持对观念的开放性和不完善性的认识(这对任何严肃的经验探究都是必要的)，对洛克来说重要的是，同时认识到完美的知识必不可少以及我们在何种程度上无法获得这种知识。如约尔顿所说，"否认在'科学'的理性意义上的自然科学是可能的——这是为了表明我们需要细致的实验自然科学——对洛克是如此重要，以至于他总是不厌其烦地强调这点"。[2][83]只有当我们认识到自然最终是隐秘的，我们才能获得我们的能力范围内的自然知识。

　　洛克在修辞上坚持习俗主义的依据的另一个面向与前面所说密切相关。总相和共相是理智的作品。洛克坚持说，"之所以造它们只是为自己的用途"(*ECHU* 3.3.11，部分强调为作者所加)。洛克坚持认为我们"自由地"并"偶然"地形成事物的种类观念，(*ECHU* 3.6.27；3.3.17)，据此要求我们检讨科学已然服务和

---

① Bacon, *The Great Instauration*, "Preface", in Bacon: *The New Organon,* ed. Fulton Anderson, 7; 又见*New Organon*, Book 1, aph. 85。

② "The Science of Nature," 189.

可能服务的人类目的。正如我们在后续章节中更清楚地看到,洛克再次暗地里追随培根,(在当时的读者看来)解构了经院科学,暴露了经院学者外在于科学的动机(3.10各处),以便确立一种新的科学概念,这种科学概念更为坦诚,对人类也更有用。洛克坚称,我们通过勤勉地运用自然—历史进路,能够获得比过去更好的、更真实的、经验上更完善的对自然世界的理解。然而,无论我们多么勤勉,经验上如何加以完善,我们有关自然世界的理解某种程度上依然是自我指涉的(self-referential),依赖于我们如何理解自己以及如何理解历史探究对我们的好处。洛克强调(有时甚至是夸大)自然产物的偏差,强调人在种类分类方面享有的自由,从而要求我们反思,我们在理解人类的需求、利益或幸福时做出相关选择的依据。通过将人类视作"种类中的种类"(这一种类占支配地位,为自己及其他种类划定界限),①洛克重申,更好地理解我们的本性(nature)在道德方面和认识论方面都较为紧迫。洛克对人性(human nature)及人类自然状态的自然—历史考察带来的结果是后续两章的主题。

尽管如此,在细致分析洛克的这项考察之前,有必要探讨一下运用洛克的自然—历史进路研究人性存在哪些问题,因为前面的观察还没有说明洛克这场理论冒险最终会出现的极端情况。一个潜在的困难源头出现在洛克的下述提法中,即:依赖自然相似性而非自然实质,只能协助我们抑制构建种类的任意性问题的一个方面而不是所有方面。根据经院教条,自然产生有限的确定种类,自然中的各种实体存在物程度不同的、以不可胜数的方式彼此相似。因而,尽管特定个体间的相似性使得我们有可能为这些共同种类的个体命名,但是人们兴许会争辩说,相似性这个事

---

① Zuckert颇富洞见地将洛克思想的这个方面与海德格尔进行对比,*Natural Rights*,264—265。

实本身无法协助我们确定，在实体存在物间不可胜数的相似性中，我们选择哪个作为种类分类的基础是合理的或可欲的。[84]正如麦基（Mackie）所指出的，自然"提供了相似关系，但提供得过多，我们用不了"。①

　　正如洛克自己指出的，我们兴许认为下述观点"很奇怪"，即：自然并没有协助我们确定，实体存在物间的哪些相似性应成为种类命名的基础。坚持认为，自然中所有现象上类似的存在物都同样有权被命名为同一种类似乎有违常识。例如，红色事物这个高度一般性的类别，红头发的有雀斑的人这个相对具体的类别，在某种程度上都与人类这个类别一样应获得种类命名。此外，种类命名的证成，大致上随着特定"一束"或一类种类成员的相似程度以及此类与彼类存在物的不相似程度而变化。这个观点看来似乎完全符合洛克的经验主义原则。正如自然相似性这个事实，为我们判定某个存在物被归类为某类共同种类提供了非任意的基础，自然相似性的变化程度，似乎为我们将某些束而非其他束现象上类似的存在物命名为种类提供了非任意的基础。然而，无论这种观点多么合理，人们都无法回避下述事实，即洛克持有与之相反的观点。洛克根据自然看似"在形成各种实在的本质时，太慷慨大方"（*ECHU* 3.6.32）这一事实推论说，自然并没有协助我们判定，哪束相似性应当获得种类命名："每个名称所表示的每一个抽象观念，就是一个独立的种类"（*ECHU* 3.6.38；比较3.3.14）。

　　这一主张促使我们进一步探讨并改进，上一章末尾和本章开头提出的有关洛克习俗主义的范围和道德意义的根本问题。在洛克看来，自然—历史进路允许我们把人类命名为独立的种类，但这并不意味着，在命名种类时，相对于作为人类二级分类依据

---

① Mackie, *Problems from Locke*, 136.

的不可胜数的相似性而言，我们应当赋予人类总体的相似性以特权地位。尤其是，这并不意味着，我们应当赋予人类间的相似性以道德上的首要地位。如果我们命名种类是为自己所用，那么赋予人类总体的相似性而非作为人类二级分类依据的某个相似性，以道德上的首要地位，符合我们的利益、幸福或恰当目的吗？①这个问题背后还有一个更深层、更恼人的问题：如果关于某人自身利益、幸福或目的的任何概念都依赖于一个先在的对某人"自我"的概念化，后者又出自一个先在的利益或用途，那么我们如何能够将我们自己和我们的动机拉开一定的距离，自由而无偏颇地反思我们的恰当目的或幸福的真正本质？

　　如果这些问题没有满意的答案，那么似乎，与我们早先的结论相反，洛克的习俗主义的逻辑似乎同时表明了人性科学的必要性和不可能，这就让我们一头栽进了无限倒退、陷于瘫痪的主观主义当中。[85]困难甚至还远不止此。更深入地考察洛克理解科学的自然—历史进路的反目的论和明显的唯物主义基础，将彰显习俗主义论证可能导致的危险极端，进一步阐明支配和限制洛

---

① 学者们从这个论证中推出的最恶意的隐含之意是它证成了种族歧视。这个证成基于一种狭隘的或排他性的有关人类或人格的定义。参见Miller, "Locke on the Meaning of Political Language," 178注释；Celia McGuinnes, "The Fundamental Constitutions of Carolina as a Tool for Lockean Scholarship," Interpretation 17 (1989): 141. 又见James Farr的概述，"'So Vile and Miserable an Estate': The Problem of Slavery in Locke's Political Thought," *Political Theory* 14 (1986): 263—89, 以及Wayne Glausser, "Three Approaches to Locke and the Slave Trade," *Journal of the History of Ideas* 51 (1990): 211—13。尽管洛克的阐述确实允许，比如说，古希腊人将非希腊人定义为本质上截然不同的物种，北美或欧洲白人将非洲人定义为本质上截然不同的物种，反之亦然。但是，他的阐述并不允许这些族群在道德上或法权上将彼此定义为不同的物种，区分法权上的下等或劣等，因为就其成员拥有理性追求幸福的道德和法权关键能力而言，这些族群并没有什么不同。参见Kathleen Squadrito, "Locke's View of Essence and Its Relation to Racism," *Locke Newsletter* 6 (1975): 41—54, 以及Grant, *John Locke's Liberalism*, 28—31。尽管如此，为了更充分地回应这种反驳，洛克必须证明，理性存在物追求的幸福不包括对他人的专断统治。我将在第五章更全面地考察这个问题。

克习俗主义论证的推理方式。

三、"微粒假说"

洛克对前现代目的论科学的批判完全是因为想要返回"事物本身的本性",或者仅仅是想要采取纯粹经验的、历史的自然研究进路。仅仅这样辩称并不够。洛克完全认识到,毫无批判地搜集材料"不过是糙货的堆砌"(*CU* 13)。并且,再次与培根不谋而合,两人都认为有必要通过完善的研究方法,"改进"或训导人类理智。培根始终坚持有必要恢复对自然的直接研究。然而,他也解释说,他想要通过完善"一种新的"自然史,"勤勉而忠实地为感觉提供帮助"。培根式自然史的目标不只是记录各式物质,而且要发现事物的隐秘原因。自然史实现这个目的的方法是,观察自然的运行如何"受到人类技艺和人类之手的限制和扰动"。通过这个方法,人类科学能够实现"经验官能和理性官能真正合法的联姻"。[①]洛克如他一贯的作风,运用了一个更朴素的隐喻达到了相似的效果。他提出,对自然的恰当的历史研究,并不类于纯粹采摘自然提供的野生果实,而更像训导有方、勉力而行的探矿过程(2.2.2; 2.12.1; *LN* fol.34; *CU* 6, 38; 比较II. 26—50),目的是为了增加并完善我们关于事物的隐秘原因或"事物的内在构造和真正本性"的假设(*ECHU* 2.23.32)。

洛克提出,对自然的秘密进行探矿格外有用,特别体现在"微粒假说……人们都以为它最明了地解释了物体的各种性质"(4.3.16; 又见*STCE* 193)。因之,尽管洛克宣称他没有想要

---

① Bacon, "The Great Instauration," 22—25, 14; Of the Dignity and Advancement of Learning, in *Francis Bacon: A Selection of His Works*, ed. Sidney Warhaft (New York: MacMillan, 1982), 2.2, 400—01.

进行"物理探究"(*ECHU* 1.1.2; 2.8.4, 22; 2.21.73),学者们却都认为,洛克作为一名"小工"来写作《人类理智论》的目的是要为"新科学提供哲学基础",[①]特别是"以融贯的、系统的、理性的方式……发展和捍卫微粒哲学的根本学说"。[②]"微粒哲学",特别是罗伯特·波义尔所详尽阐述的那种,代表了对洛克影响至深的大师们的"不朽丰碑"[③],构成了他批判前现代目的论自然科学的真正根基。[④][86]有人甚至主张,洛克完全毫无保留的预设或接受了微粒理论的真理性。[⑤]然而,如果这些关于洛克意图的主张成立的话,洛克的整个哲学(包括政治哲学)将面临严重困难。因为有充分的理由怀疑,洛克所推崇的"历史的、平白的方法"(*ECHU* 1.1.2)与微粒哲学(如果充分展现了其反目的论的意义)最终是否可以相互兼容。洛克对微粒假说的信奉,是否能够以某种方式至少避免否认自然的部分可理解性(他坚持的自然史和实验哲学有赖于此)?

要回答上述问题,我们需先回顾洛克对微粒假说的阐述。正如洛克所言,微粒假说是最常见的一项解释"感觉的本性"和"各种物体的性质"的努力(2.8.22; 4.3.16)。我们恒常的经验包括丰富多彩的事类观念,包括形状、颜色、声音、滋味、气味、构造和运动。为了解释这些经验,我们会想知道,自然中的实在存在物(real beings)对应我们的哪些观念,或者说它们产生了哪些

---

① Yolton, *Locke and the Compass of Human Understanding*, 16, 75. 又见Aaron, *John Locke*, 74—75。

② Rom Harre, *Matter and Method* (London: MacMillan, 1964), 93.

③ Peter Alexander, "Boyle and Locke on Primary and Secondary Qualities," in *Locke on Human Understanding*, ed. I. C. Tipton, 63—64.

④ 例如, David Givner, "Scientific Preconceptions in Locke's Philosophy of Language," *Journal of the History of Ideas* 33 (1962): 340; Alexander, "Boyle and Locke," 66; Michael Ayers, *Locke*, vol. 2, 66—77。

⑤ Givner, "Scientific Preconceptions," 340—42, 346, 以及Mandelbaum, *Philosophy, Science, and Sense Perception*, 1—15。

观念。用洛克的话来说，我们会想知道，自然的什么"性质"产生了这些观念。"性质"一般是指 "能在心中产生观念的那种能力"（2.8.8）。在洛克看来，这种好奇带来的自然反应或最初反应是简单设定我们的观念对应某种能力或性质；例如，我们假定某个红球的形状观念由这个球的圆形性质产生，一如我们假定我们有关该球的颜色的观念由它的红色性质产生。然而对于洛克而言，这仅仅是重述了问题，没有搞清楚感觉或物体的本性。洛克进 步考察物体如何在我们这里产生观念这个问题，诉诸可构想性（conceivablity）这个标准：我们必然得出结论认为，这个过程"分明是由于推动力（impulse）而然，因为我们只能小道，物体能借这个途径发生作用"（2.8.11）。微粒理论认为，所有物质对象或"自然事物中的不可觉察的各部分虽有一种实在的、不可知的构造，可是我们所以能分别它们……只是凭借那种内在构造所流出的一些可感的性质"（3.3.17）。这些不可觉察的部分或"微粒"是"物质的自动部分，是自然的伟大工具"（4.3.25；2.21.2），有能力使实体存在物产生变化。[1]根据该理论，当我们能隔着距离知觉物象，"那分明有一些不可觉察的物体从那里来到眼中，并且一种运动传在脑中，在那里产生了我们对它们所有的这些观念"（2.8.12）。

　　通过借推动力来解释感觉观念的产生，这种微粒假说做出了一个令人迷惑的两种性质或能力的区分，洛克称之为"第一性质"和"第二性质"。[2]在最为根本的意义上，第一性质在因果关

---

[1]　然而，*ECHU* 2.21.4, 72和2.23.28却表明，主动能力仅仅是"灵物"或会思考的存在物的特征，而不是物质实体的特征。

[2]　对这些术语的历史的简短讨论，见Aaron, *John Locke*, 121以下。对于这项区分如何以不同形式出现在各种现代早期科学家的作品中，更详尽的讨论见E. A. Burtt, *The Metaphysical Foundations of Modern Science* [Atlantic Highlands, N. J.: Humanities Press, 1952 (reprint of 1932 edition)] 67—71, 83—90, 115—21, 130—34, 180—84。

系上处于第一位。微粒的"第一"或"实在的性质"相当于物象呈现给我们知觉的所有观念的因果基础,因而展现出"主动的能力"。而且,如果因果关系是由推动力引发,就可以推知,第一性质"不论在什么情形之下,都完全无法与物体分离"(2.8.9)。[87]第一性质是这样的性质,一个事物如果没有它,则连物体意义上的存在都没有,因之没有能力借推动力来传递运动。因而,第一性质包括"体积、形相、数目、位置……运动或静止",以及物象的"构造"或它们的构成部分(2.8.23,10)。①第二性质是次等的或外围的原因,无它,仍然能构想一个事物在物体意义上存在,例如颜色、滋味、声音和气味(2.8.10,13)。

这一区分中固有的首当其冲的困难在于,洛克对相似性这个概念的使用有点让人困惑(2.8.7, 15, 22, 25)。在洛克看来,如果一个事物或实体产生出的观念"相似于"其根本原因,或相似于一种若没有它则无法构想该事物物体意义上的存在的性质,那么,该事物或实体显露的是第一性质。如果一个事物,凭借其拥有第一性质,产生的观念与任何第一性质都不相似,那么,该事物显示的是第二性质。洛克这样使用"相似性"的重要意义引起了具体的学术争论,②而且也和我们关心的那些更广泛的困难相关,但就我们当前的目的而言,一个简单的例子足以澄清洛克

----

① 洛克对特殊第一性质的具体描述因时而异。我这里仅举出他通常(但并不总是)称为"第一"的那些性质,尤其参见*ECHU* 2.8.9—26和2.23.8—19, 30—32。

② 学者们特别就如下的问题展开了广泛辩论:洛克是在指可观察到的物象的第一性质,还是不可觉察的分子的第一性质?第一性质是作为"已确定物(determinates)"(例如,共享某个特定形相),还是类似于"可确定物(determinables)"(例如,普遍具有形相)而与它们的观念相似?如果只有观念呈现给心灵,那么怎么可能将观念与自然中存在的性质进行比较?对于这些问题的各种不同处理,参见 Reginald Jackson, "Locke's Distinction Between Primary and Secondary Qualities," in *Locke and Berkeley*, eds. C. B. Martin and D. M. Armstrong, 44—77; Aaron, *John Locke*, 116—27; Mandlebaum, *Philosophy, Science, and Sense Perception*, 16—28; Yolton, *Locke and the Compass of Human Understanding*, 47—49, 130—31; Mackie, *Problems From Locke*, 13—27。

的用法。假设事物的实际形状或构造在决定我们关于它的形状或构造的观念时起决定作用；我们就能说，观念与其决定性性质之间存在概念相似性或家族相似性。另一方面，假设一个事物凭借其形状或构造能在我们这里产生颜色或滋味的观念；我们就能说，在所讨论的观念和其决定性性质间不具备这种家族相似性。①

洛克承认，无论这个解释在解决日常感知经验的某些表面明显令人困惑的事实时多么有用，(2.8.19, 20, 21)，第一性质和第二性质的区分在某种意义上还是让人有点无法理解。特别是，"我们无论如何不能构想，任何分子的大小、形相或运动，如何会给我们产生出任何颜色、滋味或声音的观念来。因为在这两者之间，根本没有可以构想的联系"(4.3.13；又见2.8.14, 25；4.3.28)。正是缘于这种不可构想性，我们才条件反射地设定事物的实在性质，直接对应我们的第二性质观念。尽管如此，洛克这项区分的隐含之意在于，第二性质尽管在本质上或性质上表现得与第一性质的观念很不相同，但这种不同在外在心灵的世界中没有独立的基础。简而言之，第二性质之所以存在，恰恰在于物象与受者之间的互动(2.21.3)或物象细微的、不可觉察的部分与我们感觉器官间的互动。甜作为一种滋味，嗡嗡作响作为一种声音，诸如此类的表面"性质"的存在，与苦乐的存在一样，都依赖于受者的在场，依赖于受者的感觉器官与特定第一性质的互动，从而产生相应的观念。受者如若缺席，这类"性质"在我们的日常感觉经验中就不会作为颜色、声音、滋味或气味存在，而只是作为以各种方式组成的不可觉察的微粒的特殊运动存

---

① 特别参见Mackie提供的解释，*Problems From Locke*, 14. 类似的解释见Mandelbaum, *Philosophy, Science, and Sense Perception*, 16—30, 以及E. M. Curley, "Locke, Boyle, and the Distinction Between Primary and Secondary Qualities," *Philosophical Review* 81 (1972): 450—54。

在。[88]"它们将消散停止",洛克如是说,"而复返于它们的原因,复返于各部分的体积、形相和运动"(2.8.17;又见2.8.23;2.23.11)。

洛克后来修正了最初将性质等同于能力的做法,进而解释说,第一性质有两个层面上的存在,一是事物真实的内部属性,二是事物凭借其拥有某些内部属性而产生特定结果的能力。另一方面,第二性质就其严格用法而言,"只是能力,而且就与其他物体的关系而言,亦只称它们为能力"(2.8.23—24;比较2.8.10,13—25;2.239—10;2.31.2)。①考虑到第二性质依赖于受者且具有一种关系性,这项区分指向了微粒理论极端激进的意义与危险之处,对此洛克心理很明白。因为看来似乎是这样,若要采取第一性质与第二性质的微粒区分,洛克最终会将第二性质降到不具有实在地位或仅仅具有主观地位,从而与对世界的日常理解发生彻底而危险的断裂。鉴于我们在日常经验中主要诉诸第二性质来做出事物之间的等同、分类和区分,从而了解这个世界并栖居在这个世界(2.8.22,26;2.23.8),第二性质不具备实在性的学说必定搅得天下大乱。②

对丁上述论证,有人兴许会回应说,第二性质依赖于受者这个事实并不意味着,第二性质本身不具有实在性或只具有极端主观性。如果我们将第二性质构想为事物中能让类似于我们的存在物(拥有某些感觉器官)产生特定感觉的能力,那么我们就能

---

① Jackson, "Locke's Distinction" 把第一性质和第二性质的区分视为性质和能力的区分。比较 *Philosophy, Science, and Sense Perception*, 19—20. Curley, "Locke, Boyle, and the Distinction Between Primary and Secondary Qualities," 443—45, 450—54将两种性质的区别当作两种能力的区别。在Curley看来,洛克在这个问题上的模糊不清源于自于洛克确实很难给"性质"进行精确的定义。我不是要否认Curley所描述的这个困难,但是我认为,洛克此处的模糊不清反映了他思想中更根本的一个张力,即自然科学与日常感觉之间的张力,而洛克自己充分地意识到了这点。

② 参见Zuckert, "Fools and Knaves," 尤其是562—63。

将这种能力设想为倾向（dispositions）。这种倾向即便在特定受者缺席的情况下，也能恒常出现于事物当中。①正如我们将看到的，洛克愿意扩展他的"自然的内在性"学说（doctrine of nature's immanence），将自然存在物的倾向性质包括进去，这对于他解释实验科学和人类心理是重要的。此外，如果我们凭借感觉器官知觉到的第二性质，大体上可被信赖传送给我们有关外在世界的划一信息，那么第二性质依赖于受者的事实不一定有损于我们对世界的日常理解。主体间性这个条件——假如感觉为我们人类共有，并且以大体划一的方式运行——实际上足以保证世界的客观性。尽管如此，反思一下这个限定性条件，能够更清晰且更深入地看到，洛克（至少在某些时候）为了探求微粒理论的深意愿意走多远。

　微粒存在物或物质存在物的第一性质具备实在性这个学说表明，洛克极为怀疑日常性（commonness）或人类感觉的可靠性，而且还表明，洛克更为一般地怀疑心灵和外在世界的自然对应。洛克确实曾宣称，对于外在于心灵的存在物是否存在，"我所能拥有的、最为可靠的保障是眼见为实，眼睛是这个事物存在与否的恰当的、唯一的判断者"。②[89]但是，他立马限定了这一断言，提出这样的见解："因为我想没有人会如此怀疑，以至于不能确信他所见所觉的那些事物的存在。"他宣称，他自己完全确信外物的存在，"因为我如果在各种途径下来使它们接触我的身体，我就能以自身中产生出我们当下极为关心的苦和乐来"（4.11.2—3，强调为作者所加）。有几位评注者分析了，洛克总体上关于凝性或阻力性质的概念以及更为具体的引起物理痛

---

① 参见Curley关于"殊相"（individual）能力和"事类"（sortal）能力的区分（"Locke, Boyle, and the Distinction," 447—49）。
② 比较《论理智行为》24："见即知"。

苦的能力的概念,作为外在世界实在性的最终试金石所具有的重要意义(比较2.1.21及4.11.2—8)。[1]人们可以对比马基雅维利给《君主论》受众意味深长的建议:"一般人多凭眼来判断,很少用手,因为见者众,触者寡。人人以你的表面来看你,很少有人触及你之所是。"[2]洛克对微粒理论的运用,在自然科学领域揭示了,马基雅维利基于物质优于形式和触觉官能优于视觉官能建构政治科学之基础的做法。简单观念通过人类与其他拥有感觉能力的存在物共有的官能获得,而复杂观念由更为高级、更为杰出的人类官能(想象或抽象)构建。洛克认为,简单观念比复杂观念更能代表实在的外在世界的表象(2.31.2; 2.32.9—10; 3.9.4—21)。他也同样提出,通过触觉习得的简单观念比通过其他感觉习得的简单观念更为可信,更少争议。

根据微粒理论,如果我们必须将知觉构想为通过物体性"推动力"发生,那么我们最可靠的知觉必然是最直接的知觉,那些和物象直接接触而获得的知觉,它们没有或几乎没有以知觉环境中的心灵或其他力量作为中介。在这里,我们就看到了微粒理论固有的最深层的激进性。洛克观察到,"我们惯于"

> "在考察各种实体时,往往当它们是各各存在的,认它们的一切性质都是在自身以内存在,而且与别的事物不相干。我们往往不考察它们周围那些不可见的流体的各种运作;实则我们那些实体中所见的各种性质……大部分都是依靠于那些流体的运动和作用……各种事物本身虽似乎是绝对的、完整的,可是它们所以具有我们所见的各种明显的性

---

[1] Strauss, *Natural Right*, 249—51; Wallin, "Locke and the American Founding," 152—55; Pangle, Spirit of Modern Republicanism, 185—86; Zuckert, *Natrual Rights*, 265.

[2] Machiavelli, *The Prince*, ed. Havey Mansfield, Jr., chap. 18, p. 71. 比较Bacon, *New Organon*, Book 1, aphs. 50—51. 比较Rahe, Republics, 263, 929—30n60。

质,只是因为它们是自然其他部分的收纳器。"(4.6.11)

　　微粒理论可能会扰乱我们对自己知觉可靠性的日常信念,不但以我们较为熟悉的方式,促使我们更加意识到(特别是作为视觉和听觉媒介的)环境的相对性,而且以更彻底的方式,扰乱我们对通常知觉的实体存在物的稳定存在的信念。不妨回想一下,洛克将实体观念定义为,代表了"独立自存的一些独立的、特殊的事物"(2.12.6;比较3.6.6)。[90]尽管如此,就洛克的上述那段有关"收纳器"的引文而言,我们的经验中似乎没有什么存在物可以真正独立自存,或者可以不通过与其他存在物的关系而被知晓。吉布森(James Gibson)对这个段落的评论是:"这样的反思显然要求我们拒斥下述观念,即:物质(material things)是自存的实体且都拥有一个本质,其所有属性都自该本质中流出并产生作用。"[1]这个解释揭示了曼德鲍姆(Maurice Mandelbaum)的评论的深刻意义:"恒常的生活经验,尽管在生活的各个关节有用,但对洛克而言,它们并没有揭示物质物象(material objects)本其所是的本性。"[2]用微粒说的话来说,我们恒常的日常的常识性认知经验在根子上有缺陷,因为它没有向我们揭示第二性质的真实基础,而我们恰恰依赖这个基础理解世界,故而它鼓励我们假定,稳定的实体存在物及其他各类存在物具有自然多相性(heterogeneity)。

　　苏格拉底在离开早期的自然哲学转而成为古典哲学和政治

---

[1] Gibson, *Locke's Theory of Knowledge*, 199;比较101页。Gibson继续指出,"洛克克制自己,不得出如此革命性的结论,"给出了这样一个完全站不住脚的解释,即"本质的概念,就像实体的概念一样……洛克显然将其作为预设而不予质疑"(199, 198)。Aaron, *John Locke*, 204注意到了ECHU4.6.11—12"奇怪的相对主义",但是他并没有说明自己如何理解这个段落的意义。又见Wolfgang Von Leyden, *Seventeenth-Century Metaphysics* (London: Duckworth, 1968), 159。

[2] Mandelbaum, *Philosophy, Science, and Sense Perception*, 40.

哲学奠基人的过程中提出，自然可被理解的根本前提是一种将存在物自然表达为众多个别和种类的常识性、目的论见解。①在其本质意义上，微粒学说反转了起初的苏格拉底转向。②自相矛盾的是，微粒说的下述前提支持洛克有关"一切存在的事物都是特殊事物"（3.3.1，6，11；2.27.3；4.7.9；4.17.8）的断言，即：除了个殊的微粒本身，所有事物本质上皆相同。正如艾尔斯（Michael Ayers）明白解释的，根据17世纪"新哲学"特有的有关物质的机械论概念，未分化的物质是唯一普遍的自然。"机械论者的世界是这样的，其中所有的区别只是程度的区别，除了原子，万物原则上皆不断流变。"正如我们所看到的，作为"一种各各不同种类的等级秩序"的"存在的巨链"无法存在于这个世界。确实，自然所产生的东西不但在种类间是杂乱无章的，而且就具体个别物来说，随着时间的流逝也将变得杂乱无章。③微粒说论证表明了洛克的下述观察深层而令人懊恼的意义，即"除了造物主以外，一切存在的事物都是要变化的。至于我们所熟悉的，所归类的，所命名的那些事物，则更是易于变化。因此，今天的草明天也许就成了羊身上的肉，而且在几日以后，也许就成了人身上的部分。"（3.3.19；又见2.26.1）

对于经院或前现代自然科学而言，物质（material things）的可消亡性这个事实并没有造成巨大的困难。事物因为以某种方式分有"实体形式"，从而成为该共同种类的一员。此种解释使得该观点的追随者能够把事物的消亡构想为不再分有先前的形式，不会认为这种变化对形式的存在或分类原则本身构成了威胁。与之不同，由于洛克认为诉诸某种神秘的形式因晦涩难懂而予以拒

---

① 参见Plato, *Phaedo* 96a—102a; Strauss, *Natruall Rights*, 121—24。
② 见Bacon, *New Organon* Book 1, aphs. 79—80。
③ Ayers, *Locke*, vol. 2, 67, 69; 更一般的讨论见24—30, 65—77。

斥，并坚持仅仅从质料因和效力因这样的反目的论角度建立科学解释。[91]洛克似乎无法肯认，在自然的生产过程中，恒常、稳定与秩序定然优于变动不居与杂乱无章。在现代机械论观点中，将物质组织为稳定的特定存在物，凭借其各种结构相似性而被组织为"一束"相同门类的东西，似乎纯粹是偶在而偶然的事。将物质组织为这个特定的秩序似乎是无数可能方式中的一种，并不比另一种组织秩序更为"自然"，更能体现自然的设计目的。

通过运用机械论的微粒假说，洛克强使他的读者直面下述可能性，即：自然看似井然有序，然而其背后却是混沌、任意、无穷的生灭过程。正如洛克所提出的，生物的有朽性或可消亡性，特别是有生命存在物服从出生与衰亡的常规循环，最有力地体现了自然的变动不居或混沌。然而，更清楚、更有力的体现还是自然的弱肉强食这个事实。一种自然存在物以另一种自然存在物为食，优胜劣汰，适者生存，难道不就是"正常的"吗，不就是自然的"通常进程"吗？如果我们仅以质料因和效力因来解释自然事件和自然过程，那么，我们如何能够坚持认为——从洛克的例子中挖出更骇人的含义——相比于土壤中的矿物或食肉动物（人类或非人类）①口中其他动物的肉，我们通过言说造就的东西，理性存在物，更为自然？

洛克的"收纳器"原理意味着，我们的自然状况的偶在性极可能比我们所能意识到的更为普遍、更为严重。我们存在的完满不仅仅依赖于我们能免于尘世的饥肠辘辘、衣不蔽体、体弱多病及弱肉强食这些危险，而且更根本的依赖于宇宙的状况，诸如地球与太阳的相对位置和它们的运动，也许还有其他我们尚未意识到的一些状况。

---

① 正如我们后面将看到的，洛克明确表示，我们可以将人类同胞当作自然天敌。参见 *TT* I. 56—59, *ECHU* 1.3.9。

你如果使大部分的动物同空气隔离开,则它们立刻会失掉其意识、生命和运动。呼吸的必然性就强使我们认识到这一层。但是那些可羡的机器的机簧还正依靠着许多别的外界的(或者还是很远的)物体,而且那些物体不但是我们所观察不到的,而且亦是所想象不到的,并且亦是极严格的探求所不能发现的……我们如果在蝇和象的身体中,来找寻它们的性质或能力所依靠的那种构造,亦是白费心力……我们的视线不但要超出这个地球和空气,而且要超过太阳或我们的眼所能发现的最远的星球。因为我们正不能决定,这个地球上各个特殊实体的存在和作用,是怎样依靠于我们所完全看不到的各种原因……据我看来,在宇宙的这个大结构中,各种大的部分和机轮的影响和作用可能是互相联系,互相依属,因此,距离极远的一些大星宿和物体倘或消灭了,或停止了运动,则我们这个居屋中所有的一切事物会换上另一个十分差异的面孔,不再是现在的样子。(4.6.11;比较4.3.24)

[92]假定宇宙环境发生翻天覆地的变化,人体的物质构造或化学构造该当如何,将会呈现何种"能力"?根据这个偶然性原则,看来似乎是这样的:有多少种可能的环境,就有多少种可能的人性。或者说,我们有关有限的结构相似性(更不用说稳定的自然)的意念最终不过倚赖于一种偏颇的无根无据的信念,即支持这些人性的地球和宇宙状况在某种程度上比不支持这些人性的地球和宇宙状况更为自然。如果考虑到这些状况很"容易改变"这个事实——我们都知道,地球上(也许还有其他任何地方)很长一段时间都不曾存在生命,遑论智慧生命——那么我们就必须将变动不居或易变性这个问题从地球层面提升至宇宙层面。

在非常重要的方面，洛克的微粒自然类似于尼采两个世纪之后更为精细地构想的任意而混沌的自然。[1]接下来的问题就是，洛克的这个自然观是否要求他采取与尼采相似的科学观，从而动摇他所宣称要实施的事业，即通过对"事物本身的本性"更为仔细、更为真切的历史研究来改善人类知识。因为看来似乎是这样，如此构想的易受培根实验科学"搅扰"的自然很容易被人类的技艺或意志——根据不同的实验环境展现不同的"能力"——所构建或重构。[2]最重要的是下述问题，不论洛克个人赞同什么或怀有何种偏见，他的自然概念是否要求他采取尼采的那种道德概念。因为在这种极端的微粒论变动不居版本中，一个危险的真相在于，人类这个种类本质上不过是完整食物链的一环。在更一般的意义上，人类同其他自然存在物一样，不过是运动中的物质的偶然且不断变动的构造，注定是无穷无尽且无意义的变化。正如施特劳斯所言，根据非目的论的现代自然科学，"人类和他的工作不过是水中花，镜中月"。[3]推至极端，本体论导向的批判使得认识论导向的批判得出的结论变得更为激进：事物的本性能为我们提供某种道德指南这个看法，根本就是一种自我欺骗行为，体现了人类的需求感（neediness）或任性（willfulness）。

---

[1]　Nietzsche, *Beyond Good and Evil* aph. 9; *Will to Power* aph. 1067. 关于权力意志学说在英语地区的起源，参见Strauss, "On the Basis of Hobbes' Political Philosophy," in *What Is Political Philosophy?* 172.

[2]　换言之，如此构想的自然并没有向科学研究暴露其秘密，反而像是一面镜子，将科学家们设计实验时怀有的前见或偏见照出来。正如物理学家Werner Heisenberg所说，为了寻找自然或客观实在，现代人会发现他总是在"自己直面自己"，转引自Hannah Arendt," The Conquest of Space and the Stature of Man", in *Between Past and Future* (New York: Viking Press, 1968), 277.

[3]　Strauss, "On the Basis of Hobbes' Political Philosophy," 178. Burtt, *Metaphysical Foundations of Modern Science*, 89—90.

四、洛克微粒论的限度

为了回应上述证据，有人可能会把洛克的核心理论原则定位为现代思想或后现代思想的极端。尽管如此，我们最好再次抵挡此类诱惑。因为洛克清楚地表示，他对于采用微粒假说以及有关存在物的偶然性及易变性学说，持有重要的明确的保留态度。通过更细致的考察就能发现，这种保留态度表明，他采用微粒假说以及从认识论上批判前现代科学的认识论都是为根本上类似的目的服务。[93]尤其是，存在物的偶然性学说没有解决人性问题，而是使其更加尖锐，并且凸显了人性问题在他的政治哲学及整个哲学中的首要地位。

让我们回顾一下。洛克认为，用微粒理论来解释"感觉的本性"或"物体的性质"很有用。但是，洛克对该理论显然最多只是附条件的赞同。微粒论仅仅是比前现代自然种类学说"更合理的一种意见"，或者说一种在充分阐述方面"做的最好的"理论（2.8.22，3.3.17；4.3.16）。在《教育漫话》中，洛克对微粒论也表达了类似的有所保留的接受："现代微粒论者的说法都比逍遥学派更容易理解，后者以前一直窃据讲台，后来才被前者取代。"（193；比较ECHU 3.4.10）当然，我们必须考虑这些说法的语境。洛克这里表达对现代微粒论的同意多是出于教化方面的原因，而非出于严格的科学或哲学方面的原因。①即便如此，证据确凿的是，尽管洛克似乎根本上致力于某种非目的论科学，将其视为解释绝大多数自然现象的最有前途的方法，他仍然在非常重要的方面不满意他所熟悉的微粒理论的解释力。正如威尔逊（Margaret Wilson）正确观察到的，洛克对自己的赞同施加各种限

---

① 参见William Bluhm, Neil Wintfield, and Stuart Teger," Locke's Idea of God: Rational Truth or Political Myth?" *Journal of Politics* 42 (1980): 437。

定相当于承认，"世界上发生的绝大多数事情无法从波义尔机械论的角度把握"。①

　　洛克欣然承认，不少自然现象不适合用微粒论解释(4.3.29)。尽管他对思想物(thinking matter)存在的可能性抱有开放态度，但他还是承认，微粒理论基本上无法解释心理活动或意识现象(4.3.6；4.10.10以下)。更具体来说，他指出，微粒理论不能协助我们把握人类的知觉现象，或第一性质产生第二性质的具体过程(4.3.12以下)。在《考察马勒勃朗士如何看待上帝所造事物的意见》(*Examination of Malebranche's Opinion of Seeing All Things in God*)中，洛克坦言"我能理解，光在视网膜上留下印象；接着而来的运动持续到大脑……在心灵中产生了观念，我被这种观点说服了，但产生观念的方式却不能让我理解……我当然因此而有了观念……然而我如何拥有这种观念、我如何知觉到这种观念……我就不理解了"(*Works* 1877, 2.421—2)。就知觉而言，联系我们无法构想不借推动力而产生的感觉这点来看，我们需要谨记，洛克否认，某个假定命题不可构想并不能证成相反命题应得赞同(4.3.6；4.10.19)。鉴于重力现象恰好与这个原理相悖，这个保留态度格外适用于隔开一定距离的运动的不可构想。在《人类理智论》中，洛克指出，物体彼此传递运动的方式对我们而言完全就是个迷(2.23.8)。在后来的作品中，洛克认为，微粒说不能解释重力。[94]他在与可敬的史迪林弗里特(Stillingfleet)的辩论中宣称，牛顿的作品说服了他放弃了物体只有借由推动力才能运行这个观点(*STCE* 192；《自然哲学原理》[Elements of Natural Philosophy]，*Works* 1877,2.474；*Works* 1823,4.4467—68)。

---

① Margaret Wilson, "Superadded Properties: The Limits of Mechanism in Locke," American Philosophical Quarterly 16 (1979): 149；143—50. 我有关洛克赞同微粒理论的限度的这个讨论主要得益于Wilson的讨论以及Yolton的讨论 (*Locke and the Compass of Human Understanding*, 56—64)。

　　在我们现在这个语境中，最重要的也许是下述这点：微粒理论若要对解释个别实体和种类本质的属性真正发挥作用，就必须要能够解释，构成可观察到之物的不可觉察的分子的连贯和相对稳定的统一。[①]然而，"我们还是不但不能了解自己怎样知觉，怎样运动，亦同样不能了解物体各部分如何保持连贯"（2.23.25；又见2.23.23—27）。微粒说的这一短处有助于解释，洛克在谈及如何构想物质的本质时，为何出现了某些不可知论的反转。就这方面而言，洛克有时似乎显得并不是像艾尔斯所提出的那样完全信奉17世纪"新哲学"的机械论原则。洛克承认，"在我们提到物质时，我们总以为它只是一个，因为实际上，它仅仅包含一个有凝性的实体这个观念，而这个观念到处同一，到处一律"。[②]但是这并不能使我们对真实的自然世界做出推论，因为这仅仅意味着，我们所构想的物质是一种纯粹的抽象："凝性虽然不能离了广延而存在，可是哲学家因为把物质一词认为可以标记这种意义下真实存在的一种东西"，结果仅仅带来了相互争辩和含糊不清（3.10.15；4.10.9）。在洛克眼中，"我们平常虽然按照物质的类概念或种概念把它当做一种东西看，可是实际上一切物质并非一个单一的东西"（4.10.10）。物质在这个世界上仅以个别化的分子的形式存在，彼此以一种神秘的方式组合与重组，从而产生出了丰富多姿、尽管无法永恒却相对稳定和规律的存在形式。物质的统一体或同一性的抽象概念也许足以使我们轻易解释物理世界的变动不居或易变性；然而，只要我们不能同样解释变动不居中的

---

① "对洛克来说，似乎连贯性（cohesion）包含了自然的秘密，只有认识了连贯性，我们关于物体的知识才不再是观察性知识，而是概念性知识。"*Locke and the Compass of Human Understanding*, 85。

② 在他更为导论性的"Elements of Natural Philosophy"的开头，洛克将物质定义为"具有广袤的凝性实体；只有在有区分度的表面下才能被把握，而这又区分出许多特殊物体。"（Works 1877, 2.472）。

秩序与稳定性——解释融贯性与延续性的事实,解释单个存在物中有规则地出现的"束在一起的"东西或它们的相似性——我们就依然对"物体的实体"一无所知(2.23.30;又见4.3.22)。我们不能把本体论虚无主义归于洛克。情况似乎是这样,微粒说无法解释自然在多大程度上具有可观察到的秩序,这在很大程度上促使洛克无法超出所限定且有所保留的程度,对该理论表示赞同。

洛克并没有假定微粒理论的真理性,然后运用微粒理论将变化原则或无常原则绝对化,教条地排除世界会呈现出一定程度的秩序这种可能性。为了与他对微粒理论的保留态度相一致,他从对存在物的偶然性和易变性的观察出发,做出了相对克制和温和的推论。例如,针对易变性,他得出的结论是,"有关本质的学说或有关不变性(immutability)的学说就可以证明,本质只是抽象的观念"(3.3.19)。正如洛克这里所说,易变的事实仅仅表明,实在的微粒的构造或本质不可能"不生不灭"。这并不必然意味着,事物的构造会如此不稳定,以至于不能为构建本质和种类观念提供正当基础。[95]与此类似,洛克从他对偶然性原则的讨论中推论,我们对事物本性的知识并不完善:"我们有很不完备的实体观念",这应该"使我们抛弃一切希望,不再想对于各种实体,得到它们实在本质的观念"(4.6.12)。根本而言,洛克的偶然性原则是在提醒我们,在构想人性和其他地球存在物的本性时,我们必须把特定环境状况的存在作为前提,这些状况使这些本性得以产生,并且通过它们日常可观察的存在、成长与发展模式来维系这些本性。我们的自然观念不可避免地源自下述视角:人类中心论的视角,聚焦那些能为我们感觉能力获知的性质;地球中心论的视角,预设了地球现在的物质状况、气候状况和大气状况的常态,也许还包括地球身处其间的整个太阳系甚至是银河系的当下构造状况。

正如我们将在后续章节中清楚看到的,突出我们对人类自然状况的偶然性和不确定性的认识,对洛克来说很关键。尽管如此,洛克在促使我们反思观念与存在的偶然性特征时,没有过犹不及地提出,我们的环境极端不稳定,极端易变。他没有说,很有可能,大气会一下子就变得不能呼吸,地球到太阳的距离会一下子就发生变化,更不用说,特定存在物会一下子解体,或者其通常发展的模式会发生急剧变化。再重复一遍,洛克坚称,如果对于自然进程的规律性,我们连有条件的信心都没有,我们就既不能满足日常生活需要,也不能改进我们的知识。通过促使我们反思我们的观念和我们的存在不可避免的偶然性,洛克是想提醒我们,我们的观念是有条件的,而不是想否认下述做法的合理性,即诉诸自然日常进程所彰显的存在形式来构建我们的观念。

　　洛克采用微粒假说并更一般地采纳非目的论科学,其主要目的与他在认识论上批判前现代目的论科学的目的一样。例如,他从假设的角度描述实在的微粒本质——我们据此能够演绎出事物的属性——是在阐明,我们无法满足条件,得到一种完美的可证明的自然科学(4.3.25)。"真正自然"的知识原则上不可企及这个事实,迫使我们历史地、描述性地给事物分类,而不是进行科学的分类。而且,一旦承认只有这样的知识才是完美的,就会阻碍我们对事物进行足够具体的分类。更为重要的是,洛克运用微粒理论吸引我们注意存在物终极的偶然性,旨在提请我们注意下述事实,即事物之能力的数量和特征必然是不断变化的环境状况的作用。因此,原则上,事物的能力是无限的。[96]人们无法通过对第二性质或事物可观察到的属性进行完整的历史解释来解决种类分类或定义的问题。这不是因为实施这项工作极端不便,而是因为原则上不可能有这种历史解释。鉴于洛克坚持认为我们无法知晓事物实在的内在的构造,他的微粒论表明,有必要"节制我们(对于事物之本性的)信念",有必要承认我们的观念必然是不相称的,必然是有条件的。微粒论通过这个方式刺激我们努力改进我们的知识。

然而，微粒理论不但支持了洛克旨在使我们有关自然存在物的观念"接受"通过实验加以改进的努力，微粒论还揭示出，洛克（以及培根）表达出来的引导自然科学转向对"事物本身"的历史研究这个目的，本身在修辞上有些过分简化。洛克号召重焕生机的自然史，不仅是在号召反对经院教条主义，更详细地记录能够被未经改善或未得协助的人类感觉能获得的证据；更突出的是在号召采用一种研究方法，这种方法能够大大增加可供我们考察的材料。偶然性原则催生了一种自然事物概念，自然事物被认为包含了无穷无尽未被发现的能力。发现这些能力有赖于用实验方式去"搅扰"自然存在物，或者通过操控环境使其各式能力得以显露。在这一方面，微粒理论或整个非目的论科学之所以对洛克具有吸引力，是因为它有望使自然研究取得无穷的进步，使得我们有关自然存在物的历史知识不断增长和得到提炼。此外，通过实验方法操控环境，我们不但能够增长我们有关自然存在物的知识，而且能增长我们使自然存在物为我们所用的能力。正像被称作"贱石"的铁矿一样，许多自然存在物存有未被觉知的隐秘能力，而这些能力恰好可以让我们"得到安适和康健，并且……增加人生的舒适品"。洛克进步主义的培根式自然史旨在进一步改善甚至扩展"世界这部分的"条件。在这个部分中，"内面的知识和外面的物类相互争雄"（4.12.10, 11）。

这种对洛克目的的阐述表明，在构想一种现代经验主义替换徒事争论的抽象前现代科学时，洛克力图实现两种经验主义的精妙结合。考虑到日常生活的需要和科学实验的现实基础，洛克力图保存关于日常自然进程的稳定性和规范性的常识观。但是，洛克至少要从某种程度上打破这种常识观，激发有望拓展人类知识和能力的探索。因此，机械论微粒假说体现的现代科学经验主义，其恰当角色不是替换仅限于常识观察的经验主义，而是完善这种经验主义。洛克显然认为有必要实现常识和现代—科学经验主义的联合，同时也对这种联合的困难深有体会，这点在《人类理智论》"复杂的实体观念"一章显然离题的讨论中体现得最为充分。

[97]洛克在这一章重申了下述假说，物质实体可观察到的性质的因果根基是构成这些实体的不可觉察的微粒的第一性质。之后，洛克为了消除人们的疑虑而开始偏离主题。微粒理论令我们注意到，如果我们需要拥有"显微镜般的眼睛"或体察入微的感觉，需要超过自然天赋的范围，才能"更快、更敏锐"地"洞见物体的秘密结构和极端细微的构造"，我们就没有足够的能力进行真正科学的自然研究。然而，我们不该哀叹自己在这方面的不足；洛克保证说，如果我们拥有那种以他描述的那种方式得到改进的感觉，我们将"与我们的存在格格不入，至少是不利于我们在宇宙的这个地方幸福地生活。"很可能，此种强化的知觉能力会让我们无法招架体察入微的感觉，使原本未经改善的常识——这种常识能使我们在日常生活中完成通常的辩同和区分——能够获得的材料变得模糊不清。因此，我们应当安然坚持下述信念："创造我们的……那个造物主，聪明真是无限的，因为他提供给我们的那些感官、能力和器官，已足以合乎日常生活的方便用途，足以使我们经营尘世上的活动。"(2.23.12)

尽管如此，洛克在接下来的一段中巧妙地对自己有关我们的自然知觉条件的充分性(providedness)的断言做出了重要的限定。他提出，只有在"现在的状态下"——此时我们拥有"不可改变的器官"——拥有经过此种得到改进的感觉器官才对我们没有任何好处。真正会让我们方寸大乱的不是下述处境，即知道或知觉到此种通常不可觉察的分子，而是另一种处境，即我们只能知觉到外观物体的第一性质，但对于这些微粒作为显露于常识经验世界中的更大物体的构成要素毫无概念。如果让我们选择，仅仅生活在微观的微粒现象世界，还是生活在常识经验的世界，选择经验世界对我们而言是理性的。然而，洛克不满足于此。在例举了仅仅生活由通常无法感觉到的微粒构成的世界的种种弊端之后，他提出了一个狂妄的猜想：假如，就像有了肉体的天使一般，我们能够改变我们的知觉器官，"使之能够适应（我们）现在的这个设计"。他热情十足的接着说，如果我们能随意看到"动物血液中微小分子的形相和运动，而且看得正如他平常看动物本身的形相和运动时一样清楚"，换言之，如果我们能在微观分子世界和可观察到的物象的世界之间来去自如，能在向我们经过改进的感觉器官显露无遗的世界和只向我们未经改进的感觉器官有所显露的世界间来去自如，我们将会发现多少奇观呢 (2.23.13)？①

无论洛克的猜想在"我们抬头的神明"看来是"何等狂妄"，他的猜想应用到人类身上却毫不夸张。17世纪的显微镜已经能够将我们"感觉的敏锐度扩大"到这种程度，让我们知觉到通常不能知觉到的现象事物或事件；洛克明确想象了会出现更强大的显微镜，也许还暗示会出现扩大其他感觉的类似强大工具 (2.23.11, 12)。[98]以这种方式，我们在很大程度上拥有了"灵物"的能力，可以改变我们的知觉器官，因此似乎能在感觉经验经过改进的世界与感觉经验未经改进的经验世界之间穿梭。

洛克谈及经人为改进的知觉会向我们展现诸多奇观，并且间接指出这有助于我们拥有更多的自然知识，表达了他的"狂妄猜想"有望实现的前景。除了这点，人们可能会加上他对"内面的知识和外面的物类"之间关系的强调，或者说，对现代科学应许的技术面相的强调。尽管如此，至少同样重要的是洛克也承认其中的危险。为了拓展我们的自然知识，我们必须扩大甚至在某种程度上超越我们的常识经验。危险在于，试图仅仅生活在微观

---

① 比较Bacon, *New Organon*, Book 1, aph. 57。

的微粒(或者可能是"远非我们所能理解"(4.3.11)的事物构成的
世界会使人方寸大乱,完全生活在"一个与他人截然不同的"世
界(2.23.12)。洛克对于扩大我们的感觉能力,进入到之前被隐藏
起来的现象世界的科学价值的希望态度也因他承认下述事实而
得到牵制,即:夜幕降临后,我们必须重返"家园",生活在前科
学的常识经验世界中。在洛克离题的讨论中,拥有不变的准确感
觉,相当于从假设角度推定不可觉察的微粒及其第一性质的唯一
实在性。提出这个推定实际上是提议将拥有通常感觉器官的人
类放逐出真实世界。①但是,洛克眼中的自然科学必须是为着人
类的自然科学,是为着如我们这般自然构成的存在物。我们人为
加强自己对于不可觉察的微粒的感觉禀赋,只有在下述情况下方
才有用,即这种加强使我们能把我们必须栖居的自然世界变得更
能理解和更可操控。毫无疑问,洛克发现,微粒假说在某些方面
有利于达成上述目标。然而,关键在于,一旦把宇宙中日常能观
察到的物体分解为微小的分子,现代科学家必须在某种程度上再
把它们重新拼接起来。物理学家对于还原论解释的关心以及对
于操控的技术上的渴望,必须与分类学家关心的问题协调,最终
要和人或公民的日常经验协调。②

　　但是,正如洛克的"狂妄猜想"所表明,这种协调依然存在问
题。首先肯定成问题的是,新自然科学的发现是否最终能使我们
的日常观察变得更可被理解。因为如此多的相关材料都超出我
们的日常经验,其结果的不可预测几乎是洛克是"狂妄的猜想"

---

① 正如Hannah Arendt所言,现代科学以要求"放弃人类中心论或地球中心论的世
　界观"为前提 ("The Conquest of Space and the Stature of Man", 265)。比较Burtt,
　Metaphysical Foundations of Modern Science, 83—90。

② Whitehead, Science and Modern World, 43—44提出,洛克更主要的是在经验层面
　上关心分类问题,而非数学解释问题,他和笛卡尔及牛顿的关系如同亚里士多德
　和普罗泰戈拉及柏拉图的关系。我认为,这是洛克节制第一代现代哲学家的革
　命性狂热的一个方面。

或实验性自然科学的现代雄心所固有的。[99]无论这个假设听起来多么合理，试图观察之前无法观察的材料都将必然地产生诸多惊奇的结果，从而给未来的研究带来更多的问题和新的方向，要求发明更强大观察和测度工具，从而使科学家反过来能发现更多惊奇的结果。这是个无止境的过程。洛克暗示了，我们模仿"灵物"的能力，这些灵物能够进入科学世界，但同时保持他们在常识世界的根基。他这么做似乎是在假定，无论我们扩大自然感觉将会发现什么，都可以与我们通过日常经验知道的东西相协调，确保我们的日常世界完好如初。从当下视角来看洛克的这个提法，审视一下后续三百年间学者的智力成果，人们兴许会觉察到洛克热情之下的一丝天真。协调当代自然科学诸多令人迷惑而又自相矛盾的发现与日常经验，谈何容易？

　　然而，也许洛克并不是那么天真。尽管洛克在《人类理智论》"致读者"中具有欺骗性的谦逊的自我刻画，以及他有条件地坚持某人自己的语言应与日常语言相符(3.11.11—12)，但洛克的这些说法都具有欺骗性，他反复肯定，他的多数推理必然显得奇怪、新颖，与日常的思维习惯相悖(《人类理智论》"致读者"8；2.27.27; 3.6.38; II. 9, 13, 180; *CU* 1)。基于这个原因及其他一些原因，洛克不太可能完全假定，现代非目的论科学的发现能够和日常经验相容。很有可能，当他指出："道德学是恰当的科学和人类普遍职责……至于各种艺术，则既关涉于自然的各部分，因此，'特殊的'人们应该用其专能来从事研究"(4.12.11)时，他部分表达了协调两者的潜在困难。但是，问题还是没有得到解决。这样的做法潜在地会搅扰我们日常生活所赖以维系的常识理解，因此，科学探究必须被当作一种隐微的追求来对待。在培根的《新大西岛》和在洛克的思想中都萦绕着这样的问题：科学探索者或哲学探索者中的一员该到何处寻找他们自己道德和政治原则的基础？这些原则是否能够和平地与不通科学的大众持有的不同道德与政治原则和平共处？

这里还隐伏着洛克所讲的现代非目的论科学固有的更深的危险。不但个别的发现会持续威胁和搅扰我们的常识取向，让我们方寸大乱，而且，现代非目的论科学的雄心还以更一般的方式促使我们怀疑下述观念，即显现给我们的常识的自然通常进程能够给我们提供道德指引。正如我们所见，根据洛克的认识论习俗主义，自然中大量现象上或结构上的相似性使得人类在形成种类观念方面享有巨大的自由，这就令人怀疑，历史探究能否揭示自然秩序中固有的、在理性上有说服力的道德原则。洛克的非目的论科学迫使我们进一步推进这个问题。[100]即便我们发现了自然日常进程固有的行为规则，我们为什么要把这些“规则”视为“规范性”或权威性规则，视为真正的自然法原则或自然权利原则？正如前述讨论所示，洛克的实验性非目的论科学，恰恰拒绝认为，自然的日常进程对科学探究享有权威。这种科学的一个重要前提是，自然存在物的能力或属性仅仅部分地向我们的日常或未经改进的观察显露，因此必须通过对环境的实验操控强行将它们的隐秘能力呈现出来。凭借现代科学提供的工具，人类有能力通过改变自然存在物的属性出现于其中的环境，来改变自然的面貌。通过这个方式，我们能够将起初或“原本”我们并不可见的能力为我们所用，从而超越我们现在的能力范围。

正如我们在接下来三章中将要看到的，洛克在说明人类如何恰当回应一个贫乏的或无所供给的自然状况时，他的部分习俗主义非目的论科学是非常重要的一个要素。人类在研究自然中必须变得更主动，必须肩负逐步完善人类知识和人类状况的责任。在这方面，洛克的事业与抬高人类至自然世界的主宰地位这项总体现代事业一致。然而，只要这项事业涉及重新设定自然本身，洛克及其他现代人面临的实质挑战就是，说明这种宣称的责任如何能够真正做到负责，或者说能够避免一头栽进主观任性的创造行为制造的混沌中。

　　因此，洛克的非目的论自然科学，一如他的认识论习俗主义，最终驱使我们面对人性问题，面对人类选择的根基问题。偶然性原则——表明通过实验科学能够发现潜在的无限能力——强有力地提出了有关洛克所讲的知识主动积累的终极正当性问题。只要洛克坚称，事物之本性的终极的、现实化的哲学知识永远无法为我们把握，洛克式科学看似就是一种无限的无目的的积累局部的知识或技术力量。①洛克式科学家或自然哲学家是为了什么目的，为了怎样的人类幸福或福祉愿景在工作？

　　这个问题可以用更激进、更具挑战性的角度来提出。正如我们所看到的，洛克似乎急于将微粒理论限于研究人性。尽管他觉得，微粒理论为改善人类的身体健康和疾病状况带来了颇多希望，但是他拒绝用微粒论解释心理现象。然而在更广泛的方面，存在物的偶然性这项原则似乎不能为人性问题带来更多具有深意的启示，一如它不能为其他事物的本性带来启示一样。我们认为人类完全可塑吗？人类像其他存在物一样，能够根据环境的变化显露出无限的能力吗？[101]所谓理性而负责的洛克式自我故而必须让位于极端个人主义、变幻无常、富于表现力的自我吗？后世的现代和后现代的理论家颂扬这种自我，而19世纪和20世纪的社会工程师的革命性反自由主义计划则将其作为合适的利用对象。除了一种可塑性与创造性之间的专横关系或个人或集体的自我—实验活动，人类——根据洛克式习俗主义和非目的论科学，即"种类中的种类"——的本质还是否可想象？

　　"道德学和机械论，"洛克有些愤世嫉俗地说道，"不易调和，不易符合"（1.3.14）。洛克真能调和它们吗？自然存在物或实体的偶然性原则暗示，如果把人性抽象为自存的、与其他存在物

---

① Struss, *Natural Rights*, 249—51; Dunn, *Political Thought of John Locke*, 262—65.

毫无关系的实体，人们就不能恰当地处理这些问题。要想彻底查明洛克的政治哲学最终倚赖的人性概念，我们必须更具体地考察人类在其中发展或从中发展出自身的自然环境，特别是考虑自然环境根本的易变性或稳定性。换言之，根据洛克的培根式自然史及其偶然性原则来重新构想洛克的话，人性问题就摆脱了其自身的绝对主义或"本质主义"含义，变成了人的状况问题。因此，利用洛克的政治哲学资源，处理因他的批判认识论和非目的论科学引起的问题和困难，我们必须考察洛克政治道德学如何以他对人的自然状况或"自然状态"的历史阐述作为自己的基础。

第四章　自然史与自然状态

[107]“为了正确地理解政治权力，并追溯它的起源”，洛克在《政府论（下篇）》开头宣称，“我们必须考究人类原来自然地处在什么状态”，“这是一种完备无缺的自由状态”，“这也是一种平等的状态，在这种状态中，一切权力和管辖权都是相互的”。在这种状况下，“人类根据理性生活在一起，他们之间不存在有权为他们做出裁决的共同上位者”（II. 4, 19；比较87）。因此，自然状态最初作为一个抽象观念在《政府论（下篇）》中出现。这个抽象观念从否定的角度被定义为：一群法权上自由的人①或者不服从真正的政治权威的人可能结成的关系。基于这个定义的抽象性和否定性，人们会怀疑洛克的自然状态概念的基础和终极政治意义。这个自然状态有什么特别自然的地方？它如何为我们恰当地理解政治权力提供基础？如果只考虑这个最初的定义，人们

---

① 关于自然状态的历史可能性，更详尽的讨论见于Martin Seliger, *The Liberal Politics of John Locke* (London: Allen and Unwin, 1968), 83—105; Richard Ashcraft, "Locke's State of Nature: Historical Fact or Moral Fiction?" *American Political Science Review* 62 (1968): 898—915; Robert Goldwin, "Locke's State of Nature in Political Society," *Western Political Quarterly* 29 (1976): 1226—35; A. John Simmons, "Locke's State of Nature," *Political Theory* 17 (1989): 449—70。

就能理解,为何邓恩宣称洛克的自然状态概念"既不是一种哲学人类学,也不是一种历史猜想",事实上"它不包含任何经验内容"。①

然而,这是个错误的判断。为了理解这个概念,人们首先必须认识到洛克着重肯定了——有不少这方面的证据——自然状态的历史真实性:"所有的人自然地处于这种状态,在他们同意成为某种政治社会的成员以前,一直就是这样"(II. 15;又见14,100—03)。②尽管洛克在《人类理智论》中,在修辞策略上保持自然科学和道德—政治思想之间的距离,自然状态却表明,洛克的自然科学概念与其道德—政治思想之间存在重要的延续性。[108]洛克的自然状态解释并不仅仅是一个思想工具或启发工具,恰恰相反,它最好被理解为在运用《人类理智论》推荐的培根式自然史修纂方法,这个做法格外重要。

如果这样来理解,我们就会发现,洛克的自然状态在诸多重要方面偏离了传统理解。正如他的经验主义认识论和自然—历史方法代表了对前现代亚里士多德—经院科学的拒斥,洛克的自然状况解释,与霍布斯一样,拒斥上起阿奎那下至胡克的基督教—亚里士多德主义传统。③正如他拒斥旧科学特有的自然种类

---

① Dunn, *Political Thought of John Locke*, 103.

② 论证洛克自然状态具有历史真实性的有Strauss, *Natural Right and History*, 230—31; Laslett, "Introduction," 98—100; Seliger, *The Liberal Politics of John Locke*, 83091; Goldwin, "Locke's State of Nature"; Colman, *Locke's Moral Philosophy*, 177; Pangle, *Spirit of Modern Republicanism*, 244—51。另有学者论证说,洛克对自然状态概念的模糊用法反映出他的双重意图,洛克式自然状态同时是历史概念和道德概念。这个解读的不同版本见于Ashcraft, "Locke's State of Nature," 尤其是898以下及其*Locke's Two Treaties of Government*, 97—122; Hans Aarslef, "The State of Nature and the Nature of Man in Locke," in *John Locke: Problems and Perspectives*, ed. Yolton, 101—04; Waldron, "John Locke: Social Contract Versus Political Anthropology."。

③ Strauss, *Natural Right*, 165—66, 202—51; Pangle, *Spirit of Modern Republicanism*, 尤其是141—97; Rahe, "Locke's Philosophical Partisanship," 26—36, (转下页)

目的论学说,他也拒斥由此而来的旧政治科学特有的"政治权威具有自然性"这个学说。根据自然—历史进路,有关事物本性的知识必须首先理解它们的开端。人们在将事物作为一个融贯的整体予以考虑前,必须将其分解为简单的组成部分。洛克的政治社会亦如此:他的自然状态解释首先一步是将政治社会分解为或分析为简单的组成部分。尽管如此,需要再次强调,在洛克的阐述中,这种分析方法尽管必不可少,但其本身却不足以成为推进我们理解事物本性的工具。人们不但必须研究事物的开端或简单的组成部分,而且必须研究这些事物在特定环境状况下特有的发展进程。就人性和自然状态而言,这意味着人们必须从一种能够揭示原生自我(native self)的"理论个人主义"(theoretical individualism)①出发,接着再考虑,在回应其自然状况的刺激的过程中,这个自我通常的历史发展进程。以这样的方式来考察洛克对自然—历史分析的运用,我们能更清楚地理解,就自然状态的问题性以及自然状态如何启示并限定一种理性的政治回应,洛克想要教导我们什么。

一、自我的自然形成:原生的自我

洛克将自然状态定义为一种状况或一组关系,即缺乏明白确立的政治法。紧接着,洛克马上补充说,自然状态"却有自然法对其起着支配作用"(II. 6),继而断言"确实有这种法的存在",自然法甚至是天赋的,"如此明白地铭刻于人心"(II. 12,

---

(接上页注③)以及*Republics*, 298—315; Zuckert, *Natural Rights*, 187—288。

①　Neal Wood, *The Politics of Locke's Philosophy* (Berkeley: University of California Press, 1983), 153—63; Harvey C. Mansfield, Jr., *Taming the Prince* (New York: Free Press, 1989), 206—08; Arthur Melzer, *The Natural Goodness of Man* (Chicago: University of Chicago Press, 1990), 49—50.

11)。尽管洛克这样说,但时自然法是天赋的这种说法不但很难
与《人类理智论》第一卷对天赋原则的激烈批判调和,而且也很
难与《政府论(下篇)》的其他论证调和。在《政府论(下篇)》中,
尽管洛克表面信心满满地断言自然法存在且已经明白地颁布,
可是他却提出了他的个人自然法执行权这个"奇怪的学说"(II.
7—13),①并以有点散乱地方式说明了这项权力的难以控制。在
随后明确说明这其中最重要的那个影响时,洛克提出政治社会的
一般目的是补救自然状态的缺陷。[109]自然状态的根本缺陷是
缺乏"确定的、业已规定的、众所周知的法律"(II. 124;又见13,
123—127)。我们首先来看看下述这个较为保守的假说,即《政
府论(下篇)》对自然状态的解释使得人类有关此种法律的自然知
识问题以及人类对此种法律的接受遭到质疑。换而言之,如果洛
克把自然法等同于理性法或纯粹的理性(II. 6, 10, 11, 16, 172,
181),那么洛克对自然状态的解释就会使得道德理性的自然性受
到质疑。这种解释将《人类理智论》提出的下述问题延伸至道德
和政治生活,即自然为人类理解了解外部世界提供了怎样的配备
(furnishing)或供给(providedness)。

　　若要充分理解,人类有关法的自然知识以及人类对法的接受
的问题性,我们必须先理解自我——其任务就是了解和遵守其特
有的法——的自然形成。如果我们考察洛克如何运用分析的方
法探究自我的形成,我们将会看到他的阐述的深度和激进性。洛
克的自由主义并没有首先假定,自然的自我在道德或法权的关键
方面已经完全成型。与相对常见的学术推断不同,洛克将政治社
会分解为简单组成部分的做法,并没有造就一个由头脑清晰的个
体或成熟的理性行动者(更不用说稳定而独立的家庭)构成的自

---

① Zuckert提供了这个学说的"奇怪之处"或新颖之处的最好讨论,*Natural Rights*,
221—46。

然状态。①为了与他对"自然关系"(在某种程度上指"起源或开端……的条件")的理解保持一致,洛克对自然自我的探究从分析原生的自我开始。而且正如这一分析所表明,我们对自我的理解必须从心灵的运作——甚至,意识经验的简单、片刻的构成要素——开始。

正如我们所见,《人类理智论》的自然—历史进路阐述始于一个影响深远的主张,即:我们普遍认为最具"人性的"心理官能,理性或理智,天生或起初没有什么配备(unfurnishcd),因为"我们所有知识的材料"都是简单观念(2.1.2)。②同样重要的是与之相伴的另一主张,即在知觉的基本运作中,"理智完全是被动的"(2.1.25;又见2.9.1;2.21.72)。原生的理智是被动的,并不只是因为其本身没有能力创造简单观念或将简单观念分析为其他简单观念(2.2.1,2;又见2.12.1;3.4.4,7,11),而且还因为这些原生的理智可能实施的基本推理或综合动作是纯粹反射性的。原生的理智没有意识到自己有能力分析和综合复杂观念,故而没有意识到这些能力本来可以做什么以及这些能力存在哪些问题。更一般而言,原生的理智没有意识到或几乎意识不到自己能动性方面的潜力。尽管所有理性动物都独具某种程度的自我意识,独具有关自我与世界之区分的反思性意识(2.27.9),原生的心灵仅仅经验到某种说不清又道不明的直觉,与某些其他动物的知觉经验几乎没什么区别(2.9.11—15)。与此类似,洛克时不时用"自然"来指涉"欠缺理性"的人或缺乏主动能力(成熟理性官能

---

① 考虑Laslett在这方面加给洛克的"自然政治德性"学说,"Introduction," 109—17;比较Ashcraft, *Locke's Two Treatises*, 99—104, 166; Tully, *An Approach to Political Philosophy*, 15—24. 又见Peter Schouls, *The Imposition of Method* (Oxford: Clarendon Press, 1980), 195—99, 以及Schouls, *Reasoned Freedom*, 19—22。

② 比较培根,他欲清除人类智识中的自然错误和习得错误,将智识视为"不着一字的白纸一张"("Great Instauration," 22; New Organon Book 1, aph. 68)。

的组成部分)的人(3.6.22; 2.11.13, *CU* 6)。[110]因为恰当地反思我们的心理运行需要专注,而心灵原本做不到这点,需要"经过一定时间"才能以特定方式反思自己的运行,产生明确的自我概念。(2.1.24;比较1.1.1)。实际上,洛克观察到,"儿童可以很晚才能对于自己心灵的运行发生观念,有些人终身对于这些运行的大部分内容没有很清晰、很完全的观念"(2.1.8)。此外,尽管洛克的这些段落主要针对儿童个体经验的发展,但他有关心灵的原生的消极性的观察适用于整个人类。要达到反思性自我意识状态,必须经过相对较长的时间,而且每个人的情况都不一样。

对于人类行为的动机来源,洛克的解释也与此类似。洛克认为不存在任何关于实体的天赋观念。他断言,在呈现给我们知觉的简单观念中,"那些自然而然一开始就能产生最深刻、最持久印象的"是苦乐观念。我们最初的最清晰且最少争议的自我观念仅仅指向我们那些苦乐的主体或感觉者(*ECHU* 2.10.2; 4.11.8)。①只有这些观念才拥有真正实在的能力推动原生的自我(1.3.3; 2.7.3; 2.10.3; 2.20.2; 2.21.42以下;又见*STCE* 54)。痛苦"是一切感觉中最纠缠不休的",而在洛克修改后的有关人类动机的阐述中,"最能直接决定意志"的是"欲望中的不安"(2.1.21; 2.21.33;见2.21.33—71)。在文明人或社会人那里,这种不安或是"正常的"或是"狂想的"。当自然给我们施加某种恒常反复发生的生理必然性时,我们就体验到了"正常的"或"自然的"不安,例如"饥、渴、热、冷、疲劳、倦睡"。相较而言,"狂想的"不安主要是"希求尊荣、权力、财富……以及其他千万种不正常的欲望"这样的心理激情,它们"来自于风尚、先例和教育的养成习惯"(2.21.45;比较*STCE* 106)。

---

① Tarcov, *Locke's Education*, 151; Wallin, "John Locke and the American Founding," 155; Pangle, *Spirit of Modern Republicanism*, 212—14.

　　如果其动机主要表现为或仅仅表现为正常的不安（严格自然的不安），那么洛克还原性分析中的原生的自我，就非常类似卢梭在《论人与人之间不平等的起源和基础》(*Discourse on the Origin of Inequality*)中描述的原初的自然人。与卢梭笔下的自然人一样，他们仅仅欲望"食品、女人和安慰"，恐惧的只是痛苦和饥饿，[1]原生的洛克式意识的主体，似乎是某种亚理性的纯粹感官动物，仅仅在最低程度上为追求自己的福祉而努力，而且仅仅是为了回应自然必然性的驱使。与卢梭一样，洛克认为，我们将其视为人类独有的那些心理官能和心理激情并非一开始就显露出来，而要通过历史才能获得，其中有些只有经过漫长的发展过程才会浮现。洛克简洁地指出，"习惯是一种比自然更强大的力量"(*ECHU* 1.3.25；比较*STCE* 1, 164)。此外，洛克有时似乎甚至还暗示（还是与卢梭一样），属人性质的发展以及文明社会的出现，总的来说是人类的不幸。[111]《政府论（下篇）》提到这样一个"最初"的状况，在那里"权利和生活便利并行不悖"，故而似乎又和卢梭一样在暗示，自然法最初是内在的(immanent)，凭借自身就发生效力(II. 37, 51；比较31)。随后，他将人类社会的早期称为"黄金时代"，一个贫穷但却践行德性的时代，其特征是"纯真和诚实"，因而显然在暗示，只有在"靠后的时代"，由于至少是部分社会成员的道德腐化，一种更有意的小心谨慎的政治权力授权才变得必要(II. 110—11；比较107)。[2]

---

[1]　Rousseau, *Discourse on the Origin and Foundations of Inequality Among Men*, in *Jean-Jacques Rousseau: The First and Second Discourses*, ed. Roger Masters (New York: St. Martin's Press, 1964), 116.

[2]　将洛克与卢梭自然状态等同视之的学者包括C. E. Vaughan, *Studies in the History of Political Philosophy*, 134—39, 159—61, 202; Grant, *John Locke's Liberalism*, 88; 以及Peter Laslett, "Introduction," 182n.。部分纠正这种等同，参见Tarcov, *Locke's Education for Liberty*, 68—70。

　　将洛克与卢梭做此番比较带来了一个相当严重的问题,即洛克的自然状态概念乃至他的整个政治思想是否妥当。当然,有的读者会认为,将洛克与身处不同文化语境的后世思想家比较,检验洛克思想的充分性,是一种非历史的做法。针对更一般的历史主义反驳意见,我在导论那章已然解释了我的立场。就洛克和卢梭的具体关系而言,这样的比较在我看来是有用的,而且实属必要。这基于我的如下推理。卢梭宣称自己从现代政治哲学前辈采用的反目的论前提出发。他争辩说,这些前辈没能把握这项前提的终极深意。在《论人与人之间不平等的起源与基础》的一个著名段落中,他概括了自己提出的指责:

　　　　对社会的基础作过一番研究工作的哲学家,都认为必须追溯到自然状态,但他们当中,没有一个人真正追溯到了这种状态。有些人竟然认为处于这种状态的人有正义和非正义的观念,但他们没有指出处于这种状态中的人何以有这种观念,也没有指出这种观念对人有什么用处……他们各个都不厌其烦地在书中大谈什么人类的需要、贪心、压迫、欲望和骄傲,把人类只有在社会状态中才有的观念拿到自然状态中来讲:他们说他们讲的是野蛮人,但看他们笔下描绘出来的却是文明人。①

　　尽管,卢梭点名道姓指责的哲学家毫无疑问是霍布斯,但是他明确表示,在关键方面,他的控诉对象也包括洛克。②如果要非目的论地将自然状态理解为一种简单、自足、普遍和平的状

---

①　*Discourse on the Origin and Foundations of Inequality Among Men*, 102. [译按]译文参考[法]卢梭:《论人与人之间不平等的起源和基础》,李平沤译,第46—47页。
②　例如参见《论人与人之间不平等的起源和基础》(213—20)的脚注L。卢梭发现(这个发现有些问题),洛克对自然状态中的家庭的阐述依然有残留的目的论。

况, 那么洛克就应当把他的自然状态解释完全基于他对原生自我的解释。洛克不但谈论自然状态的简单与和平, 而且还常常谈论自然状态中发展成熟的人类理性以及在社会中习得的反社会激情。这似乎让洛克陷入自我矛盾。洛克的政治社会概念(本质上是习俗性的或反自然的)以及自然权利作为衡量政治权利的真正尺度这个观念, 似乎也存在这种固有的根本性混乱。洛克也许接受甚至极大推进了对自然的目的论理解的现代批判, 然而根据卢梭的解读, 他对自然状态和自然权利模糊不清的阐述却表明, 他和霍布斯一样, 不过是"隐秘的目的论者"①罢了。[112]从卢梭更激进的反目的论阐述——权利和理性只能是社会人或文明人的属性, 而不能是自然人的属性——来看, 由于洛克持有一种教条的理性主义, 而且缺乏历史敏感性(洛克认为经院学科没有这种敏感性故而予以反对), 洛克的正义原则遭到了破坏。洛克声称自己发现了普遍的正义原则, 但他似乎对自己思想的偏颇性、狭隘的历史性以及意识形态性视而不见。洛克式"自然"权利和理性因此不是自然人的属性, 只是文明人的属性。可能还要更狭窄些, 只是特殊的现代"资产阶级"成员, 甚至只是17和18世纪英国政治社会成员的属性。

卢梭的反驳或直接或间接对后世产生了巨大的影响。这个反驳引发了用历史或习俗来代替自然, 成为后世最杰出的现代哲学家衡量政治思想和政治实践的标准, 导致诗意想象代替理性, 成为塑造政治社会的规则或理想的来源。如此一来, 卢梭的批判不仅使洛克的思想站不住脚, 而且在更一般的意义上, 使得理性主义的自然权利的立宪主义站不住脚, 而此种立宪主义是早期现

---

① 这个说法来自Allan Bloom, "Jean-Jacques Rousseau" in *History of Political Philosophy*, eds. Leo Strauss and Joseph Cropsey (Chicogo: Universty of Chicago Press, 1972), 535。

代性的政治思想和政治实践的巅峰。①洛克的思想以及立宪主义政体(洛克最有力地阐述了这种政体的原则)的持久生命力实质上都依赖于,洛克的政治哲学是否包含某些资源能够有效回应卢梭最先提出的这种质疑。

二、自我的自然形成: 自然状况下自我的发展

要充分回应这个令人生畏的质疑,必须首先澄清洛克对"自然"或"自然的"这类术语的用法。只要洛克的自然状态概念包含法权上自由人之间的各种可能关系,这个概念在某种意义上就是非历史的,或更准确些说,是泛历史的(panhistorical),原则上可以指人类历史时代或史前史的任何一个时段。《人类理智论》中与此相关的一个张力与这个问题有关,即更严格科学意义上的自然概念与更纯历史意义上的自然概念之间的张力,也就是,自然作为事物的内在因果性构造与自然作为有规律地显露出来的性质之间的对立。情况似乎是这样,对于洛克而言,严格而狭隘的科学意义上使用"自然"是指作为第一原因或原初原因的事物本性,事物的能力的原生的内在渊源。尽管如此,正如我们在前面章节看到的,洛克认为不能把"自然的"严格等同于"原初的"。事物的本性(nature)不仅包括它的内在能力(immanent powers),而且包括其倾向能力(dispositional powers)。我们不能把实体存在的本性简单理解为脱离其环境状况而仅"在它自身之中"。这意味着,如果把自我完全从其环境和历史中脱离出来,仅仅将其视为由原生禀赋组成的东西,我们就不能恰当理解人

---

① Strauss, *Natural Right,* 252—94, 以及*What is Political Philosophy?* 4—55; George Grant, *English-Speaking Justice* (Notre Dame, INd.: University of Notre Dame Press, 1974), 48—53。

性。[113]正如洛克所构想的,自然状态的特征源于自然自我与自然环境之间的关系或发展性互动。在洛克的自然状态解释中,"自然的"部分指"原初的",部分指历史层面上的必然和恒常。人性(human nature)同时包含这两种属性,一种是我们的原生禀赋具有的属性,另一种是通过自然必然性(在一种原初的恒常的人类状况的驱使下)发展出来的属性。

因此,与卢梭不同,洛克坚持认为,融贯的非目的论人性观并不要求完全脱离所有历史发展而来或在历史中习得的性质。所有自然存在物仅仅在我们共同环境的限制下向我们显露其能力,但是与无机物的能力不同,有机物的能力只有经过一段时间,在"通常自然进程"的生长或发展过程中才会显露。在洛克描述的实验科学中,大力增长我们知识再一次依赖于下述假定,即:自然存在物包含了那些原初且通常隐而不显,精心设计的实验能够揭示的倾向能力。尽管我们对人类的观察必然更为"幼稚",较少依赖于实验设计,但是承认存在这种倾向能力对于洛克观察人类——包括作为个体的人类和作为一个种类的人类——的发展进程来说至关重要。正是根据这个更包容的"自然"概念,洛克在看似清晰地区分自然欲望和"狂想"(fantastical)欲望之后,马上限定了这项区分。狂想欲望也是自然欲望。它们是"习惯成自然"的欲望(2.21.45;比较*STCE* 42, 64, 103)。① 就人类自我的形成而言,自然与习俗的区分不是原初的和习得的之间的区分,而是两种性质的区分:一种是原初就有的或在自然的通常进程中必然习得的性质,另一种是偶然或设法习得的性质。

---

① Tarcov通过对比洛克思维与身体的痛苦也得出了这个结论(*Locke's Education for Liberty*, 152),文本依据特别参见*STCE* 112—14。比较Schouls, *Reasoned Freedom*, 107—09。

基于上述推理——与洛克的非目的论前提并不矛盾——洛克才能把自然状态构想为包括如此多样历史关系的状态。不仅包括前政治状况下真正独立的个体(也许还包括家庭)之间的关系,而且还包括独立的统治者或主权者之间的关系,以及非政治的、未经同意的或专横君主与他的臣民之间的关系,甚至包括这样的个人关系,他们处于政治社会中但实定法却对他们暂时失效。所有这些都是洛克自然状态的范例。①也是基于此种推理,洛克能够在不自我矛盾的情况下,赋予自然状态的栖居者以理性和社会性这样的习得性质。我们将看到,洛克想尽办法去这样做,但是他的方法和意思却不是传统评注者所认为的那样。相反,他还能赋予人性常常搅扰人类历史的各种反社会欲望和心智混乱。《政府论(下篇)》最初有关自然状态的定义,如果对其作粗浅而相对狭隘的理解,前文提到的个人和群体的相同之处仅仅在于他们彼此之间的一种纯粹的形式关系,即免于服从任何共同的政治权威。[114]但是,在更宽泛、更深层的意义上,洛克构想的自然状态是一种在历史层面上恒常存在的人类发展和人类行动的矩阵。这个矩阵孕育了理性和各式激情的发展,说明了它们之间(或更准确的说,心灵的理性能力和非理性能力之间)的关系。

---

① 换言之,在关键方面,自然的"通常"状态的特征与自然的非常状态的特征没有什么不同。根据洛克提出的区分,在自然的"通常"状态下,每个个体都拥有大致与所有其他人一样的自由,"自行判断自己的权利,并用自己的能力尽量维持之"。在(洛克暗示的)自然的非常状态下,个体权利的伸张主要取决于"一个处在不受拘束的自然状态下,而又因受人谄谀逢迎,以致品德堕落并掌握者权力的人"的一时兴致(《政府论(下篇)》91;又见《政府论(下篇)》46, 49, 102)。参见Pangle的讨论, *Spirit of Modern Republicanism*, 247—48。Pangle似乎将洛克的这个区分等同于洛克的另一个(主要也是暗示的)区分——"完备"(perfect)的自然状态与不完备的自然状态。(《政府论(下篇)》14, 87, 94)正如Pangle所观察到的,洛克似乎意在悄悄表明,严格区分自然状况与政治状况相当困难。又见Goldwin, "Locke's State of Nature", 135。

那么，人类自我在其中发展的这个自然状况，它有哪些要素？这种自然状况会诱发哪些人类官能、激情或心理能力？这个状况会引法哪些具体困难或"不便"，以及它们对于洛克理解理性的政治回应产生了怎样的影响？

（一）反社会欲望的发展

若要对这些问题刨根究底，我们首先必须清楚，尽管洛克有时会给出相反的说法，但是他构想的自然状态不可能被埋解为一种"和平、善意、互助和安全的状态"(II. 19)。仔细考察后可以发现，这个段落确实表明自然状态在定义上确实区别于战争状态，但是它并没有说明两者相互重合的发生率。^①在这个段落中，洛克还将自然状态描述为"人类根据理性生活"而形成的关系。这同样是个模糊不清的说法。乍一看，这似乎是指一个人类实际遵守"理性法"的状况，但它实际上不过是在提出下述问题，即：受自己私人理性支配究竟有利于导向社会和平状态，还是相互争斗状态？正如我们将看到的，洛克所说的政治社会形成时期，那个纯真、诚实、简朴、有德及和平的"黄金时代"也存在这个问题。

鉴于洛克诸多相反的说法，我们最好将洛克表面上说的自然状态和平有序、合乎法律(lawful)的特征，视为避免不当联想的修辞术。洛克在激烈反驳菲尔默的权威主义之后，力图让自己的自然自由观同道德虚无主义(霍布斯的自然自由观因为这点臭名昭著)保持距离。这是很合理的做法。尽管如此，仔细的考察表明，洛克与霍布斯在这方面的距离远没有表面上那么大。阿什克拉夫特为了坚持洛克式自然状态只是偶有危险的"不确

---

① Goldwin, "Locke's State of Nature", 127; Grant, *John Locke's Liberalism*, 71—72; Zuckert, *Natural Rights and the New Republicanism*, 236—37.

定的和平"状况(看似很难与霍布斯的战争状态相区分)这个观点,①就必须无视洛克的下述两个说法,即人人自由裁判自己案件的状态必然伴随的巨大不便,以及这种不便很快会驱使人们进入社会(II. 13, 127)。阿什克拉夫特和其他一些学者,过高估计了洛克所假定的自然状态中的"自然共同体"的实际效力,无视洛克提到了人类在发现、解释、遵守自然法方面时时面临的极端困难(例如,*LN* fols. 16—17, 34—35, 62—81;*ECHU* 1.3.9—12, 21—27; 2.28)。②

[115]细致考察洛克关于政府的历史起源的阐述,可以为上述结论提供进一步的支持。洛克在《政府论(下篇)》第八章宣称,自己的目的是为如下命题辩护:"开始组织并实际组成任何政治社会的,不过是一些能够服从大多数而进行结合、并组成这种社会的自由人的同意。"(II. 99)若要理解这个命题,我们首先应牢记,洛克严格使用的政治权力并不是政府权力的同义词。与后者不同,政治权力在定义上就是正当的权力,包括"制定法律的权利"(II. 3)。相应地,洛克接着限定了他关于历史同意的断言:"理性显然支持我们的论证,人类享有自然的自由,历史的实例又证明世界上凡是在和平中创建的政府,都已上述基础为开端,并基于人民的同意而建立。"(II. 104)仅根据这个段落,我们只能推论出,在洛克看来,某些政府起源于和平与同意,另一些政府则不是。在随后再次肯定这个限定条件时,洛克给出了一个暗示以澄清这个问题。在现在这个段落里,他仅仅谈及政府的和

---

① 对于霍布斯来说,战争状态"不在于实际的战斗,而在于整个没有和平保障的时期中人所共知的战斗意图",Leviathan, ch. 13, 186. [译按]中译本参照[英]霍布斯:《利维坦》,黎思复、黎廷弼译,杨昌裕校,北京:商务印书馆1986年版,第94页。

② "Locke's State of Nature: Historical Fact or Moral Fiction?" *American Political Science Review* 62 (1968): 898—915, 尤其是902—07; *Locke's Two Treatises of Government*, 100—11, 197—211. 比较Laslett, "Introductioin," 98—100, 110以下;Tully, *An Approach to Political Philosophy*, 299。

平开端，"因为我在下文将谈到征服，而有些人认为征服是创立政府的一个途径"（II. 112）。第十六章"论征服"是这样开篇的："虽然政府除上述方式外根本没有别的起源，政治社会也只有以人民的同意为基础，但是野心使世界上充满了纷乱，以致在构成人类历史的这样大的一部分的战争的喧噪声中，大家很少注意到这种同意。"（II. 175）

贯穿历史的"战争的喧噪声"压制了同意，这个看法很难与另一个看法调和，即历史上的绝大多数政府都源于和平和人民的同意。洛克不只是在《政府论（下篇）》第八章里做了这样意义重大的限定或保留。正如潘戈辛辣地指出，随着这章的展开，"甚至连历史上美好的、和平的、因同意而建国的那个极小部分其实也没有那么美好"。[1]洛克假模假式地拿出了一些历史证据作为基于同意和平建国的例子，例如罗马和威尼斯的开端，以及巴兰杜斯（Palantus）与他的斯巴达追随者离开斯巴达建立塔伦图姆（Tatrentum）的例子。（II. 102—03）。但是，正如考克斯所指出的，洛克自己的材料来源却显示，所有这些城市事实上都始于征服而非同意。[2]类似地，洛克引用了16世纪史学家阿科斯塔（Jose de Acosta）的研究来说明，早期的秘鲁人长期生活在政治社会之外，当他们认为有必要建立政府时，就自由地选择了统治者。（II. 102）然而，事实上，阿科斯塔的阐述几乎不符合洛克所说的同意标准。在洛克引用的阿科斯塔的那个说法的后面，阿科斯塔详尽阐述了自己对印第安人政府的真正起源的看法："某些人在体力和智力上更为优异，随着时间的推进，就像尼姆布罗特（Nembrot）那样开始统治和支配他人；这样一步步地，他们就

---

① *Spirit of Modern Republicanism*, 249.
② Richard Cox, *Locke on War and Peace* (Oxford: Oxford University Press, 1960), 42—44, 100—01, 210—11.

建立了秘鲁王国和墨西哥王国。"[116]在这部作品的后面,阿科斯塔在质疑了印第安人对自己社会的起源的说法后,他将印第安人的原初状况描述为"完全野蛮",他们生存的状况是:"没有法律,没有国王,没有固定居所,像一群野兽一样四处游走。"在这种情况下,通过"某些杰出人士的价值和知识","共同体"得以产生。①在这个语境下,"价值和知识"显然指的不是德性和智慧或文明人的优点,而是指"体力和智力",是指战争方面的德性。

尽管当下可能没有强有力的物质原因使他们陷入争执(II. 31, 39, 51, 75),尽管某些社会必定在某些时期享有内外和平,但是洛克明确认为,早期人类总是会陷入频繁的冲突。在货币出现和财产权形成之前很久,早期社会——其成员的生活贫困而简朴——会"很快"被迫建立原始政府,恰恰是因为他们或自愿、或被迫地卷入与邻人的战争当中(II. 127;比较107—10)。洛克所指的自然情感——我们将看到是成问题的——最多只能作为一种内部统一原则。此种曾经存在的"黄金时代"最多只在某些特定社会出现过,但不曾在多个社会之间存在过。无论这是一种怎样的时代,早期的国王之所以能当上国王,不只是凭借父亲般的情感,还包括刚健与勇猛(II. 94, 105)早期社会不只是或不主要是凭借情感统一在政府之下,通常是凭借强力,"这一情况产生了历史初期的无数小国,而且只要那时有足够的地方,就总是不断增加,直到较强或较幸运的国家吞并了弱小的国家为止"(II. 115)。总之,只要人们没有被洛克的修辞弄迷糊就会发现,他对历史同意这个主题的处理与霍布斯的看法没有根本的分歧:"世

---

①   Jose de Acosta, The Natural and Moral History of the Indies, trans., Edward Grimshaw [London: Hackluyt Society, 1604 (1ˢᵗ edition, Seville, 1590)], 72, 427; 比较410. 比较Garcilasso de la Vega, Royal Commentaries of the Incas, Part One, trans. Harold Livermore (Austin: University of Texas Press, 1966), 尤其是I. xii. 对于洛克使用这些资料的更全面评论, 参见 Cox, Locke on War and Peace, 94—105。

界上很少有国家,能从良知上证成其开端。"①

　　上述推理促使我们将问题聚焦于,洛克对人类形成社会之动机的典型的模糊总结。在"驱使"人类进入社会的"最有力的义务"中,排在第一位的是"必然性"(*TT* II. 77;比较*ECHU* 3.1.1)。当洛克具体谈论驱使我们退出自然状态(更确切些说,尽快使自己服从政府权威)的强力或必然性时,他谈到了人性中固有的偏颇(partiality)和激情,谈到了"堕落人类的腐化和罪恶"(II. 13, 125, 128)。自然状态是"充满着恐惧的状况,处处有危险","一个不会让人愿意久留"的"糟糕状况",因为"大部分人并不严格遵守公道和正义"(II. 123, 127)。在洛克和霍布斯的阐述中,主要问题在于,人性自然地倾向于冲突。鉴于原生的自我在洛克的阐述中具有心理上的简单性,我们需要知道,人类自爱和激情如何或如何很快变得能够产生洛克赋予自然状态的争斗不休。鉴于洛克认为自然物质状况是丰裕的,这个问题就显得特别有挑战性(II. 28, 31)。[117]如果原初的丰裕状况没有给头脑简单、重感官享受的早期人类"任何理由去争执财产权"(II. 51),那么,到底自然状况中的什么东西导致反社会欲望的出现?

　　这点对洛克的整个政治哲学非常重要。如上文所示,洛克在《人类理智论》中指出,前现代的亚里士多德—经院科学的巨大错误在于,假定人类的理智与外在世界间存在自然对应,或者换言之,假定自然已经为人类获得有关外在世界的科学知识提供了充分的供给。相应地,那些认为洛克思想延续了亚里士多德—经院传统的评注者的根本错误在于,他们没有认真对待洛克有关自然思想状况与自然物质状况之间存在类比关系这个观点,特别是没有看到洛克有关自然处境的贫乏或毫无供给的看法的深刻意

---

① *Leviathan*, "A Review, and Conclusion," 722.

义。①正如我在下两章中所阐明,我并不认为,洛克构想的自然
状况是一种匮乏的状况。但是,尽管洛克偶尔修辞性地说出相反
的话,他坚称上帝或自然在很重要的方面没有"厚赐百物给我们
享受"(II. 31)。正如我们自然地缺乏对实体和种类的知识,我们
也缺乏自然—道德法的有效知识。而且,正如我们自然地缺乏发
展成熟的理性官能,我们一开始(实际上是人类历史的大部分时
候)最多只能主张一部分基本权利。要澄清自然状态的"不便"
或危险的真正来源,我们必须更仔细地考察,洛克如何分析自然
毫无供给的物质状况以及人类对此的回应。

　　洛克所指的原初的物质"丰富"最多只是一种偶然状况,仅
仅在于自然供给物与"消耗者"的比例,这些"消耗者"起初的人
数有限,"全力工作"的能力有限。此外,无论这个比例暂时多么
有利,洛克指出,把这个原初状况描述为完全丰富从根本上具有
误导性。"曾经有很长一段时间,自然供给曾是丰富的"(II. 31,强
调为作者所加),这不是指可直接消耗的自然"果实",而仅仅是
指原料,主要是土地。原初状况仅仅拥有"丰富的物质……常会
生产出丰裕的东西"(II. 41,强调为作者所加;比较TT I. 41),原
初状况的丰富只是潜在的丰富,而非现实的丰富。正如有些学者
已经指出的,因为这个原因,洛克有关自然的物质丰裕的说法被
逐渐强化的"贫乏"的原初状况这个说法代替,其中的栖居者由
于没能按这个状况的要求进行理性劳动,因而"贫穷而困苦"(II.
32, 37;也见41以下)。②他反复说未经改进的自然是"浪费",而
且,相较于他对自生的未改善的自然的生产力的评价,洛克不断
提高他对人类理性劳动的评价(II. 37—38, 40—48)。这就将洛克

---

① "毫无供给"(unprovidedness)这个用语借用自Michael Zuckert, "An Introduction
　to Locke's First Treatise," *Interpretation* 8 (1979): 73—74。

② Strauss, *Natural Right*, 224—26, 234—39; Goldwin, "John Locke," 460—69; Pangle,
　Spirit of Modern Republicanism, 158—71; Zuckert, *Natural Rights*, 262—66.

有关自然供给确实贫乏的说法体现得淋漓尽致。

对于人类如何应对自然状况，洛克的描述较为分散且常常较为隐晦，我们必须在一定程度上依赖于猜测，才能知道他如何阐述反社会欲望的起源与发展。[118]对我而言，以下述方式来构建他的论证似乎最合理。正如《人类理智论》中所描述的，原生的心灵或自我从根本上而言是被动的、未发展的，在简单观念的海洋中徜徉，只有痛苦或不安的观念才能成为推动它的直接力量。因而，在自然状况中，痛苦或不安的程度或种类必须能提供至关重要的外部刺激，唤醒我们原本沉睡的心理能力。①劳动的本质是痛苦(II. 30、34、37、42、43)。只要贫乏的自然最初甚至连人类最简单的欲望都拒绝轻易满足，要求人类为生存而劳动，那么原生的自我必然经历某种较大程度的不安或痛苦。对洛克来说，劳动或劳动的必然性相当于一种基本的不安，它刺激了更高水平的心理活动的发展(参见*ECHU* 2.21.34; *STCE* 126)。为了应对这种原初的不安，独特的心理欲望就会出现。

洛克再次否认，原初状况存在任何为物质财富争执的理由——更确切些说，存在任何理由为"已然确定的"财产权产生争执，这些财产直接取自自然，仅仅是每个人直接使用的东西(II. 31，强调为作者所加)。但是，这并不意味着他否认，早期人类之间经常发生争执。类似地，虽然某些人甚至很多人可能并不会因稀缺或劳动必然性带来的痛苦而直接发展出反社会欲望，但是并不能因此否认反社会欲望是自然状态发生动乱的祸根。为了解释这个状态是充满恐惧的，洛克并不需要主张，为了应对自然状况，所有人(退一步讲，绝大多数人)同时显露出了相同的主动侵犯欲望。洛克并没有主张，早期人类都直接受自然贫乏的

---

① 关于痛苦在洛克心理学中的主导地位，参见Strauss, *Natural Right*, 249—51; 又见 Sheldon Wolin, *Politics and Vision* (Boston: Little, Brown, 1960), 314—31.

驱动，从而达致较高程度的勤勉或外部活动。相反，他承认，某些民族直至今日仍然处于经济相对落后的状态(II. 37, 41, 43, 45, 48—49)，而且甚至有些更发达的社会也觉得很难将自己的注意力超出当下或眼前(*ECHU* 2.21.64—68; *STCE* 45, 48)。但是，某些民族持续处于物质简朴状况，这既不证明他们真的满足现状，也没有证实自然状况通常是和平的、物资丰富的。这就如同，人民默认专制政府或没有反抗专制政府并不能证明，专制主义是一种善治(比较II. 75, 94, 107—110及92, 223, 230)。尽管洛克提出，绝大多数的早期人类接受"一种简单而贫困的生活方式下的平等"——这种生活方式"将他们的欲望局限于各人的少量财产"——而没有表达明显的不满(II. 107; 比较28, 31—32, 51, 75, 110, 111)。但是，洛克并没有漠视下述可能性，即偷窃兴许是人类最早发现的节省劳动的技艺。至少在一段时间内，贪婪的激情兴许是由早期游牧者屈从不确定的贫乏物质环境而自然发展出来的(II. 34)。

尽管如此，洛克在《政府论(下篇)》"论财产"这章还给出了一个更明确、更为深远的暗示。[119]他在概括早期人类应对自身状况时，设定了一个重要的限定条件："最初，绝大多数人"满足于未经改善的自然提供的东西(II. 45，强调为作者所加)。尽管大多数人不为自然的贫乏所动，不会采取外部行动，但至少有少数人不满现状，欲求更多。从人类最早的时候开始，某些人就酝酿着一种深层的危险的欲望，即征服必然性，扩展个人的自由及能力以克服自然贫乏。在《政府论(下篇)》中，这种"超过自己所需的欲望"表现为"恶劣的占有欲"(amor sceleratus habendi)，从一开始就成了人类争执不休的主要动力(II. 37, 111; 比较92, 115)。①这点在《教育漫话》中表达得更明显。洛克将"支配欲"

---

① 洛克突然在这个语境中引入这种欲望，似乎是在标示从前政治的自然 (转下页)

视为"几乎所有不义和争执的根源，如此扰乱人类生活"。这种"支配欲"包括两种形式：让他人屈从自己的欲望，或者是一种更一般性的"对财产和占有的爱"(II. 103—05)。在洛克看来，如果某人明白原始的饥饿(hunger)可能会发展出潜在的大量渴求(hungers)，那么他也许可以说，自然的自我主要受饥饿驱迫①。

洛克对不义之根源的阐述让人回想起马基雅维利的观点，即所有城邦能包含的两种基本的"性情"(humors)。②洛克的阐述则暗示一种更鲜明的原始分类：甘心向自然必然性屈服的大多数人与力图克服自然必然性的相对少数人。出现一个武士、寡头或专制者阶层凌驾于更怯懦更懒散的大多数人之上，似乎比出现一个"理性而勤勉"的阶层，一群基本权利的真正推动者和捍卫者(II. 34)显得更为自然(狭义的自然)。上述划分给洛克的人人平等拥有自然权利这个学说带来哪些问题，将在后续两章中予以更多考虑。现在只需要指出，尽管这个划分确实是真的且意义重大，但是在洛克的阐述中，这项有关应对自然状况的两种心理的划分并没有那么泾渭分明。洛克的《教育漫话》确实限定了《人类理智论》有关心灵为"白板"，天生就没有任何装备这个假定，认为个人心理特征中的重要差异可以追溯至他们的原生

（接上页注①）状态的一个阶段向另一个阶段的过渡。然而，这种过渡的意义很成问题。严格来讲，洛克在《政府论(下篇)》第37段指出了一种在超越生活必需的欲望发挥具体效果(即内在价值或使用价值发生变化)之前的状况；但是他没有明确评价也没有暗示，这种欲望是否最初就已经存在，只不过聚焦于其他方面。《政府论(下篇)》第111段与此类似。洛克说，在人类的心灵没有被野心和淫欲所腐化之前存在一个黄金时代，但是这并不意味着，这个时代里完全没有野心和淫欲这样的激情。这最多意味着，在部落形态的父权君主制时代，这些激情通常针对其他民族，而不是针对自己人。

① Strauss, *Natural Right*, 235; Pierre Manent, *An Intellectual History of Liberalism* (Princeton, N. J.: Princeton University Press, 1994), 41.

② *The Prince*, chap. 9: "在每一个城邦里都能分别发现两种性情的人……人民不希望被大人物命令和压迫，而大人物则有命令和压迫人民的欲望。"(ed. Mansfield, 39)

构造的差异(66, 101—02)。但是,洛克在谈及"孩子"的总体情况时还指出,"权力欲和支配欲很早就出现在孩子身上",而且是"孩子通常会有的自然恶习的首要根源"(103)。尽管程度各异,表现方式不同,但是"从摇篮里开始,我们就都是虚荣和骄傲的动物"(119;又见38, 148)。根据这个说法,似乎情况并不是,在《政府论(下篇)》中拒绝屈从必然性的相对少数人抱有一些他人没有的狂想欲望。正如我们在书中后续看到的,洛克表示,这些少数人主动表露出一种其他人仅仅被动表露的欲望。这些欲望驱使他们努力逃离辛劳而贫困的自然状况,而不是简单地想象自己得到了充足的供给故而无视勤勉生产的自然律令。

[120]至此我们可以说,洛克认为,自然状况的贫乏刺激了特别是心理方面的发展,有时则刺激了反社会欲望的发展。自然状态特有的危险源于少数真正的罪犯("堕落之人")的行为(II. 128;又见10, 11, 16),或者源于这些堕落者想要激发他人产生的汲汲于安全的欲望。不论是哪种情况,这种自然状况至少导致我们具有"动辄夺取权力"的共同倾向,所以"大部分人并不严格遵守公道和正义"。这个事实足以证实此状态充满危险(II. 143, 123)。

(二)宗派性与心灵的疾病

如果聚焦此种霍布斯式的骄傲与恐惧的辩证法,就会将自然状态视为一种当代理性选择理论熟知的"囚徒困境"。所有人想要最大限度地实现自己最欲结果的努力只带来了他们最不希望出现的结果。尽管洛克的阐述在某些方面符合这个模型,但是在洛克看来,尤为专横的欲望的出现,以及这些欲望引发的对安全的汲汲渴望,并不足以解释自然状态固有的无序。毋宁说,对洛克而言,这些欲望的出现只代表了一类心理紊乱中的一个(无论如何都不是其中最强大的一个)。这种错乱是在回应贫乏的自然状况中发展出来的。关键在于,尽管自然贫乏本身的体验刺激了高层次的心理活动,然而其本身却不必然提升理性活动的层次。洛克将"自然状态的不便"追溯至"偏颇"(partiality)(II. 13;比较125)。这个"偏颇"不仅包括对个人利益的过分关注或排他性关注这层相对狭窄的含义,而且还在一般的意义上指,过分依恋自己的所有之物,包括个人自己的家庭、部落、民族、国家、教派,特别是自己的意见。①

洛克认为,宗派性(partisanship)的本质危险是拒绝诉诸理性。洛克抱怨道:"所有宗派的疯狂信徒中,百人中可有一人,舍得检讨其生死与之的信条?可曾想过,这样做是否是他的本分或职责?"(*CU* 34)他进一步抱怨说:"世上各个派别的大多数盲目追随者(partisan)……决心服膺某一派别只是因为他们受了那种教育或有那种利益。他们在那里,会如军队中的兵丁似的,只是依照他们的领袖的指示,来表现自己的勇敢和热忱,却不来检讨甚或不知道自己所为之斗争的事业是什么"(*ECHU* 4.20.18)。

诚如这最后一句话所示,根据洛克的诊断,宗派性既源自于主动的因素也源自于被动的因素,既源于发布命令的欲望,也源于甘心屈从的欲望。②至少可以说,洛克不相信,宗派领袖的偏见源自于诚实、善意的错误判断。"我们如果一观察名人、学者和宗派领袖的那些秘密动机,我们就会看到,他们之所以支持自己持有或坚持的学说,并不是因为它们是真理"(4.20.17)。[121]说得更直接点,洛克的意思是,在许多宗派狂热分子心中,对真理的热爱或尊重已被权力欲腐化:"因为一个人既然欺骗了自己的

---

① Robert Kraynak, "John Locke: From Absoltism to Toleration," *American Political Science Review* 74, no. 1 (1980): 60—61; Wood, *Politics of Locke's Philosophy*, 101—09.

② David Epstein对野心勃勃者与宗派分子之间的区分,参见氏著*The Political Theory of the Federalist* (Chicago: University of Chicago Press, 1984), 193—97。

信仰，他不是很容易来欺骗他人的信仰么？"(4.19.2)他进一步警告说，某人若专横对待(tyrannize)自己或他人的官能，那么就会认为此人会专横对待他人的身体，他们的整个人格，因为这并不是"微小的权力，赋予某人对于他人享有权威做各种基本原理的独裁者，传授不可反驳的真理"(1.4.24)。

宗派偏见的主动因素或效力因是支配欲或自我扩张欲。这个主题贯穿洛克的大部分著作。他在论述民政长官是否有权决定宗教上的无关紧要之事(indifferent matters)的早期手稿中宣称，一种恰当的宗教自由并不包括"某人自称上帝之子的自由，因而也不包括自称这个世界的继承人的自由，不包括野心勃勃、推翻良好宪制的自由……不包括想当基督徒却不想当臣民的自由"(*ETG* 121)。尽管1667年的《宽容短论》(*Essay Concerning Toleration*)支持与之相反的宪制原则，但也批驳了类似的取向："败坏的人性，野心勃勃，妄图获取神一般的权力"，意在以强力一统宗教敬拜。① 《论宗教宽容》也充满了此类怪罪。对于《人类理智论》特别拿出来批判的经院学者，洛克不只如前几章所述赋有洞见地批判了他们的认识论和科学，而且也通过激烈的论辩揭露了经院学者的动机。在洛克笔下，"经院学者和形而上学家"就是实践领域的"争论不已，争执不休"(II. 34)在思想领域的体现。他们热衷于展现自己高超的修辞技艺，最终导致智识领域的战争状态，言辞和论证都被当作武器，相互交锋的目的不是为了启蒙而是为了取胜(*ECHU* 3.10.7；又见3.5.16；*CU* 42)。它们的错误并非出于无意，而是出于"故意的错误和忽略"(3.10.1)，旨在增加"光荣和敬重"以及"权威和支配地位"。(3.10.8, 9)

---

① 见H. R. Fox Bourne, *The Life of John Locke* (New York: Harper and Brothers, 1876), vol. 1, 178。

在这种洛克所讲的宗派联合中，少数领袖的此种投机野心与广大追随者的心理被动与心理需求感形成一种专制型协作。后一种宗派动机尤为深刻地揭示了自然状态问题的深度与广度。在洛克看来，推理需要付出劳作，多数人的自然的或反射性倾向是以最少的劳动减轻自然贫乏。因此，人们普遍容易做出非理性赞同，也就没有什么好奇怪的了。在很多时候，宗派性赞同不过证实了习惯对于塑造我们的心灵和性格发挥的巨大力量，而习惯在很大程度上源自我们原生的被动性以及认真探究的辛苦。与物质财产一样，人的意见（某种程度上，还有人的社会性依附）通过继承获得远比通过勤勉获得要容易得多。

[122]但是，与继承物质财富的机会不同，继承意见的机会覆盖社会所有成员(3.10.4)。此外，维持宗派隶属关系的被动因素包括对安全的基本欲望。从广义上理解，这种安全欲望表现为颇为麻烦的东西。总而言之，我们原生的心理懒散以及我们对身体和心理安全的强烈欲望，使得我们许多人错位(errancy)*而轻率地屈从某种社会权威，造成危险的后果。从这个角度来看，相较于利己主义或狭义上的个人利益的自然力量，洛克所讲的自然状态的问题更多来自于下述事实，即：人们太容易扩大自己的必要关切的范围，故而通常都乐于将自己的责任拱手让人，通过某个集体来毫无批判地把握我们自己，听凭自己受这种或那种社

---

* [译注]就"错位"(errancy, errant)这个词，迈尔斯对译者解释说：我对"错位"(errancy)这个词的用法有点特殊。这个用法在英语话语中不太常见。洛克在多个语境中强调，许多人深受缺乏心理控制之苦。错位就是指人的这种不受控制的特质(undisciplined quality)。它不仅是指心灵易于犯下通常所讲的错误，例如数学计算的错误。它有时候是指心灵发生偏离，偏离自己的恰当活动的一般倾向，有时候是指一种更深层的、偏离严格的理性和逻辑规则的倾向，既体现在思想上，也体现在行动上，一种被想象的狂想创造物支配的倾向。

会、道德或政府权威的摆布。①

　　历史上人类应对自然状况的某些方面有助于阐明洛克的论证。在这方面，《政府论（下篇）》中最明显的体现就是政府权威的历史起源。洛克承认，就回应人们树立政府权威的迫切需要来说，最简便易行，最自然而然，最合乎历史的回应，就是那种对"慈父"或有武德的杰出人物事实上无限的默示同意。只要他们没有"感受到残暴支配的压迫"，原始臣民就认为没有必要限制这些熟悉的统治者的专权。因此，早期的政府权力实际上仅仅是专权（II. 107，比较74—76，105，111）。然而，这并没有阻止洛克在前一章将孕育此种原初同意的纯真描述为一种"无知"或"缺乏远见"（II. 94；比较STCE 67）。回过头去看，屈从不受限制的政府权威，无论多么可以想见，似乎都是面对一种普遍必然性的直接显现时不经反思的轻率回应。这种举动似乎是原生的、屈从习惯的、被动的心灵——这种动物只注重当下的感知，没有成熟的责任能力，为了以最少的努力缓解当下的不安而急于将自由拱手让人——的本能反应。如果人们认为早期的权威基于同意，那么原初的默示同意不但不能解决自然状态的问题，反而会加剧该问题。在屈从那种起初善意但有可能转向专制的政府权力时，早期臣民逃脱自然状态后，又堕入一个可能更危险的新的自然状态（II. 90—94）。其实，并不是只有原始人在努力缓解当下紧迫的不安时表现得不加思索。（ECHU 2.21.46，64）

　　如果考察一下驱使我们形成社会的那种"倾向"（还有"必然

---

① 尽管可以找到少数文本支持，但是Cox将下述观点归给洛克是错误的："欲望具有一个明显的自然等级；自我保存的欲望是……基本的，普遍有效的，所有欲望中最强有力的"（Locke on War and Peace, 88）。Goldwin也犯了类似的错误："自我保存的欲望可能被转移方向、受到指导、被劝导，但其压倒性力量却无法被减弱或消除"（"John Locke" in History of Political Philosophy, eds. Strauss and Cropsey, 484）。如果上述观点确实正确，那么自然法就没那么"隐秘"，洛克就不会急着要写《政府论两篇》这样一本书了。

性”和“便利”），还有一个更为有力的迹象反映了自然状态固有的更深层的问题(II. 77)。尽管洛克所谈的人性的社会倾向看似与他描述的个人主义自然状态——特别是《人类理智论》对自我意识元素更激进的阐述——相抵触，但是我们无需得出结论认为，洛克诉诸人的自然社会性纯粹出于修辞目的。[123]贫乏的自然状况以及人本身的性倾向，都会驱动洛克式自我很快以这种或那种形式发生社会接触。①可以合理的猜想，自我尽管具有原生的个人主义，但很快会被迫发展出尤为社会性的欲望。就此而论，读者必须要看到，洛克认为“有意识、能思想的东西……能感觉到快乐和痛苦、幸福和患难，因此，这个意识扩展到什么地方，则这个自我便对自己关心到什么地方”。(*ECHU* 2.27.17，强调为作者所加)这个对于自我的基本定义，具有相当程度的灵活性和相当大的容量。一如洛克在其他地方暗示，这种自我拓展能力不仅使我们能够随着时间的推移达致人格同一性，而且也为尤为社会性的情感提供了一个基础。尽管他坚称，自我保存的欲望是“上帝扎根在人类心中最根本和最强烈的要求”，但是他也指出，我们有能力(如果不是一种需要的话)拓展我们的个人身份和个人关切的范围，故而我们实际上能够考虑他人的福祉，尤其是后代的福祉，将其视为我们自身的一部分(*TT* I. 88；比较86, 97)。

　　洛克对人的自然社会性的肯定，成为了评注者们争论的另一个焦点。一些评注者认为，洛克接受那种根本上亚里士多德—经院哲学式的做法，肯定一种有秩序且合乎法律的人性，而另一些评注者则将洛克视为激进的现代个人主义者。这两种解读都无法完全站得住脚。正如我已经论证的，与洛克的认识论和科学思想与亚里士多德—经院哲学传统的关系相比，他的政治思想并没有显得更属于传统。他承认人的自然社会性是一个强大的因素，

---

① 甚至连卢梭似乎最终也承认这点，*Discourse on Inequality*, 142以下。

但是他的政治思想并不因此属于旧传统,因为他从中没有看到趋向合法或德性的自然倾向。与此同时,洛克肯定人的社会性也不能被理解为激进的现代个人主义者的隐微修辞。洛克认为,人的社会倾向既是自然的又是危险的。我们的社会倾向显露了自我扩展能力发生错位和杂乱无章的潜在可能性。就此而言,这些倾向在纠正自然状况的紊乱的同时加剧了这种紊乱。

　　人的社会性更为人熟悉的问题在于,我们的情感在将我们自己扎根于自己的同时,加剧我们与他人的分歧和争执。正如我们结交朋友,将他人作为自己的拓展来爱,我们也在感受他人的异己,不信任他们的异己。洛克对公共生活中的爱或友爱的重要性的处理,也许最能说明他偏离了古典传统和基督教传统。对亚里士多德而言,友爱是道德上健康的政治共同体的样板,尽管最好的友爱最终会超越政治生活。[①]相比而言,在《政府论(下篇)》中,洛克三次具体提到友爱,但却没有一次将友爱作为公民联合或政治联合的样板,甚至没有一次提到友爱带来人生意义和人生完满的力量,但却三次暗示友爱可能会造成的分裂。在讨论自然状态中的执行权时,洛克论证说,个人成为自己案件的裁判者是不合理的,因为"自爱会使人们偏袒自己和他们的朋友"(II. 13)。[124]在讨论父亲的权利和义务时,他提及一个人可能负有义务"保护他的孩子和朋友"(II. 70)。在最后一个地方,本文前面已提及,洛克在假定早期政治社会的成员必然"彼此有一些交情和友爱"后立马推断说,"他们彼此间的猜疑定然没有像对外人那样大",并接着指出,他们的对外关系多少具有容易引发争斗的特征。(II. 107)

　　似乎不是我们爱他人的能力的缺陷,而是我们平等爱人的能

---

① 　参见Aristotle, *Nicomachaean Ethics* 1155a22—28, 1167a26—30; *Politics* 1280b38—40, 1295b22—24; 又见Salkever, *Finding the Mean*, 242—44的相关讨论。

力的缺陷,使得洛克与胡克分道扬镳,将个人的"独立"地位而非整个物种的互爱义务作为平等的基础(II. 5, 6)。① 《教育漫话》对市民风范(civility)这项德性("首要的、最吸引人的社会德性")的赞许与他不信任情感纽带在公共生活中的作用并不矛盾。洛克建议培养市民风范,并不是为了营造和谐、友爱或同心同德的共同体精神,而是因为它有助于维持由作为权利主张者的个体构成的社会的和平,使得幸福的个体追逐者更有希望通过避免侵害和尊重彼此而过上好日子(II. 93, 109, 143)。② 正如下一章将澄清的,我并不认为,洛克作为一个人或一位思想家,对友爱或爱的好处不够敏感。我这里只是想让大家注意到,他对下述危险的敏感的深度:社会情感常常威胁到公共生活中对正义的公正追求。

在洛克的分析中,人的社会性很大程度上源于一种需求感体验。这是一种情感或心理方面的安全欲求,对应甚至常常超越对肉体安全的欲求。拓展自己的能力本身不只表现为支配欲,而且更被动、更一般地表现为对自己名声的敏感。洛克观察到,"人如果以为奖赞和贬抑不足以成为很强的动机……则他似乎很不熟悉人类的天性或历史。他如果一留心观察,就会看到,人类大部分纵不以这种风尚法(Law of Fashion)为规制自己行为的唯一法律,亦以它为主要的法律"(*ECHU* 2.28.12)。确实,"人们一旦尝到尊重与羞耻的味道,尊重与羞耻对他们的心智便形成了最强有力的刺激"(*STCE* 56)。社会存在物的那种希望获得尊敬,或者更强烈点,觉得自己是共同体的一部分,或感到有所归属的欲

---

① 在洛克引用的这段话中,胡克是在说,这是"人的责任,除了自己以外,也要去爱其他人,既然看到相等的事物,那么就必须采用相同的尺度予以对待"。参见 Michael Zuckert, "Of Wary Physicians and Weary Readers: The Debates on Locke's Way of Writing," *Independent Journal of Philosophy* 2 (1978): 60。

② 洛克对市民风范的讨论,参见Tarcov, Locke's Education for Liberty, 137—41; Pangle, Spirit of Modern Republicanism, 221—24。比较John Marshall *Resistance, Religion, and Responsibility*, 292—326, 认为洛克提出了一种公共服务伦理。

求，使得我们所有人"都是模仿性很强的动物，近朱者赤、近墨者黑"(*STCE* 67)。这种欲求如果得不到恰当的规制，就会给正当政府的事业造成明显的困难。只要对正统或流行意见的挑战常常会招致同胞的非难，那么群体认同的欲望(与之相伴，还有害怕被排斥的恐惧)就会与运用批判性理性形成巨大的张力。洛克直言不讳地说："任何人在冒险反对本国或本派的传统意见时，既然会到处引起人的责难来，谁还敢干犯众怒呢？"(*ECHU* 1.3.25；比较2.28.12)[125]对尊重的喜爱，如果表现得更加自然或更不受规制，就容易呈现为一种强烈的心理需要。受其控制，我们将会急切而固执地屈从某个共同权威，从群体认同中获得感情慰藉的同时，激发一种非理性的部族排外精神，腐化并分裂国内公共生活或者使公共生活在对外战争中瓦解。

此外，人类这种"孜孜不倦"的动物，具有如此扩展性心理能力的动物，获得尊重和群体归属的社会性欲望通常与一种专门对教条的欲望交织在一起。"我们如果一考究人类的天性和人事的结构……必然会发现……如果没有一些基本原理和原则，以使自己的思想有所归属，则他们的心智便不能安息"(*ECHU* 1.3.24；*CU* 6, 26)。①这就是我们对教条或基本原则的欲望，"无论如何违背理性"，"纵然在其他方面理解清晰的人，都宁愿把自己的生命和其他最爱的东西牺牲了，亦不愿让自己来怀疑或让他人诘问这些原则的正确性"(1.3.21；*STCE* 146；*CU* 34, 41；*LN* fol.44)。正如心灵常常急不可耐且不加批判地表现出群体认同，从而获得尊重感或归属感，心灵也会为了确保一种指定的意义(并且为之骄傲)，设法抓住那些理论或精神原则。

---

① 比较培根："人的本性特别渴望……在他的理智中让一些事物固定不变，把它们当做心灵的依靠和支撑物"(Advancement of Learning, in *Works III*. 392, 转引自 Lampert, *Nietzsche and Modern Times*, 136)。

欲求获得教条方面的基本原则的问题在于，如果说这种欲望体现了一种更为基础的心理需求感，那么它就会妨碍而非支持人们对真理的欲望或理性打理自己生活的欲望。尽管严格意义上的理性能力是人与低等动物之间的根本差异，但人与低等动物之间最早出现的最容易看到的差异还是"狂想"(fancy)或想象的运作。[1]尽管抽象的能力"完全区分了人和畜类"，使我们独具科学能力，但恰恰也是这种能力使我们独为容易陷入幻想(fantasy)甚全疯狂，通过想象歪曲现实(*ECHU* 2.11.10—13；2.33.1—4，9)。[2]我们是"狂想"的动物，受"幻想的"欲望——这种欲望不仅仅也不主要是对支配或尊重的爱——的驱动。在洛克的阐述中，人最典型的"对狂想的需要"是一种对幻想的无自我意识的欲望，让自己屈从自己错位想象的产物。

从这个角度来看，洛克扩大自然欲望与狂想欲望之间的差异，似乎意在强调狂想欲望的危险性。对人类任性、狂想或"孜孜不倦"的倾向的极度敏感，不仅潜藏在《政府论两篇》坚持为政府权力设立恰当限制的背后，而且是贯穿洛克所有作品反复出现的一个统一主题。起初，洛克就发现，无穷无尽且常常错位的人类想象(*ECHU* 2.1.2, 16)一直在妨碍、威胁、甚至颠覆公民政府事业的诸多心理疾病。他在1659年的一封信中指出，"正是狂想成了这个世界重要的指挥官，以理性之名统治我们，扮演了指引愚人和贤者的大角色"(*CJL*第81号信)。相较于支配欲与狭义上的安全之间的对立，心灵自然的错位或杂乱更有助于洛克解释，为何"抢夺、殴杀、奸淫，都是极其自由，不受任何惩罚和责难的"(*ECHU* 1.3.9)。[126]因为自然状态是"完备的自由状态"，

---

① 比较Hobbes, *Leviathan*, ed. MacPherson, chap. 17, 225—26。

② Pangle和Metha强调了这个非常关键但常被人忽视的主题，参见Pangle, *Spirit of Modern Republicanism*, 179—81, Uday Singh Mehta, *The Anxiety of Freedom* (Ithaca, N. Y.: Cornell University Press, 1992)80—118。

所以自然状态一直有堕入完全精神放纵状态的危险。在这种放纵状态中,心灵创造出完全由狂想支配的世界的能力在运作中全然不受理性的引导或规制。人类最重要的历史常量是理性的极端脆弱,体现为我们易于受到无节制的、荒唐的心理或精神失调的影响。洛克在《政府论(上篇)》中对维加(Vega)所记述的秘鲁食人族的评论值得长篇摘录:

> 理性把人提高到差不多与天使相等的地位,当人抛开了他的理性时,他的孜孜不倦可以使他堕落到比野兽还要远为残暴。人类的思想比恒河的沙还多,比海洋还宽阔,假使没有理性这个在航行中指示方向的星辰和罗盘来引导,狂想和激情定会将他带入许许多多奇怪的路径。想象总是不停地活动,产生出形形色色的思想来,当理性被抛到一边时,人的意志便随时可以做出种种无法无天的事情来。在这种情况下,最走极端的人就会被众人视为最适宜于领导的人,并且一定会得到最多的附随者。(58)

这是人类的自然心理状态的极端情况。我们在尝试构建和维持政治社会时,必须对此时刻保持清醒的认识。

洛克有关我们错位地受宗派热情影响的看法揭示出,他始终设法否认存在自然道德共识的重要意义。洛克转述了这样的报道,"根据某些可信的作者,有的民族全都认可海盗和劫匪"(*LN* fols.70—71)。他似乎有点津津有味地用自己搜罗的耸人听闻的证据来反驳传统的观点(这些证据都来自他广泛涉猎的彼时游记),即:自然法是固有的,体现在人类共有的道德感情和实践中。①他在《人类理智论》中再次指出,难道不曾存在过下述情

---

① Pangle, *Spirit of Modern Republicanism*, 172—83; Rahe, "Locke's Philosophical Partisanship," 33—34; Zuckert, *Natural Rights*, 187—215.

况：在"整个民族"以及"所谓文明种族中的大多数人"中间，裸体、弑父、杀婴、食人的做法大行其道，并得到公开赞扬？(1.3.9以下；比较fols.66—76；*TT* I. 56—59)因为整个民族都公然做出此等行径，这样可憎的做法就不再是少数反社会个人的异常行为。更重要的是，与最近某些学者的解读相反，这些做法既不是堕落之人叛逆的、有罪的腐化表现出来的症状，也不是人类的自然"侵犯性"的体现。①这些行为被其行动者认为是正当的，符合共同体的道德法典(1.3.13)。这些行为代表了"狂想和激情"将我们引上的"歧途"，不受本能道德感的规制，②不受任何有关欲望的自然秩序的规制，不受任何理性的规制。(*TT* I. 58)米勒(Eugene Miller)评论道，洛克如此极力强调"道德和政治观念的易变性"，迫使我们"琢磨，如何才能确保政治生活所必需的那种一致看法"。③。道德多元的大量历史事实表明，他偶然提到的人类"自然共同体"不过是似是而非的东西(II. 128；6)，并且肯定了洛克有关人类想象极易错位，人类理性天生脆弱，自然法隐秘不彰的判断。④

[127]在所有宗派热忱中，与宗教或神学联系在一起的那种尤其值得注意，它们最幽深，最危险，基于自然状况造成的最深

---

① 对比Spellman, *Locke and the Problem of Depravity*, 117以下及其他相关各处，Mehta, *Anxiety of Freedom*, 98—110, 125, 164与Pangle, *Spirit of Modern Republicanism*, 175—81, 189—90。

② 在回应人类能够忽视甚至残忍对待后代这个问题时，洛克问道："难道唯独人类有特权，比最狂野不驯的动物还要反自然地从事活动吗？"(《政府论(上篇)》56)。洛克这样来否定本能的力量，再次提出了一个与卢梭类似的思路，参见*Discourse on Inequality*, 113—15, 以及Tarcov的讨论, *Locke's Education for Liberty*, 68—70。

③ "Locke on the Meaning of Political Language," 184.

④ 参见洛克1679年有关人类之爱的错位的残文："因之，我们应当小心地选择适合自己且值得爱的对象，避免像没有孩子的妇女那样，因缺少情感寄托的恰当对象，而喜欢上小狗和猴子"(Lovelace Collection, M. S. Locke d. 1, fol. 57)。几乎完全一样的观察也出现在蒙田笔下，*Essays* I. 4。蒙田认为这个观点来自普鲁塔克。

的不安。在1681年的一则日记里，洛克表达了他一生的核心关切。他指出："统治人类的三件大事是理性、激情和迷信；理性统治少数人，而激情和迷信统治绝大部分人……然而，迷信最强有力，产生了最大的不幸。"[1]尽管他常常宣称，道德的真正基石只能是"上帝的意志和法律，这位上帝可以在黑暗中观察人的行动，亲手操着赏罚之权，享有足够的力量折服最傲慢的罪人"(*ECHU* 1.3.6；2.28.8)，但是洛克总是担心我们很容易接受"一种宗教狂暴的专横统治"(*ETG* 120)。研究过"那些荒谬的，充满了使人类陷于狂热互相歧视的各种宗教"之后，洛克哀叹道，"那该使我们有别于禽兽、本该特别把我们当做理性动物看、使我们高出于牲畜之上的宗教，反而使人往往最不理性，而且比畜类还要愚蠢"(*ECHU* 4.18.11)。[2]

父权形式的原始宗教意识在人类社会发展的早期就出现了，起于"惊惧和骗术"，随着时间的推进在社会中传播开来，有效地将主要社会制度和习惯神圣化(*RC* 238；II. 76, 94；*TT* I. 58；《人类理智论》4.19.5)。在他未出版的《自然法问答》中，洛克在反驳人类可以自我创造这个命题时宣称，一位热爱人类的存在物不会将人类造为有朽的造物。有朽性这个事实(或者也许可以说，我们意识到这个事实)与人类幸福不一致(*LN* fol.55)。[3]无论如何，对于人类整体而言，死亡都是至恶(summum malum)，都是"恐慌之王"(*STCE* 115)。对死亡的恐惧以及对不可见灵物或"不可知的更高存在物"的恐惧当然是导致宗教意识的"惊惧"的主要

---

① 见King, *Life of John Locke*, 120。
② 又见洛克与法国故交的私下言论："连畜类都不会如此轻易陷入自相残杀，而人却可以为了他所谓的神而相斗相杀，他们本该更有头脑，本可以更好地了解他人和自己。"(*CJL*第623信，2/9/1681致Toinard；其中的诗文来自Butler, *Hudibras* I. i. 775—778)
③ 参见Strauss, "Locke's Doctrine of Natural Law," in *What is Political Philosophy? and Other Essays*, 213—14。

因素。但是，无论在什么时候，我们易于受制于这种恐惧都会让我们大多数人接受某种宗教信仰，从而屈从某种教士权威（*Works* 1823, 7.135; *STCE* 138, 115; 比较*LN* fol.55）。

此外，伴随这种极端厌恶的是一种同样极端而又危险的欲望。在一篇未出版的名为《论爱国》（"Amor Patriae"）的残文中，洛克意味深长地说，"我们以身许国的主要原因"是某种对永恒的欲望，"我们身在异国，自视异客……人心不易甘于大限难逃。然当我们返身回国，回到我们眼中的长存之所，修建我们的休养生息之居，愿这居所与天地长存……我们不复再有愿望转去他国"。① 但是，如此这番描述的爱国之情，似乎仅是以相对柔和的形式，平抚我们对永恒的欲望或对无常的厌恶。［128］洛克的说法驱使我们思考这样的问题，某人祖国的"长存之所"的想法是否能为真正介意万物皆朽的人或为那些惯于追求死后属灵生活的人提供有意义的安慰。对洛克设想的读者而言，如果不是对所有人而言的话，至高的幸福或至善（summun bonum）在于身后天堂生活的"无穷而永恒的愉悦"（2.21.38）。洛克当然承认，不是所有人都将经历这种至善视为压倒一切的欲望。尽管如此，因为在洛克心理学中欲望必然伴有不安，确定不能获得天堂之无穷幸福将带来一种足以搅扰理性的强有力的不安。它将带给我们"无穷无尽的苦恼"（2.21.53, 44; 比较2.28.8—12）。② 因此，过度的恐惧与无尽的渴望一道，驱使我们采纳几乎全世界宗教都会有的"奇思异想、古怪做法"（*ECHU* 4.18.11）。

当我们屈从政府权威时，当我们形成群体认同时，我们想要减轻人类状况的不安的欲望，某种程度上使我们易于在宗教附属或教条附属方面表现得较为轻率。再一次，这种共同倾向为相对

---

① 见King, *Life of John Locke*, 291—92。

② 关于至善的危险，参见Pangle, *The Spirit of Modern Republicanism*, 184以下。

少数人提供了可乘之机,宣布自己享有神圣权威,标榜自己的出类拔萃或主张自己享有支配权。在更为一般的层面上,洛克有关我们对于教条方面的基本原则的欲望,特别是我们认识到自己的有朽性而产生的不安的论述,揭示出一种严重的心理疾病的病根,这种心理疾病最极端的症状包括努力逃脱人类的状况或彻底改变人类的状况。这个诊断,进一步说明了自然状态的泛历史论特征,揭示出洛克当下关注的宗教派系问题与后世意识形态末世论者之间精神上的亲缘关系,后者致力于通过革命活动克服历史的变动不居。无论是出于恐惧,还是出于骄傲,赋予我们特定宗教热忱以超验意义,创造出诸神或有关人类救赎和完善的各种幻象,试图假扮这些诸神或幻想的先知和士兵,这都是太过人性的东西了。

总而言之,自然状态不仅仅是洛克在《政府论(下篇)》开篇模糊指出的完备自由和法权平等状况。洛克的完备自由和不确定的义务的自然状态概念,隐藏着一种对自然状况更深层的理解,这是一种天然紊乱的心理状况。消极意义上的自然状态表现为,一种紊乱的心理欲望导致的持续具有威胁性的无法状态或抵制正当公民政府的状态。这些心理状态本身被认为最初是人们在应对自然的贫乏状况时产生的。尽管在自然状况下,原始的痛苦或不安,产生了快速逃离这个状况的欲望,但是由于相关动机主要是一种消极的或厌恶导向的动机,恰当的逃离方式以及最终逃向何方这些问题始终悬而未决。洛克所列历史记载中的道德多元和道德分歧极端现象表明,天生懒散的人心对人类状况根本上的不安的特有反应,[129]与其说是真正的理性,不如说是一种完全逃避现实的狂想。在一个不同的文本语境中,洛克在激烈反对下述这种人的时候点出了这个问题的要害,"这些人认为,自己的理智就像幸运女神的包,包里事先就已经样样都装得好好的了,不用提前放进去任何东西"(CU 38)。当我们想象着渴望获得幸运女神的那种轻而易举、无需任何付出的完备供给时，我们不但易于犯下假定我们的词语能指涉实在事物这个影响深远的智识错误，而且还会犯下错误，屈从或采纳这种或那种至高供给者(sovereign provider)标榜的东西。结果，自然状况的真正贫乏被置之不理，人类的宗派及最终导向战争的倾向却被加剧。这种令人担忧的轻易——人类的想象和亚理性欲望用它来诱导它们的支配者——是自然状态最为紧迫的真相。我们在试图构建和维系政治社会时必须对此明了于心。

三、自然状态与争取能动性

在自然状态中，洛克不但看到了人类的原初状况，而且看到了一种无时不在的产生威胁的潜在可能性。自然状态既是自然的法权状况与物质状况，也是自然的心理状况，对我们具有规范意义，部分在于它为调整社会和政治实践提供了一个消极的、厌恶导向的标准。洛克讲述这种紊乱的自然状况，不仅仅是为了告诉我们政治社会原初形成的原因，更重要的是为了提醒我们注意政治社会的自然脆弱性，以及相应调整我们的意见、激情和行动的必要性。[①]这种状况的那些心理紊乱，体现为一种任性或懒散的逃避主义，或体现为不加批判地将自己对自己的照料扩展到或拱手交给一个部族或派系集体。针对这个问题，洛克恳求我们更为牢固地将自己塑造为行动者(agents)，负责任的持有权利的人格。在学着积极主动、不屈不挠地面对自然状况时，我们开始把

---

① 对于邓恩有关原初或早期人类状况对现代人的规范意义这个重要问题，这个解读为这个问题的答案提供了基本内容(*Political Thought of John Locke*, 106—07)。在洛克看来，原初状况之所以对我们具有规范性，不是因为它是原初的状况，而是因为它特别清晰地表明，历史上不断出现的人类状况以及人类对此的反射性回应本质上是成问题的。

(广义上的)劳动视为让我们自负其责的重要方式,而不是将其视为力图回避或蒙混过去的负担。我们必须摆脱那些所谓不可质疑、不可变动的对我们的劳动、顺服和热忱的要求,并且将服从政府权威,将我们的社会和群体附属关系,以及总的来说,将决定我们幸福前程的那些条件,视为我们自己的理性同意和慎重选择行为的结果。我们必须把自己原生消极的知觉和我们片刻的自我意识片段整合为融贯统一的整体,获得经历时间而形成的人格同一性,确立一种更主动更具批判性的小心或"关切",具备形成更节制、慎重、务实的幸福概念的能力。洛克在《教育漫话》中指出,"每个人都喜欢的"同样也是他的教育目的:是"一个心灵自由,自己做自己的主人,其所有行动的主人"(66)。

自我作为行动者或主动能力是贯穿洛克主要作品的一个主题。在《人类理智论》中,洛克在一般意义上宣称,"行动(是)人的大事业"(2.22.10),并且敦促他的读者不要盲目接受,应当节制而批判地赞同理论和实践命题(1.4.22;4.18.8,10;4.19.14;比较*LCT* 26—27,47)。[130]也是在《人类理智论》中,洛克表示,我们和低等动物的差异与其说是不朽的灵魂,不如说是心理的抽象能力,并且修改了他对意志的决定作用的解释。人们可以将洛克的上述做法理解为强调人类理性的活动或劳动因素(2.11.10—11;2.21.31以下)。与此类似,在《论理智行为》中,洛克始终将心灵易于犯下的各种错误视为我们有责任予以纠正的恶。而在《政府论(下篇)》中,有关自然自由、基于同意的政府、生产性私占(productive appropriation)、反抗不正当政府的学说,至少大致上依赖于将个体理解为"自己的主人,自身人格和自身行动或劳动的所有者"(44)。

如果反思一下,洛克如何理解自然状态问题以及这些问题所要求的积极回应,人们就易于将他视为人类德性对抗自然或命运这场马基雅维利式现代战争的一位主将。[①]正如命运仅仅为马基雅维利式君主提供了成就伟大的机会，在洛克看来，自然仅仅为我们的肉体生存和舒适生活提供了"丰富的材料"，而且自然通过赋予我们追求幸福的欲望和独特能力，仅仅为我们提供了自我性（selfhood）或理性自由的材料。如果向前而非向后来看这个思路，人们也许甚至会发现，洛克将闲散虚妄的想象活动与进步的生产性理性劳动活动对立起来的做法，预示了马克思将仅仅解释世界与改造世界的革命实践对立起来的做法。[②]

　　然而，洛克并没有大而化之地号召我们改造世界。无论人类理性劳动具有的创造性潜能如何令他印象深刻，洛克都不相信人类的创造力能从根本上改变人类的状况，确立人作为自然世界的绝对主宰和所有者的地位。在洛克的享乐主义心理学逻辑中，此种尝试是徒劳的。如果理性活动的动机条件是某种不安的体验，如果真正的人类主宰（human sovereignty）的条件就是一种终极丰裕状况或者从不安中解放出来，那么满足这种条件就会消解维系这种条件的那种行为赖以发生的动机。这就退回到原生的自我特有的心理倦怠状态（参见ECHU 2.7.3—4; 2.21.34）。与西庇阿的迦太基一样，自然贫乏状况必须始终作为有益的道德训导的一个来源。即便不是真正的物资贫乏状况，至少也是时刻存在、时刻威胁的潜在可能性，一个我们与之斗争却始终不能征服的对手。

　　此外，即便纯粹的人类主宰原则或自治原则只是被当作一个指导性志向，从洛克的理性主义角度来看，它也极可能导向严重的道德歧路。[131]尽管传统上有关个人完全依赖于神圣、自

---

① 不少学者将洛克视为理性人类自治这个启蒙理想的倡导者。比较Strauss, *Natural Right and History*, 248; Wallin, "Locke and the American Founding"; Rapaczynski, *Nature and Politics*, 113—217; Schouls, *Reeaoned Freedom*相关各处。

② "Theses on Feuerbach," 11, in *Karl Marx: Selected Writings*, ed. David McLellan, (Oxford: Oxford University Press, 1977), 158.

然或社会供给者的各式看法容易长想象的气焰，灭理性的威风，但是洛克认为这个传统观念的极端反面也同样危险。纯粹的人类主宰这项原则，鼓励每个人将自己视为自己案件的判断者甚至是立法者，本身会释放并助长对支配的热爱（*TT* I. 10, 106; *TT* II. 90—94）。最重要的是，只要这项原则要求我们拒绝服从任何非我们制定的规则，它就会让理性的统治本身丧失正当性，而理性的统治旨在发现而非制定我们应恰当服从的规则。志在让人类达到类神的纯粹主宰或自治，无视人类选择的依据，将专断任意的自我创造原则或创造性自我表达原则凌驾于理性的自治原则之上。正是抵制理性之治，偏爱亚理性激情和想象的统治，造成了与自然状态如影随形的最大危险。①正是在这个意义上，这种志向最终自相矛盾。现代政治哲学家在反对前现代哲学与神学的狂热时必须警惕，他们自己也易受革命狂热的影响，应当小心避免以一种想象政治代替另一种想象政治。为了回应激进的人类主宰之主张，自然早晚要宣布自己才是真正的主宰。

　　简单地屈从自然必然性和宣称纯粹的人类主宰，都无法维系理性能动性的实现，而这种实现在洛克的论证中是正确应对自然状态的核心环节。由于自然状况使我们服从于痛苦的或威胁性的必然性的强力，理性行动必然致力于从这种自然状况中求得解放。但是，由于我们最终征服自然的努力必然会加深我们的服从，理性要求通过我们绝对服从自然规则，引导并限制自己改进自然状况的积极努力。为了理性地回应自然状况的弊端，我们必须主张享有部分主宰，由自然与人类轮流统治和被统治。洛克教

---

① 自我创造的伦理或想象的统治的例子，参见Karl Marx, "The German Ideology," in McLellan, *Karl Marx: Selected Writings*, 169, 以及Richard Rorty对"反讽主义"的描述, *Contingency, Irony, and Solidarity*，相关各处。Richard Sherlock和Roger Barrus针对此种伦理学提出了一个与我类似的反驳, "The Problem of Religion in Liberalism," 286。

导我们，为了完全成为一个自我，理性行动者和权利享有者就得接受这种中等(middling)状况，服从被统治的必然性并承担自我统治的责任。但是，需要解决的问题恰恰在于，我们自身的装备情况是否可以使我们承担这项责任？以及，对于那些在洛克看来身处"完备自由"状况的存在物来说，这种顺从如何算得上是正当的顺从？这两个问题将是后续两章的主题。

第五章 自然与理性地追求幸福

[137]洛克对自然状态的阐述暗示,人类的历史重任在于培育和维持我们的人格或道德能动性方面的能力。在我们的本性允许的最大范围内,成为理性的负责任的成年人。对于洛克来说,完全或充分成为一个人格,并不意味着获得彻底的自治地位,超越自然经验世界的所有决定作用,而是意味着能够理性地追求幸福。在洛克看来,人类的心理并不严格区别理由与动机:"善恶、奖惩是理性动物的唯一动机",如果缺乏"对乐趣的知觉……我们就没有理由对某种思想或行动厚此薄彼"(*STCE* 54;*ECHU* 2.7.3,部分强调为作者所加)。道德就是"为了达到幸福的人类行动规则"。①因之,在《政府论(下篇)》中,尽管洛克宣称,保存是政治社会的"重要目的或主要目的",但是保存最终也只是达到幸福特别重要的手段而已。"法律,按其真正的含义而言……是指导一个自由而有智慧的行动者去追求他的恰当利益,它并不在受这法律约束的人们的一般善范围之外作出规定。假如没有法律,他们会更幸福的话,那么法律作为一件无用之物自

---

① Sargentich, "Locke and Ethical Theory," 26. 比较 "Of Ethick in General" 载King, *Life of John Locke*, 308—11。

己就会消失。"只要"任何理性的动物都不可能想着要恶化现状来改变他的现状",那么正义就必须合乎或促进对幸福的追求,如果幸福对理性存在物而言是合理的或值得选择的话。(*TT* II. 124, 57, 131)①

[138]并且,正如洛克拒绝严格区分规范性的与经验性的,拒绝区分善与权利,他同样毫不含糊地拒绝权利优先于善(这多少有点让人吃惊)。在某些重要方面,洛克将基本权利立基于理性行动者对幸福的追求,这实际上是罗尔斯和其他当下自由主义理论家的下述做法的先声,即试图将基本权利基于道德人格这个事实或假定,这个道德人格包括一种"正义感"以及形成理性"生活计划"的能力。②尽管如此,对罗尔斯而言,要求正义与幸福能够共融并不意味着提供一种真正实质意义上(区别于形式意义上)的人类幸福观。③罗尔斯坚信,预先确立自我及其权利后,某种恰切的幸福观念就会随之而来,故而他觉得可以采取一种工具理性观,并对各种幸福观念持中立立场。④相反,洛克主张,"智慧本性的最高完善",使我们有资格成为和抬高为道德人格的行为是"谨慎地、恒常地追求真正的、牢靠的幸福"(2.21.51,强调为作者所加)。洛克提出的正义学说并不旨在容纳追求任何意义上的幸福,而是支持追求一种依然多元但更实质且可得到理性辩护的、有关真正的、牢靠的幸福的理解。尽管他自己对目的论原则作了有力的批判,尽管他对人类善这个问题讳莫如深,洛克最终仍然坚持,较为宽泛的自由主义化的善观念仍然优先于权利。

---

① 参见Colman的讨论, *John Locke's Moral Philosophy*, 3, 48—49, 73, 179—80, 193—95, 以及Rapaczynski, *Nature and Politics*, 150—61。

② 特别是参见Rawls, *A Theory of Justice*, section 77。

③ *Theory of Justice*, 特别是sections 64—88。

④ 权利优先于善就如"自我优先于自我所肯定的目的";目的论学说的典型错误在于试图"首先通过检视单独界定的善来赋予我们的生活以形式"(*Theory of Justice*, section 84, 560)。

本章的目的是批判性的检视这一主张。我特别注意到了上溯至卢梭的反驳意见。卢梭并不满意洛克(或洛克式著作家)对幸福观念的处理,认为他的处理不够完整且有所回避,因而接着集中较大精力来探究各种非洛克式(自由主义或非自由主义)策略,弥补洛克的这个重要缺陷。我会认真对待这些论证的力量和重要性,但我还是认为,它们严重低估了洛克视野的广度和深度。关键的一点在于,洛克对人类自然状况的理解远比前章所述更复杂,他对自然状况的态度远比前章所述更为肯定。但是,无论对于自然原初的贫乏和无所供给的体验多么让人感到厌恶,洛克坚持认为,在决定性的方面,自然实际上还是为我们理性地追求幸福提供了很好的供给。让我们来进一步考察一下,自然为我们追求幸福提供的装备,以及洛克如何理解人类幸福的具体本质。洛克在解释自然为我们的道德能动性和理性追求幸福提供的装备时,首先第一步是阐述人类的意志能力。

一、意志的决定与意志自由

[139]洛克指出,"人格是一个法庭术语,专来表示行动和行动的价值"(《人类理智论》2.27.26)。人格是能够将行动划归给自己的存在物,简单点说,就是有行为能力。能动性这项的能力是自由的必要条件(*ECHU* 2.21.19),而意志能力对能动性来说必不可少。通过日常的反思,我们发现自己"有一种能力,来开始或停止,继续或终结心理方面的某些行动和身体方面的某些运动;而且我们之能够如此,只是因为我们借心中的思想或偏向,来命令、来规划某些行动的实现或停顿"(*ECHU* 2.21.5,7及其他各处)。这种意欲能力或意志能力(power of volition or willing)是自我指令或自我命令的能力。通过确立心灵对"人各个部分的支配作用"(2.21.15),我们就能将自己的内外运动划归给自己,

以作为我们自己产生的动作，从而成为我们自己的行动，否则的话，这些运动就只是无意识或不自由的行为。尽管如此，洛克的定义暗示，意志能力只是行动者的自由的必要条件而非充分条件。只有当某个行动的实现或停顿全都在我们自己的能力范围内，我们意欲实现或停顿行动全都发生在我们真正的选择下，我们才享有作为行动者的自由(2.21.8, 27)。用洛克的例子来说就是，一个下落的人有意欲而无自由：他不愿下落，但他的意欲却和他下落的实现或停顿(也就是继续下落或停止下落)无关。根据同样的原则，一个人就算愿意和一位自己可意的伴侣待在上锁的房间里，他也是不自由的(尽管看上去不那么明显)，因为他待在房间里这事儿完全不取决于他待下去的意志，由于外部存在阻碍他离开的条件，他待下去就是必然。(2.21.9, 10, 50)

　　洛克的这个解释不同于霍布斯。对霍布斯来说，无论是决定意志的周遭环境和其他选项是否真的存在，都与自由问题无关。对霍布斯而言，"自由人指的是在其力量和智慧所能办到的事物中，可以不受阻碍地做他愿意做的事情的人"。[1]洛克更严格、更挑剔的自由概念——表明他视自由为不可让渡的权利——对于他拒斥霍布斯的绝对主义来说必不可少，后者奇怪地抹杀了自愿同意建立的政府与屈从强力而建立的政府之间的区别。

　　然而对于洛克所理解的人格的自由而言，洛克如此坚持其他替代性行动选项具有的偶然性或不确定性带来了一个潜在的困难(洛克也意识到了这个困难)。将此种自由行动概念应用到意欲行为本身时，"好问的人"兴许会问，"人如果不能自由意欲其所意欲的，一如其自由实行其所意欲的"，我们是否能说一个人是自由的？(2.21.22)如果我们回想一下洛克所说的，"道德学同机械论不易调和，不易符合"：如果意志本身仅仅是一种被动的

---

[1]　*Leviathan* chap. 21, ed. MacPherson, 262(强调为原文所有)。

能力，只能接受变化，不能产生变化，那么就很难理解我们怎么能成为真正的行动者，拥有主动的能力。(1.3.14；2.21.2)[140]同样成问题的是，如果意志是严格意义上的主动能力，不被任何先在的原因决定，我们能否被称为真正的行动者？原因在于，如果我们将意志自由理解为一种完全不确定的状况，那么我们不得不肯定下述说法是荒谬的，即人的能动性立足于一片任意性沙地。洛克坚称，"这是一个重大的缺点，就像在意志为决定以前，我们不能对行动还是不行动保持中立是另一面的缺点"(2.21.48)。拉帕钦斯基(Andrzej Rapaczynski)精当地概括了这个问题："如果行动者对行动理由的选择最终是被决定的，那么他就不能为其行动负责。另一方面，如果他的选择不是被决定的，那么他的选择就不是基于某个动机而做出的，就是任意的。但是，如果是这样一种情况，责任也同样无从谈起，因为行动者不是'理性的'。"[1]为了让我们的经验变得有意义，洛克必须以某种方式为自由确立稳固的基石，位于极端的命定论和极端的任意之间，两者分别对应纯粹作为被动能力的意志概念与纯粹作为主动能力的意志概念。

洛克承认这些潜在的困难，并在"能力"这个关键的章节中尝试予以解决。在处理了一些语义上的含混问题后，在处理了因过分纠结于"自由意志"的字面意义而引起的琐碎争议后(2.21.6，14—25)，他首先考察了意志的决定这个问题。根本上而言，洛克坚持，"能直接决定意志的……是欲望中的不安，专注于某些不存在的善"(2.21.33)。需要简单解释几个概念。与霍布斯一样，并与他将复杂观念还原为简单观念的做法一致，洛克从享乐主义的角度来定义善："凡容易给我们产生快乐的物象，我们称其为善；凡容易给我们产生痛苦的物象，我们便称之为恶。而我们所以如此称呼它们，亦只是因为它们能产生组成幸福的

---

① *Nature and Politics*, 126.

那种快乐并产生组成不幸的那种痛苦"(2.21.42；又见2.20.1—3)。①"不安"就是指痛苦；它包括"各式各样的身体痛苦与心灵不宁"。不安与欲望密不可分，因为欲望"不过是对一种不存在的善所感的一种不安"。此外，洛克区分了两种欲望，一种是本质上消极的或不确定的逃离痛苦寻求安适的欲望，另一种是本质上积极的或明确指向某种特定的不存在的善的欲望(2.21.31)。正是后一种欲望，对不存在的或可指望的善的欲望将我们引向了他所阐述的意愿行动的核心。

　　根据洛克自己的说法，为了更充分地解释我们对不存在的善的欲望，洛克在《人类理智论》第一版出版后与第二版出版之前的这段时间里，重新思考了自己对意志决定的分析。他坦承，他在第一版里想当然地接受了这样一个看法，此看法"得到所有人的一致赞同，被确立为一项确定的公理，即善(更大的善)决定了意志"(2.21.35)。②洛克重新思考这个问题部分是因为，有必要解释意欲错误(volitional error)这个普遍的事实。基于表面上更大的善决定意志这项原则，我们无法解释下述事实，即：我们常常自觉不去做对我们有益(good)的事。例如，我们通常承认愉悦的来世生活或繁荣的尘世未来是善的，是确实可以实现的，但是我们却选择不去好好打理自己的日子，追求这样的善。

　　　[141]则一个醉汉虽然知道他的健康要消耗、财产要浪
　　费，而且照他那样做法，人亦不再会信任他，疾病亦会生起
　　来，并且自己会缺乏一切品物——甚至于他所好的酒；可不

---

①　比较Hobbes, *Leviathan*, chap. 6："因而，快乐(或乐趣)是表象或善的感觉；折磨或不快也是表象或恶的感觉"(MacPherson, 122)。

②　第一版的2.21.29段是这样说的："带来更小痛苦的原因以及带来更大快乐的原因，这本身就是好的，反之亦然。这也决定了我们的选择，质疑我们的偏好。因之，只有善，更大的善，决定了意志。"(Nidditch, 250—51)

时涌起的不安如同对老友的思念般如影随形，贪恋酒杯的习惯倾向，以及日常的规定时间，到时候就会把它驱迫在酒馆内，实则他亦明知道，自己的康健和金钱会因此损失，来生的愉悦亦或者会因此丢掉；而且来生的一点愉悦亦是不小的善，亦比一杯浊酒满足口味，亦比同醉醺醺的一伙无赖作无聊之谈，好得太多。(2.21.35；又见38, 45)

约尔顿在这方面的下述观察是正确的，即洛克修订后的观点是对第一版里"关于动机的唯理论立场"的纠正。[1]然而，洛克的修订还有更深的意涵。他将自己关于意欲的阐述与《人类理智论》(乃至他的整个哲学)的反目的论这个主旨保持一致。[2]根据"不存在的东西发生作用，而存在的东西却不发生作用，这违背自然"这一原则，不安的感觉必然是意志的首要或直接决定因素(2.21.37)。尽管当我们想象自己正享受着不存在的善时能够体验到某种快乐，但只有当我们在这种不存在身上体验到一种匮乏感或不安感时，我们才会被驱使努力实现这种不存在的或可指望的善。如洛克的例子和我们的日常经验所示，最大的善或甚至被知觉到的最大的善，远非必然会让我们产生与它们的实际善或被知觉的善相应的欲望或不安。洛克这一修订的重要性，不仅在于促使我们的注意，理智仅仅具有不完整的驱动意志的能力，要重要的是，促使我们注意，自然为人类的福祉提供的供给并不完整。再一次，正如自然在其固有的运作中没有提供关于种类的

[1]　*Locke and the Compass of Human Understanding*, 144. 比较Lamprecht, *The Moral and Political Philosophy of John Locke*, 112—15。Lamprecht认为，第一版表达了一种"极端享乐主义的立场，这个立场让洛克有些尴尬，因为它意味着人仅仅是一种受最强烈的快乐摆布的动物……故而没有为理性的引导留有余地"。尽管这个解读没有Yolton的解读更贴近洛克对自己为什么做出修改的解释，但是我们马上就会看到，它还是在某些重要方面言之有理。

[2]　Pangle, *Spirit of Modern Republicanism*, 184以下。

精确且普遍令人信服的观念，使得人类的理智只能对自然一知半解，自然也没有提供普遍有效的目的（我们为之奋斗终生的目的），没有提供能够让人类普遍或大体上令人觉得必须赞同或为人类的努力提供指引的某种善或多种善。

甚至连被认可的最高的不存在的善，也不足以引起作为动机的不安感，只有"各种善被他认为是幸福的一个必要组成部分时，才能打动他"（2.21.43；又见59）。"幸福，而且也只有幸福"能刺激我们（2.21.41）。幸福观念作为某种规制性观念发挥作用，决定哪些可指望的善能或不能引起我们欲望的动机。[①]起初，洛克像描述善恶一样，从享乐主义的角度来描述幸福。极度的幸福就是"我们能享受到的最大快乐"，而最低限度的幸福就是"离痛苦最近的一种安慰，而且是当下所不可缺的一种快乐，因此，离了它，我们便不能安心"（2.21.42）。但是，这个最初的描述太过简单，有误导性，洛克旋即就作出了纠正。在洛克的框架中，幸福观念是一个混合情状，一个复杂观念，不仅仅是被动的知觉，很大程度上是心理构建行为的产物。[142]与种类观念的形成过程一样，在意志的决定过程中，人类的构建或习俗性因素必须填补自然留下的空白。因此，核心的问题就是如何形成我们的幸福概念。我们凭借何种心理官能或能力构建此类概念？在洛克看来，我们到底如何（如果我们能够的话）理性地——或者说，根据有关什么对我们是真正有益或有害的理性判断——形成幸福观念？

《人类理智论》的第一版不直接言明地将人类的意欲与"比我们更高的存在物"的意欲视为相似之物。为了与我们在自然状态下心理的懒散和错位这个分析保持一致，洛克后来修正了这个立场，提请我们注意，驱动我们意志的通常是幸福观念的亚理性

---

① 关于这点以及我更为总体上对洛克有关意志的看法的讨论，我主要蒙惠于Rapaczinski, *Nature and Politics*, 126—76。

建构。我们寻求解脱的不安通常源于未经反思而习得的习惯、意见与自然的激情或厌恶(例如身体的痛苦、情欲或复仇心)的混合(2.21.38—39)。尽管如此,值得特别强调的是,洛克没有在修订版中主张,人类的意欲必然或肯定具有亚理性特征。就我们这里所关心的问题而言,最重要的是,就我们最重要的目的而言,洛克没有背离这项《人类理智论》的根本教导,"我们心中所燃的蜡烛已经足够明亮可以供我们用了"(1.1.5)。恰恰相反,正如科尔曼所言,洛克的修订旨在澄清而非拒斥如下观念:"恰当的自由行动是那些基于理性选择的行动。"①事实上,洛克想要通过这个经过修正的立场,鼓励我们在构建幸福观念时努力做到更为理性。在第三章中,我们说明了,洛克强调我们实体—种类观念的不相称,强调在形成这些种类观念中的习俗论因素。他这样做是为了激励我们勤勉,不是为了说明历史—科学探究的徒劳无功,而是为历史—科学探究注入新的活力。相似地,我们在这里将看到,他否认"单纯的沉思"或"静止的思虑"能够有效产生动机(2.21.34,37)——他也承认,理性不能完美地决定意志,通常还需要亚理性发挥作用——意在鼓励我们在形成幸福概念和追求幸福的过程中,表现出更多的理性勤勉,更主动且更负责地展开慎思。

在"能力"这一章的余下部分以及《人类理智论》的其他地方,洛克想要说明,我们天生倾向的那种心理懒散和错位并不是必然的。实际上,它们在道德上应受责备。自然为我们提供了充分的装备来理性地追求幸福,因为我们有能力发展某些心理能力。在洛克看来,"自由的首要功用就在于能阻止盲目的仓促动作"(2.21.67)。只要我们能保持一定距离来反思我们当下的欲望,我们就能超拔于原始人类的粗野冲动。为了阐述这种能力,

---

① *John Locke's Moral Philosophy*, 215.

洛克修订了《人类理智论》，在第二版及随后的版本中解释道，心灵有能力"悬搁任何欲望的实现与满足"。[143]悬搁能力有助于我们"谨慎、慎思、慎重"地检讨、选择可能的行动方案，这种能力是负责任的能动性或自我所有(self-ownership)不可或缺的条件。悬搁能力是"智慧存在物自由的机枢所在"(2.21.47, 52, 56, 67)。引入这项能力改进了洛克早先更为行动性的自由定义，即自由仅仅是做或不去做的能力，并不涉及我们是否也能自由地决定自己的意欲命令这个更深的问题。但是，在洛克的时代也好，在我们的时代也罢，批评者们都怀疑，引入悬搁能力是否为洛克对意欲自由的阐述增添了重要的内容。他们推理说，如果悬搁行为本身是在回应某个急迫的不安，那么仍然不够清晰的是，洛克的阐述在根本上与霍布斯明确的机械论阐述有何区别。①这项重要的质疑帮助我们将问题聚焦于慎思的欲望或悬搁执行其他欲望的起源或基础。

那些抱有此种怀疑而提出反驳的学者需牢记，洛克始终坚持，严格意义上的自由并不基于纯粹的不确定性，而是基于理性。洛克试图通过区分理性决定的意志与亚理性决定的意志，而非被决定的意志和无法决定的意志，来将自己阐述的意欲自由区别于霍布斯。尽管洛克的立场暗示，慎思行为依赖于先在的不安感，但是他并没有把理性降格为激情的仆人，即霍布斯的那种理解，理性仅仅是探子和细作，"四处逡巡，寻觅实现可欲之事的方法"。②我们毋宁说，洛克所阐述的自由依赖于一种(舒尔斯所称的)"主导激情"③的作用，一种对理性慎思的欲望，它具有优于其他欲望的地位。在洛克看来，由于道德上达标的人类理性并

---

① 例如，参见洛克同代人John Jackman提出的反对意见，*CJL* #2105, 6/20/1696。
② *Leviathan*, chap. 8 (MacPherson, 139).
③ *Reasoned Freedom*, 40页各处。比较Wood, *The Politics of Locke's Philosophy*, 157—61; Tully, *An Approach to Political Philosophy*, 200。

不是自然的自发产物，因此人类自由就依赖于我们培育这种理性的能力。正如塔科夫细致分析指出的，洛克将培育孩子的这种理性作为《教育漫话》的重大主题。我将在本章后面回头来再次考察，洛克如何在《人类理智论》中确立这种教化依赖的精神条件。

　　眼下，为了公平地评价洛克有关理智在决定意欲方面所起的作用，有必要探究一下，洛克悬搁能力使之得以可能的那种"适当考虑"（due considering）在另一种更为重要的心理能力那里的基础。在洛克看来，从纯粹主观角度来构想人类幸福也是错误的。只有当洛克将幸福理解为超出简单苦乐知觉的东西，他才能坚称，在所有有朽存在物中，唯独人类（或理性的—有形的存在物）能够追求幸福（2.20.5；2.27.17，26）。洛克仅仅在狭义的最弱的意义上（仅指"当下幸福"）主张"得到满足的人就是幸福的人"（2.21.59）。由于"我们的当下状况不是永恒的"，"我们实施的自愿行动，它们引起的幸福和苦难并不与行为本身同时出现，而且它们所引起的善恶，还是在它们过去以后才能出现"，[144]所以必然存在不动脑子的甚或是非理性的满足这样的情况，也必然存在某个当下的痛苦值得理性选择，因为它有利于长久的幸福（2.21.39，59，68）。完全理性的幸福观念，既考虑眼前的苦乐也考虑以后的苦乐。这种观念将是对某人一生的（就算不考虑来世的话）各种主次做出有序的安排（2.21.58—63，70）。

　　这里我们能看到洛克下述主张的重要性，即：人畜之分就在于抽象的心理能力，"人畜之完全分别正在于人有这些概括的观念……它们（人和畜）之所以完全分离，正是因为有这种特有的差异，有了这种差异，才使它们界若鸿沟"（2.11.10—11）①。凭借完

---

① 这个主张的含义没有逃过眼尖的Stilingfleet。针对Stillingfleet的反驳意见，洛克否认自己有意要证明"人高于畜类的卓越之处主要就在于，畜类不能　　（转下页）

善的抽象能力，我们不但能形成有关外物的抽象观念，而且更重要的是能形成关于我们自己的抽象观念。可以这么说吧，凭借这项能力，我们就能够整合自我或者说统一自我，从一系列瞬间的片刻经验中抽象出一个自我观念。这个自我是这些经验的主体，是我们的激情、行动和关切的所在，具有经过时间形成的同一性（2.27.17以下）。[①]如果我们能够将自己的生活视为一个集成的整体，能够多少过一种优良生活，我们就能够慎思地、理性地形成幸福观念，根据这个幸福观念，我们就可以悬搁或重塑特定的片刻欲望。

　　这项能够超越当下的能力具有影响深远的潜力。它不仅仅是将自我投射到未来，或重新思索自己过往的能力。正如我们在第一、二章里看到的，持历史主义立场的评注者错在把下述看法强加给洛克，即人类思想必然被禁锢在多少有些狭隘的特定历

（接上页注①）像人一样抽象并扩大其观念"。他含糊其辞（有些居高临下）地回复说，"人的能力并不体现在畜类无力或无能的地方"，并指出他已经在《人类理智论》说了，抽象能力只是"人类高于畜类的一个卓越之处"（*Works* 1823, 4.15）。洛克确实在《人类理智论》的一个地方说，抽象能力仅仅是畜类不具有的一个卓越之处，但是他同时又提及"人畜之间的准确分野"以及"真正的差异"，映证了Stillingfleet的解读。

① 某些批评者批判洛克误把人格同一性的证据（如记忆）当作了它的组成部分。对于这个反驳意见的深入讨论，参见Anthony Flew, "Locke and the Problem of Identity," 见*Locke and Berkeley*, eds. C. B. Martin and D. M. Armstrong, 尤其是158—66。尽管如此，Yolton观察到，对于洛克而言，"这种属己（appropriating）的意识并不仅是记忆"，而是这个存在的属性，"这个存在关心我的所作所为，关心它们能不能带来幸福，关心它们的道德价值，关心它们对于我们意愿行动的重要性"，*Locke: An Introduction* (Oxford: Basil Blackwell, 1985, 32)。在这里及其他一些地方，洛克有关我们作为人格的身份较为脆弱这个说法，突出了人需要努力克服片刻放纵的诱惑，从而将日常生活经验整合成一个连贯的优良生活。洛克坚称"对幸福的关心（是）意识的必然伴随物"（2.27.26）。这差不多就是在主张，个体拥有统一的自身（selves）到了某种程度，以至于他们致力于拥有统一的自身。潘戈对此评论说，就理性成功控制我们的激情追求而言，"自我似乎将统一自己、整合自我，变成一个更为完整的自我"（*Spirit of Modern Republicanism*, 268）。

史语境中。①洛克强调了不加批判地赞同各式社会组织中已然接受的意见所蕴含的危险(1.4.22；4.12.4；4.15.6；4.20.17；又见CU 3.41)，暗示了一种批判性反思自己的塑造力的能力。这种能力具有潜在的广泛性。至少在对最理性的自我的慎思中，人类理智有能力让我们的视野"更上一层楼"(1.3.2)，使我们能够拉开距离反思我们当下的历史境遇，甚至我们的文化遗产，从而多少从中解脱出来。在洛克看来，我们将他人在彼时彼地的经验划归自己的想象这种能力，以及将他人当作潜在的自己来考虑的能力，为如下这种能力提供了重要条件，即通过确保我们的行动源自真正的选择从而拥有自己的行动。

总而言之，只要人类意志被我们在追求幸福的过程中感受到的不安决定，人类意志就不是任意的。只要我们能够通过慎思来构建或重构具有调控作用的幸福观念，人类意志就是非任意的。我们拥有权利，能正当地服从理性法，这些主张的背后是我们的能动性这项能力，即通过慎思和反思构建那些支配我们自己的幸福观念的能力，凭借这种能力，我们可以主张拥有自己的行动和我们自己。[145]根据这一推理，似乎我们的权利主张是在主张这样一种存在物应得的东西，这种存在物具有对幸福不可遏阻的欲望，而且有能力遵循法律，或者说有能力做出理性的自我限制，尊重他人的权利主张。但是至此，这个论证并不完整：即便证明了我们有能力依法而为，并且尊重他人依法而为的自由，我们仍未证明，依照洛克的定义，如此确立的合法(lawfulness)是否真的符合道德，或者说，是否最终有助于真正的人类幸福或与之相符。归根到底，洛克有关人人权利平等基于人类共同的道德理

---

① 根据伍德的看法，洛克强调各种环境对推理的影响和妨碍，推进了培根笔下"已萌芽的知识社会学"和"意识形态"这个概念的发展。然而，与其他当代的历史主义者不同，伍德认为，洛克的意识概念实质上具有跨历史性(在伍德看来，这点很难得到辩护)(Politics of Locke's Philosophy, 94—107, 157—63)。

性这个论证正确与否，取决于他如何回答一个更深入的问题，即幸福是什么。我们现在就来处理这个问题。

二、人类幸福的问题

（一）论对永恒幸福的欲望

让我们从洛克关于人类幸福的本性最为人熟悉的一个说法开始。为了从恰当的角度来理解我们对幸福的追求，洛克以各种方式提醒读者注意，有朽的人类可能达到的幸福都不完善。"的确，在这尘世中，许多人的幸福都很有限，并不能供给人以一长串中度的快乐，而无任何不安掺杂其中"（2.21.44）。如果我们能够领会得当，承认尘世的混杂性和不完善性将于我们有益，指引我们朝向更高更充分的幸福："除此以外，上帝所以在围绕我们，打动我们的各种物象中，散布了各等级的快乐和痛苦……还有一种理由……因为我们如果在万物所供给我们的一切享受中，感到不完全、不满意，并且感到缺乏完全的幸福，则我们会在慕悦上帝方面来寻找幸福，因为他那里充满着愉悦"（2.7.5）。在"能力"一章即将结束关于追求幸福的讨论时，洛克就我们应当寻求的"牢靠的幸福"的内容给出了一个类似说法："而且一个有理性的动物，如果竟然舍了理性，不能认真地反省无限的幸福和苦难，则他将来一定会责怨自己一向不曾按照本分应用其理智……全能者为执行其法律所定的来世的奖惩，便可以有充分的力量，使人在选择时，违反了现世所能呈现出的任何快乐或痛苦。"（2.21.70）

因之，纯粹的自然善的不完善性引领我们走向一种更高的善，我们的道德善。根据这个说法，不但幸福与道德相容，而且我们最高的唯一真正的幸福也需要道德。洛克宣称，尽管自然的"善恶不过是苦乐",但是"道德上的善恶,是指我们的意愿行动是否契合某种能致苦乐的法律而言。它们如何契合这些法律,则这个法律可以借立法者的意志和权力使我们得到好事,反之则便得到恶报"。[146]而且,由于"我所讲的神法,即上帝给人类行动所建立的那些法律",是"道德正确的唯一真正的检验标准"(2.28.5, 8;比较1.3.6),[1]因此它引导我们朝向"最大的利益",也就是"永生状态"(4.12.11)。幸福的真正科学(以及真正的道德学)是神学,"万般皆下品,唯有神学高"(CU 23;又见《宽容短论》47, Works 1823,6.165)。这似乎解释了"古代哲学家们"关于"至善"的探究为何是徒劳的(2.21.55)。如洛克一再说明,原因在于,如果神学指向基督教的真理,那么"古代"哲学家或前基督教的哲学家就在探究一种还没有向他们明确显现的真理(RC 241—45)。

正如某些当代评注者所观察到的,将奠基于启示(甚至以神学为中心)的论证作为洛克政治思想最深层或最主要的基础,不论是好是坏,就会将他的政治思想置于当代自由主义话语世界之外。[2]但是,很多人没有认识到,这种解读是错误的。将下述观点加给洛克并没什么错,即对来世充满希望是许多理性人格的幸福观念的一个本质要素。从这个意义上说,许多评注者认为洛克的神学"制造物"论证具有重要的解释作用是正确的。但是,洛克在几个智识层面上劝说他的读者,这些读者拥有不同的智识"口味"(ECHU,"赠读者",8),而所有这些劝说都指向一种经大幅改动的有关自然善恶与道德善恶之关系的理解。正如我们在第二章中看到的,那些希望沿着洛克指示的道路获得来生奖赏

---

① 又见 "Of Ethick in General," 见King, *Life of John Locke*, 311。

② 例如, Dunn, *Political Thought of John Locke*, x; Tully, *A Discourse on Property*, x; Dworetz, 187—91。一个例外是Huyler, *Locke in America*同时肯定洛克的神学中心主义及其洛克的当代相关性。

的人会发现，至少就他们的大部分旅程而言，他们必须与那些仅致力于实现一种慎思性和反思性世俗幸福追求的人为伍。让我们简要地审视一下这个论证，考察其更深的意义。

洛克有关人的有朽这个事实以及相信天堂的来世生活的道德意义的教诲，较为复杂且具有一定难度。正如我们在前面一章所见，洛克注意到，意识到有朽性能造成极为令人心神不宁的焦虑，因而也能造成特别非理性的信仰和行动。以此观之，通过我们自我构建幸福观念而非公认的最人善来规制我们的不安，以及人类构建因素能让我们避免执迷于天堂的来世生活前景及这种执迷造成恒常的无尽烦恼，这其中似乎都蕴含某种智慧或好处。当然，这一观察并没有促使洛克向读者建议，有意不理会有朽性或来世生活的前景。人类状况并不完美，没有为我们提供纯粹的、没有掺杂的快乐或幸福。这就使得即便最低程度的理性人格也能意识到并反思这个前景。(2.7.5; 2.21.46; 4.20.3, 6)。此外，洛克还暗示，运用我们的能力将"天堂愉悦"从起作用的幸福观念中排除出去，通常不会提升我们的理性，反而助长了另一种世俗的逃避主义。这体现在洛克举的醉汉例子里。[147]醉汉就算全然意识到了酒让他付出健康、财产（甚至可能还有精神生活）的代价，仍日复一日地跑进酒馆，沉湎于畜类般的感官享乐当中(2.21.44, 35)。但是，相信来世生活要有助于我们德性的禀赋（《基督教合理性》245），提高我们追求幸福中的心理稳定，还是必须要基于理性。

这项工作的关键还是在于，认识到"伟大的、智慧无限的上帝的正义与善"是一切（合理）宗教的根基(*RC* 1)。一位良善而公正的上帝必须使得他的理性造物能够知晓他和他的法律，而且必须允许我们的心灵寄托于因遵守神法而得到奖赏这个期待。洛克提出，只要使徒教导说，耶稣根据我们的事功行判断，从而让德性"能得到的丰厚好处看得见、摸得着，是笔顶好的买卖"，赞同基督教启示就是合理的(RC 252, 245; 又见6, 222, 227)。为了达到同样的效果，洛克尽管在证明上帝存在时没有谈及天堂的奖赏问题，他还是为那些在实定启示上更为谨慎的读者提供了一个类似于帕斯卡的赌注的论证：[①]"即便永久状态仅仅能从概然性的角度予以考虑，任何人都不能怀疑"，对来生奖惩的适当考虑应足以让我们选择时决定倾向有德的行动(2.21.70; 强调为作者所加)。

对于道德或德性的具体指令，上帝必然的善和正义(我们也许还可以加上"智慧")这个前提依然具有启发意义。正如我们在第二章中看到的，一位智慧的、公正的、良善的上帝能赐予人类杰出的理性能力，"他的制造物最优异的部分"，然而颁布一种违背理性戒律的法律，这对洛克而言是无法想象的(4.18.5; 又见2.1.15; 4.17.24; 比较TT I. 86)。同样无法想象的是，上帝所造的人类对幸福有着恒常的、不可遏阻的欲望，却颁布了一种若予以服从则会导致人类不幸福的法律(1.3.3; RC 245)。为了刺激我们对救赎的关切，一个善的、正义的和智慧的上帝也许会赋予我们对幸福的强烈欲望，却同时让完备的尘俗幸福遥不可及。然而，这样一位上帝不会命令我们放弃对尘俗幸福的追求，从而命令我们违背自己的本性，或有违我们这种造物的禀赋。上帝赐予我们的悔罪之法或"事功"之法就是"理性法，或者称其为自然法"(RC 14)，一些源于对人性的健全理解的道德规则。由此可见，下一章中将予以更全面的阐述，上帝不但允许我们而且实际上意欲我们在追求最终奖赏的途中，运用自己的官能改善我们的尘俗状况(TT I. 47, TT II. 32)。至于我们实际应如何着手追求永恒幸福，洛克暗示：理性地追求世俗幸福。

洛克的另一条更明显理性主义的论证路径也得出了相同的

---

① 参见Pascal, *Pensees* III, 233各处。

结论。[148]的确，与帕斯卡的赌注论证相似，洛克断言，承认来世生活就可以促使理性人格选择德性生活，纵然"德性生活只有痛苦，罪恶的生活却带来不断的快乐"（2.21.70）。但是，福海无边的永恒幸福极为不确定的前景是否必然能说服理性人格放弃较为微小但却更有望获得的尘世幸福，这个问题似乎没有洛克公开宣称的那么清楚。可以确定的是，如果德性生活要求的牺牲有所减轻，这个论证就会变得更有力些。脑中无疑想着这点，洛克马上接着指出，"恶人们从现世的所有方面讲……在尘世上亦是处于最坏境地的"。事实证明，能够理性理解何者为义的"义人"，即使在现世中也不是那么"少"。只有在德性促进尘世幸福这个前提下，洛克才能说，"清醒之人"对永恒幸福之可能性的赌注真的"不算冒险"（2.21.70；对比*RC* 245）。

　　洛克通过下述做法（尽管更为谨慎，也更为微妙）更清晰地表达了上述意思：将这个与帕斯卡的赌注类似的论证与针对更克制的*理性听众的吁请联系起来。在声称解释人类幸福概念的多样性时，洛克小心地提出了一个对来世幸福取向来说极为重要的说法：

　　　　因此，人的希望如果只在于今生，而且他们亦只能在今生有所享受，则我们亦无怪乎人们要尽力免除能触犯他们的事物，并且要尽力追求能娱乐他们的事物，以求得到他们的幸福。因为，如果我们的希望到坟墓为止，则我们自然可以合理地推断说，"让我们今天且吃、且喝"，"让我们今天且享受我们的快乐"、"因为明天我们就要死的"。（2.21.55）

＊　　[译注]就"克制(的)"（austere, austerely, austerity）这个词，迈尔斯对译者解释说：它是指一种自我否定或自律的能力。在洛克那里，它通常是指一种德性，也就是剥夺自己的某些快乐的能力和做法（例如来自于巨大财富或奢侈，或过量食物和饮酒等方面的快乐），沉迷于这些快乐会使我们不去追求真正的、长久的幸福。

粗看上去，洛克这里似乎意在重申有关纵欲的传统圣经观点，拒斥"我们的希望到坟墓为止"这个假定以及由此得出的我们应该"且吃、且喝"或专心于现世幸福的推论。①尽管如此，有趣的是，保罗面对吃喝的诱惑做出的回应和劝告是"滥交是败坏善行"（《哥林多前书》15：32—33；又见《以赛亚书》22：12—14），但是洛克仅仅说，如果其前提可靠，那么这个结论就并不是非理性的，甚至"显然是正确的"。对于这个前提的可靠性，洛克没有做出明确的评判。在我们上述所引段落中，追求世俗幸福的建议来自两个显然不同的前提：不但来自于"我们的希望到坟墓为止"这个冷冰冰的斩钉截铁的断言，而且来自于一种较温和的对"人的希望只在于今生"的不可知论的承认。洛克予以直接肯定的是后一个前提。他坚持认为，来世生活的知识超乎人类理性的范围（4.17.23；4.18.7）。这相当于承认，实际上，人的希望只在今生。如果洛克认为这两个前提含义相同，那么就可以推知，在洛克看来，我们真的就"像一群可怜昆虫的同伴"，[149]这些昆虫的幸福不过是在享受一定"时季"的乐趣后，在"时季"末"便行消灭，而不复存留"（2.21.55）。②

顺着研究洛克道德推理的各条线索，我们发现它们最终汇合到一处。洛克忠告那些虔敬的人，温和的怀疑论者或质疑者，以及那些最克制的理性人，无论他们是否坚定地寄望于天堂的奖

---

① 例如，Schouls就是这样解读的，Reasoned Freedom, 136—38。

② 对洛克来说，严格的理性生活是克制的，参见Pangle, *Spirit of Modern Republicanism*, 184—85。那些认为这种解读不合理的人，可以考察一下洛克未出版的残篇《道德》（*Morality*）。洛克在其中比较了*ECHU* 2.21.55讨论的那两个前提，并且勾勒了一种适合于那些"只寄望于此生者"的演绎性道德的基础，载 Sargentich, "Locke and Ethical Theory," 26—28。Wootton, "John Locke: Socinian or Natural Law Theorist?"合理地质疑，"洛克为那些无视（或怀疑）神的奖惩的人设计一个演绎性道德体系到底是想做什么？"（66n50）。与此不同，阿什克拉夫特想要驳斥MacPherson有关洛克持有一种差别性权利的说法，故而干脆完全否认，在洛克这里，人类具有不同层次的理性。*Locke's Two Treatises*, 25—53。

赏，他们所应首先致力于的"真正牢靠的"幸福是今生的幸福。这个结论与明说的洛克版帕斯卡赌注并不矛盾，它也并不代表自然善恶与道德善恶的区分的瓦解。毋宁说，通过坚持不懈地悄然地将理性追求幸福世俗化，洛克力图仿制并推进基督教的德性"禀赋"。他的下述说法包含一种精心设计的含糊其辞，即道德"自身就包含"——即便道德并非自然而然就如此，即便它还包含其他利益——"我们最大的利益，永生状态"（4.12.11）。在这样的审视之下，良善的正义的上帝必然会嘉许的道德善，实际上与真正的自然善无法区分。我们勤勉、慎思、富有远见地反思会发现，就是这部分自然善能使我们在此世获得真正持久的快乐。[1]尽管洛克区分自然善恶与道德善恶遵循的推理思路到这里就结束了，但是我们发现又回到了最初的起点。对于去哪里追求幸福，我们有了更进一步的认识，但是依然还是较为模糊。特别是，在洛克这里，理性人格追求的真正牢靠的世俗幸福到底具体是什么？这种幸福如何能将我们与正义事业或理性自治联系起来？

（二）世俗相对主义问题

　　为了处理世俗幸福问题，就要直面洛克的相对主义问题。洛克批判关于自然类的前现代神学，而且观察到世界上各种族群高度的道德多样性。与此步调一致，他有时似乎会完全否认人类幸福的问题存在任何确定的答案。再一次，洛克贬斥"古代哲学家"徒劳地探究：

　　　　所谓至善究竟在于财富呢？还是德性呢？还是思维呢？还是身体的快乐呢？但是在我看来，这个问题实在是无意义

---

[1]　参见Tarcov，"洛克将理性等同于认真地考量长期利益"（*Locke's Education for Liberty*，149；又见104—06）。

的。要照这样问，则我们亦可以合理地来争辩，所谓至味是在苹果呢、是在酸梅呢、是在核桃呢？照这样，则我们亦可以在这方面有了各种派别了。因为美味不在于事物本身，只在于它们适合或此或彼的口味，因此，最大的幸福亦在于享有那些能产生最大快乐的事物，而避免那些能产生纷扰和痛苦的事物。不过在各人看来，这些事物的价值是各不相同的。(2.21.55)

[150]也许是由于洛克意识到，绝对多样性原则或幸福相对性原则必然意味着道德和正义规则的多样性，甚至会消解这些规则，他没有主张一种绝对的相对主义。相反，洛克有些奇怪地将最大的幸福描述为"拥有"能"产生"最大快乐的东西——拥有达致幸福或巨大快乐的手段(见2.20.7)。换言之，他提出了这样一种伦理学：作为人类行动目的的幸福，其内容是相对的，但实现幸福的手段不是相对的。但是，有人也许想知道，这种推理能否经得住严肃的反驳。原因在于，信仰各异的有思想的评注者都发现，我们很难看到，这种幸福概念如何能为人类的幸福事业或正义事业服务。

在某些批评者眼中，洛克的思想较为专注手段和能力，从而将真正的目的排除在外。这源于且非常类似于霍布斯所说的那种"对权力，得其一思其二，死而后已"的"永无休止"的争取。[①] 洛克从冷漠无情的算计角度，讨论所有超个人之爱，包括对上帝、国家、朋友、家庭的爱以及(在少数人那里)对推理本身的爱，还有对不断劳动生产无尽的物质财富和科学知识的爱(如他的"增加"[Increase]学说所示)。这样一来，他的思想似乎使得他从爱欲(eros)中抽身出来，比《理想国》里的苏格拉底更为真正敌

---

① *Leviathan*, chap. 11, 161.

视爱欲。[1]塔科夫戏称的"洛克式洛克"[2]不仅为我们提供了安全保障，还有一定程度的繁荣和名望或个人权力。但是，这一切都是为了什么？这种所谓的洛克式追求幸福，让我们忙于确保自己的财富，远离可能令人头脑迷糊但同样崇高而可取的目的，它似乎就变得像夏日里可笑地飞来飞去的苍蝇那般荒谬，或者，不停地、辛劳地、痛苦地为了一个可能永远无法真正享受的休息而做着准备。这种伦理学被邓恩概括为"永无止境的压抑"，被施特劳斯概括为"对愉悦的毫无愉悦的追求"。[3]如此来解读，洛克式自由主义恰恰就成了一种平淡乏味且自相矛盾的异化学说。这种异化学说使得卢梭奋起反对，[4]并接着激发了浪漫主义和其他主义，用那种所谓更人道、更使人感到有意义的集体主义社群论或个人自我表达来代替的那种老派自由主义。再一次，洛克最富哲学洞见的批评者提出的反驳意见，其实是指责他没能完全正视批判目的论原则在道德方面可能带来的影响。

此外，根据与此密切相关的一项反驳意见，洛克式伦理不仅无法使我们获得幸福，而且也无法使我们获得正义。这个困难主要源于洛克自然和正义概念的"必然论"特征。洛克坚持，人类幸福观念是多样的，道德分歧是自然的。这与他下述更根本的立场一脉相承，即我们有关实体名称和种类名称的定义具有自然不

---

[1]　Pangle的说法最为直率："洛克……没有爱欲学说"（*Spirit of Modern Republicanism*, 213）。比较Rahe, *Republics*, 293—94, 499—50。关于《理想国》的反讽的故而更为温和地抽离爱欲，参见Leo Strauss, *The City and Man* (Chicago: University of Chicago University, 1964), 60—138。

[2]　*Locke's Education for Liberty*, 210.

[3]　参见John Dunn, *Political Thought of John Locke*, 259—65; Strauss, *Natural Right and History*, 249—51; 所谓洛克专注于手段，又见Pangle, *Spirit of Modern Republicanism*, 178—79, 207—08, 269。比较托克维尔如何描述美国人普遍存在的躁动和焦虑。托克维尔似乎将美国人视为这个世界上突出的理性追求幸福者，故而也是这个世界上突出的洛克式民族（Democracy in America 2.2.13）。

[4]　关于现代早期自由主义的问题以及卢梭那里的现代异化这个主题，尤其要参见Melzer, *The Natural Goodness of Man*, ix—xiii, 15—85。

确定性。[151]因此,洛克对普遍道德共识(consensus gentium)的否定,尽管坚决有力但并不绝对。尽管洛克极力否认自然为我们提供了精确而相称的定义(无论是一般的种类,还是特殊的道德和法律概念),但他较为低调地指出,自然为供应形成共识的基本"材料"做出了巨大的贡献。道德共识的基础似乎在于,我们共同服从这种或那种自然必然性。洛克认为道德异见普遍存在。在限定他有关道德分歧盛行的一个极端说法时,他间接提及了人类社会赖以形成合理共识的那些原则的一般特征:"在某地被人们确定为道德原则,几乎没有一种不在其他地方,为其他社会所有人的普遍风俗忽略和谴责……只有那些维系社会所绝对必需的规则是例外。""正义和信义是社会的共同纽带……人们都以为这条原则扩及于贼窝中和元凶大恶的党羽,而且就是甘心灭绝人道的那些人,在他们相互之间也要保持信义和公道规则"(1.3.10,2;比较1.3.6;2.28.11)。他接着指出,社会必然性原则(principles of societal necessity)"通常也会在各个社会中被忽略",但是这只是意在重申,这些原则在自然状态中通常得不到遵守;并不等于撤回了那个更温和的主张,即这些原则为颁布实证法提供了自然基础。洛克在他的手稿《伦理学概论》中写道,德性和邪恶的"一般规则",以及"我恒常发现的情况是这样的:那些被视为有德的行为就是那些被认为维系社会所绝对必要的行为,而侵扰共同体生活或使共同体解体的行为到处都被视为有害的、邪恶的行为"①。《基督教的合理性》也有类似表述:尽管此书否认必然性确立的"社会纽带""能够成为社会的真正根基",但还是将这些规则列为"正当与否的尺度"(243)。②

---

① 载King, *Life of John Locke*, 309。

② 现有的《基督教合理性》的几个版本都显示,洛克肯定而非否认道德的真正基础在于社会必然性。但是,Michael Rabieh指出,在洛克私人的《基督教合理性》批注抄本以及洛克作品集最初的八个版本中,这个段落读上去的　　　(转下页)

　　就其自身而言，洛克诉诸必然性的做法（简单来说）将得出下述有关正义之基础的观点。到目前为止，自然，就其社会和政治维度而言，包含那些驱动人类形成社会并服从政府的一般必然性。洛克背离古典进路，遵循他的培根式反目的论进路指出，我们与其说被自然（最主要就是"自我保存的强烈欲望"）"吸引"不如说被"驱迫"形成并维持社会（*TT* II. 77, 127, *TT* I. 86）。前一章的论述已清楚表明，洛克虽然肯定人类能就最低限度的社会必然性规则达成理性共识，但他并没有漫不经心地在道德上将理性的化约为实际的。合理的道德共识并非内在于自然进程。考虑到洛克（基本上是暗中）坚持，有关社会必然性的规则的合理共识常常因为不那么有序的人类想象而变得模糊和含混，人们最好将洛克诉诸社会必然性的做法理解为诉诸理性化的必然性，或者说诉诸对自然紧迫状况（necessitous condition）的全面反思且富有远见的回应蕴含的潜在的共识基础。反思人类状况根本的紧迫性，包括其物质层面以及心理层面，方是人类政治智慧的开端。[152]由此观之，洛克对正义基本原则的解释似乎是当今中立论自由主义更冷酷的现实主义先声。根据这个看法，也许幸福本身的内容依然存在争议，但是道德概念和道德规范（作为人类追求幸福的规范性条件）的建构可以是合理的、非相对的，只要这种建构能够普遍意识到自然状态诸多始终具有威胁性的弊病。

　　正是由于其基础是必然性，这种最低限度的共识的长期稳定性就很成问题。洛克教导说，我们建立政府是为了"限制人们的偏颇和暴力"；保存我们在自然状态中时时处于危险的财产权，这是建立政府的"重大和主要目的"（*TT* II. 13, 124；比较*Works* 823, 6.503—504）。我们加入政治社会、服从共同的正义规则的动

（接上页注②）意思是，必然性引入的规则"并非是道德的真正基础"。参见"The Reasonableness of Locke, or the Unreasonableness of Christianity," 943n9。

机本质上是对恶的厌恶。根据格兰特的解读,在洛克这里,政治理论最重要的任务在于,"让人们知晓何为政治之恶"。[①]只有在我们想到必然性这个更强的力量以及我们不可能不正义行事而逃脱惩罚时,正义对我们来说才值得选择。在"道德"(Morality)这篇未完成的论文中,洛克考察了"有时候,一个人食言对自己有好处,就可以为了自己的幸福而去这样做"这个反驳。洛克给出了一个看似霍布斯式的回应,如此获致的幸福不过是让我们屈从必然性。人们普遍言而无信将使我们置身于"成王败寇"的状况,"对于任何人而言,除非他比其他人都要更强壮、更聪慧,否则他就无法获得幸福"。[②]这样一来,人们就易于把洛克式正义与霍布斯式正义同样视为古代习俗主义正义观的现代重述,即正义不过是弱者和怯懦者的意识形态。[③]与霍布斯一样,在洛克这里,有心达成共识的文明人(*homo civilis*)似乎不仅意味着着装体面,而且意味着压制或战胜那些自然人(*homo naturalis*)的专横欲望。[④]然而,因为洛克比霍布斯更加强调正义、人类自由和幸福的契合,一种根本上厌恶导向或压制性的正义观将给洛克带来比霍布斯更为严重的困难。[⑤]

---

① *John Locke's Liberalism*, 203. Judith Shklar对自由主义政治理论之任务也持有类似的理解。她认为,在文明社会必须抑制的恶中,"残忍必须放在首位"。参见 *Ordinary Vices* (Cambridge, Mass: Havard University Press, 1984), 尤其是chaps. 1, 6。

② Sargentich, "Locke and Ethical Theory," 27—28。Tarcov更为笼统的评论说,"山外有山,人外有人"这个洞见对于洛克式德性至关重要(*Locke's Education for Liberty*, 183)。比较霍布斯对平等原则的辩护(*Leviathan*, chaps. 13, 15, MacPherson版本, 183, 211)。

③ 这种观点特别体现在柏拉图《高尔吉亚篇》(*Gorgias*), 482—92的Calliclesz;《理想国》(*Republic*), 358b-362c的Glaucon;Philus在西塞罗《国家篇》(*Republic*) 3.5—21中概括的Carneades的教导。

④ Hiram Caton, "Toward a Diagnosis of Progress," *Independent Journal of Philosophy* 4 (1983): 8.

⑤ 参见《利维坦》第18章的结尾处。霍布斯在那里回应了下述反对意见,即在他的理性国家里,臣民也可能处于痛苦的状况。霍布斯要求读者想想,　　　(转下页)

不同于霍布斯，洛克坚持力（might）得不出理（right），纯粹的强力规则无法确立合法政府（*TT* II. 19，172，176，180—87，196）。然而，如果我们把自然构想为非目的论的必然性——一个纯粹强力统治的王国——那么我们为什么应当认为，屈从自然普遍规则比屈从人类强力更正当？相反，似乎人类都处于锡兰臣民的位置，握着自己的权利，等待机会从臣服地位中解放（*TT* II. 92—93）。洛克基于什么理由将屈从自然必然性当作理性政治共识的基础，尤其是他自己就指出，至少某些人自然而然想要克服必然性，获取超过自己份额的数量，超过生活必需的东西？洛克基于什么理由认为，那些战胜自然必然性的努力（这些人能够做到①）就自然是错的？［153］推至极端，洛克基于什么理由认为，人类逃避劳动的自然必然性的专横努力以及僭主只想统治他人而不受人统治的努力，就自然是错的？

根据这番解读，正如洛克的培根式实验性自然科学赋予自然生产活动的"正常进程"的权威最多只是一种临时的权威，洛克的道德和政治科学似乎也埋藏着一种影响深远的反抗。只要洛克政治科学基于一个任意的自然（或一位其设计仅仅体现在这样一个自然中的上帝）这个前提，他的政治科学就会使任何根据外在于自我的标准的统治失去正当性。如此一来，人们被迫怀疑，意志的统治或想象的统治是否真的这样不合理。如果我们从纯粹强力或非目的论必然性的角度来理解自然，我们就只能把自己理解为自然的一部分或臣服于自然，从而否定我们的自由和我

（接上页注⑤）"人类的事情绝不可能没有一点毛病，而任何政府形式可能对全体人民普遍发生的最大不利跟伴随内战而来的惨状和可怕的灾难相比起来或者跟那种无人统治，没有服从法律与强制力量以约束其人民的掠夺与复仇之手的紊乱状态比起来，简直就是小巫见大巫了"（MacPherson, 238）。

① 比较马基雅维利《君主论》的第三章："真的，获取的欲望是自然的、正常的，当一个人干这种事只受赞扬、不受谴责时就更是如此"（Mansfield, 14—15）。

们独特的人道(humanity)，或者从一种挑衅的反自然主义角度来理解我们的自由和人道。根据这个反驳意见，如果洛克的道德—政治科学宣称在教导自由，那么这种科学的实效真理(effectual truth)将不会出现在《联邦党人文集》、托马斯·杰斐逊、孟德斯鸠的相对清醒的共和主义中，而会出现在解放派(liberationist)那里，彻底动摇后世的现代和后现代思想家的愿景。在这些愿景中，坚持己见、超越界限、自由创造成为人类尊严或人类卓异的真正体现。

如果结果有如上述，人们将看到一个专横的自然取得胜利。我们得以将自由行动仅仅视为无休无止的生产和毁灭，或者是任意地为无形式强行赋予形式——也就是说，仅仅将自由行动视为对自然本身的模仿。如果持有这种现代必然论的自然状况概念，人们也许会承认，解放派的愿景将无可避免地不断出现，甚至承认一种堂吉诃德性或悲剧性高贵。但是，人们无法否认，正如这样一种自然概念所体现的，这样的愿景常常具有破坏性且必然是徒劳的。归根到底，在一个专横自然的统治下，人类生活将摇摆于俯首帖耳与逃避主义地试图获得解放或实现人类的绝对最高主宰。永远不可能为自由而理性的自治奠定稳固的基础。

如果还记着洛克如何分析自然状态特有的思维紊乱，我们就能理解，洛克为何坚持理性追求幸福具有反目的论和必然论特征。正如我们所见，洛克对前现代目的论的想象政治的实践结果或"实效真理"的担心与蒙田非常相似。蒙田抱怨道，那些"意欲摆脱自己，逃出人体"的人，最终"并没有化身天使，而是沦为禽兽"。[1]面对人类无可避免的不完美状况，完全通过为前现代政

---

① Montaigne, "Of experience," in *Essays*, edited and translated by Donald M. Frame (Stanford: Stanford University Press, 1958), 856. Cf. *ECHU* 4.18.11.

治哲学和神学注入活力的人类完善或救赎图景来定位自己，将是危险的错误之举。[154]鉴于心灵原生且持续的需求感，不那么谨慎地强调人性更高、更有尊严的维度只能起到吹捧的效果（参见*TT* I. 3, 10; *TT* II. 91），导致我们遗忘人性较低的维度，从而加剧人性的败坏。得到恰当训导的洛克式理智的一个"小工"作用就在于，通过批判理性之光，打破反复出现的有关人类完善的梦想。后者只会迷惑心灵，搅扰我们的生活。

尽管洛克对前现代逃避主义固有的危险保持合理的警觉，但他并没有因此采取多数现代思想特有的纯粹必然论的自然概念，并由此得出一种同样危险的逃避主义。这种逃避主义渴望获得彻底免于自然任意统治的自由或解放。在洛克的一封私信里，他指出：

> 我时常想，我们在此世的状态是中庸状态(State of Mediocrity)。我们既然处于中庸状态，就不能处于极端状态，就算极端状态里藏着再大好处也不成。因之，我们既不能一直静，也不能一直动，尽管一直动肯定大有裨益。我们既不能一直劳于身，也不能一直劳于心。为了过好当下的日子，我们既不能一直循规蹈矩过活，也不能一直无法无天过活……我们既不能一直独善其身，也不能一直结伴成群。这个古怪的念头我提提也就罢了。(*CJL* #374；又见4.12.10; 4.14.2)①

洛克招牌性明抑实扬的"古怪的念头"，实际上指向他的道德政治哲学的核心。人类的状况是一种最终无法改变的分

---

① 又见 "Of Study," 载Axtell, *Locke's Educational Writings*, 419—20. 可以将我对这段话及洛克中庸概念的解读与Ashcraft, *Locke's Two Treatises*, 237加以对照。

裂——动静之间、身心之间、独处与社会之间，以及最普遍的法律与无法之间、秩序与无序之间——而人类智慧的基础恰恰在于，有能力适应这种状况的混杂性和不完善性。鉴于自然状况永在的艰苦性，头脑清晰的理性回应必然包括相当程度的禁欲主义。我们中懒散成性或"孜孜不倦"的家伙都会忍不住从这种禁欲主义中解脱出来。但是，如果洛克想要说服我们，服从自然规则确实是理性之举——或如培根所言，我们掌控自然的最佳方法就是服从自然①——他就必须说明这种服从包含实在的牢靠的幸福。因之，洛克道德政治哲学的稳固性，取决于改进或重塑前面章节所描述的那种自然状况。要想为洛克思想的稳固性提供一个理性的道德导向，自然状态就必须——尤为明显的但却仅仅是部分的——是一个具有巨大不便和可怕的危险的状态，我们必须持续加强防卫予以抗击。要想成为道德导向的一个来源，洛克式自然状态最终必须包含两个维度。我们需要严厉的自然必然性刺激我们勤勉行动并聚焦我们的理性，我们也需要一个善意的自然使得我们的这种服从具有正当性或者说值得理性行动者去做。[155]有种反对意见认为，洛克要么是在提倡一种异化伦理学，要么就是在提倡一种早期的不完善的权力意志。为了反驳这一意见，洛克必须说明，甚至在我们通过劳动确保自己脱离自然的贫乏之时，我们也可以在关键方面肯定我们所服从的自然状况。

那么，在洛克看来，我们需要肯定什么？对于应归入一个理性人格的幸福概念的特定快乐、心灵状态、性格状态或肯定对象——能够减轻占据理性且勤勉之人大部分生活的寻常和不寻常的挣扎，从而支配人类意志的消极的破坏性投射——洛克要说什么？

——————————

① *New Organon*, Book 1, aphorism 3.

三、再访"非洛克式洛克"

通过反思适合于我们的自然"中庸"状况的幸福,洛克断言,运动或劳动的伦理比静止或闲适的伦理更有尊严。这个断言与他的下述做法一致,即:坚持培养孩子的勤勉德性(*STCE* 45,115,130,207);将"增加"原则视为"上帝的伟大设计"和"自然的主要意图"(比较*TT* I. 33,41,59及*TT* II. 32,34,37,40—48);像培根那样努力将自然研究摆脱纯粹的沉思,积极改进人类的状况(4.12.11—12)。① 鉴于我们有关目的的知识并不完善,鉴于人类经验中持续存在必然性因素,一种较为现实的幸福观必须首先聚焦手段,聚焦对幸福的主动追求,而非对幸福心满意足的享受。

但是,幸福变化无常这个事实并不意味着幸福就是相对的,幸福的混杂性和不完善性并不意味着,我们可以将洛克式伦理学描述为一种克制的、压抑的、毫无愉悦的异化。在这个问题上,如果我们无视洛克与蒙田的关系,我们就会再次误解洛克。人们可能会欣然承认,蒙田将哲学仅仅称为"嘻皮笑脸"的学说的做法是非洛克式的,但会发现,洛克在相对轻松、心情畅快地提到"吃吃喝喝"及"享受人间乐事"时体现出一种与蒙田相似的总体精神。事实上,两人的论证在这个总体方面和具体细节上具有富有启发性的相似,即:蒙田将德性视为"人类快乐的慈母",并坚持认为哲学教导我们接受"真正的、牢靠的心满意足"②;洛克则宣称"智慧本质的完善,在于谨慎而坚持不懈地追求真正牢靠的幸福"(2.21.51)。复原洛克学说中被低估、被忽视的蒙田根基,我们将看到,相较于大多数批判者的看法,洛克的幸福概念

---

① 比较 "de Arte Medica" 载Fox Bourne, *Life of John Locke*, I. 222—27。

② "Of the education of children," 载Essays, I. 26 (Frame, 118, 120, 117)。

其实更为肯定、更为丰富，并且更令常人满意。

（一）心灵的自由和幸福

[156]洛克像霍布斯一样，主要从享乐主义的角度构想幸福，所以他同意霍布斯对身体苦乐（或感官苦乐）与思维苦乐的区分。"我所谓苦乐是兼指身、心二者的，就如通常所区分的那样。不过准确说来，它们只是心灵的各种不同构造，有时为身体的紊乱引起，有时为心灵的思想引起。"(2.20.2)①尽管如此，洛克比霍布斯更为清楚，更为断然地强调心灵对于决定快乐经验的对象或时机的重要性。前一章的相关讨论——我们在那里讨论了，心灵在确定和追求自己的特定欲望目标时具有危险的需求感和错位——已经涉及这些论述（尤其是最后一个）的消极意义。然而，洛克并没有试图简单地强行将心灵与身体方面更有序的需要或欲望捆绑在一起，以纠正心灵的紊乱。尽管心灵错位的自由存在诸多危险，但是它也能支持德性，而且思想欲望的满足在许多人那里能够成为真正幸福的主要要素。

为了与强调自然状况的匮乏和人类幸福的不完善性保持一致，洛克坚持理性的幸福依赖于理性劳动，而理性劳动通常是痛苦的(*TT* II. 34.37, 42, 43)。心理的错位，尽管能够把我们的日子搅得纷乱不堪，但也能发挥有益的作用，大幅减轻洛克提出的劳动性的、必然论伦理的严厉程度。根据蒙田，"灵魂是我们处境和行为的唯一至高无上的主宰"，而且"灵魂多姿多彩，变化无穷"。与低级动物不同，"我们已经脱离了自然的规范，任凭自己的想象力恣意妄为"，蒙田规劝我们，"至少让我们自救，把想

---

① 比较《利维坦》第六章"感觉的快乐"与"心灵的快乐"的区分，又见Pangle, *Spirit of Modern Repulicanism*, 179。

象力朝向愉悦方面发挥"，[①]对洛克来说也是如此。心灵常常错位的自由含有一种能力，可以在很大程度上转换我们的思想经验，甚至转化我们的身体感受。在考虑(consideration)和习惯的合力影响下，我们能够"改变伴行动而来的那种快感或不快"，或者"使自己的心理趣味"习惯于遵循"事物真正的内在善或恶"(2.21.69, 53；又见46, 56)。

在这里，我们理性追求幸福的自然装备又多了一样。凭借心灵的转换能力，我们能够基于自己对真正的恒久幸福的慎思而行动。更具体而言，凭借这种能力，我们能够赋予手段以目的的特征。我们能把"减轻痛苦的痛苦"转化为一种本身就令人快乐的经验。[②]因此，尽管强调为了我们物质上的福祉和超自然的福祉必须要劳动，但洛克式伦理并没有必要降为"对愉悦的毫无愉悦的追求"或者专注于手段的异化。我们既要看到洛克对劳动必然性的强调，也要想想《教育漫话》下述说法的广泛意义，[157]即"明智的教育者的主要技艺"是将"孩子的必做之事变得如嬉闹玩耍一般"(63；又见72, 74, 108, 123)。

相应地，洛克在处理那些特别思维性的欲望时，抵制了一种过分严厉的必然论理性行动概念。尽管洛克担心，我们天生错位的心理欲望给我们带来的危险，但是他并没有否认，满足或缓和这些欲望对人类幸福至关重要。他对我们自然的心理需求感的深度了解实际上指向相反的结论。例如，我们对自己将来必死的担心也许是人类需求感最深的根源。洛克确信，对于公正的上帝奖赏有德之人以天堂的来世生活的合理信念，必然会为虔敬的人带来一种"蕴含恒常快乐"的"期望"。[③]而且我们已然看到，另

---

① *Essays* I. 14, "善恶的品味很大程度上依赖于我们对事物的意见，" in Frame, 39。

② Strauss, *Natural Right and History*, 250—51。

③ "Thus I Think," in King, *Life of John Locke*, 307。

一种虽然更为肤浅但却一直有力抓住我们的心理需求,即我们对尊重的关切,对人与人之间相互承认和敬重的关切。好名声仅次于健康,是此生最为恒久的快乐。关注好名声使得我们"至为脆弱"。①因为"我们都是一种模仿性很强的动物,近朱者赤、近墨者黑"(STCE 67),我们所有人或几乎所有人都会从人与人之间的依赖中获取快乐或痛苦。这是中等的、混杂的、分裂的人类处境的一部分。②对洛克来说,再次与卢梭不同,幸福的实现并不要求彻底克服自爱(amour propre),而是仅仅依赖于对自爱的理性调整。我们必须利用对名声的强烈关注来克服其自身的恶果,从对他人意见的依赖中获取养料来供给理性追求幸福所需的独立精神。因之,洛克教导说,"一个心灵自由,自己做自己的主人,其所有行动的主人……是每个人都喜爱的"(66)。

但是,我们的心理需求感中尤为情绪性的那面超出了我们获得尊重的欲望,表现为对更强有力的社会纽带的欲望。在《人类理智论》的"快乐和痛苦的各种情状"一章,洛克清晰地做出了一个重要区分,即:可产生快乐的物象与它们在我们这里引发的那种快乐。

> 在这里我们不妨来思考一下……我们对无生物所以有爱有憎,乃是因为我们的感官同它们接触时发生了快乐和痛苦(尽管可能导致它们的损坏),而在反面,则我们对苦乐的生物所以有爱有憎,只是因为我们思考它们的存在或幸福时,自身常常感到一种不安或愉快。一个人的女儿(或朋友)的存在或幸福,常常能给他以一种愉快,因此,他就可以说

---

①　"Thus I Think," in King, *Life of John Locke*, 306; Works 1823, 6.548.

②　比较Tarcov, *Locke's Education for Liberty*, 116—17。

是常常爱他们。(2, 20.5)①

　　人们也许会疑惑，洛克的上述说法如何与他的享乐主义保持一致。虽然对名声的关心涉及此人和他人的关系，但是它本质上依然是主观的，以自我为中心，也许能通过欺瞒和操控得到满足。[158]在对爱的观察中，洛克指出，我们常常体验到非功利的、无私的愉快，孩子和朋友的存在和他们的幸福都让我们感到愉快。换言之，我们认为某些生命物具有内在价值，无论他们对我们有什么用处。这样一来，洛克的下述做法就会显得特别奇怪，即他不厌其烦地引人注目地谈论多个民族以人为食(甚至以子为食)的奇闻轶事(1.3.9—12, *TT* I. 57—59；又见*LN* fol.74)。洛克有关我们对孩子和朋友的存在感到愉快的说法，如果要讲得通，就必须聚焦我们自己主观欲望的显露，而不是那些他人内在的特性。洛克为了解释我们对自己孩子的爱——通常情况下，我们确实爱着我们的孩子——诉诸的是自我扩展的心理快乐。②它是从我们自然而然的自我关切中生长出来的产物。"上帝在人类心中扎下了繁殖自己种类以及通过他们的后代来延续自己的强烈欲望。""他们的父母在自然的爱与柔情的教导下，把他们作为自己的一部分来抚育他们。"(*TT* I. 88, 97，强调为作者所加)

　　尽管人们必须承认，"自然的爱与柔情"一语有些修辞性夸张或引人误解，但是将洛克式心理学解读为以一种"非洛克式的"方式暗中减轻个人主义的克制——洛克通常用它来处理人与

---

① 洛克在1676年的一则日记里指出，爱是"灵魂的相濡以沫，爱不过是两颗能相互悦乐的心灵的合一"，载*John Locke: Essays on the Law of Nature*, ed. Wolfgang Von Leyden (Oxford: Clarendon Press, 1954), 267。

② 在未刊手稿"伦理学(Ethica)92号"中，洛克将父母之爱视为人心的一种快乐，"是最伟大且最持久的"快乐。"再粗野的人也会放弃最极致的感官快乐，拯救自己所爱孩子的性命。这只能是某种远胜感官乐趣的思想上的快乐"，载Sargetich, "Locke and Ethical Theory," 30。

人之间的情感——是错误的做法。诚然，洛克在《人类理智论》中有些随意地列举"快乐的其他情状"时，只是一带而过地提到"音乐的快乐"及其平抚"牙酸的痛苦"的能力(2.20.18)。当光棍洛克提到圣保罗把平抚痛苦当作"驱迫人享受伉俪生活的主要原因"时，确实有点轻喜剧的味道(2.21.34)。尽管如此，人们也许会注意到，洛克的私人通信也表明，无论在他年轻时还是上了点年纪时，他对丘比特之箭都有些猝不及防。①他对待友爱经历的方式更能反映，他如何评价社会情感作为人类幸福之要素的重要性。很重要的一点在于，对于友爱的政治意义，虽然洛克鲜明地持有反亚里士多德观点，然而这并不是因为，他无视友爱与人类幸福的一般关系或对其抱有消极态度。正如洛克在《教育漫话》里调整(缓和)了在《政府论(下篇)》中家庭生活的克制，②洛克在他的私人和公共著作里，调整或加强了他对友爱的阐述。对于真正的友爱或人与人之间的爱的价值、强大力量和甜蜜，表现出了更富人情味的认可。

　　甚至在《人类理智论》中，洛克就隐约透露出这样的意味。他不予置评地提到了人们普遍将"朋友"这个词理解为："这样一个人，他爱其他人，愿意成人之美"(2.28.18)，并且在讨论"快乐的各种情状"时，把"与友人的理性交谈"当作一个例子

---

① 例如，在一封致"无名女士"的信件草稿中，年轻的洛克写道，"寻常的美貌能抓住冒失的仰慕者的眼球，甚至点燃他内心的火焰……然而，您的美丽对一个倾慕者而言，即便远观，即便他自以为不起心动念，也能不动声色，俘获他的心，您的美丽如此特别，足以睥睨寻常美貌……请您不要为此感到稀奇，您的石榴裙下，葡匐着您不晓得的倾慕者，他无力抗拒，请允许他受困于这样的的激情，这样的激情，在他心里燃起了'此女只应天上有'的心火，这样的心火，燃烧炽烈，掩藏不住"(*CJL* #45，年代不可考(de Beer估计是1658年或1659年))。在洛克的晚年岁月里，他与Damaris Cudworth(后来成为Lady Masham)绵长而有点神秘的关系在他的同代人以及其他一些人那里引发了不同程度的猜测；参见Cranston的讨论，*John Locke*, 215—24, 236, 335—36, Yolton, *Locke: An Introduction*, 8—10。
② 参见第六章关于洛克式家庭的讨论。

(2.20.18)。[159]更详尽的论述出现在他1676年的一则日记中。洛克在这则日记里将较纯粹的友爱区别于较功利的友爱。他指出，尽管人们

> 　　常常所爱的朋友是那些当大官的，或能与之愉快交流的。他们等着盼着朋友能好，从而能够保住那些他们自己能够获得快乐的东西……某些生性高贵的明智之人，会因为拥有朋友本身以及朋友的幸福就感到快乐。对于另一些心性更为卓异的人来说，一切好人（甚至所有其他人）的存在和幸福都能让他们感到愉快。最后这种可以被恰当地称为爱。①

　　献给他朋友爱德华·克拉克（Edward Clarke）的《教育漫话》的"致读者"还有一个更私人的表述。洛克宣称："能得此友直、友谅、友多闻之益友，与如此爱国之益友保持天长地久的友谊，此生最大快乐莫过于此，最可回味莫过于此。"②在他的私人通信里，他对一种更高尚的友爱表达了与之类似且更为深切的情感。在写给亲密友人莫利纽克斯（William Molyneux）众多信件的一封里，洛克对于延迟一次筹划已久的会面由衷的表示遗憾，并说，"当日子过得刚好，不贫不富"，尘世生活对于他而言"没有什么价值……比不上与博学多闻、才思敏捷、视野开阔的朋友谈天说地"（*CJL* 2115号信件，8.4.1696）。③在一封早先写给莫里纽克斯的信中，洛克更加断然地表达了这个看法："我所珍视并勉力获得的唯一财富……就是才思敏捷、值得一交之人的友

---

① In Von Leyden, *John Locke: Essays on the Law of Nature*, 266.
② In Axtell, *Educational Writings*, 113.
③ 又见洛克致William Popple的信（#388A, 2/10/1702）："温饱解决后，就我所知，友爱就是最好的、最有益且最有令人愉悦的财富"。

爱。"①当听闻莫利纽克斯的一位朋友英年早逝,万分悲伤的洛克写信给托马斯·莫利纽克斯(Thomas Molyneux)说:

> 死亡以霹雳手段……从你手里攫走了你的兄弟……我与你同悲,身临其境悲痛着你的悲痛……我将何以遇你?惟以泪水汇入你的泪水。我失了你的兄弟……一位我真正爱他,他也真正爱我的亲密挚友。如此巨大的损失,非深谙朋友可贵、朋友难得者不能明了,非珍视朋友胜过财富者不能明了。(10/27/1698)②

根据上述这些言论,洛克所理解的自我无论如何也不能被简单视为一种"私占的"、"占有性的"或"生产性"的意识。③人类这种存在的日常未经教导的幸福,并不在于"拥有"那些狭义上的"外物",而在于自我延伸(self-extension)的体验,或者说,通过将自己视为其他个体而得到的安全、舒适和扩大的自我肯定(self-affirmation)。如果可以把洛克视为个人主义的导师,他的个人主义也不是一个未经检验的前提,而是一个教育和自律的广博政体的产物。④洛克处理友情以及爱情和亲情时表现出来的冷冰冰的算计精神,当然是这个教育政体的一个重要方面。[160]但是,这个教育策略并不否认或压制我们幸福的关键来源,而是试图让我们常常错位的、恣意的社会认同接受理性的支配,从而

---

① 转引自Patrick Kelly, "Locke and Molyneux: the anatomy of a friendship," Hermathena 126 (Summer 1977): 43(强调为作者所加)。

② 转引自Cranston, John Locke, 441. 洛克与Molynuex的友谊的更多细节,参见Kelly, "Locke and Molynuex," 38—54。

③ 对比MacPherson, The Political Theory of Possessive Individualism, 尤其是231以下; Neal Wood, The Politics of Locke's Philosophy, 34, 135—48, 156—61; Rapaczynski, Nature and Politics, 117, 172—76; 以及Pangle, The Spirit of Modern Republicanism, 168—69。

④ 比较Metha, The Anxiety of Freedom, 6, 119—67。

使它们成为幸福更牢靠、更可靠的来源。正像蒙田热情洋溢的描述一样，洛克对友爱的处理具有双重性。真正的、纯粹的友爱特有的私人热忱与普通的友爱特有的公共的、谨慎的情感相互交替。蒙田赞赏亚里士多德将真正的友爱定义为两体一魂，但是蒙田提醒他的读者注意，"两体一魂是个何等不常见的用法，又是个何等不常见的现象"。因而，开伦（Chilo）的箴言是："'爱他时想着有一天会恨他，恨他时想着有一天会爱他。'这个警句用在我说的至高无上的友谊上是可恶的，用在普通平常的友谊上是清醒有益的。"①

　　洛克暗地里主要建议我们践行普通友爱特有的那种小心谨慎的、自我享有的情感，但是他并没有想要愤世嫉俗地否认还存在其他形式的友爱，他只不过想让我们能够区分真正的友爱与普通的友爱。人们肯定希望洛克多说一说他对真正的友爱的理解。正如我所指出的，洛克似乎很可能将对友爱的欲望理解为自我延伸这项能力的体现，常常来自于人的归属欲。但是，较为清楚的是，洛克会认为，主要基于情感需求感的友爱是奴性的、不可靠的。如洛克的整体言论以及他对朋友莫里纽克斯的博学多闻、才思敏捷、视野开阔的钦佩所示，洛克认为，最高尚且总是必然令人愉快的友爱是理性的友爱，基于理性的友爱。人类这种存在物真正可爱的地方就是理性能力本身或理性活动可爱的地方。无论理性表现为控制欲望的手段，还是表现为欲望本身的目标，幸福问题归根到底都是理性的地位这个问题。

（二）理性、幸福与善意的自然

　　在结束对洛克的人性观富于启发性的反思时，潘戈对于这个最重要的问题的回答显得有些犹豫不决。潘戈令人好奇地指出，

---

① *Essays* I. 28, "Of friendship," Frame, 141, 143, 140.

最早来自于苏格拉底的真正的哲学经验,在现代和后现代思想家那里已经消失得无影无踪,但在洛克那里依然存在,后者的目标是推进理性的事业或哲学生活,尽管他拒绝将其作为自己著作的明确主题。但是,就在前几页,潘戈还指责"洛克为了功利的理由,把哲学大声叫卖给了功利主义者"。[①]尽管他最终的判断似乎是,洛克没能充分考虑哲学启发的根基或条件。潘戈的观点不同于将洛克当作折衷主义者或认为他的思想终究不融贯的常见看法,颇富启发性。尽管洛克表面上没有提及苏格拉底或苏格拉底式生活,但他确实旨在推进理性的事业,甚至他理解的哲学生活。[161]正如潘戈暗示的,推进洛克所理解的理性事业,需要在苏格拉底精神和功利主义精神之间打造一种稳固的合作关系。还是为了和他理解的中等的人类状况保持一致,洛克既反对危险地抬高理性自身为纯粹目的,也反对采纳一种终究虚无主义的工具主义。考虑到人类自由与幸福的前途与局限,洛克力图在这些极端做法之间确立一个稳固的温和立场。理性活动可以同时作为手段和目的,既是人类幸福必不可少的条件,也是人类幸福的关键要素。[②]尽管如此,我们必须为潘戈的说法补充一点,即:将洛克试图打造的合作关系与最接近它的典范——即蒙田对苏格拉底生活的限制和调整——放在一起来看,才能最好地理解这种合作关系的本质。

不可否认,洛克对理性活动的描述大多出现在其批判性、进步主义的自然科学概念中;在洛克笔下,自然科学的使命似乎既包含相当程度的禁欲主义,也包含了一种更棘手的非苏格拉底

---

① *Spirit of Modern Republicanism*, 274—75, 270 (强调为原作者所加)。同样的模棱两可出现在Rahe, *Republics*, 比较456—57, 499—500与1005n19。

② 潘戈关于洛克的货币观的观点——货币的模糊地位("既是目的,又不是目的"),"这是洛克思想的关键,也是洛克培养的生活方式的关键"——用于理性在洛克思想中的地位问题上更为贴切。(167)。

式的智识封闭。如第三章所示，洛克认识到，自然并不提供关于自然本质的最终知识，故而建议我们，将自然研究视为永无止境地积累有关自然物体的能力和关系的历史知识，并对其予以控制(3.3；3.6；4.3.6—30；4.12.11—12)。既然如此，无论我们在扩张自己能力方面得到如何可观的补偿，事实依然是，只要我们把科学从目的变成了手段，或者把科学当作某种生产性劳动，我们在这笔交易中就仍然需要得到补偿。此外，下述建议似乎表明洛克持有一种根本的偏颇或智识封闭，即：我们不要再探究"理智所不适合的事物"，而应当致力增加我们的功利，特别是我们在技术上的造诣(1.1.4—5)。如果仅仅让哲学担负"小工"的职责("致读者"，10)，为技术科学的进步铺平道路，那么洛克的思想似乎就是某种实用主义，基于将可知的还原为有效的，似乎更接近马基雅维利，而不是苏格拉底。

为了回应上述说法，人们也许首先会提出，即使这种对自然科学技术的非苏格拉底式追求也具有某些苏格拉底因素。例如，不管实用主义取向存在怎样的偏颇，洛克仍然坚持，处于"中庸"状态的我们，对自然的恰当研究必须呈现为一种无限的、悖论的努力。我们对于最终只能部分改进自然秩序的谦逊承认，既维持也限制了这种研究(1.1.5；4.12.10)。此外，洛克式科学与苏格拉底式哲学活动的相似之处还在于，洛克认为前者具有令人满意或令人愉快的一面。尽管推理无疑是辛劳的，但它却不总是痛苦而繁重。与其他劳动一样，"适当的考虑"可以将它转变为一种本身快乐的活动。在《人类理智论》的"致读者"里，洛克用了一个隐喻(也许直接借用自柏拉图笔下的苏格拉底)，[162]他宣称理智是"灵魂中最崇高的一种官能，因此，我们在运用它时，比在运用别的官能时，所得快乐要较为大些，较为久些……理智之追求真理，正如弋禽打猎一样，在这些动作中，只是'追求'这种动作，就能发生大部分的快乐"("致读者"6；又见1.1.1)。①

自然的实用主义研究能够包含某种内在快乐和智识开放。这点并没有触及这里的要害，即：洛克式理性在关键方面不能被还原为技术理性，或还原为马基雅维利式(或培根式或霍布斯式)的力量积蓄。洛克将自己的哲学活动表述为现代科学服务的"小工"工作，或纯粹的"娱乐"，"无聊沉闷时自行消遣的玩意"，并非意在像潘戈所担心的那样"非常奇怪地贬低"理性②，而是通过这样的修辞，表达了自己对那种常常与柏拉图式至善追求结伴而行的虚荣与自负的合理疑虑。与那片心灵容易贸然扎下去的"茫茫无际的存在海洋"相比，人类理性的范围显得较为狭窄。尽管如此，洛克以他那种典型的轻描淡写的方式向我们保证，如果我们仅仅处理那些最重要的理性之事，即知晓那些关乎我们行动的东西，"人们就能找到充分的材料来开动自己的脑筋，来运用自己的两手，并且随时变换花样，妙趣横生"(1.1.7, 5, 6)。

尽管洛克表面上摈弃过去哲学家特有的那些探索，但他确实认为，运用得当的理性不仅有责任反思追求幸福(无论怎样理解这个幸福)的手段，而且有责任反思幸福的本质或内容。"在适当的考察之后，我们如果判断出，我们所做的是自己的职责，而且在追求幸福方面，我们所能做的，所应做的，亦就限于此"(2.21.47)。如潘戈所见，洛克自己提供了迹象表明，他的思想一直具有整全性哲学探索的苏格拉底精神，道德探究与科学探究在根本上无解(aporetic)这个特征也一直存在。但是，洛克作品所展现的理性生活具有多个层次。洛克提出的我们得以获得道德—政治导向的理性生活，并不是一种极少数人应付出的无限努力，而是在很大程度上，借鉴了蒙田对苏格拉底式生活的一种

① 比较Plato, *Republic* 432b; Tarcov, *Locke's Education for Liberty*, 172。
② *Spirit of Modern Republicanism*, 269.

调整。这种调整使之更为牢靠，更易实现。它是一种新斯多葛主义和新伊壁鸠鲁主义性质的调整。在洛克眼中，这后一种理性生活才是对于"真正的、牢靠的"人类幸福来说至关重要的心灵状态或性格状态。

为了看清这点，我们首先再来看一下洛克的下述观点："最大的幸福亦在于拥有那些能产生最大快乐的事物，避免那些能产生纷扰和痛苦的事物"（2.21.55；比较2.20.7）。有关上述这个说法的两点推测，对于澄清洛克笔下的幸福与理性生活的关系来说至关重要。首先，在将最大的幸福主要理解为"对事物的拥有"时，洛克将幸福的基本要素理解为对事物的切实占有，而非一种努力的追寻。尽管洛克明确断定，"一直运动"或"活动"的生活肯定大有裨益，但是他没有将幸福理解为纯粹的运动或一连串本身令人愉快或能够带来愉快后果的活动[163]——没有将幸福理解为苏格拉底式的爱欲努力或霍布斯式的福乐[①]——而是从根本上理解为一种存在状态或静止状态，这种状态为积极而勤勉的生活提供了道德和心理基础。其次，我们必须注意洛克对快乐的排序。这个排序指引并限定了最大的幸福就是拥有某些事物这个观点。原因在于，"尘世的事物总是持续变动不居，没有一件事能长期处在同一状态中"（*TT* II. 157；比较3.3.19），构成幸福的最重要的占有不是占有某种物质，甚至不是占有某种外在于自我的东西。理性生活对幸福之所以重要，是因为理性生活确保我们占有"自我"，这是构成幸福的最重要的占有。

洛克指出，"追求幸福的第一步，在于完全脱离苦难，使我们一点也感觉不到它"。当然，我们无法完全从不安中彻底解脱出来，而且在洛克看来也是不可欲的。然而，由于痛苦"是诸感觉

[①]　"一个人对于时常想望的事物能不断取得成功……就是人们所谓的福祉"[Leviathan chap.6 (MacPherson, 129; 比较chap.11, 161)]。

中最为恼人不休的"，而且至少那些最极端、最有力的不安确实能够占据心灵并让我们不得自由，我们必须奋力通过战胜自己最专横、最能扰乱心灵的不安，获得并坚持对自己的占有(2.21.46，2.1.21；2.21.53)。例如，正是脑中想着这点，洛克规劝父母或教育者尤其要培养孩子某种斯多葛式战胜生理痛苦的能力(*STCE* 3，5—6，33，48，107，115)。鉴于心理的不安(尤其是那些与名声相关的不安)有助于管制孩子以及成人，洛克不会建议我们都变得能够坦然面对这些不安。但是，由于洛克仍然认为，心理稳定的最大、最危险的威胁来自于那类尤为体现在心理上的不安，幸福必需的自我占有(self-possession)最终在于心理耐受力而非生理耐受力。自我占有必需的心理耐受力的培养则依赖于实现一种基本的自我认知。

"安之若素的占有自我"、"高贵地、有男子气概地、坚定地"沉着运用理性，面对危险和邪恶依然执行理性的指令，这是洛克定义的"真正的坚忍"(*STCE* 115)。然而，虽说坚忍使得沉着运用理性成为可能，但理性使得坚忍的倾向成为可能。理性让我们认识到，自己并不必定会被恐惧制伏。更准确地说，它能让我们区分出理性的恐惧和非理性的恐惧。我们必须学会耐受那些驱使我们行动的理性的恐惧，压制那些非理性的恐惧或将其逐出我们的经验。最根本的是，维系坚忍和自我占有的那种自我认知是一种对人类状况的认知，包括我们的合理恐惧和合理希望，我们改善自己状况的能力和责任以及这些能力的限度。在为了说明自己最重要作品的写作目的而撰写的导论中，洛克至少说明了这种必要的自我认知的基础。[164]对"那些孜孜不倦的人"来说，最危险的恶就是他们倾向于破坏心灵最大的完善性，因为他们强烈要求一种整全的证明性知识，而这种要求注定会坍塌为"完全的怀疑论"。为了应对这种危险，洛克敦促我们认知自我，并相应地在运用我们官能时保持明智的节制(1.1.4，7)。

蒙田观察到，"心灵的伟大不是往上与往前，而是知道自立与自律……最险恶的疾病是漠视自身的存在"。①洛克以类似的口吻建议说，我们没有必要"因为不能把握一切，就冒昧地抱怨自己的天分，并且把（我们）手中的幸福都抛弃了"（1.1.5）。

　　与苏格拉底——他无法安静地接受自己的无知——相比，洛克"安于不知我们能力所不能及的东西"（1.1.4）的建议依然显得很不哲学。但是对蒙田和洛克来说，比起苏格拉底闻名天下的那种坚持不懈、无穷无尽且有时在政治上不负责任的追问，哲学还包括更多的东西，甚至苏格拉底哲学也还包括更多的东西。苏格拉底在蒙田心里是"模范，是完美的化身"，不只因为苏格拉底努力获得智慧，还因为他在践行非凡的勇气、慷慨和自我节制时表现出来的实际智慧。有人也许说，对于传统上理解的苏格拉底来说，这些道德德性缓和或减轻了低级欲望导致的失调，从而解放心灵，使之致力于对智慧的更高的爱欲努力；然而对于蒙田而言，他关心向往德性本身能够保持节制，苏格拉底式自我节制最可贵之处恰恰在于控制最高的欲望（对整全智慧的欲望）。根据蒙田的解读，苏格拉底摒弃了他那"前苏格拉底的"自然哲学探究，反映出一种着力探究对人类生活有用的东西的成熟而清醒的决心。所谓对人类生活有用就是能给我们带来幸福，而幸福取决于"有教养容人的安详和满足，练达者的果断与自信"。"如果掌握事物的知识，我们就会失去掌握这些知识时的内心的恬静安宁，那这些知识有什么好处？……"依照这个观点，真正的苏格拉底哲学，即哲学最高贵、最有价值的形态是那些通过它能够认识我们自己的活动。通过这种活动，我们就能够获得那些能让我们

---

① "Of experience," in Essays, Frame, 852. 比较Plato, Phaedo, 90c, 96a; 过分迷信哲学能把握万物引发厌恶逻各斯（misology）及厌恶人类（misanthropy）的危险，相关讨论参见Lampert, *Nietzsche and Modern Times*, 132—35。

在内心的恬静安宁中,好好活着或好好死去的知识。①

洛克在建议我们认识自己的能力及其限度,看清我们的状况提供的幸福并相应地调整我们的欲望时宣称,自己赞同蒙田从苏格拉底那里得出的安宁、节制、人道化的哲学精神。在最重要的方面,洛克推荐给我们的"安静的无知"的态度,不是停止对某些领域的探究后的沉默,而是我们战胜心中最深层、最扰人的不安后获得的坦然。此外,洛克认为,我们有可能面对自己在终极问题方面的无知,保持着沉着而镇定的姿态,而且这也是理性的做法。[165]这意味着洛克认为,我们的知识,尽管不完善,但足以使我们确认自己处境中的真正幸福。洛克恳请我们心满意足地接受《人类理智论》的教导。这种心态与早期的自然法未刊手稿隐含的离经叛道形成鲜明对照。无论表面上如何,在这份手稿中,洛克的主张——人类不可能将自己创造为有朽物或在知识上存在严重缺陷——就是在否认存在一位善意的上帝,甚至否认了上帝的存在(*LN* fol.55)。有些学者认为,洛克提出了一种惨淡、匮乏、总而言之痛苦的自然状况。与之不同,我觉得洛克成熟期的下述令人宽慰的立场并不存在什么讽刺意味:"人们实在应该满足于上帝所认为适合于他们的那些事物,因为上帝已经给了人们'舒适生活的便利和进德修业的门径(就如圣彼得所说)……我们心中所燃的蜡烛已经足够明亮供我们用了。'"(1.1.5)

洛克在《人类理智论》导论性质的一章里,并没有细述我们能力不及的问题有哪些,以及我们在哪些方面必须满足于自己智识方面的毫无供给。但是,根据随后展开的相关论证,人们可以合理假设,关于实体存在物的真正本性或本质的问题以及关于来

---

① Essays, I. 30, "Of moderation"; III. 13, "Of experience," 851—52; I. 19, "我们的幸福,需盖棺论定论,"55; I. 14, "善恶的品味很大程度上依赖于我们对事物的意见,"37; I. 26, "Of the education of children," 117. 又见I. 20各处,"探讨哲学就是学习死亡"。

世生活的前景的问题在其中最为突出。更具争议的是，与洛克明确提出的观点相反，但与他的论证逻相符（第二章中解释过），有人也许还会将关于神圣启示的历史真实性问题纳入其中。因此，假设自然没有给我们的思想和精神提供什么供给——假设我们最终对事物本性的知识求之不可得，上帝仅仅（如果有的话）通过创造的世界或自然世界向我们显示他的设计——人们还是没有理由不予服从和放弃希望。即使对那些也许想知道天堂的奖赏是什么，但认为没有理由对其保持积极期望的人——即便面对我们不过是匆匆过客、"天地间一可怜爬虫"这样的想法——来说，洛克仍然认为，有充分理由确认自然从根本上而言是善意的。

现在我们来考察《政府论（下篇）》"论财产"一章中看似与之相反的证据。洛克在这里反复谈及未经改进的自然是"荒地"。这主要出自一项激发人们勤勉的教化律令，而且实际上仅仅是洛克有关自然供给的部分看法。尽管洛克说自然仅仅提供了"丰足的材料"，即"本身几乎没有多少价值的材料"（*TT* II. 41, 43），但是如果我们从一个更大的角度（依然是洛克的角度）来看，自然提供的物质条件远非毫无价值。现实匮乏但潜在丰足的自然状况并不表明，上帝或自然对人类怀有恶意或漠不关心。恰恰相反，我们最好这样来理解自然供给的不完善和克制，即可以将其类比于明智的父母和政府为其孩子或臣民提供的供给。[166]可以肯定的是，自然为我们提供的不是幸福，而是追求幸福的不竭欲望以及追求幸福的外部刺激和手段，故而提供了一个自尊自重且自我占有的理性存在物所需的一切。

在洛克看来，理性的勤勉是自由和幸福的必要条件，而在所有尘世的造物中，只有人具有这方面的能力，因而不安恰恰是勤勉的条件（*ECHU* 2.21.34以下；*STCE* 126）。自然的统治与父母或君主的统治一样，必须宽严相济。①为了能让孩子担起责任并帮助他们实现最终的幸福，父母不能仅仅授之以鱼，更要授之以渔，甚至鼓励孩子自制玩具(*STCE* 130)。类似地，"明智如神"的君主不会为一群只会被动消耗物品的臣民提供生活的便利，而是"通过确定的自由之法来保障和鼓励人们的诚实勤勉"。在洛克眼里，不论君主的动机或意图是什么，如果某位君主实施某些政策使得其社会成员能够自负其责，他就与神类似(*TT* II. 42；强调为作者所加)。洛克的下述说法没有任何讽刺意味，即人类状况的痛苦"让我们有机会赞叹我们造物主"的智慧和善意，这位造物主正是以此方式指引我们的行动(*ECHU* 2.7.4)。孟德斯鸠的下述论述并没有与洛克的观点相悖，而是抓住了其观点的基本精神："自然对人是正义的。她以痛苦奖赏人，她让人艰苦工作，因为她相信多劳多得。"②尽管对于上帝或自然的供给，洛克的修辞有时基于策略考虑会说的较为严苛，但是在洛克的思想中，上帝或自然是明智的父母和政府的模范，通过允许并要求我们制造自己需要和喜欢的东西来教会我们勤勉、远见和责任。③上帝或自然允许我们自由，要求我们自负其责，也就允许我们过一种错位和痛苦的日子，但也使得我们有可能享受一种相较于纯粹感官存在物更深层、更有意义的幸福。

尽管如此，我们最终肯定自然的供给及自然的供给使之得以可能的那种幸福，最终依赖于更为彻底地践行自我所有(self-ownership)或履行责任。实现真正的牢靠的幸福依赖于我们节制

---

① 必要的苛酷的一个例子体现在洛克讨论"济贫法"改革时提出的臭名昭著的举措。不管别人怎么说，这些措施显然旨在教导而非惩罚。这些举措的相关文本出现在H. R. Fox Bourne, *Life of John Locke*, I. 377—91。

② *The Spirit of the Laws*, 13.2 (trans. Cohler, Miller and Stone)。关于孟德斯鸠与洛克重要观点上的契合，对比Mansfield, *Taming the Prince*, 241, 329—30n26。

③ 相似的论证参见Robert Boyle, *Some Considerations Regarding the Usefulness of Experimental Natural Philosophy*, 相关引用见Rahe, *Republics*, 361。

对幸福的欲望本身。洛克将追求至善贬斥为"古代哲学家"的徒劳之举，这是他的下述努力的中心环节，即：使我们摆脱极端的（依照今天的说法）至善论，或者说，欲求基于完美知识的完美行动。就像死守能够想象的最完美的幸福往往使得当下的日子因对比而痛苦不堪，一个人如果在任何时候都决然追求最佳行动方案，往往会裹足不前。①由于我们不可能预见自己行动的所有后果，且常常无法设想所有可能的行动方案，[167]所以我们无法实现纯粹的、完美的自我所有或完全自负其责。因此，我们必须小心抵制这种超越人类状况所能提供的限度而提出要求的自我毁灭且自以为是的倾向。"倘或我们只能得到概然性……则我们便不当专横无度来要求证明、追求确定性。"而且，洛克又说道，"概然性已经可以来支配我们的所有利益了"（*ECHU* 1.1.5，强调为作者所加）。我们必须负责任地来理解责任本身。我们无法完全掌控机运，故而无法确定理性的勤勉生活必定会得到奖赏。这并不意味着我们就要对生活绝望，而是意味着我们必须学会满足于下述认识，即生活通常会确保那种我们可以合理追求的幸福。

调整我们的欲望以更好地适应我们的能力，要求真正理性的人不仅要节制对完美世俗幸福的欲望，而且还要节制对不朽的幸福或永恒幸福的欲望。由于"死亡"（而非痛苦或贫困）通常才是"恐惧之王"（*STCE* 115），实现完全理性的自我占有要求人们安于人皆有朽这个事实。通过向我们说明，我们有能力确保"在

---

① 在致Grenville的信中，洛克在结尾处描述了人类的"中庸"状况："我无法想象，上帝既然同情我们的软弱，晓得我们如何被造出来，会把可怜的人类……永远地置于始终反抗上帝之罪的绝对必然性下。如果我们对生活中发生的事情不享有任何选择自由，我们就必然会顺从这种必然性。……我无法将此视为上帝的设计……我们的一切行动，在实施之前，充满了永无穷尽的考虑，在实施之后，则总是充满迷茫和困惑……如果除了绝对最好的行为之外，我们不采取任何行为，那么我们整个生活都将在慎思中消耗殆尽，永远无法付诸行动。"（*CJL* #374, 3/13/1678）

此生获得舒适的物质生活条件"，洛克意在提供一个稳当的压舱物，使得人性在追求幸福的过程中保持平稳。洛克坚定不移地否认，公道的上帝(如《圣经》中的上帝)会惩罚此世对幸福理性而勤勉的追求，就是为了扫除实现这个目标的一个巨大障碍。但是，尽管反思我们确保"此世生活的便利"的能力，也许为稳定人性并正确聚焦自己提供了必不可少的帮助，然而这并不足以确保这项洛克意在完成的工作能够取得成功，因为世俗幸福的前景无法完全补偿永久的、没有掺杂的、神圣的天堂幸福。

再强调一遍，面对这个困难，洛克没有推荐一种自己意欲的或培养出来的忽视自己终极命运的心理态度。[①]洛克至少建议《人类理智论》的部分读者不要花费自己的思想精力徒劳地想要解决深层的本体论问题和神学问题，而是去开展更为实际有用、更有助于人的自然研究(4.12.12)。这样做并不意在通过用技术逃避主义取代神学逃避主义来纠正后者。无论洛克处理这个主题是多么的间接，洛克也同样认为，哲学首先是一项有关死亡的技艺。洛克承认，"任何理性的人都无法避免思考未来"，至少有时无法避免思考有朽者大限之后的去向(4.20.6)。这是洛克下述主张的最终基础，即较高程度的坚忍或自我克服对于实现理性自我占有的生活必不可少(STCE 115)。正是凭借这种哲学的坚忍，最克制的理性人在面对他们终极的无知人类状况的神秘时保持平静的姿态但却有勇气断言：无论我们的最终归宿为何，我们在尘世的力量足以获得一种当得起幸福之名的生活(尽管可能不完美)。[②]

---

① 关于这个问题富于启发的讨论参见Marx, "Economic and Philosophical Manuscripts," in McLellan, *Karl Marx: Selected Writings*, 94—95. 又见Eric Woegelin的评论, *Science, Politics, and Gnosticism* (Chicago: Henry REgnery, 1968), 23—38, 44—45。

② 参见Montaigne, "Of diversion, in Essays, III. 4 (Frame, 630—38)以及Schaefer的讨论(*Political Philosophy of Montaigne, 305—11*)。

[168]尽管洛克构想的理性生活调整甚至背离了最初体现在苏格拉底那里的哲学生活，但是，达致欲求的理性状态确实在洛克的思想里发挥了下述作用，即取代在前现代的古典道德—政治哲学中占主导地位的目的(telos)或完美状态。对洛克而言，与人类的中等状态相契合，理性生活既不是纯粹的目的，也不是纯粹的手段，而是两者的混合。与身体的健康一样，表征心灵健康的理性生活本身就令人快乐，同时也是享受其他所有快乐必不可少的条件。根据洛克的观察，正是这种自我占有状态的实现，使得极少数人能够确保得到如此多的幸福，以至于"在日常一连串享受中，稍有几度快乐，则可以使人安心自足那种幸福"(2.21.44)。洛克敦促我们践行的辛劳努力，不是神经质的自我剥夺或对愉悦的毫无愉悦的追求，也不是沉湎于幻想彻底的人类主宰。这种努力的背后是一种根本的镇静，它源于我们对这样一个自然的肯定性反思，即这个自然尽管严苛，但也宽容而善意地给我们提供供给，尽管我们最终受它统治，但它却允许我们统治它。使我们能够反思人类状况的真相并根据这个真相承担自治责任的那项官能，为洛克政治哲学中的至善论提供了最终的证成："我们理性的正确改善和正确应用就是人类在此世能达到的最高完美状态。"(*STCE* 122)

四、理性的幸福与正义：再论自然状态问题

前文关于理性的幸福的阐述包含了洛克下述主张的一个重要证成，即正义的要求值得理性人格选择。洛克式正义的主要的消极含义是，能够尊重他人的权利或避免伤害他人的生命、健康、自由或财物(*TT* II. 6)。根据本章前文所述，正义值得一个完全理性的人格选择，至少意味着不义不值得选择。对不义或僭政的欲望是一种超越必然性享有完全主宰和完备供给的欲望，它指

向一种不幸福的生活而非幸福生活。僭主不能或不愿理解,心理训导对牢靠稳定的幸福必不可少的促成作用。作为欲求不受管制的造物,僭主就像是孩子,他们从别人的溺爱中学会娇宠放纵,"养成了见异思迁、贪多务得的心理……被各式欲望搅得不得安宁……对于自己的所有总不满足"(STCE 130)。对于真正理性的人来说,幸福需要自治,而自治需要管制那些紊乱的欲望,尤其是统治他人的欲望。[169]准确地说,在洛克看来,直接涉足政治并非真正有吸引力的欲望对象。毋宁说,直接涉足政治有点陷入或下降到洞穴的意思,是为了应对紧急必要状况而勉强采取的行为。①

但是,《政府论(下篇)》中的正义不只是避免伤害他人的消极义务,而且还包括"保存人类"的积极义务(6)。尽管洛克对这项义务做出了限定,但是我们不能把洛克的说法仅仅当作修辞。真正理性的那些人践行正义,部分反映了洛克对人类幸福的社会维度的理解。尽管这些人可能主要是因为欲求沉思的独处才担负构建和捍卫理性生活之条件的哲学与政治责任,但是他们的相当一部分动机是欲求理性共同体中令人愉快且提升自我的各种联合方式。正如我们处于有体—理性物的中等状况,我们也无法总"置身事外"地生活。尽管对共同体归属和友爱的欲望——对获得承认和自我延伸的欲望——常常是危险的欲望,但是这些欲望仍然是自然欲望,并且是人类幸福的关键组成部分。职是之故,这些欲望不应被压抑,而应受理性的规制。因而,不但洛克

---

① 在写给友人Edward Clarke的信中,洛克表达了这样的希望:"你们(下议院)先天下之忧的热情使得我们没必要那么操心公共事务,而这才是国家的最幸福状态,那些承担这方面工作的人公忠体国,而其他人以闲云野鹤的心态默认接受,再为公家伤脑筋,实在多此一举。"这似乎体现了洛克对自己的政治活动的态度(CJL #1326, 10/17/1690)。比较Jefferson致Madison书(6/9/1793),载The Life and Selected Writings of Thomas Jefferson, eds. Adrenne Koch and William Peden (New York: Modern Library, 1944), 523—24。

的对自我的财产权(property in oneself)在逻辑上必然要求平等的自然权利这项原则，[1]而且(更为根本的)洛克的"追求幸福是合乎理性的"这项原则要求我们，对自己提出这种财产权主张并将其扩展至我们与之共同生活在理性社会中的其他人。我们不应把严格意义上的政治社会理解为一个友爱共同体，但是我们确实应当将其理解为在这样一种官能上具有统一性的社会，这种官能使得真正的友爱和真正幸福的生活得以可能。对幸福的理性追求要求构建和保存在理性方面相同的人构成的正义共同体。

有了理性的幸福与平等正义原则(egalitarian justice)的这种结合，我们就到达了论证的顶点，但还没有到达结论。在洛克的论证里，理性的、自我占有的人格的幸福能够解决自然状态(或人类自然状况)固有的问题。然而，根据洛克的理论，只有当这种幸福在政治上发挥实效时，它才能真正为这些问题提供解决方案。如何培养对理性自我占有的有效欲望不是一个次要的手段问题。相反，它对于洛克的整个政治—哲学事业的可信度至关重要。

这里，我们又回到第二章结尾处提到并在第四章变得更为尖锐的那个问题，即洛克论证中的规范性和经验性之间的关系。再一次，尽管洛克在《人类理智论》结尾处宣称，规范的和经验的，道德哲学与自然哲学之间"泾渭分明"(4.21.5)，但是他却指出，异教的道德哲学的缺陷在于他们使得"德性没有任何装备"(RC 245)。[170]对洛克来说，无法成为实际存在，想象而非现实的"空中楼阁"般的存在(ECHU 4.4.9)是道德—政治思想的一个致命缺陷。因而，我们必须要考虑，洛克基于理性自我所有的平等自然权利原则本身是否有足够的"装备"，是否具有经验上可实现的道德—政治可能性。我们必须考察洛克欲制造的理性共同

---

① Zuckert, *Natural Rights and the New Republicanism*, 276—87.

体在多大程度上能够实现。在此过程中，要注意洛克(特别是在
《政府论两篇》之外的其他地方)所做的(生物)人与(理性)人格
的区分。仅仅说明幸福要求形成一个平等的理性人构成的共同
体并不足以表明，追求幸福的法权平等原则可以拓展至全人类。

　　正如前一章所阐明的，洛克有时会夸大人类理性能够清晰地
获知自然法，有时还会夸大理性官能本身的自然性。很显然，他
甚至不认为普通的人类理性是自然的自发产物，就每个成年个体
以及通常的历史发展进程中的社会而言都是如此。"我们是生而
自由的，也是生而具有理性的；但这并不是说我们实际上就能运
用两者"(*TT* II. 61)。尽管洛克建议我们假定，"年龄"会带给我
们自由和理性，但是他马上指出，做出这项推定需要慎重。他承
认，在通常的自然进程或历史进程中，理性和自由的资格都不会
简单随着时间的推移而来，需要经过长期艰苦卓绝的努力。它们
是恰当教育的产物。

　　我们应当在这个语境中，考察洛克下述主张次第展开的含
意，即我们每个人"对自己的人格享有财产权"(*TT* II. 27；比较
44，123)。我们获得对自己的财产权以及自我所有的存在者的权
利，就像我们通过劳动获得物质财产权。随着《政府论(下篇)》
"论财产"这一章的展开，劳动的真正本质以及劳动贡献的程度
逐渐变得清晰。与开头的论述不同，洛克没有坚持，我们通过原
始的采集或界定模糊的未经改进的劳动与自然的天然成果的"混
合"能够确立完善的财产权。通过上述这种方式，我们只能说已
经"开始"或确立了(*TT* II. 30)最低程度的初步财产权。正如洛
克在他备受忽视的段落里所说，只有当我们通过运用"发明和技
艺"，声称为自己的物质财产的创造负责时，我们的物质财产才
"完全"变成我们的(*TT* II. 44，强调为作者所加；对比27—31)。
洛克将财产权立基于人类劳动的创造性力量的现代做法意味着，
尽管自然有所助益地提供了"材料"，但是作为真正人格的人很

大程度上是自我制造的。①

　　同人类劳动运用其创造性力量的其他材料相比，人这种"材料"通常格外抵制理性改造。这就带来了一个尤为严重的问题，即人类是否适合洛克有关人人平等的自然权利学说。[171]洛克比马基雅维利更尖锐地指出，人类存在一种自然的心理类别划分。②这个看法含蓄地提出了这样一个问题：人类中的大多数是否天生就服从少数人欲求的支配，而他们两类人都天生不适合理性自治？在洛克展现的自然—历史通常进程中，人们确实能发现相当程度的证据支持他最著名的弟子以千钧笔力明确反对的一个令人沮丧的见解，即"人类中的大多数生来负轭，惯于当牛做马，让少数人正当地骑在头上"。③

　　此外，不仅人类的自然激情和想象力有力阻碍了理性自治，而且(洛克似乎不时表达出这个意思)至少在大多数人那里，理性克服这些阻碍的能力也是微乎其微。假定成年人在理性方面平等这个前提面临许多问题。这不仅体现在洛克对人格与人这两个概念的区分中(*ECHU* 2.27.6—8)，而且更突出地体现另一处蒙田的回响声中。"这么说尽管伤人，但人与人之间理智、领悟力和推理能力的差距"洛克说，"是如此巨大，可以说，人与人之间的差距远大于人兽之间的差距"。④即便洛克这里可能是指人类中

---

① Rapaczynski观察到，洛克尝试"在一个统一的人类行为理论中将实践(*praxis*)与诗歌(*poesis*)综合起来"(*Nature and Politics*, 117)。

② *The Prince*, chap. 9 (Mansfield, 39). 相较于马基雅维利，洛克似乎在自我保存的极端欲望中看到了远甚于马基雅维利在民众"性情"中看到的自然屈从性。在以基本相似的口吻宣称"人民普遍地遭受压迫和得不到公正待遇时，一有机会就会摆脱紧压在他们头上的沉重负担"时，洛克承认，人民通常"极难被别人说服改正他们业已习惯了的机构的公认的缺点"(II. 224, 223; 又见230; 比较II 91—93; I. 33, 更一般性的讨论，参见*ECHU* 1.3.23—27; 2.33.6—7; *STCE* 146, 164; *CU*34.41)。

③ Jefferson致Roger C. Weightman信，6/24/1826，载*Life and Selected Writings*, 729。

④ 参见Montaigne, "Of the inequality that is between us," *Essays* I. 42, Frame, 189。

的少数例外，例如"疯子和傻子"（*TT* II. 60），出生就畸形的"易子"（*ECHU* 2.11.13; 3.6.22; 又见*CU* 6），但我们必须面对洛克的下述看法，即：不仅某些人如此，而且"人类大部分，因为世界万物自然的、无法变更的状况，以及人类事务的构造，必然对这些证明无知"，这些证明为证实"人类社会中所认为最重要的许多命题"所必需（4.20.2）。确实，"人们如果充分地正确考察过，并且确乎相信了他们所宣示、所奉行的主义，确能自治……不过这一类人究竟是很少的"，不会超过百分之一（4.16.4; 又见1.3.24, 25; *CU* 6, 24, 34）。那么似乎在洛克看来，真正的人格或真正自我占有的行动者恐怕也就只有哲学家了。

为了能让他的原则得到充分准备，从而作为基于自然的权利规则能够得到辩护，洛克必须找到某种手段，在激发懒散而驯顺的大多数人的理性能力的同时，将控制欲较强的少数人文明化，并且在启蒙不那么理性的多数人的同时，不对更为理性的少数人造成不义。本章的论证表明，为了解决自然状态的病症并实现正义和幸福，自然状态中错位的、"孜孜不倦"的生物必须变成什么。除此之外洛克还需要说明，他们如何才能实现他们可欲的目的，或者，怎样才会去欲求这些目的。[172]我将通过考察洛克有关具体教化制度（学说和机构）——凭借这些制度，我们将习得和培养我们对自我的财产权——的看法来结束我对洛克式政治理性的探讨。

第六章　洛克的宪制设计

[179]在为即将颁行的宪法辩护时，普布利乌斯开篇给出了一个著名说法：天降大任于美国人民，"来决定这个重大问题，人的社会，是否真能通过反思和选择，建立优良政府？还是命中注定，要依赖机运和暴力，建立政治制度？"《独立宣言》中的一个自明真理——通过同意建立政府的自然权利，直接或间接自治的自然权利——被《联邦党人文集》当作一个问题提了出来，而联邦党人的回答依赖于一个宪制实验的最终结果。①除了其他许多方面，就下述这点而言，美国共和政体的国父是洛克的追随者，即：从公理性断言转变为一种认识论上更谨慎、(在某些方面)政治上更审慎的对于自然权利与同意政府学说之实验性的确认。用洛克培根式科学自然史观的话来说，洛克将正义原则理解为假设。这些原则源自于历史材料，但并不是历史材料已经确证的定

---

① 还可以参考葛底斯堡演讲，林肯在这篇演讲中提到了"人人因被造而平等这个命题"(强调为作者所加)。我认为，人人平等的自然权利这个理论的激发人心的方面已经出现在洛克的思想中。相反的观点见Harry V. Jaffa, *Crisis of the House Divided* (Garden City, N. J.: Doubleday, 1959), 317—29。在《独立宣言》中，人人平等这个自明真理与其说是教条性的，不如说是教化性的，参见Michael Zuckert, "Self-Evident Truth and the Declaration of Independence," *Review of Politics* 49, no. 3 (1987): 319—39。

论。读者常在《人类理智论》中找到的那种实验主义同样呈现在洛克更为直接研究政治的作品中。①尽管洛克有时候讲的有些教条，但是洛克的立宪主义其实是一项重要的实验方案，意在确定人类能够普遍施展理性自治的"能力"或官能的条件。

为了复原洛克所理解的有助于培养法权理性的习俗，在接下来的讨论中，我所运用的立宪主义概念比自由主义政治思想通常理解的更为宽泛。[180]我认为洛克式立宪主义包括他对政府权力的界定和分配，"政治社会"的各种制度和联合体(个人在其中过着他们的私人生活)，以及关于这些制度和联合体的学说。在某种程度上，我将宪制等同于政体，将洛克式宪制理解为基本上整全的道德—政治秩序。我知道这种用法看似与洛克的精神及政治自由主义的精神格格不入，因为这种用法模糊了政治与道德教育的边界，而这项界分通常被认为是洛克和自由主义者的一项突出成就。诚然，洛克的教导包括政治领域、哲学领域、教育领域及神学领域的相互分离；道德教育的任务下放给私人家庭；政治法作为"篱笆"，主要功能是保护那些假定已经成型的人格的权利；最重要的是，照料灵魂超出了政治权威的权限。这些都表明，洛克对于将整全性道德智慧集中化和制度化的要求，抱有一种典型自由主义式的不信任。人们不能怀疑，洛克想要限制政府在塑造道德性格中发挥的作用。但是，即使我们承认这些，我们依然可以做出一项重要的区分，区分洛克的自由主义与后来那种对政治和道德教育的关系采取一种中立论的、"百花齐放"进路的自由主义。②

---

① 关于洛克《人类理智论》中的实验主义，特别参见Colie, "The Essayist in his Essay," 236—37, 247—48, 251—52, 260—61。
② 参见Thomas Pangle, "Executive Energy and Popular Spirit in Lockean Constitutionalism," *Presidential Studies Quarterly* 17, no. 2 (Spring 1987): 253—66, at 260。

　　洛克清楚地知道维系自由政体需要什么质量的品格，因而没有教条地区分政治与道德教育。由于"习惯有着摄人心魄的魔力"，所以对洛克来说，道德教育就是如何恰当地养成身心习惯（*ECHU* 2.21.69；比较*STCE* 10，42，64—66，110；*CU* 6）；加强亚理性对理性的支持这项道德教育的任务不应局限于未成年阶段。如果说自由政府最终依赖于政治社会中具有道德塑造作用的制度的表现，那么对自由政府来说，形塑、促进和维系这些制度并通过它的方式和行为来强化这些制度的教义就与自身的利益相关。本章的目的在于说明对洛克的政治思想非常关键的这些制度和学说——合乎理性的基督教学说、个人权利学说、私有财产制、家庭制度、基于同意的代议制政府制度，甚至科学事业——如何被设计成为一个融贯的宪制政体的组成部分而发挥作用。它们是哲学立法的任务，执行清除自然状态的紊乱状况这份小工的任务，而且在某些情况下，它们是一项更具肯定意味的任务，即促进理性的自我占有这种真正幸福的实现。

一、合乎理性的基督教

　　洛克在一篇可能被视为现代政治自由主义的奠基文献中提出，"当务之急是严格区分世俗统治之事与宗教之事，确定二者的恰当界限"（LCT 26）。[181]在洛克的设计中，明确界分这项最根本的权力分配的界限，对宗教和世俗统治都大有裨益。通过净化信仰者接受宗教的动机，它将有利于宗教。通过去除公共生活中一个有力的宗派因素，它将促进世俗统治。然而，洛克区别世俗事务和宗教事务并不意味着严格区分两者，例如他愿意惩罚无神论者，愿意接受非强制的国教。尽管他决心将宗教派系纷争去政治化，但是与当下某些影响深远的自由主义者不同，洛克承认经过恰当认知的宗教的教化作用。洛克肯认世俗统治的合法性仅仅来自于被统治者的理性同意，但是他同时也承认人类理性的普遍不完善。他没有基于这种不完善而认为理性自治事业是徒劳的，而只是指出，人类的理性通常需要理性外的支持。尽管洛克宣称大多数人必然对道德证明的基础茫然无知，但他却向我们保证："上帝所给予人的官能已经足以在他们所走的途径中指导他们；他们只要在余暇的时候，肯认真运用自己的官能就是了。"特别是，"无论谁都不至于把所有时光都谋了生，却没有闲暇思想自己的灵魂，来使自己在宗教的事情方面有所开悟"（*ECHU* 4.20.2—3；比较*RC* 243）。诉诸信仰并非要取代理性自治，它是理性自治成功的一个条件。尽管以宗教之名的不宽容常常会弱化或束缚理智，但是恰当理解的宗教"实际上使我们有别于禽兽……使我们高出于牲畜之上"（*ECHU* 4.18.11）。

　　在洛克的宪制设计中，促成宗教对社会的道德和政治健康发挥关键作用的任务主要由基督教来承担。与他将英国的制度作为理性立宪政府的模型一样，洛克在考虑宗教问题时，也是在避开智识上盲目照搬和地方主义的指摘的情况下，运用自己手边可用的材料。[1]如同我们在第二章中所见，洛克恳请自己的读者让基督教的主张接受理性的审查，而他自己则肯定说，依照其道德合理性的标准来判断，基督教具备正确性。令人欣喜的是，洛克发现，只要解释得当，盛行于英国和西方世界的这个宗教能在良序的政治社会中发挥恰当的作用。通过驯化那些阻碍理性运用的激情，激发那些支持理性运用的激情，真正的、合理的基督教为世俗统治提供了关键的支持。它最有益的功能在于节制分裂人类的极端激情，促进对和平的热爱，并同时维系那种使得和平值得人们选择的理性自由精神。

---

[1]　Mansfield, *Taming the Prince*, 190—92.

（一）和平的基督教

正如洛克在《论宗教宽容》中所透露的，他已经充分准备好面对下述反驳意见，即基督教的历史实践很难表明它是和平的宗教。[182]面对基督教宗派根本不配被宽容，因为他们自己本身就不宽容，"好拉帮结派，混淆视听，陷入内斗"这项指摘，洛克坚称，引发这种敌对的不宽容并非是基督教固有，而是源自教会领袖"的贪婪和不可遏止的支配欲"。洛克对教士动机的激烈抨击似乎本身就是对人不对事，有违他所倡导自己的教友秉持的基督教仁爱精神。尽管如此，洛克在对基督教的解读中找到了他这些抨击的正当理由，排除了其他有关教派不宽容的解释。尽管因信称义容易被滥用，但是理解得当的基督教仍然"能最大程度地对抗贪心、野心、不合、争执以及各种难以训导的欲望；仍然是最为谦逊、最为和平的宗教"。[①]那些"装成使徒接班人的家伙……必然引起听众的警醒，只要听众能肩负起和平的责任，对全人类心怀善意，自能收正人心、息邪说之效"（54—55，33—34；又见23—26；比较*Works* 1823,7.736）。[②]准确地来理解，基督教有助于对抗派系分裂。这种分裂既包括基督教内部的派系分歧，也包括更普遍搅扰自然状态的那种心理上的层级分裂。

洛克在《基督教的合理性》中论证说，在很大程度上，基督教的和平性和反派系在于其教义的简单。福音的意图似乎是拣选"贫穷、无知、不能识文断字的伙伴"为使徒。福音没有说必须要排除谁。它旨在"为了以救赎的方式引导不能识文断字的普罗大众"。如果要让穷人和劳动者都能接受福音，洛克推论说，"那么毫无疑问，就是穷人能够理解的福音，平易近人，可被理解的

---

① 以下的讨论可以与Rahe的观点加以对照。Rahe认为，洛克关于和平的基督教的阐述其实是"通过其不具备的优点来赞扬国教"（*Republics*, 302）。
② 参见洛克 "Pacifick Christians" 残篇，载King, *Life of John Locke*, 276—77。

福音"(*RC* 141, 1, 252)。真正的、易于理解的、合乎理性的基督教仅仅为上帝赐予永生设置了两个条件："信与悔,意即,相信耶稣就是弥赛亚和对良善生活的坚信"(*RC* 172)。设置这两个条件不但是为了便于常人把握,而且是为了将根本性分歧最小化并最大程度地增加基督教的包容性。就单个信条而言,洛克的谨慎表述似乎意在平息人们对"根本"原则的普遍欲求,并同时对耶稣就是弥赛亚这个信条的含义保持必要的模糊。①这个条件的宽泛消除了争论上帝一位论或三位一体论以及基督神性的急迫性,其至为那些仅仅将耶稣视为神委派的道德教师的人提供了教义论证。通过如此这般将所有教义和礼仪的问题都变成了对于最终救赎来说无关紧要的事情,洛克的合乎理性的基督教使得提供证明的大部分真正负担落在实践上的悔改,即忠诚地执行行为之法上。福音以其务实简单的方式教导说,耶稣将"根据人们的行为,来审判所有人"(*RC* 252;又见6, 222, 227)。洛克再次教导说,真正的基督教上帝关心的是目的或结果,而非形式。不是经过完善的正统教义,而是"道德性"为我们带来了永生的最高利益(*ECHU* 4.12.11)。[183]与"信仰之法"的简单性一致,行为之法所要求的道德良善生活本身就是无需信仰协助的理性能够获知的简单道德规则,也就是对幸福的理性追求。

同样地,洛克认为合理解释的基督教能减轻我们心理上的层级分裂,这种分裂大大助长了我们的好斗天性。追随培根的看法,洛克指出,基督教的仁慈德性对野心家和潜在的僭主特别有吸引力,尽管这项德性使这些人为平等主义目的服务(*TT* I. 42—43; *ECHU* 4.12.12)。②洛克的合乎理性的基督教尽管为正

---

① Zuckert, "Locke and the Problem of Civil Religion," 188; Sherlock and Barrus, "The Problem of Religion in Liberalism," 296—97.

② 有关洛克所讲的慈善德性,参见Pangle, *The Spirit of Modern Republicanism*, 143—44, 相关讨论参见Tacov, *Locke's Education for Liberty*, 141—45。

当的野心提供了施展的机会，但同时对不正当的野心不予支持。基督教信仰的简洁性和非律法性都在这里发挥了部分作用。为了排除教士的迷惑，教会的律法与教义必须源于真信仰的几项简单信条，正如为了"辟邪说、放淫词"的败坏，政治法必须源于几条简单的自然正义规则(*TT* II. 12)。由于基督教使得人们(无论鸿儒还是白丁)无需经过教士精英的中介获取上帝的圣言；又由于，与圣经犹太教不同，"使徒之下，没有基督教国这种绝对的东西"，因此基督教不会为统治野心提供掩护(*LCT* 44)。

但是，这还不足以证明基督教是和平的、合乎理性的。洛克为一种相对去政治化的非宗派化的基督教提供的论据依然不完整，还没有考察基督教和其他信仰以及理性不信教的关系。

基督教对其他信仰的包容或宽容的限度，这个问题很大程度上源于宽容原则与神的实定启示之间的普遍张力。首先，鉴于我们无法确定任何有关神的实定启示的主张的历史真实性，洛克对于任何有关直接启示的主张所固有的危险的担忧，也适用于一般意义上的有关启示的主张："人们往往喜爱奇特的事情，而且觉得受了灵感，超出于寻常的知识途径，乃是一种光荣……这种情形不是很能满足他们的懒散、无知和虚荣么？理性是不能支配他们的，他们已经超过理性了"(*ECHU* 4.19.8)。洛克对基督教是真正唯一的启示的肯定并没有消除这个担忧。如洛克所言，即使坚称基督教本身没有许可其教士精英阶层的发展，启示的主张本身——作为神意的终极形式以及人类分层的终极来源——就可能使整个基督教世界本身变成一个针对外族人的教士集团。[①]这个困难既源于仁慈方面的动机，也源于利己方面的动机。在洛克

---

① 神的实定启示暗含的不平等，参见Mansfield, "Thomas Jefferson," in *American Political Thought*, eds, Morton Frisch and Richard Stevens (Itasca, Ill.: F. E. Peacock, 1983), 28—29。

看来,如果信耶稣为弥赛亚是救赎的必要条件,那么人们一定会怀疑,理性的洛克式的基督徒能否在政治上与其他相信灵魂面临有朽危险的人和平共处。

[184]洛克可没有被这些表面的困难唬住。他坚持认为基督徒的宽容意味着"异教徒、穆斯林、犹太教徒都不能因宗教而被剥夺国家公民权"(*LCT* 54, 31; *Works* 1823, 6.229—30)。虽然宗教错误对于其持有者来说非常不幸,但是并没有对他人的世俗或属灵福祉造成损害。基督教或其他任何实定启示固有的非平等主义可以限于私人领域。这并不意味着洛克对自己社会同胞的属灵命运漠不关心。"基督徒最大的责任诚然是以仁慈之心、尽最大努力挽救那些犯错之人。"但是必须避免强制或强力手段。然而到最后,最仁慈也最有说服力的信徒必须接受下述事实,即:他们的有些同胞会忽视自己的身体健康或财富,而有些则会忽视自己的灵魂(*LCT* 31, 47, 35)。有人也许会因此而担心,这种宽容对待我们的同胞有些冷漠或道德冷淡,将削弱我们的道德义务感,从而削弱社会纽带。面对这种担忧,洛克可能会回应说,就最终效果而言,对属灵和世俗事务上某种程度的道德冷淡实际上有益于社会。我们已然看到,强有力的精神和情感需求感是自然状态紊乱的一个主要根源,常常阻碍理性的发展和运用。尤其是在《政府论(下篇)》中,洛克担心这种需求感将加强非理性的社群主义,其特征在于对同胞的过度情感,对社会和社会权威的盲目具体化。这就说明了洛克为何大幅降低友爱或社会成员间的情感纽带对政治社会的重要性(13, 70, 107)。如果宗教宽容原则还进一步加强了我们抵制非理性社群主义的能力,那就更好了。

不管怎样,洛克有关宗教错误只会带来私人或个人危害的主张还需要进一步予以考察。这个主张假定了一个负责任的成年人构成社会,其中每个人凭借批判理性,具有足够的能力避免犯错。《论宗教宽容》非同寻常的一点是，洛克完全没有考虑儿童的情况。洛克没有考虑下述可能性，即：接触对我们自己无害的信条可能会对我们扩展的自我有害，对我们理性不完备的后代有害，而我们对自己的后代负有道德和属灵教育的责任。然而，在一个宗教宽容蔚然成风的社会里，让孩子免受宗教谬误或异端的影响就与让他们免受迷信或家庭佣人的恶行的影响一样困难（STCE 59, 68, 70, 76, 138, 191）。洛克似乎也同样没有考虑到，在一个宗教宽容的社会中，不同信仰者之间的友爱可能造成的危险。尽管洛克否认友爱为社会团结之必需，但是他确实承认，宗教社会中的人们可能会搁置具体信条，形成友爱关系。[185]但是，如果如卢梭所言，人不可能爱上将被定罪的人，[①]那么发展此种友爱关系似乎会要求摒弃据以认定他们被定罪的信条，甚至摒弃那位要定他们罪的神。宽容的社会在协助持有多种信仰的成员和平共处的同时，其本身以这些间接方式对每个具体信仰的完整性构成了威胁。

　　启示问题的真正解决方法，以及洛克对于宗教宽容损害个人信仰的担忧的来源，都在于洛克对合乎理性的基督教最为深入但存在潜在问题的理解。基督教启示通过提供一种平等主义的、几乎普世的拯救应许来避免任何具体实定启示固有的不平等分裂。洛克暗示，基督徒无需畏惧与不同信仰者结成社会，因为至善至正的上帝不会惩罚那些以不同信条来真诚敬拜他的人。对于那些生活在基督降临前的人来说，洛克坚称，"没有人能够信仰他生前不存在的东西"。而对于那些基督降临之后的人，有些人没有听过基督的应许。对于这些人，洛克宣称，"上帝按照人应该成为的样子来要求每个人，而不是按照他们无法成为的样子来要求他们"。这个限定条件似乎允许某种不宽容，不宽容那些

---

① *On the Social Contract*, 4.8.

听过基督启示却改投他处者。①但是，洛克进一步观察到，伊斯兰一神教直接源于基督一神教，这表明真诚的穆斯林信仰对于真正的上帝可能也是可以接受的。紧接着，他几乎直接否认，真正的、合乎理性的基督教要求以某种特定的信仰告示（以某种传统上认可的方式）为救赎的条件：在基督降临后，"赞美与祈祷，在神祇面前卑躬屈膝，这是基督所谴责的崇拜方式。只有每个人直面自己内心，才是唯一让上帝悦纳的方式"（*RC* 228，231，239，244；*ECHU* 9.23）。

人们也许会质疑，这种超基督教的包容主义如何与"耶稣是唯一的弥赛亚，除他之外，上帝与人之间再无其他位格，除他之外，我们再不可期望救赎"这个教义相容。在肯定了在基督降临前生活的人能够通过"自然之光"发现救赎之路后，洛克更尖锐地提出了一个相关的问题："我们为什么还需要耶稣基督？"（*RC* 232—34）。他回答道，绝大多数人要发现"真正的唯一上帝"都需要基督教的启示，提供完善的道德知识并赋予道德以权威；通过属灵化来改变敬拜方式；为德性生活提供充分动机；答应为他们坚守德性和真宗教的戒律的艰苦努力提供协助（*RC* 239—46）。尽管极少数天赋卓绝者具有或可能具有无需信仰协助的能力发现救赎之路，[186]然而，如果没有基督的启示，道德无法获得普遍承认，更不用说取得实效。因之，"许多人凭理性发现启示，却不承认它……有人认为，理性能发现（启示的真理），我们就会立马承认它；既然理性发现的证据确凿，我们就算拥有了这种知识"（*RC* 243）。②

---

① 但是值得注意的是，尽管洛克指出，那些被习惯或纯粹的劳动必然性施加了阻碍的人，仍有义务探究"宗教之事"，但是他没说将这个说法用于那些因官方强迫而变得无知或不信基督教的人（*ECHU* 4.20.3—4）。

② 托克维尔在《论美国的民主》导论（11—12，16）和第二卷第一部分第三章（2.1.3）里说："希腊和罗马最具远见卓识的思想家都没有把握这个简单的　　　（转下页）

根据洛克所言，基督教是一种能够克服启示排他性的启示，吸纳或包含其他启示，无论是自然启示还是实定启示。有人反驳说，洛克的合理性解释是一种经过稀释的或自我削弱的基督教，自相矛盾地赋予基督教无需信奉它而只需要保持真诚就能够被拯救这个教义。[1]洛克给出的辩驳是表示，应许拯救的包容性启示恰恰成全了基督教的应许。他暗示，如果不去侵犯人们的特定信仰，所有或几乎所有尊崇独一上帝的智慧与良善并肯定义人得救的人，可以也应当反思，自己在生活和核心信念方面，在多大程度上已经默默尊崇耶稣为弥赛亚，万王之王。通过他的理性解释，洛克不但把英国国教的高教派和神体一位论者(Unitarian)包容了进来，甚至还暗中把穆斯林和自然神论者包容了进来。在对基督教启示负有的根本道德责任方面，所有人都可以被大度地认为是基督徒。[2]因之，洛克所阐发的真正的、合理的基督教消除了基督教普遍主义固有的帝国主义威胁。这种基督教吸收自然宗教的宽容和包容，并同时至少在外部形式上保持了实定启示的完整和权威。

（二）基督教与理性自由

洛克认为，基督教不但能防止吹捧专断的激情和分裂的激情，而且有助于纠正屈从性这个更普遍的人类之恶，使得其信奉者为理性自由的生活做好准备。这是洛克下述观点的一个可欲的隐含之意，即：他反对使徒统绪的教义，认为教会不过是"人们

（接上页注②）观念，所有人都是类似的，平等地拥有与生俱来的自由权……直到耶稣基督下降到人世，让所有人明白，他们因天生相似而平等。"(439)

[1] 参见Rather, *Republics* 304—05; Tully, *An Approach to Political Philosophy*, 53, 233, Wolfson, "Toleration and Relativism," 224—25。

[2] 比较Eldon Eisenach, "Religion and Locke's Two Treatises of Government," in Harpham, *Locke's Two Treatises of Government*, 72以下。

的自愿团契，随自己心意结合，为的是能以上帝悦纳的方式公开敬拜上帝"(*LCT* 28)。对许多人而言，教会是最终权威的代表，也是其他权威形式的模范。通过将教士权威去神秘化，洛克把基督教会视为自愿团契的做法，应有助于培养对政治权威的批判态度。相信教士权威来自于教会成员理性同意的人也同样相信，政治权威来自于被统治者的理性同意，而非其他某个更高的来源。此外，如果宽容宗教差异不但为"耶稣基督的福音所接受"，而且是后者的积极要求，那么真基督教就能够安置宗教意见和宗教情感，[187]保卫立宪有限政府的事业："若干彼此独立的教会，如同众多的公共和平守卫者，互相制衡，政府形式不会被改变。"(*LCT* 25, 53)①

在洛克看来，基督教还在很多深层方面有助于理性自由事业。对于那些将教会的权威视为其他权威的典范的人来说，上帝自身的权威是一切权威的最终来源。正如霍布斯所理解的，上帝的权威来自于其全能——上帝的力(might)产生上帝的理(right)——很有可能使信徒习惯于以类似的方式理解政治权威的真正基础。②从支持自由政府的角度来看，洛克的理性基督教与此不同，它会带来令人满意的结果，降低强调上帝之全能的潜在影响。尽管洛克承认上帝作为全能的造物主，对其造物拥

———————————

① Sherlock and Barrus, "The Problem of Religion in Liberalism," 297—98. 这个推理似乎留下了这种可能性，即：即便那些接受真的、宽容的基督教的教派也会出于防御性目的试图控制政府，以防止那些错误解释基督教或被野心败坏的人施加强制。因此，相较于洛克的合乎理性的基督教固有的宽容精神，自由立宪主义事业依靠"教派多样性"(《联邦党人文集》第51篇)似乎更保险些。可是，即便洛克有点怀疑他的解释多大程度上能促成所有或大部分自诩为基督徒的人保持宽容精神，但他将教会视为自愿团契以及坚持基督教义的简单性和普遍性的做法——考虑到洛克对于心灵自然倾向的宗教性力量的评价——似乎特别适合促进教派多样化，克服基督教宽容这个更好的动机具有的"缺陷"。无论如何，洛克的基督教既支持宽容、和平的事业，也支持政治自由事业。感谢Doug Kries教授让我更深地体悟到了这点。

② 参见Leviathan, chap. 31 (MacPherson, 397—98)。

有绝对的、任意的命令权（*TT* I. 52—53，*TT* II. 6；*ECHU* 2.28.8；
4.13.3），但是他指出，上帝不能被认为完全超越善恶。[①]洛克坚
持道德上合理的圣经解释或有关上帝的推理必然承认上帝的良
善、智慧与正义。这是在暗示人类服从的最终权威不可能被认为
对我们拥有绝对而任意的权力。洛克教导我们根据上帝根本的
良善与正义来解释他的命令，其实就是在教导我们说，上帝的权
威或者说特别是上帝的权威也受到合理性这项标准的限制。我
们要将良善与正义视为任何统治权（无论是上帝的统治，还是人
的统治）的正当性的核心要素。

　　在洛克的解经里，上述这项解释原则最突出体现在他对亚当
堕落的解释中。洛克认为，堕落问题的一个关键误解是关于上帝
惩罚的接受者。很多人发现，原罪教义的基础特别体现在《罗马
书》5：12（"死是从罪来的，死又临到了众人"）和《哥林多前书》
15：22（"在亚当里众人都死了"）。亚当的僭越不但使自己身染
原罪而且殃及所有后人。这个教义"带来了一个让不少人栽了跟
头的普遍反对意见"，而且这个反对意见正是源自洛克评判基督
教合理性的标准："亚当的后代要为他的罪过受罚，无辜者却要
承受罪愆，这如何与上帝的正义与良善相合？"洛克简单明了地
给出了否定的回答。假定"公道的上帝惩罚原罪，要殃及后人，
绵延至子子孙孙"，这种对《新约》的"奇怪"解释是"错误"的。
作为公道的上帝，基督教的上帝必定奖赏正当和道德的行为，
不会拿走我们享有权利的东西，而且仅仅"向本人……谴责其
罪"。洛克推理说，因为亚当"出生"于伊甸园，他被逐出伊甸园
可以被认为是一种惩罚。与此类似，亚当后人中的不义之人会因
个人的不义行为而受到惩罚，被排除在不朽的天堂门外。但是，

---

① 更广泛、更历史地分析这个辩论的术语和利害关系，参见Spellman, *John Locke and the Problem of Depravity*, 8—38。

亚当的后人都出生在伊甸园之外且生于一种有朽状态,这并没有剥夺我们有权要求的东西,因此它就是一项恩赐而非惩罚(*RC* 2, 4, 6—11)。

[188]洛克对堕落非正统的解读对理性自由的事业具有深远的意义。洛克认为,堕落的人类的有朽性和其他种种不幸仅仅是人的出生状况,而不是上帝的惩罚。这就意味着我们没有义务忍受我们的状况或伴随这种状态的厄运。洛克与笛卡尔不同,没有试图通过推动医学知识克服有朽性。①他明确肯定,彻底改善人类状况的辛劳在道德上和实践上都是可能的。就分娩这个劳动行为的范例而言,洛克指出,"如果有办法避免分娩之苦",圣经没有规定女性"必受分娩之苦"的义务(*TT* I. 47)。②正如"全知的造物者"的智慧显现在"自然"中,"从来不会制造出一种美妙的东西……但却没有任何用处"(*ECHU* 2.1.15)。上帝不但允许而且希望我们运用自己的官能改善我们的状况。上帝赐予我们一种适合我们的理性本性的规则,它"只能是理性命令的东西,而不可能是其他什么"(*RC* 14, 252)。最终,上帝的智慧和正义显现在一个自由统治政体中。上帝知晓我们的脆弱并尊重我们的理性自由,"人类……是,而且必须被允许追求幸福,不应受到阻碍"(*ECHU* 2.21.53; *RC* 245;又见243)。

马基雅维利和其他异教对手将基督教贬斥为适合奴隶的宗教。洛克则截然不同。他眼中真正的、合乎理性的基督教不是蒙受苦难、奴颜媚骨、消极顺从的宗教。这种基督教实质上呼应

---

① 参见Discourse on Method, 6, in Descartes: *Discourse on Method and the Meditations*, ed. F. E. Sutcliffe (Middlesex: Penguin, 1968), 79。

② 又见"Homo Ante et Post Lapsum," *MS Locke* c. 28, f. 113; Michael Zuckert, "An Introduction to Locke's First Treatise," *Interpretation* 8, no. 1 (1979): 69—74, *Interpretation* 8, no. 1 (1979): 69—74 and "Locke and the Problem of Civil Religion," 201—02; and Pangle, *Spirit of Modern Republicanism*, 144—47. 比较Spellman, *John Locke and the Problem of Depravity*, 101—02, 140—53。

了他在《人类理智论》中提出的观点，"行动"，积极改善自己和同胞的生存状况，"是人类的大事业"。(2.22.10，强调为作者所加；又见4.12.11)。恰当理解的基督教非但不阻碍，反而顾及甚至鼓励主张人的能动性。尽管洛克说上帝赐予人类以丰裕，但是他坚称，"上帝也命令人类劳动"，改善他们的生存状况，"而且贫乏的生存状况也要求他们这么做"（*TT* II. 32）。

这似乎是一种奇怪的义务。[①]洛克既否认上帝将我们置于丰裕的自然状况，可以要求我们感恩，他也否认贫乏之的自然状况代表上帝的惩罚，我们有义务因不可开脱的原罪而受罚。因此，鉴于其与合理构想的尘世幸福非常相符，不要消极受苦而要积极改善我们的状况这项义务可能显得有些奇怪。这项"命令"的真正含意似乎是为了表明洛克对下述看法的拒绝，即：在基督教中，上帝的赐予为人类施加了某种真正的义务。

我们可以从更尖锐的角度来说明这个问题的重要性。如果上帝为亚当后代提供的物资如洛克有时所说的那般贫乏，而这并不代表上帝对人类原罪的惩罚，那么洛克似乎赋予基督教上帝的那种宽宏(liberalism)或慷慨(liberality)就会产生问题。如一些评注者所言，质疑上帝作为赐予者或供给者的宽宏就是在质疑上帝对其人类造物的善意，并(含蓄地)质疑上帝对人类造物的权威。[189]归根到底，这里的问题在于，洛克道德和政治思想基于上帝的所有还是人类的自我所有(比较*TT* II. 6, 56, 27, 44, 123)。在

---

① Zuckert举出一些理由，质疑洛克就上帝命令的特点以及上帝的恩赐与人类自然权利的关系这些根本问题对《圣经》做出的解读。参见 "An Introduction" 各处及 *Natural Rights and the New Republicanism*, 260—62. 比较Pangle, *Spirit of Modern Republicanism*, 141—58; David Foster, "The Bible and Natural Freedom in John Locke's Political Thought," in *Piety and Humanity*, ed. Douglas Kries (Lanham, Md.: Rowman and Littlefield, 1997), 181—210. 我并不质疑这些解读。为了目前讨论的需要，我主要关注洛克合乎理性的基督教被用来发挥怎样的教化作用，而不是其解释是否忠于原典。

某些更为怀疑或哲学上追根问底的洛克评注者看来，无论洛克的修辞如何闪烁其词，他强调人的能动性和责任实际上是在召呼一种谋求解放的叛乱，揭露上帝对人类漠不关心或者充满敌意。推至极端，主张这样一种激进的人类自治意在表明人对自然或自然状况的最终胜利，实际上可以说是人对人类意志之外的任何道德秩序渊源的胜利。[1]

　　不能否认，洛克为这些怀疑提供了一些根据。然而，归根结底，洛克的论证逻辑并没有迫使我们赋予他一种激进的反神论恶意（antitheological animus）。前一章阐述的那个论证证实了自然的终极善意。这个论证也同样支持上帝的善意。为了克服我们对自然状态的通常回应表现出的危险的错位，我们必须将源于自然状况的匮乏的不安理解为一种有益的（尽管往往令人不愉快）的东西，这种不安是理性行动的一个必要动机。上帝仅仅提供了"丰富的材料"以及真正实现这种丰富的官能。这并不意味着上帝任意妄为或者对人类疏忽大意。洛克所推荐并为其提供圣经支持的人类自我所有并不必然与上帝所有矛盾。[2]恰恰相反，上帝作为明智的家长和政府的典范，既严格又放任地行使自己在所有权方面的专权，允许并指引他的理性造物在很人程度上实现自治。上帝提供的物资容易腐化，这样就不会宠坏我们。通过要求我们自己制作生活之物和享用之物，上帝教导我们勤勉、远见和责任。更一般地来讲，通过为我们提供理性自由的材料以及发展理性自由的责任——这种提供方式尊重我们对自己的财产

---

① 这点部分是Strauss的看法；尤见 "What Is Political Philosophy?" in What Is Political Philosophy?, 49—55. Pangle的结论近似于此，Spirit of Modern Republicanism, 141—71. Wallin, John Locke and the American Founding, 更直接地肯定洛克无神论的激进主义。

② 尽管如此，我们当然有理由说，洛克提出人类自我占有原则，在很大程度上改变了他最初从上帝所有原则中推出的道德和法权原则的做法。参见Zuckert, Natural Rights and the New Republicanism, 216—46。

权——基督教上帝再次成为了慷慨、宽宏、理性的上帝。①

上帝对人类的自我占有的尊重和关切，最突出的体现为上帝有关来世生活的神意。我们回想一下，对于人类意识到有朽性所具有的心理不稳定力量，洛克深表关切，而他对此的回应并不是建议我们，克服对于有朽的恐惧和对于不朽的渴望，而是适度姑息这种恐惧和渴望。早期论自然法的手稿中关于有朽性的说法暗含的反抗给出了这样一个限定：某个关心人类幸福的存在物，不会创造出我们并让我们意识到自己的有朽，除非他还给了我们理由来克服恐惧，或者使我们能够变得足够坚忍，面对自己存在的终极偶然性依然蓬勃发展。前面的章节强调了洛克向他极少数最克制的理性读者所建议的坚忍。但是，为了能让他的所有读者都有所受益，洛克试图证明，基督教能克服对死亡的恐惧，在姑息对于极乐的来世生活的期望的同时，赋予这种期望一种合乎理性的稳定。

[190]洛克在纠正另一个常见谬见中，部分说明了基督教如何减轻对于死亡的紊乱性恐惧。这个谬见关于亚当因其原罪所受惩罚的性质。洛克在评述《旧约圣经·创世记》2:17（"吃了[生命之树的果实]，你当天必死"）时否认，亚当所受的死亡惩罚意味着人将堕入地狱（人们通常所想的那种地狱）。"如若律法说，'汝罪当死'，但人却没有丧失性命，只是永受折磨的活着，这似乎就有点怪了"。"死亡不过是一切生机运动的停止"，这样理解死亡反而更合理些（RC 3—4）。在上帝用胡萝卜加大棒统治亚当及其后裔的方式中，大棒仅仅意味着不给胡萝卜，"被逐出伊甸园，丧失不朽性，就是人因原罪受的惩罚"（RC 11）。②圣经中良

---

① 对比Rahe的解释，*Republics*, 307—08, 361, 500以下。Foster, "The Bible and Natural Freedom" (197—98)指出，在这里，洛克对上帝对人类的供应的理解也偏离了他对《圣经》的理解。

② 在《基督教的合理性》188页和223页，洛克不做评论地提及了　　（转下页）

善而正义的上帝选择以温和的方式统治人类,诉诸我们的欲望而非恐惧。如果将死亡理解为空虚,那么死亡本身就会带来恐惧,但是这种恐惧肯定比伴随无穷且永恒的折磨而来的恐惧温和得多,也更容易掌控。

因之,上帝就像明智的父母和正义的政府那样施加惩罚:不像暴君对待奴隶那般出于报复的自我放纵的有失比例的惩罚,而是秉持适合于教育和管制自由人民的那种节制、理性和尊重 。[①]此外,正如前几章所述,基督教的合理性使得我们对于上帝分配的惩罚以及上帝应许的奖赏,都保持心理稳定。合乎理性地来理解,基督教的应许让我们保有下述希望,即我们可以凭借自己尘世生活的价值获得极乐来世生活的奖赏,而不是只能通过一位随心所欲且难以捉摸的上帝的恩典。异教的道德哲学家使得德性"没有任何装备",因此只能吸引很少的追求者,但是基督的应许诉诸切实地计算"好处"或"理由和利益,对自己的照料",让德性成为一本万利的好买卖(RC 245)。[②]基督教的上帝向人类保证,"过好了这辈子,来世就能幸福"。这是在让我们为自己的最终命运肩负起重大的责任。通过在虔敬的沉思来世生活之前景与尘世理性行动的必要性之间建立起坚固的联系,上帝减轻了我们的焦虑,让我们能够将焦虑引向理性的道路。通过建立这种联系,洛克的合乎理性的基督教使我们接受此生混杂的辛劳生活的不完美。主要就是在这个方面,这种基督教有利于获得和保存我们对自己的财产权。

(接上页注②)《马太福音》所记载的耶稣有关"地狱之火"或"烈火"的痛苦作为不义行为的最终惩罚的一些说法。

① 参见STCE 40—52, 76—87, 126, 191, TT II. 8, 10—12。我对洛克的惩罚观的理解追随了Tarcov, Locke's Education for Liberty, 97—98, 114—19。

② 又见"我作如是想",载King, Life of John Locke, 307。Spellman在讨论伯拉纠异端(Pelagian heresy)与洛克道德神学的关系时,提供了许多有用的历史背景信息,Spellman, John Locke and the Problem of Depravity, 2—3, 15—38。

二、私有财产权

主要在《论宗教宽容》和《基督教的合理性》中，洛克对基督教的解读为私有财产权在《政府论(下篇)》中的道德和政治首要地位提供了神学证成。[1][191]与此同时，洛克的财产权解释也为他对基督教的理性解读及更宽泛的个人权利学说提供了关键的心理学上的准备与支持。

洛克《政府论(下篇)》丌篇就说，"财产权的规制和保全"是政治权力的主要目的。他说道，"增加土地和恰当地利用土地是施政的伟大技艺。一个君主……用既定的自由的法律来保护和鼓励人类的正当勤勉"(*TT* II. 1, 42)。通过对财产权(基于人类劳动的巨大生产力)的明智保护和引导，理性的洛克式君主"很快就会使他的邻国感到压力"(*TT* II. 42; 比较37, 40—48)，他的臣民在对人类生活有益的物质方面享受到极大的丰富。作为安全与繁荣不可或缺的条件，财产权为补救人类状况最明显且最紧迫的自然弊端和人为弊端做出了巨大的贡献。此外，它也同样为补救人类自然状况固有的更深层的心理痼疾做出了巨大的贡献。就此而言，洛克鼓励生产性私占可以被看作是在运用蒙田的策略，将我们的注意力转离我们心底最深层、最令人不安的激情，特别是那种我们因意识到自己的有朽而产生的恐惧。[2]蒙田关于这个策略的论述直白得不同寻常，他认为，"攻击宗教最稳妥的方式是靠生活癖好、安逸日子和对钱的渴望，攻击宗教最好的方式不是让人们想起它，而是忘掉它"。[3]但是，更准确地来说，洛克的意图是这样的：生产性私占的伦理不仅是为了将我们的心灵

---

① Mansfield, "The Political Character of Property in Locke," and Pangle, *Spirit of Modern Republicanism*, 141—71.

② Montaigne, "Of diversion," *Essays*, III. 4.

③ *The Spirit of the Laws*, 25.12.

转移到别处，而是意在提供相当程度的心理防御，帮助我们理性地支配自己的抗拒和其他乱人方寸的激情。

　　财产权对洛克来说是世俗的定心丸，使得心灵能够稳健地应对自己的巨大恐惧和渴望。但这并不是说，洛克希望我们仅仅将自己视为完全受世俗利益支配的动物，沉湎于追求安全和物质舒适。需要反复强调的是，在洛克眼中，财产权不仅仅是一种利益，而且是一项权利。这种利益因成为洛克正义学说的服务对象而被扩展或被提升。洛克既在狭义上又在广义上使用"财产权"这个术语，既用它来指生产性获取的权利，又用它来指一系列个人基本权利（*TT* II. 123）。洛克指出，物质财产的获取和占有为正义感以及致力于理性自由事业所要求的基本权利提供了重要的心理基础。对洛克而言，财产权在某种意义上是首要的权利、最基本的权利。它是一项特殊的权利，行使这项权利能够巩固我们作为理性自我的地位，从而巩固我们所有的权利主张。

　　有人也许会反驳说，无论我们在物质充裕、权力、甚至安全方面的利益多么巨大，[192]这些东西依然还是利益，扎根于个人功利算计，因而很难与正义和理性自治事业相结合。在《教育漫话》中，洛克自己指出，"使他们从小就憎恶这种可耻的恶行，如我所设想的那样，那才是消除这种罪恶的真正方法，它比任何出自利益的考虑更能防止不诚实"（*STCE* 110）。如这里所示，关心名誉可以成为对不义和恶行的前理性或情感性憎恶的主要心理基础。尽管名誉不是"德性的真正原则和衡量标准……但它与德性相去不远"（*STCE* 61；比较*ECHU* 1.3.25；2.28.12）。尽管如此，洛克诉诸人们对名誉的关心，并没有脱离利益，而是在诉诸一种更高尚的或开明的利益。洛克在《政府论（下篇）》中将鼓励生产性勤勉等同于施政的伟大技艺的做法与他在《教育漫话》中将调整人们对名誉的关心视为"教育的伟大秘密"（*STCE* 56）的做法相符。关心财产的外在情况与关心自己在别人眼里的良好形象，都能唤醒某人的自我并使其文明化。它能够在激发自我所有所需的那种自豪或自尊的同时,清醒地提醒人们注意人类状况持久存在的依赖性和必然性。

在《政府论(下篇)》中,洛克试图运用财产权处理的根本问题,还是来自于两种对于支配和保存的截然相反的自我性激情之间的对立。那些倾向于以自由为代价满足于勉强的片刻的自我保存的人,必须认识到下述这项原则,即自由或同意乃是自我保存不可或缺的条件:"这种不受绝对的、任意的权力约束的自由,对于一个人的自我保存是如此必要和有密切联系,以致他不能丧失它,除非连他的保存手段和生命一齐丧失。"(*TT* II. 23)在另一个极端,那些只有当自由有助于支配他人时才重视自由的人,必须将自我支配视为最完满且唯一真正可欲的支配。他们必须体验一下自己抵制他人的专横要求以及抵制(最终)自己过高欲望的能力,将这种能力作为真正的自由和权力的恰当基础。在支配和屈从的中间是自治。在《政府论(下篇)》中,私有财产权是自治不可或缺的支持。财产权——如果狭义理解为获取物质的权利的话——是节制和协调这两种相互对立且同样使人虚弱的倾向的重要手段,因而也是确立现代共和自由原则的心理基石的重要手段。

在开始讨论财产权问题的时候,洛克通过处于私占权源头的两个不同但含义有所重叠的原则来说明,财产权在他的宪政计划中发挥的复杂的调和作用。第一个原则是自我保存的权利。洛克将这项权利宽泛地理解为,不仅有权"享用肉食和饮料以及自然供应的以维持他们生存的其他物品",而且有权享受"(我们的)舒适生活"的一切所需(*TT* II. 25—26)。[193]无论洛克对这第一项原则的理解有多么宽泛,他还是引入了第二项更为宽泛的原则,而且结果证明,这项原则更能反应他整个财产学说的特征。由于"每个人对他自己的人格享有一种所有权",因而"他的身体所从事的劳动和他的双手所进行的工作是真正属于他的"。
掺进我们的劳动的任何东西，都因为掺进了已经是自己所有的东
西而变成我们的东西。(*TT* II. 27；比较44)洛克将原初的私占权
基于劳动行为，进一步拓宽了这种权利。这是由于他将劳动理解
为个体能动性或自我所有的重要表达。自我占有原则通常意味
着，我们享有一项采取行动的推定性自然权利：只要不危及他人
的支配，没有不义地私占他人的劳动或能动性，我们就可以最大
限度处置我们自己或我们的劳动以保障我们自己的福祉。只要
私占权基于劳动或个人能动性，那么私占权的获取就可以完全不
顾及任何纯粹物质因素(例如靠救济金为生的人的物质需求或物
质舒适生活水平)。这项权利的唯一自然限制或合理限制是有关
使用的禁令，即不可以让自己私占的东西腐败并承认他人享有与
自己相同的私占权(*TT* II. 27、31、33—34、36—37、45—50)。

　　洛克将其作为财产权基础的两项原则总体上对应两个阶
层。他试图调和或协调这两个阶层的特有动机。对于那些倾向
于狭隘地关心自我保存的人来说，洛克教导说，自我保存需要财
产权。"人们联合成为国家和置身于政府之下重大和主要的目的，
是保存他们的财产权"，而不仅仅是为保证他们舒适的物质生活
(*TT* II. 124；又见222)。洛克将对自我保存的关切与实际上无限
的生产性私占权联系在一起，不仅仅是为了改善自然状态的物资
匮乏(*TT* II. 32、37、40—46)。通过说明保存依赖于财产权——
包括一般的权利主张和具体的权利主张——洛克不仅意在表明
实现物质保障的方式，而且是为了构建公民或政治自由的一块不
可或缺的基石。如洛克在《人类理智论》中所言，我们有关行动
的"混合情状"观念——人类能动性或自由的经验材料——仅仅
是"简单观念组成的迅速变化的集合体"(*ECHU* 2.22.8)。然而，
尽管多数行动仅仅以短暂、片刻的方式存在，故而它们的心理或
教化能力以及它们将自己印在我们的记忆中从而指引将来行为

的能力是不确定的,但是私占这种特殊行为却运用和展现了人类创造或扩大一个可见、可触且基本可持续存在的领域的自由。因之,洛克的政治伦理——财产权为核心——远没有他的批判者所说的那样"资产阶级"或没有心肝。[①]作为一种生产实体的行为,生产性私占具有一种特殊的扩展个体自我意识的教化能力。因此,洛克的财产权体现了某种"以退为进"的策略,通过扩大个人的自由和权力领域,从而使得需保卫的东西变得更为可见,更加完整,激发对抗专断权力的保卫精神。[②][194]除了对于自我保存的通常关切,洛克对财产权的强调将创设一项警戒性的庄严要求,即通过自由实现保存。[③]

———————

[①] Raymond Polin, "John Locke's Conception of Freedom," in Yolton, *John Locke: Problems and Perspectives*, 6, 将洛克的财产观与黑格尔的做了对比。他指出,对于洛克来说, "所有人——与其他人平等——的自由都体现为他的支配,他对财产的所有权" (6)。与之类似,对于Rapaczynski来说,在洛克笔下, "私占是使人脱离自然环境,实现自治的根本行为", *Nature and Politics*, 180。Rapaczynski的说法更符合黑格尔的学说,而不是洛克的学说,因为洛克不承认人的完整性(wholeness)这个前景,也不认为人最终能克服自然条件的毫无供给。然而,Rapaczynski的下述看法无疑是正确的,即:在洛克这里,财产权对于真正的自我占有和自治所需的心理稳定和独立精神至关重要。对比Francis and Fuyuyama, The End of History and the Last Man (New York: Free Press, 1992), 144—61, and Manent, *Intellectual History of Liberalism*, 40—42。

[②] Pangle, "Executie Energy and Popular Spirit," 262—64; Mansfield, Taming the Prince, 197—98.

[③] 尽管如此,有人也许会质疑,极为现代的财富形式是否能够履行这项可欲的政治功能,即巩固人们的自由感。相较于土地实实在在的价值,洛克有关货币的"价值是想象出来的" (II. 184)这一说法就指出了这个问题。贵族将保有地产作为自己最重要的财富且普遍遵循继承原则。这可能会削弱个人的生产性勤勉,但它也提供了某种踏实感或心理稳定(至少对地产所有者来说是这样)。然而,如果在某个政权那里,纸币或"想象出来的"资产代替不动产成为最主要的财富形式,那么下述危险就会出现,即:对于这种想象感到不安的人,会越来越且周期性地觉得必须通过自己的消费行为,切实地感觉自己的自由或权力。因此,心灵为了解决自己面对无所供给的自然状态的不安而将自己随便地纳入某个社会或神学事业中,这种需要心理支持的、错位的倾向,只不过是通过一种根本微不足道的物质方面的转移视线而得到纠正,如果这也能被称为"纠正"的话。为了防止理性自治文化蜕变为狭隘的或病态的消费主义,洛克也许只能通过训导心灵,使心灵通过深思我们的纸币这种想象的资产来充实那种必要的自由感。 (转下页)

　　另一方面，由于贪欲能够扩大或激发人们对自我保存的关心，贪欲本身也需要被驯化。"财产和占有"欲的核心就是"支配欲"（*STCE* 105），如果没有将对保存的节制的关切加入其中，"支配欲"就很容易采取危险的反社会形式。①因此，洛克并没有简单的反转霍布斯有关保存优于自由的立场。洛克在宣称"法的目的不是废除和限制自由，而是保存和扩大自由"的同时，突出强调理解得当的政治权力的"目的无他，就是为了人的自我保存"（*TT* II. 57、135；又见124）。在这里以及其他一些地方，为了节制支配欲或为了辩护自由原则不同于放纵或任意，洛克提醒热爱自由的人注意他们最终还是屈从必然性。然而，由于洛克意在教化而非简单的压制支配欲，他需要以某种方式体现支配欲，使得支配欲不会在与对保存的关切混合后消失的无影无踪。物质私占权既基于劳动（故而基于自由的自我处置）又基于保存，故而完全符合洛克的需要。

　　在《教育漫话》里，洛克把占有欲和贪婪之恶联系在一起，后者应在孩子心中"尽早蔚除"（*STCE* 105、110）。尽管如此，洛克在将占有欲看作"不义和争执的两种根源之一，搅扰人类生活"时，小心地将占有欲区别于支配欲更直接的表现形式。无论占有欲或拥有"某些东西"或事物由自己随意处置的欲望本身多么恶劣，相比于"任人摆布"或随意摆布他人，其造成的不义还是要少很多（*STCE* 105、104）。部分出于这个原因，洛克对贪婪之恶的矫正并没有压抑或消灭贪欲。恰恰相反，他建议教育孩子，一个人的"慷慨非但没有损失"，实际上"最慷慨的人反而所获最多，

　　（接上页注③）或者，更有可能的是，洛克的真正解决方案也许是杰弗逊构想的那样一个由小自由地产保有者（用今天的话来说就是中产阶级）主导的国家。关于这个问题，尤其参见Tocqueville, *Democracy in America*, 1.1.3; 2.2.10, 13; 2.3.17。

①　再次比较洛克与马基雅维利关于贪欲的心理基础的论述，*The Prince*, "Letter of Dedication," chap. 3。

最得敬重和赞誉"(*STCE* 110)。在随后建议给孩子玩具时,洛克肯定并阐明了他对适当节制的贪欲的肯定。为了防止孩子被教得"骄傲、虚荣、贪婪",形成长期且固有的不节制的贪得无厌,不应给他们买玩具或只能给他们少量玩具,应当要求他们自己制作玩具。"这样就可以使他们习惯于通过自己的努力去获取自己所需之物,他们就可以习得节制、专心、勤勉、思考、策划和节俭等品质"(*STCE* 130)。贪欲和占有欲没有被压制,[195]而是服从勤勉或劳动的训导,并且,这样一来就与命令他人劳动的欲望分离,后者不再是占有欲得到满足的条件。①

　　《教育漫话》的教导与《政府论(下篇)》的第五章完全一致,通过将贪欲与慷慨和自主创造力结合在一起将贪欲正当化。在《政府论(下篇)》中,无限私占成为自然的不可让渡的权利,成为总体上追求幸福的根本条件。原因在于,只要私占是直接或间接通过生产性劳动完成,即使大规模的私占也与尊重他人权利相符。确实,在洛克的论证逻辑里,保护和鼓励这种私占被要求作为正义的一个必要条件。《政府论(上篇)》关于慈善赋予有需要的人获得他人剩余物的"权利"这个较为模糊的论证(42)②表明,贫困的人在极端情况下有权偷窃甚至抢劫。自然必然性或匮乏的自然状况不仅赋予我们权利而且还有义务进行生产性劳动,为正义或政治和谐奠定基石。出于这个原因,洛克急于表示"一个人通过自己的劳动私占土地,并不减少而是增加了人类的共同积累"(*TT* II. 37)。更确切地说,这意味着谁运用经"发明和技艺"

① 这个论点我得益于Tarcov的分析,Tarcov, *Locke's Education for Liberty*, 141—45. 比较Contrast Axtell, "Introduction" to *The Educational Writings of John Locke*, 207; Seliger, *The Liberal Politics of John Locke*, 157—58; Tully, *A Discourse on Property*, 148; Dunn, *Locke*, 40。

② Strauss, *Natural Right and Hisotry*, 239n.; Pangle, *Spirit of Modern Republicanism*, 144. 对比Dunn, "Justice and the Interpretation of Locke's Political Theory," *Political Studies* 16 (1968): 68—87。

提高的才智劳动改进人类的物质状况就可以获取财物(*TT* II. 44;
更一般的表述见40—48)。"自然研究,……如果能够正确地被指
导"改善我们的自然物质状况,"则裨益于人类者,将非设医院、
施救济的一般人们的极大费用、极大慈善所能比拟的"(*ECHU*
4.12.12)。

有了此种培根式的对劳动的生产能力(productivity)的强调,
《政府论(下篇)》对于财产权的辩护就可以消除洛克在早期自然
法手稿(*LN* fols.105—19)以及《政府论(上篇)》中提出的那个难
题,即:稀缺的状况使得我们无法将正义基于个体的自我利益。
正如慈善作为真正的德性并不在于利他或舍己为人,对贪婪之恶
真正的、有效的矫正在于节制或引导而非压抑激发贪婪的激情。
要想为自我保存服务,支配欲必须具有生产性并因其生产能力得
到回报。那些热爱显赫地位的人(love of eminence)必须要意识
到积极的生产性勤勉的优越性。这种勤勉(除了别的)将现代商
人阶层区别于传统的上层人士,后者整日无所事事,只晓得"吵
吵闹闹,争执不休"。①因此,洛克提出了一种分配正义原则,在
法权上坚持平等主义,但是某些效果却是不平等主义。正义要求
所有理性社会成员都能够从一个生产性贪婪体制中获益,但并不
是所有人都利益均沾。考虑到人在"才能和特长"方面存在自然
差异(*TT* II. 54),以及人因此想要凭这种差异得到称赞的欲求,洛
克坚持构建良好的政治社会必须承认和奖励胜人一筹的勤勉。
[196]"上帝把世界给予人类所共有",但尤其"是把世界给予勤
勉和理性的人利用",这些人通过自己理性的、生产性的勤勉扩
大人类的共同积累(*TT* II. 34;又见37, 48)。"人们已经同意对于

---

① 参见*STCE* 207; *Works* 5.54, 64, 72, 163; *CJL* #1693, 1/19/94; King, *Life of John Locke*, 97—98. Wood认为,"劳动、勤勉、毅力、节制、实用这些洛克词汇取代了荣誉、自豪、尊严、精神、非功利这些贵族词汇。"(*Politics of Locke's Philosophy*, 148; 128)

土地可以有不平均和不相等的占有"。尤其是货币的发明"(通过同意)引入了更大的不平等的占有,并且这种占有是一种权利"(*TT* II. 50、36,强调为作者所加;比较131)。

　　为了处理《政府论(下篇)》中的宗派问题或阶层分化问题,洛克设计了一种平等原则。这项原则能够顾及人与人之间的自然的且潜在有益的不平等。通过将人类平等基于人对自我的财产权这项原则,洛克将平等视为一个双重原则:一方面确保大多数人最关切的自我保存;另一方面,确保更具野心的少数人有机会至少获得一种较文明的显赫地位。这种对理性勤勉的回报将社会区分基于个人成就标准,这项标准可被多数人理解、接受且对多数人有益。值得反复强调的是,洛克式社会向理性和勤勉的少数人允诺的回报不仅仅限于也主要不是物质回报。在《教育漫话》里,正如他既节制占有欲又将占有欲正当化,洛克建议,孩子应当部分通过下述方式来学习市民风范或尊重自然平等原则,即明白"他们的优越地位不会因此受损,卓尔不群的地位反而会提升……他们越不尊重人,就越要受到教导,使他们的脾性变得淳厚"(*STCE* 117;又见109)。为了减轻传统的不平等社会向更平等的社会转型不可避免造成的宗派纷争,洛克吁请那些想获得优越地位的人证明而非压制自己的优越感。热爱显赫地位的人,需要通过证明自己不仅仅欲求优越的地位或至少不仅仅只是这种欲望更传统且不那么功利的表现,表明自己应当获得这种地位。这种吁请恰到好处地体现了洛克对于自然法权平等原则的提倡在心理上的微妙之处和复杂之处:对某些人来说,心怀敬意地赞同这项原则与其说是一项义务,不如说是自豪的标志,一种杰出地位的特权。①总而言之,通过帮助激发德性,节制野心之人和普

---

① 洛克还诉诸那些最具野心或最具支配欲的人。他建议说"君主能鼓励人们的诚实劳动,并保证他们不受权力压迫,不受宗派偏私之害",不但"很快　　(转下页)

通人各自的激情和恶德,洛克式财产权为理性自我占有生活提供了有力的支持。

三、洛克式家庭

在《政府论(下篇)》的陈述中,财产权的确立先于家庭。这也许意味着,在洛克看来,在人类发展史上,某种粗糙的财产权暂时先于组织化的稳定家庭。但是更为重要的是,这反映了洛克的下述教导,财产权在目的论上优先于家庭:个人的基本人格或者说对自我的财产权的完善,正是家庭恰当组建起来的目的所在。[197]坚持个人财产权优先于家庭权威当然是洛克批判菲尔默父权制权威主义的核心。洛克认为,纠正有些人在菲尔默原则影响下犯的有关父母权力的"大错"非常重要(*TT* II. 53)。因此,历史研究要求我们搞清楚洛克用以取代菲尔默式家庭的那种家庭的本质。但是,这点在政治上也同样重要,因为洛克对家庭的反思与我们今天再次火热登场的有关家庭结构的争论息息相关。持有不同道德信念的批评家都认为,洛克的原则对当代自由社会的家庭问题负有一定的责任。这并不完全有失公允。但是,仔细考察后我们会发现,洛克对家庭关系的反思对我们当中的反父权制者以及他们的对手(认为反父权制原则走向了危险的极端)都大有裨益。

洛克确立财产权在目的论上对家庭的优先性,并不仅仅是做小工,指出菲尔默学说的谬误和危害使其丧失名誉,从而为理性自由和政治正当性事业扫除一个关键障碍。他意在用一个新的

(接上页注①)能使邻国感到压力",而且通过维持真正具有正当性的政府——尤其是当正当性较为脆弱,需要引入专断绝对主义,运用自己的专权时——君主将获得最高的赞誉和敬重,成为"权力和荣誉"的"明智的、神一般的"真正的承担者(II. 42, 111, 166)。

家庭观取而代之,这种家庭观能积极推动上述事业。由于这个缘故,他坚持区分政治权威与父权权威并不意在要求原则性的教条的分离公私领域,①或分离"个人的"与"政治的"(如当代女权主义者所认为的那样)。洛克并没有允许存在一个独立于——或其运作终将削弱后者——法权平等的公共领域的父权私人秩序。恰恰相反,区分政治权力和父权权力的目的就在于同时限制父权与政府权力,使家庭能在政治秩序中发挥恰当的功能。

洛克反复暗示,这个功能是一种教育功能(*TT* I. 90、93;*TT* II. 56、59、61、65、67—69、170)。这项功能的极端重要性体现在他的这个看法中:"就我所见过的人而言,不论好坏,不论对社会有用与否,十有九成都是教育的结果。"(*STCE* 1)洛克式教育不仅仅包括《教育漫话》阐述的教导原则与模式,而且还极为依赖这些原则与模式发生作用的家庭的结构和指导原则。归根到底,一个完备的政治结构依赖于一个完备的家庭结构。此外,尽管洛克强调个人早年教育的重要性,洛克式家庭教育的受益人不仅仅包括孩子。在某些微妙而又关键的方面,成人(尤其是成年男性)也受到这种教育的教化作用。

家庭制度欲解决的自然问题包括两个方面。首先,较为容易看到的一面关乎孩子生出来时的"孱弱、人格尚未完善"阶段(*TT* II. 56)。[198]鉴于孩子对父母的依赖相对较长,而且女人可能又会再次怀孕和生育这个事实,洛克大胆地指出"这就是人类的男女结合何以比其他造物的结合较为长久的主要理由"。接着,他基于同样的原因更具体地指出,"父亲既有照管抚养子女的责任,就有义务和同一妇女继续维持夫妻社会,这要比其他造物为

---

① 关于这个问题,我在某些方面不赞成Tarcov的看法。他"想说",政治权力和父母的道德教育权力的分立是洛克"最根本的分权"(*Locke's Education for Liberty*, 72)。我认为,为了修辞效果,洛克夸大了这种分权的严格性,就像他夸大了政治权力和教会权力的分立(更为根本的分立)的严格性。

长"(*TT* II. 80)。尽管如此，稍一反思这项义务的基础，人们就会发现，这个相对大胆的非圣礼的人类学婚姻观的背后是这个问题更为大胆且更为麻烦的一面。尽管卢梭反对洛克这种对于人类家庭纽带的自然稳固性和持续性的自信肯定，但是洛克并没有忽视《论人与人之间不平等的起源和基础》提出的一个主要论题：家庭的自然基础，特别是父母的义务，至少可以说是成问题的。①

从更传统的角度看，洛克从"父母繁衍后代的强烈欲望"推出孩子对父母财产的继承权(延伸到获得父母照顾的权利)的做法本身就有点奇怪(*TT* I. 88)。②无论如何，洛克在他的不同著作的不同地方暗示，父母的欲望顶多是父母义务的一个不确定的来源。引导大多数父母抚养子女的"自然慈爱"(*TT* I. 97；比较*TT* II. 63、67、75；*STCE* 34、99、107；*ECHU* 1.3.12)，并不必然引导他们明智地抚养自己的子女。就如它通常会驱使父母养育子女，这种情感通常也会让父母(尤其是母亲)溺爱子女(*STCE* 4、5、13、34、107；*TT* II. 67)。③洛克搜罗(如之前第四章提到的)父母的冷漠甚至极端残忍对待孩子的大量证据也反映出，父母的欲望本身就成问题。这种情况虽然不那么常见但更能说明问题(*LN* fols.74；*TT* I. 56 9；*ECHU* 1.3.9 12)。在这些方面，家庭问题是困扰自然状态的心理错位问题或人类的杂乱热忱的重要体现。

此外，家庭纽带问题既在错位方面，也在冲动或短视方面反映了心灵的自然紊乱。正如我们所看到的，洛克像卢梭一样认为，原生的人类意识是一连串的各别运动，由简单的(主要是)感

---

① 参见Discourse on the Origin of Inequality, First Part. 关于洛克家庭的自然性问题的解读，比较Ashcraft, *Locke's Two Treatises*, 109—11。

② Tarcov, *Locke's Education for Liberty*, 67, Pangle, *Spirit of Modern Republicanism*, 232—33. 与Pangle不同，Simmons分析性、义务论的分析进路使得人们无法考虑洛克的下述意图，即洛克运用一些本身就不太可靠的论证来指出，他提出的权利与义务，其自然基础本身就有问题。

③ Pangle, *Spirit of Modern Republicanism*, 230—31.

觉经验构成。洛克的讨论给我们的印象是，这种原生的冲动是人类的共同特征，而非某个性别的特征。然而，在具体分析生育问题时，他要求人们注意，男性尤为沉湎于片刻的欲望而欠考虑："当生儿育女的时候，一千个父亲中，有哪一个除了满足他当时的欲望外，还有长远的考虑呢？"结合孩子依赖父母的时间很长来看，洛克有关男人的原生欲望和及时行乐的敏锐洞见，澄清了洛克如何理解这个问题的本质和重要性。①[199]更进一步，洛克特意提到了父亲，使我们有理由怀疑他接下来的　句话也特指男人。他明显有些讽刺地说，上帝绵延人类的做法"并没有顾及生育者的意图，有时还往往与生育者的意愿相反"(*TT* I. 54)。一个"年轻的野蛮人满脑子都是猎艳和打猎"(*ECHU* 1.2.27)，根本就不可能在道德上区分猎艳和打猎。布兰克霍恩(David Blankenhorn)的尖锐评论一针见血："这里，男人在性方面脱离了社会规范。这是一种自我为中心的交配，没有情感的受精过程。它常常是掠夺性的、诉诸暴力的。"②

　　与男人相比，女人的原生冲动至少更容易兼顾照顾子嗣。洛克在说下面这个问题时仅仅指母亲就很能说明这点："子女每天是母亲眼中的宝贝，心中的安慰，因此，他如果死了，会使他母亲肝肠断绝，会给她以说不尽的苦楚。在这种情形下，你要用理性来安慰她，那正如你向一个上了刑具的人劝其舒适，并且希望以合理的谈论来缓和其骨节分裂时的惨痛似的"(*ECHU* 2.33.13)。男性特有的那种不开化的一时之乐的追求，自然而然的"通常"

---

① 鉴于洛克有关男人天生短视的说法，人们会再次想到卢梭，尤其是卢梭的下述猜测，即：男人天生就不但不想照顾自己的后代(在卢梭看来，女人也一样)，而且常常不知道这些后代的存在(*Discourse on the Origin of Inequality*, Masters, 120—21, and note l, 218—19)。既然洛克强调人类抚养孩子的时间相对较长，我认为洛克不太可能忽视人类母亲的怀孕时间相对较长的潜在意义。更有可能的是，洛克决定让眼尖的读者自行推断他有关家庭本来就成问题这个判断的全部含义。

② David Blankenhonrn, *Fatherless America* (New York: HarperCollins, 1995), 182.

结果是"夫妻分离"——也就是所谓的"丈夫"离开——"子女都留给母亲,跟着母亲,完全受母亲的抚养扶持"(*TT* II. 65)。①在这种个人主义的自然状态下——在这点上,自然状态是当代自由社会较为熟知的一种状态——母亲这方不确定且举步维艰的努力是防止孩子"被投入野兽之中","处于和野兽一样的状态,远远低于人所处的状态"的唯一保障(*TT* II. 63)。

总而言之,在履行其抚养子女的职能之前,家庭首先必须要存在。某些相关本能相对有缺陷或压根就不存在。这既意味着我们不能简单地假定会形成稳定的家庭,也意味着人类需要某些理由与激励来承担并维系配偶关系和亲子关系。换言之,所有年龄的人在成为真正的成年人的过程中都会经历巨大的困难,这就意味着我们必须这样来建构家庭,使家庭能够对儿童和完全长大的人都施加一种教化作用。由于特别是男人,如果任其发展,就会和长不大的孩子似的,一冲动就成了孩子的父亲但却抛下子女离去,因此建构得当的婚姻制度和家庭制度对男人真正成人非常关键。这些制度必须为男人与子女的母亲长相厮守,养育而不是抛弃或剥削子女以及总体上为自己的行为负责提供激励。乍一看,父权制家庭(历史上最常见的家庭模式)似乎能提供这种激励,提供令人满意的解决之道,就好像父权君主制可以为许多社会而言提供"简便易行、近乎自然"的解决自然状态之问题的方法(*TT* II. 74—76, 105—107)。然而,正如以父权君主制实际上是个严重的错误,[200]是一种"疏忽大意,缺乏远见的天真"(*TT* II. 94),父权制家庭实际上加重了需要由它来解决的问题。

根据前面论财产权那节提出的论证的一部分,父权制家庭初

---

① 在《人类理智论》中,洛克认为,"年轻的野蛮人""依照部落的风俗"行动,但是他依然几乎将野蛮人的心理构成等同于原生意识(*ECHU* 1.2.27)。比较 *TT* II. 49:"太初,世界都是美洲,且是过去的美洲。"

看上去似乎是一个令人满意的解决之道。如果说，物质财产能帮助我们整合自己，拓展并聚焦我们的能动性这项能力，从而提高我们的自我关切和责任感，那么一个家庭的财产得到保障的话，就会更有力地促进上述这些有利之处。照此逻辑，家庭领域绝对支配权的吸引人之处，能为接受驯化的父亲提供充分的补偿，为他们放弃或缩限大胆自由的生活并承担起供养、保护和教育的责任提供充分的补偿。[①]尽管如此，更细致的考察将发现，父权制家庭实际上完全弊大于利。

首先，在家庭与家庭赖以为基础的物质财产之间的相似方面，父权制家庭有一个致命的缺陷。洛克的整个道德思想与政治思想的一个根本原则是：人格——自然就是自我所有——不能作为他人的财产。加上一些必要的限定，这项原则也同样适用于正在发展中的人格。让我们回想一下，在洛克的论证中，物质财产的一个重要用处就是转移从而节制我们支配他人的欲望。由于财产权"是为了财产所有者的好处和独自的利益的，那么在需要的时候，他甚至在用它的时候就能把它毁掉，因为他对其有所有权"（*TT* I. 92），因此针对自己家庭的财产权主张，根本无法节制那些反社会欲望，根本无法培养人们以那种理性存在者应得的关爱和尊重对待其他家庭成员。恰恰相反，父权制家庭的结构会对父亲和长子的支配欲产生助纣为虐的有害影响（比较 *TT* I. 10、*TT* II. 9—4, 143）；不公平地对待母亲，不尊重她们的理性官能[②]并将

---

① Foster解释说，这些论证背后的父亲概念将父亲作为上帝的代表与协助者，一种类似神创造权的享有者。参见David Foster, "Taming the Fathers: John Locke's Critique of Patriarchal Fatherhood," *Review of Politics* 56, no. 4 (Fall 1994): 655—56。

② 尽管洛克对女性的权利没有表现出直接的政治兴趣，但他在关于教育的著作里，明确为一种影响深远的性别平等观打下了基础。洛克否认男女这两类人在理性方面存在差异。他明确暗示，女性有权运用理性追求幸福，从而同意在公共和私人联合体中接受统治她们的规定。尽管宣称《教育漫话》的"主要目标"是指引年轻绅士的成长，但是洛克也赞同将他的不少建议用于教育女儿；　　　（转下页）

她们贬低到孩子一般虚弱的依赖地位；并在母亲、女儿以及更年少的儿子心中培育出一种随便而轻信的屈从（如果不是一种恶毒的怨恨的话），以及一种危险的错觉，即：错误的认为，总的来说，统治是自然的；具体来说，绝对的统治也是自然的。单就基本构造而言，父权制家庭就已经背离了洛克要求发展理性自治能力的根本目的。这种背离体现在所有家庭成员身上。

为了给政治的基本构造提供必要的支持，家庭的基本构造必须体现并提高成员对受恰当限制、文明、合理、基于同意的统治的渴求。洛克设计的家庭，通过更为自由地看待家长权威和"夫妻"或婚姻关系实现它的教化目的。首先考察一下家长权威的教化行为，我们就能看到，洛克如何设计这种关系来提高或加强（特别是在男人）成为家庭负责任一员的欲望，对家中的正当权威的界限怀有恰当的敬意。

[201] 与其他动物不同，人类自我保存或追求个人福祉的欲望甚至远远大过保存后代的欲望（*TT* I. 56、86、88）。洛克据此推理道，人类父母身份要有效发挥作用，保存后代的欲望必须附着于自我保存的欲望。父母身份必须是一种策略要求。如我们所见，洛克将子女视为父母的延续或扩展（*TT* I. 88、97）。他这样做不仅意在解释父母的情感，而且意在加强父母的情感，并使得这种情感在理性层面上更为明确。洛克始终警惕心灵的错位以及人乐于接受吹捧，因此他建议父母运用自己的远见，在将子女视为自己的扩展时，不仅反思自己的力量，也要反思自己的虚弱。子女生动地暗示了自然界的新陈代谢，他们能够提醒父母认识到

（接上页注②）因为"尽管性别的差异需要不同对待，但区别没有那么大"（6）。在写给Edward Clarke的私人信中，他更直接地解释说，他建议对男孩与女孩的智育与德育一视同仁，因为"我发现，在您的心灵上，就真理、德性和服从而言，并不存在任何性别差异"（转引自Axtell, Educational Writings, 344.）。其他的证据参见Melissa Butler, "Early Liberal Roots of Feminism: John Locke and the Attack on Patriarchy," American Political Science Review 72 (1978): 148—50。

自己青春的短暂，终究会变得虚弱，需要心理支持的一天(参见*TT* I. 90)。这种提醒带来的不安是有用的，它促使人们(特别是父亲)去结婚从而确立其家长权力的正当性，并且养育子女从而也许能够确保子女会在他们年老时照看自己(*TT* II. 80)。在构想得当的家庭生活带来的习惯和激励的影响下，人们就会变得更加文明、更具社会性、更为勤勉，符合洛克的设计。

为了突出并聚焦此种有益的父母的不安，也为了教导子女期待正当而善意的统治，洛克明确指出，子女尊敬父母的义务(包括父母暮年时赡养他们的义务)应被理解为一种互惠正义的要求，根据接受的好处返回成比例的好处。因此，这种义务是有条件的，"可以随着抚养、慈爱、操心和花费的不同而有所出入"(*TT* II. 70)。但是有一个问题，这项交换中互惠的好处并非同时完成。除了其后代的公道和感激之外，父母可能还需需要更强的动机来给予孩子好处。如果将代际间的照看寄希望于成年后代具有此种德性，这种照看常常无法实现。洛克以一种马基雅维利的解决之道解决这个马基雅维利问题。通过在某个重要方面延长子女的依赖期，超出未成年阶段，父母就可以提高后代良好表现(作为一种投资)的可能性，在成年后依然报答父母在他们年幼时给予的照看。人们通过控制自己的遗产——遗产可能比丧父更能影响他们——甚至可以让忘恩负义的子女完全只能自食其力(*TT* II. 72—73)。①这个解决之道强化了自然令人不愉快但却有益的必然性给我们的教训。它教导父母以及孩子，单纯相信继承

---

① 比较Machiavelli, *The Prince*, chap. 17；关于正义与感恩问题，参见*Discourses on Livy*, tans. Harvey C. Mansfield, Jr. and Nathan Tarcov (Chiacago: University of Chicago Press, 1996) 1.2, pp. 11—12; *Prince* chaps. 3, 6, 9。Tarcov常常颇具启发性地让我们注意洛克的教育建议的马基雅维利主义(*Locke's Education for Liberty*)。洛克处理尊敬父母这项义务的重要性，参见Strauss, *Natural Right and Hisotry*, 218—19, 247 n.125; Pangle, *Spirit of Modern Republicanism*, 232—39; Foster, "Taming the Fathers"。

是不明智的，无论是继承财富还是继承义务，无论是继承自自然亲属还是自然本身。为了自己的所得而努力，既必要，也有益。

　　父母和子女不仅通过父母对子女践行父母权威，而且还通过丈夫和妻子之间的划分，接受有关责任和有限的正当统治的训练。[202]洛克貌似犹豫实则坚定地用父母权威取代父亲权威，教导父母在他们的相互关系上也践行正当统治，从而在关键的早期成为孩子极为重要的榜样。无论区分父亲权威与政治权威多么的迫在眉睫，在洛克的设计中，在一些极为重要的方面，丈夫和妻子通过他们的相互关系为孩子提供了一个政治权力的微缩家庭版本。婚姻的讨论出现在《政府论（下篇）》"论政治的或公民的社会"这章的开头部分具有重要意义。通过观察被洛克式婚姻约束的父母关系，子女会发现，统治他们的权力分散于两个人格，行使这种权力的决定出自两位不同的、相互尊重的理性伙伴审慎的合意。特别是考虑到洛克谈及夫妻发生争执时指出："有必要使最后的决定——即统治——有所归属，这就自然而然地落在较为能干和强健的男子分内了"（*TT* II. 82），[1]某些读者会觉得，如此平等地描述洛克式婚姻难以令人信服。对于这个问题，人们也许可以采用布特勒（Melissa Butler）对相关问题基本正确的判断，即"作为一个杰出的宣传家，洛克深知，父权在日常生活中如何根深蒂固"。在业已将那些"身为父亲，家长首脑和家庭最高权力拥有者的读者……从对父权型上位者的政府屈从中"解放出来后，洛克没有冒险去明确赋予他们的从属者——女性——以新的政治地位"。[2]需要强调一下这个"明确"，因为洛克对政治

---

①　例如，参见Lorene Clark, *The Sexism of Social and Political Theory* (Toronto: University of Toronto Press, 1979), 16—40; Carole Pateman, *The Sexual Contract* (Stanford, Calif.: Stanford University Press, 1988)。

②　Butler, "Early Liberal Roots of Feminism," 147（强调为作者所加）。又见Mary Wash., "Locke and Feminist on Public and Private Realms of Activities," *Review of Politics* 57, no. 1 (Spring 1995): 251—77。

问题的沉默不语以及对家庭关系的含糊其辞,无法完全掩盖(他设想的)女性家庭地位变化的隐含之意。

与他对女性政治地位的保留态度不同,洛克相对公开地表明,自己准备引发女性家庭地位的平等主义变革。在宣称男性"自然而然"更能干和更强健后,他马上接着就让这个说法失效了。他坚称婚姻争议不应由自然来决定,而应根据确立这项婚姻的契约来决定(*TT* II. 82;比较78、81—83;*TT* I. 47)。洛克的婚姻契约观具有深远的教化方面的含意。为了促使天生错位的人结婚,洛克再次提醒他们注意自己的不足,而这次不仅仅是着眼可以预料的将来,而且还包括当下的孤独或单身的不便。如我们所见,洛克认为,"上帝既把人造成这样的造物,根据他的判断,人不宜单独生活","就使他出于必需、方便和自然倾向的强烈要求下,迫使他加入'夫妻社会'"(*TT* II. 77;比较*ECHU* 2.21.34)。然而,由于这些进入夫妻关系的自然强烈"要求",其本身并没有强到足以形成稳固而健康的婚姻纽带,婚姻制度尚需习俗的支持。洛克用来为婚姻提供理性基础的具体习俗或契约,其目的是随着时间的流逝,扩展我们的自然不安,从而将这种不安附着到正当性上面。[203]洛克将婚姻定义为契约性而非圣礼性,从而使得婚姻实际上由这两位伙伴来"决定"。洛克特别警示那些潜在具有专横或疏忽表现的丈夫,他们希望从妻子那里获得的支持和舒适,就像他们希望从子女那里获得的尊敬,取决于他们自己的良好表现。在家庭中(在真正的政治社会中也是如此),反抗权或反抗的危险是"防止叛乱的篱笆"或反对权力滥用的篱笆(*TT* II. 226)。只要他想到"妻子有离开他的自由"会感到不安,他就有足够的动机成为一名负责任的、受人尊敬的、疼爱妻子的丈夫。

在考察洛克如何运用契约原则使男性从自然人成为丈夫(从而成为可靠的具有生产能力的社会成员),我们不应忽视,这项原则在形塑女性性格方面发挥了互为补充的作用。在这里,有一种看似双性同体的原则在起作用,这项原则出自洛克将男性和女性同化为理性人格这个更为总体的做法。将父亲权力改为父母权力不仅意味着对男性权威主义的矫正,而且意味着缩小性别差异。这种差异包括父母对生儿育女的贡献,也许还包括父母对整个家庭生活的贡献。

但是,我们应谨防将这项原则推至不合理的极端。正如我们在考察他的认识论时所见,洛克在总体上拒斥(现在所谓的)"本质主义"原则时并没有走极端,而且他在这里也没有主张性别差异完全具有习俗性或任意性。建议男女各自为理性而努力(分别克服典型的男子气概和女性的多愁善感),并不是建议他们必须努力完全超越男子气概和女子气质。尽管洛克把父权制君主(主要是出于讽刺)称作"无微不至地小心照料公共福祉的慈父"(II. 110),但是洛克通过将男性适度女性化的做法并不必然得出一个多愁善感的保姆式男性(了解自己的女性自我)的典范,或者眼下那些通俗的心理学或社会学热门故事的典范。①

尽管如此,只要洛克是在吁请男人牢记自己的弱点和社会性(故而需要依赖他人),并将他们自我延伸的能力主要用于他们的财产和家庭成员,那么他就是意在驯化男性——将其女性化。②相应地,只要洛克是在吁请女人在自己的独立人格而非他人那里找寻自己的身份,从而将她们的社会附着(甚至家庭附着)理解为

---

① 洛克的做法也不支持下述当代观点,即男女在社会角色方面可以互换。这个观点暗示,养儿育女是去性别化的"家长"的任务,并不必然是一男一女组成的父母的任务,从而大大促进了这样一种舆论环境,在这种舆论环境下,特别是"父亲缺失"这种现象及其诸多危险的负面影响,在自由民主社会中快速蔓延。参见Blankenhorn, *Fatherless America*。

② 这么说也许有点奇怪,但是洛克确实在这个问题上与培根持有相同看法。培根敦促读者征服自然时充满男子气概的修辞,必须与下述事实相协调,即:在《新大西岛》的"家庭盛宴"上,父亲不是因为政治技艺或武功,而是因为生育能力接受公共荣誉。又见Montesquieu, *The Spirit of the Laws* 4.8。

契约性附着或人造性附着，而非自然附着，克服自己在处理母子(女)关系时过分多愁善感的倾向，他就是在将女性男性化。由于男女都应在理性方面变得更为完备，他们似乎就必须获得另一方特有的某些性格。

男性化与女性化的这种融合或混同，同样适用于公共领域和私人领域中的行为：公共生活的女性化在于，公共生活重新定位为保存、私人自由和幸福这些合乎理性的家政目的；私人或家政生活的男性化在于，[204]这种生活根据独立人格、个体权利和契约主义来重新建构。尤其重要的是将家庭关系去情感化的目标。通过为其宪制结构引入某种情感的克制，洛克旨在防止家庭成为滋生排他的宗派性或狭隘性情感的土壤，这些东西被无数次证明是自由政治秩序——其健康依赖于灌输一种对无偏私的正义原则的热忱——的强力腐蚀剂。

前文所述足以驳斥今日批评家对洛克的下述批评，即：洛克尽管猛烈批判菲尔默，但是在关键方面仍旧遵循父权制传统，因而其有关家庭关系的观点不够自由，也不够平等。另一派批评家则是第一派批评家的反面。他们认为，洛克太自由平等了，似乎热切地想要推翻父权制传统，故而没有看到物极必反的危险。在这派批评家眼里，洛克似乎再次成了这个传统的俘虏。他的理性受到制约，这种制约恰恰来自于他对理性的排斥，而不是因为那些有利于理性持久发挥作用的力量。[①]当然，最近文化评论家已经在研究自由民主社会家庭正在迅速解体的原因(尤其表现为非婚生子女率和离婚率的上升)。可以理解，其中一些文化评论家确实应当将这些现象追溯至某些理论原因，将这些现象视为现代自由民主原则(洛克的原则，除了其他人以外)的原子化潜力的实

---

① 在当下的学者中，我感觉Pangle尤为坚持这个观点。Pangle, *Spirit of Modern Republicanism*, 230—43, 272—75。

现。①考虑到洛克提出的自由化的、去感情化的契约型家庭，人们似乎很难反驳这项批评的合理性。我们将洛克视为其所受传统的批判者而认定他的"不合时宜"。这就要求我们对下述可能性保持开放态度，即洛克可能对我们来说也是不合时宜的，尽管我们在一些重要方面是他的政治接班人。洛克为父权制权威主义开了一剂药方并不意味着他主张那种正日益滋扰我们社会的无政府的、放纵的个人主义。清楚认识到洛克的原则具有腐蚀和瓦解的潜力对我们来说很重要，但是同样重要的是，我们应当超越这种局部的理解，认识到其原则的稳定性力量。

一开始，那些关心自由家庭的凝聚力的人，确实会对洛克在《政府论(下篇)》讨论婚姻之前先讨论父母的权力有点吃惊。但是，这个看似不祥的布局并不证明，洛克对于婚姻作为育儿制度的必要性或首要功用漫不经心。这个布局部分是在承认自然——历史事实。然而更重要的是，就像第五章的位置表明个人财产权在目的论上优先于社会，第六章和第七章的位置表明生儿育女在目的论上优先于婚姻。[205]婚姻的目的当然包括夫妻之间的"互相扶持、协助，共同的志趣和利益"，这些目的确实重要。然而，婚姻如同洛克所精心命名的那样，首先是一种"夫妻社会"，暗示其"首要目的是生育"(*TT* II. 78)。婚姻的首要目的是生育，而赋予生育以正当性并确保育儿的恰当条件的关系是婚姻。这项原则表明，洛克将婚姻视为自愿结成的契约关系的做法本身包

---

① 例如，参见Allan Bloom, *The Closing of the American Mind* (New York: Simon and Schuster, 1987)。比较Tocqqeville, *Democracy in America*, 2.2.2。关于这些原则对家庭生活日积月累的影响，人们可以比较　下，我们有关婚姻和家长身份的所有法律、法规和主流文化规范与托克维尔描述的那种平等主义的、反贵族、反父权的继承法。在这种法律文化的"持续不断的冲突下，一切东西都化为了微不足道的尘土"(1.1.3)。起初是地产继承制以及基于地产继承制的大家族，晚近一些，甚至连核心家庭也难逃此劫，而托克维尔希望核心家庭能够躲过现代自由民主制的强烈冲击，作为传统家庭自然的不能再减少的残余。

含一种节制。婚姻具有一个自然目的这个前提表明，并不是婚姻的所有义务或并不是所有最重要的义务可以完全由订立契约的双方来自愿决定。婚姻夫妻结合的本质（自然）似乎会突出决定其延续时间，或为其正当的解散施加限制。

正是离婚问题触及了洛克有关婚姻和家庭的推理的核心。为了与自己的前提的暗含之意保持一致，洛克指出，实现婚姻的目标就意味着婚姻自然义务的履行（故而是这项义务终结）。(*TT* II. 81) 所以子女成年之后父母是可以离婚的。在接下来的段落里，他的立场似乎发生了重要的转变。洛克宣称，即便在婚生子女还未成年时，妻子（也暗示着丈夫）"在自然权利或他们的契约所许可的范围内，有离开丈夫的自由"，"而子女在在分离时应归属父方还是母方，则根据这种契约的规定"(*TT* II. 82)。尽管如此，这并不表明洛克从自由主义离婚观变成了解放主义离婚观（甚至是放荡的离婚观）。洛克这里并非要将离婚正常化，[①]以纯粹的契约主义推翻自己诉诸自然目的或自然义务的做法。他申明，在某些例外情况下，即便孩子尚未成年，自然权利也允许父母离婚。尽管洛克没有举例说明这种例外情况，但是人们很容易想到，在某些情况下，离婚最有利于孩子的福祉，尤其是确保他们不被父母虐待。此外，此时我们必须想一下洛克提出的保存他人的自然义务的限定条件："只有在自我保存不成问题的时候"(*TT* II. 6)。总的来说，依照洛克的推理，尽管我们推定，为了子女的福祉，父母有义务至少在子女未成年之前维持婚姻，但是

---

① 比较Rahe, *Republics*, 510, 1024n02., Wolfson讨论了普罗斯特对于洛克的宽容原则可能带来的道德影响的担忧 "Toleration and Relativism," 214, 225—31。洛克在1667年制的《宽容短论》(*Essay Concerning Toleration*)中指出，离婚和一夫多妻对于获得拯救来说是无关紧要的事情。这并不意味着，他认为这些做法在道德上或政治上无关紧要。洛克不但坚持宽容各类宗教，而且孜孜不倦地促进对它们做出合乎理性且政治上有益的解释。我认为，他的这个进路与他处理家庭构造的做法类似。

如果存在配偶虐待的事实或威胁,自我保存的自然权利就推翻了父母维系婚姻的义务。更抽象地说,任何由权利拥有者缔结的契约,其内在逻辑都要求,契约的解除是"可以决定的"或可以对此做出裁判。因为"无法想象,任何理性造物会抱着每况愈下的目的来改变他的状况",所以任何理性的人不可能订立契约让自己陷入无法获得救济的被虐待境地(*TT* II. 131;比较 *TT* II. 90—93, 164, 168)。

　　另一方面,洛克式婚姻的契约基础当然不意味着在任何情况下根据需要都可以离婚。不能因为仅仅一时兴起,[206]或者想要促进个人发展,或者有关自己个人处境的主观、片刻而模糊的看法就离婚。如果不加辨别地确认所有提出的陈情都有效,那么这样一种"无过失的"离婚制度将使得婚姻的缔结和终结都很轻率,直接违背洛克对婚姻的理解以及对契约的一般理解。缔结契约就为自己施加了一项具有约束力的义务。只有当我们是人格,只有当我们并非冲动而变动不居的动物,而是有能力慎思并形成性格或同一性——这种同一性确保我们随着时间的流逝能够为自己的行为后果和自己的允诺负责——的自我所有的存在时,我们才享有订立契约的权利。洛克将婚姻基于契约的做法表明,在洛克看来,婚姻是理性选择而非专断意志的结果,婚姻旨在反映并提高双方及其后代的理性。因此,与政治社会一样,只有当"一连串的滥用权力、阴谋诡计的不负责任行为让统治者的司马昭之心昭然若揭",向一个理智的人格揭示出一种处心积虑违背契约的企图时,婚姻才能解除(II. 225; II. 210)。

　　正如契约论限制了离婚动机的证成,洛克将家庭关系去情感化的策略也对此作出了限制。正如我们所见,洛克想要通过提醒父母,自己年纪大了后需要成年子女的友好和赡养,增强他们作为父母的义务感。即便仅仅考虑离婚暂时带来的物质性后果,这种欲求也阻止人们离婚。基于这个推理,审慎的父母小心分配

遗产,因为遗产分配权是控制子女忠诚度的一个主要手段(参见
TT II. 80)。但是,由于子女继承自父母的情感至少与继承自父母
的物质同样重要,洛克坚称,父母的可靠策略不只是控制子女的
物质利益。明智的父母必须在子女心里建立肯定的认知"父母因
爱他而照料他,对他用情很深"(*STCE* 99;比较96)。当然,洛克
还求助父亲教导子女直面自然状况的无所供给,为子女推荐培养
顽强的心理和身体状态的方法。尽管如此,洛克依然坚持父母照
料与关怀的必要性。大体上而言,洛克认识到,与自然充分供给
的观念一样,经历极端的无所供给也会产生非理性。在社会语境
下,这点尤为适用于——那些不陪在身边,疏忽大意、特别严厉
或疏远的父母给子女造成的——情感方面的无所供给。如果意
识到,家庭解体也许表明父母没能照料好子女(特别是较为年幼
的子女),从而导致子女产生可能延续至成年的愤怒、怨恨、缺乏
信心,那么审慎的洛克式父母就更有理由将过早且不必要的离婚
视为不明智的策略。

　　如果其成员或伙伴之间的相互照应已经公开沦为策略权
衡,那么人们就可以理直气壮地质疑家庭尤其是婚姻的持久生
命力。[207]这样来理解家庭和婚姻意味着让蒙田的真正的友
爱与普通的友爱之区分侵入家庭关系,使得人们认为,这些似乎

---

① 考虑到洛克对通过技术拓展人类的能力和选择的热情,那么这种有关婚姻和家
　长身份作为一种策略的观点的影响似乎就更为深远了。他基于人道主义否认女
　性"有义务承受生育之苦,如果有其他补救措施的话"(I. 47)。这就带来了下述
　问题,即:洛克是否会(比如说)与密尔(J. S. Mill)一样热衷于避孕技术——更不
　用说生育和反生育技术的其他一些革新——改进的前景。由于将父母的职权甚
　至扩展至生孩子将意味着扩大父母双方特别是母亲这方的自由,因此这似乎是
　洛克式原则的直接扩展。但是,洛克本身也有理由对这些发明抱有疑虑,甚至有
　理由予以规制。只要这些理由教导父母不再将孩子当作上帝的恩赐,而是将孩
　子当作选择的结果,它们就很可能降低父母对意外怀孕甚至自愿怀孕的孩子的
　义务感。此外,如果这些理由消除了对性乱交的有力制裁,它们可能会产生显然
　反洛克的效果,促使人们再次陷入原生自我特有的感官主义,从而腐蚀维系婚姻
　和公民社会的道德和情感纪律。

最亲密的关系通常应由普通的友爱原则来支配。[①]这似乎证明，批评家将洛克描述为孤僻厌世、"灵魂干涸"的老光棍是有道理的。这也证明，18和19世纪浪漫派反抗现代自由主义的冷血算计的功利主义是有道理的。[②]

尽管如此，公允地来看洛克，我们尽量不要过分夸大洛克式家庭的情感克制程度。另一方面，我们也必须问一问，浪漫主义以激情、魅惑和兴奋取代冷静与务实是否会有些得不偿失。人们可以合理的怀疑，归根到底，冷静与务实是否有利于追求真实和牢靠的幸福。当洛克相对冰冷地述说婚姻的次要目的时，他并没有对夫妻间的"情感和相互照料"表示冷漠，而是意在表示，相较于自然吸引力，相互的扶持和协助以及共同的利益能使情感纽带更加稳定和牢靠(*TT* II. 78)。人们在相爱时，心里没有想着最后可能以仇恨或冷漠告终，但是脑中必然知道纯洁浪漫的爱情是稀有的、飘渺的，并且还知道真正将男男女女捆绑在一起的是渐次发展，慢慢成习惯的爱。正如政治社会里那些自称的自然统治者是靠不住的，将婚姻稳定的希望寄托于(出了名容易错位的)浪漫爱情也是不明智的。[③]

---

① Montaigne, *Essays*, I. 28, "Of Friendship" (Frame, 139—42).

② 这个说法来自Diana Schaub，她——尽管对霍布斯和洛克表达了一些疑虑——并没有将自己与任何浪漫主义的反自由主义，或浪漫主义对自由主义的盗用联系在一起，*Erotic Liberalism* (Lanham, Md.: Rowman and Littlefield, 1996), x。又见Allan Bloom, *Love and Friendship* (New York: Simon and Schuster, 1993), 46—47, 301。关于晚近自由派试图盗用浪漫派的回应，参见Nancy Rosenblum, *Another Liberalism* (Cambridge, Mass.: Harvard University Press, 1987)。

③ 洛克式婚姻特有的情感克制程度也许使他区别于托克维尔。托克维尔不以为然的评述自己的贵族祖先的"奇特观念"，即在婚姻中完全或主要随心而动将带来无法承受的风险。"在他们看来，萍水相逢可能比精挑细选还好"。尽管如此，托克维尔的最终判断实际上非常接近洛克，将恰当的婚姻视为选择与必然性，或感情与理智的混合。虽然托克维尔承认，美国女孩的教育"可以发挥女性的判断力而抑制她们的想象力，使女性虽有德但感情冷淡，而不能成为男人的娇妻和亲密伴侣"，但是他还是指出，私生活的魅力的最终降低"还是等而次之的缺陷，而且为了更大的利益，可以不去计较"(*Democracy in America*, 2.3.11, 9)。

洛克从自然主义和功利主义的角度把婚姻还原为"夫妻社会"，以及他有关享受夫妻生活的理由的轻喜剧味道，都表明洛克坚持婚姻主要基于某种自然必然性。他把婚姻构想为必然性和自由选择的混合物，首先是基于生育的自然必然性，其次是基于欲求舒适和情感。这个做法是洛克的有关人类"中庸"状况的现实主义总体看法的一部分。从洛克的角度来看，将婚姻主要或排他地基于爱欲这种浪漫观点，似乎反映了这样一个天真且具有破坏性的预设，即：自然为我们安排妥当，提供了一个完美匹配的对象。根据这种有关自然之善意的浪漫观点，洛克提出的个体性与社会性之间的张力消失了，从而鼓励个人或社会要求的激进化。由此，自然表面的善意最终显露出它的邪恶，诱惑我们穷极一生去追求那个完美匹配的对象，到头来必然沮丧失意。①这种破坏作用近几十年在我们身处的社会中逐渐显露。将婚姻浪漫化或者用一种较高的个人满足标尺来评判婚姻，似乎促进了将离婚浪漫化的趋势。②[208]洛克的观点与此恰恰相反，对婚姻社会和政治社会来说都一样，认识到人类建构物的固有缺陷，对"人类弱点造成的一切过失"保持耐心是必不可少的（*TT* II. 224—25）。对于婚姻，对于人生一切事务，洛克都追随蒙田劝告人们，追求至善是白浪费精力，因而是非理性的。实现幸福首先要求节制并理性的规制追求幸福的欲望。

四、政府的宪制

洛克清晰而突出地区分父母权力与政治权力。父母权力源

---

① 比较Aristophanes在柏拉图《会饮》（*Symposium*）（189d—194e）当中的演说。他认为，原初的一体被分裂为两个人，各自寻找失散的另一半，这是神的惩罚。

② 这部分内容的主要灵感来自于Diana Schaub充满洞见的论文"Marriage Envy", *The Public Interest* (Winter 1996): 93—102。又见Barbara Daoe Whitehead, *The Divorce Culture* (New York: Alfred A. Knopf, 1997), 45—65, 129—52。

自孩子天生的幼弱,因而他们的权力仅限于教育;政治权力则
源自同意,限于保存(推定的)理性成人的财产(*TT* II. 170—71,
173)。因此,这种父母权力与政治权力的清晰区分依赖于孩子和
成人之间的清晰区分。尽管如此,在这里以及其他一些地方,洛
克在概述这些区分时,往往会夸大其严格性。正如实际上很难准
确区分成人和孩子,这两种权力在实践中似乎也存在较多重叠。
我们已经看到,在洛克的设计中,家庭的功能并不严格限于孩子
的教育。我们将看到,与此类似,政府的功能不严格限于保存成
人的财产。或者更进一步说,政府保存成人财产的目标必须被认
为要求行使一定程度的针对成人的教化权力。

　　洛克将政府基于理性假定(presumptive rationality)这项原则
的做法,并没有排除设计政府制度以加强影响私人制度的教化作
用这个可能性。洛克有关政治学由"相互区别的两部分构成",
以及《政府论两篇》只关心"社会的起源,政治权力的来源和限
度"而不关心"统治技艺"的说法其实有些过于简化。[1]与此类
似,《政府论(下篇)》引人注目地将"统治的伟大技艺"完全等同
于政治经济学的技艺("增加土地和正当地利用土地")的做法也
有些过于简化或者说有点修辞把戏的味道(*TT* II. 42)。[2]实际上,
从《政府论(下篇)》关于政治权力的起源和限度的讨论中,我们
能学到很多洛克式统治技艺的要诀,而这些统治技艺要诀却不是
政治经济学,而是延续了洛克在《教育漫话》中所讲的内容。洛
克式政府的宪制确实具有一种明显的教化目的(尽管其方式较微
妙)。这种教化目的反映在洛克式政府的"架构"和目的中。

　　由于"所有国家最首要、最根本的实证法就是确立立法

---

[1]　"Some Thoughts Concerning Reading and Study for a Gentleman," in Axtell, *The Educational Writings of John Locke*, 400.《政府论两篇》的副标题借鉴表明了这本书仅仅关注"关于政府的真正起源、限度与目的"。

[2]　Tully, *An Approach to Political Philosophy*, 62—68.

权"(*TT* II. 134)，因而分析洛克式政府的形式自然从立法权开
始。尽管受到某些重要的限定，[209]但在洛克的设计中，立法权
是根本的至高的权力。立法权通常会指导其他政府权力的运用
(*TT* II. 132、134—36、138、143、149—50)。况且，立法权不仅是
政府的构成要素，而且是政治社会的构成要素：立法权"是给国
家以形式、生命和统一的灵魂"，因而"分散的社会成员才彼此影
响、同情和联络"(*TT* II. 212)。因此，我首先来考察立法权，接着
再考察，在洛克的设计中，立法权与执行权的关系。至于立法权
在洛克式政府中发挥的教化意义，我将先考虑其代表形式，然后
考察立法活动本身的性质。

（一）立法权：代表原则

　　立法权要发挥约束、统一和塑造的功能，就必须和国家所有
成员保持一定距离。与卢梭不同，洛克并不认为应让共同体的所
有成年成员都直接参与立法机关；洛克式立法机关作为一个代表
机关行使基于同意的信托权力(*TT* II. 94、134、138、141—43、154、
157—59、222)。①洛克式立法机关的代表形式具有教化意义，体
现在它的一般代表原则以及被代表的阶层或利益的具体特征。

　　在代议制政府的一般原则中——既区别于纯粹的权威政府，
也区别于纯粹的参与式政府——我们可以看到洛克下述设计的
另一个重要因素，即通过混合相互对立的可能制造社会和政治阶
层分化的"性情"或欲望来实现节制。在某种程度上，代表制的
教化效果与人民同意原则密不可分。洛克认为，代表制是将同
意——同意是政府必不可少的基础——制度化的最有效手段。
同意是公民自由的条件。通过同意，自由在从自然状态到政治
社会的转变中得到保存(*TT* II. 22)。正如我们所见，洛克有时将

---

①　Mansfield, *Taming the Prince*, 186, 202.

自由,故而也将同意,视为实现自我保存这个首要目的的必要手段。由于我们终究看不透他人的意志,而且(至少可以说),我们无法假定他人真的关心我们的自我保存(*TT* II. 22),理性的人必须至少保留某种独立的自治,而这种自治就蕴含在同意权中。因而,洛克坚持严格意义上的篡权和僭政——包括政府权力的滥用,也包括政府权力只是被窃取的情况——必须被认为足以使政府解体。(*TT* II. 197—98,212—18)。

但是,正如曼斯菲尔德所指出的,即使是作为保存手段,同意或自由的严肃性也要求,其在实践中既被视为手段,也被视为目的本身。①由于维护自由及其相关形式有时会使个人安全面临风险,同意权必须被视为自尊或尊严的独立源泉,能够激发自我保存的欲望。《政府论两篇》的修辞能使人看到,[210]洛克试图培养有助于实现这个目的的激情和情感,就像他试着激发读者自豪地蔑视奴隶状况——奴隶制被视为一种"可恶的东西",故而是一种"悲惨的"状态(引言,*TT* I. 1;比较*TT* II. 23,163,239)——以及义愤甚至憎恨绝对权力的掌握者或追逐者(*TT* II. 10,11,16,93,172,181,228)。然而,洛克的辞藻需要制度化实践的支持。建立代议立法机关使得信托性立法权原则上稳定持久地服从人民的正当权力。选民罢免代表从而使代表服从他们制定的法律的权力意味着,代表与选民之间存在一种"新的、可靠的纽带,能保证代表照管好人民的公共善"(*TT* II. 149,143)。在一个良序的国家里,代表制实践可以为可能天然倾向于服从的民众提供一种振奋精神的自治表象。运用一种类似君主的权力来否定立法机关的意志,人民周期性独立宣示他们至高无上的独立自主,从而感觉到某种作为君主的骄傲。

但是值得强调的是,在洛克的设计中,代表制实践仅仅提供

---

① *Taming the Prince*, 208.

了自治的表象以及适度的骄傲。正如有必要激活人民自我保存的欲望一样，也有必要节制反面的性情，即统治欲，或将其文明化。节制统治欲甚至还需要节制集体自我统治的欲望。洛克的代表原则采取了中间路线，既不是精英权威主义，也不是直接参与式民主。这种中间路线标志着洛克式自由主义的独特成就。洛克式自由主义的一个重要成就在于——《联邦党人文集》和《政府论两篇》都对此做出了有力的论述——劝说现代社会相信他们可以通过选择统治自己的代表的权力实现自我统治。也许最好这样来说，根据洛克的判断，获得恰当的独立或自治需要（相较于古典共和主义实践）贬低和限制政治活动。代表制的实践反映或培育了一种委派某些人代表自己而非直接参与公共生活的欲望。洛克与霍布斯一样，始终避免使用"公民"来指组成他设计的国家的个人，仅仅将他们称为"臣民"或"成员"。按照这种观点，公共生活次于私人生活。最直观地看，政府是保护私人利益和私人自由的手段。因此，洛克将法律比作"篱笆"的做法与霍布斯更为有限地将法律比作"人造锁链"的做法，也许可以进行一番颇具启发意义的对比或比较。①洛克的比喻显然表达了对人类自由更为广泛的维护，但是两位思想家都认为，法律的目的在根本上是防御性的。洛克筑起法律的篱笆是为了界分我们的财产，保护这些财产不受他人侵犯。

如果将代表制与降低政治生活在尊严和独立方面的价值联系在一起，人们就会对代表的动机产生疑问。[211]人们会质疑，洛克通过节制和改变统治欲的流向，保卫公民政府事业防止僭主野心可能造成的巨大不义的做法，是否付出了将此项事业暴露在较小的不义中，这些不义反映了更为普遍的败坏。正如前文所述，洛克在与朋友爱德华·克拉克的私下交流中表达了这样的希

① *Leviathan*, chap. 21, MacPherson, 263.

望:"你们(下议院)先天下之忧的热情使得我们没必要那么操心公共事务,而这才是国家的最幸福状态,那些承担这方面工作的人公忠体国,而其他人以闲云野鹤的心态默认接受。再为公家伤脑筋,实在多此一举。"(*CJL* 1326号信件[1690年10月17日])仅仅将公共生活视为保障私人幸福的手段,实际上就将公共生活交给了必然性领域。对洛克和麦迪逊而言,政府被认为是一种必要的恶,"是人性弱点的最大反映",或者说,基于"堕落之人的腐化和罪恶"(《联邦党人文集》第51篇;*TT* II. 128)。所以人们必然会想知道,在洛克式国家中,什么驱使代表选择投身公共事业,致力于将公共利益高于(或至少不低于)他们自己的私人利益。洛克对正义统治者的无偏私要求(如*TT* II. 131),是否基于一种根本上违背洛克的道德和政治思想的政府概念,甚至心理禁欲主义?更尖锐地来看,人们也许想知道,像洛克这样使公共目的次于私人目的,洛克式政府是否必然会被腐化的、完全私人的利益占领。

如我们所见,为了防止政治权力受托人的野心偏离正道这一持久的危险,洛克通过选举将他们置于接受常规性的人民控制之下。公共生活次于私人生活既意味着我们通常希望他人替我们照管公共利益,也意味着我们需要设计一套机制保证这些人恪尽职守。洛克基于同样的道理提醒终极反抗权的相关各方:使得这个关于"人民为了自身安全,有权通过新的立法权创设一个新政府"的学说的出版,能够成为"最可能防范叛乱的手段,是阻挡叛乱的最牢篱笆"(*TT* II. 226)。不过,尽管洛克最终依赖某种机械的权力制衡原则确保公共官员的诚信,但他不单单依赖这项原则。洛克在没有自相矛盾的情况下,具体解释了公共生活的贬低。这种贬低对于它的现代自由共和主义来说非常关键。尽管相较于古典共和主义实践,公共生活显然被贬低了,但是在洛克的设计中,公共生活对野心勃勃的人仍具有足够的吸引力,就只有洛克成功说明了这些人的广阔欲望与正义及人民幸福的一致性。洛克教导我们,有了正义,保存和明智的财产权规范,就会有社会繁荣。社会繁荣带来社会层面的伟大,堪作榜样的意志力和独立性,积极的思索推动社会繁荣的人将得到的名誉(*TT* II. 1,42)。[212]在这里,洛克的解决之道再次为《联邦党人文集》提供了样本:通过向最具野心的人和最有才华的人展示变得伟大的前景,并给予他们实现这个目标的充分的政府权力,驱使这些人献身公共事业;与此同时,(部分地)通过让他们的表现接受人民周期性的裁判,控制他们行使权力的行为。

因此,尽管代表制原则贬低或限制了政治,但是下述说法还是相当不准确的,即洛克式政府避开道德教化,将自身限于保存财产权。最好这样来说,洛克式政府根本的防御性也有自己的教化课,因为洛克式政府教导私人责任,并且通过承诺保持克制来要求其臣民保持警觉。代表制度对洛克整个设计的贡献在于,它通过下述典型的自由主义方式来教导我们理性,即帮助我们节制自己对政治生活的幸福以及对政府官员德性的期望。此外,它还通过抵御另一个极端来教导我们合理性,即对抗那种更为现代的逃避主义。通过给追逐正当且有益的显赫地位留出空间,它缓和了现代的、个人主义的、平等主义的社会往往深受其害的解放派和反精英派的反权威主义,甚至反政治的狂热主义。

(二)立法权:洛克式代表制

在洛克的宪制设计中,代表制的具体特征具有类似的教化意义。在洛克的设计中,通过考察洛克式立法机关不具备的两种重要特征,人们可以把握洛克的代表制方案的意义。在最一般的意义上,立法机关和政府作为一个整体代表人民,从人民那里获得自己的权威,但是"人民"被视为一个集体而不是一个前政治的自然统一体。①尽管政治边界这个事实源于自然必然性——按照洛克的说法，源于人的腐化和邪恶——(*TT* II. 128；比较*TT* II. 14)但是划分各个民族的具体界限基本上是任意的，这些界限本身就具有历史流动性。因此，洛克断然指出"在任何地方，不论多少人统一成一个社会"，从而人人放弃自然法的执行权，"在那里，也只有在那里才有一个政治或公民社会"(*TT* II. 89；部分强调为作者所加)。接着，洛克予以赞同地指出，"很少有这样的情况发生，征服者和被征服者无法融合成一个民族，生活在同样的法律之下，享有同样的自由"。言外之意就是，被征服民族对善意征服者的自由同意足以确立征服者统治的正当性，而无需考虑民族性(*TT* II. 178)。

　　这并不是说洛克是极端或天真的世界主义者。正如英国民族的"宽宏性格与英勇气概"这个序言措辞所示，洛克承认，[213]有必要不时诉诸更为特殊化的爱国感情，节制他的公民政府论证的普世理性主义，或者使之能为人所了解。但是，洛克诉诸的是开明的爱国主义。我们必须牢记，不加批判的自我延伸以及与他人形成并维持联合，这种错位而急躁地应对自然状况之不安的方式具有怎样的危险。我们必须直面下述事实，即自然或任何超人类力量都没有给我们安排好某种社会隶属关系，就像其没有为我们安排好政府。约束洛克式国家成员的"相互的影响、同情和联系"，必须通过立法意志来展现成员的统一，这个立法意志由他们自己的理性同意确立(*TT* II. 212)。②

---

① 对比Seliger的说法，他坚持认为，"洛克的政治社会预设了自然纽带与契约纽带的共存，而现代国家概念与之相关"("Locker, Liberalism, and Nationalism," in Yolton, *John Locke; Problems and Perspectives*, 22)。

② 正如在洛克看来，理性的爱国主义的合理性在于忠诚于维护政治正当性真正原则的立宪秩序，爱国主义的情感因素是一种观念的联络，在很大程度上是一个正派的政治社会保护的私人感情的联络或自然发展。在题为《论爱国》(Amor Patriae)的残篇里，洛克指出，"我们对曾经在祖国快乐生活的回忆，　(转下页)

在洛克的代表制方案里,这种抽离民族或种族纽带与洛克抽离派系宗教资格的做法密切相关。在这些方面,洛克的立法权设计反映了,传统自由主义对亚理性身份和超理性身份带来的宗派纷争危险的警惕。对于洛克来说,精心设计的立法权将代表并强化共同体的理性意志。但是,洛克的立法权设计对理性官能本身固有的、危险的宗派性也很敏感。在这个相对简短的处理中——不同于柏拉图的《理想国》或亚里士多德的《政治学》提出的较强的理性主义方案——洛克并没有赋予政体形式(由立法权的分配方式来决定)以特别的哲学意义(*TT* II. 132)。他并没有深入比较各种政体或宪制形式,也没有展现政治权力或立法权力的各式主张者之间的辩证对峙,因为对于洛克来说,各种政府形式并不对应不同的政府目的。这与他贬低政治生活的策略相一致。在洛克眼里,将政治生活视为一个就正义的本性或人类最高善展开无休无止、充满争议且最终令人丧气的辩论平台,并不合理且非常危险。洛克显然担心此种宗派意见的立法代表制无法促使这些意见走向合理,反而会讨好并助长这些意见的非理性,故而他努力将政治社会建立在非宗派基础上。如果说洛克式政府代表了人们的意见的话,那么它首先且主要代表一个意见,一项根本共识。所有形式的政府,其目的都一样;政府的各种形式,就其符合人民同意这项要求而言,都只是实现目的的手段。[①]

(接上页注②)我们对祖国朋友的爱,朋友的交谈和帮助令我们愉快,且对我有帮助;我们回到祖国,增长了财富或本事,想到可以在自己的老友中受到欢迎,或者是周游他国,看过大千世界,期望得到更多的尊重……所有这一切都让我们对祖国充满了感情,久别之后,归心似箭"[King, *Life of John Locke*, 291;比较 Nathan Tarcov, "A Non-Lockean Locke and the Character of Liberalism," in *Liberalism Reconsidered*, eds. Douglas MacLean and Claudia Mills (Totowa, N. J.: Rowman and Allenheld, 1983), 136]。请注意,洛克同时在这篇文字中指出,过度的爱国主义是有问题的。他指出,当我们身在祖国,对国家依恋万分,当我们客居异国,"我们对祖国魂牵梦绕,其主要原因"不过是因为想要有一个明确的家园,或者是因为人对于无常的厌恶。有关这种厌恶的重要性详见第四章的讨论。

① Mansfield, *Taming the Prince*, 184—88.

因此，相较于古典理性主义代表的政治思想，政治哲学的那些重大问题——正义和幸福的本质以及两者的相互关系——在洛克的政治思想中似乎更为确定。至少，相较于他的古典前辈，洛克觉得公开论辩几个可选择方案并没有那么大的政治和教化价值。通过展示一个所有人都赞同的正义学说而不是两个或更多不同的正义学说，洛克[214]的理性立宪主义将展现理性的结论，而非理性的论证。因此，人们也许会怀疑，其结果仅仅是用另一种更自信、更教条且不那么自觉的理性狂热主义来抵制某一种理性狂热主义。说得更具体些，人们也许会质疑，就其源自平等权利、同意性政府和理性假定这些看似确定的前提而言，洛克声称的政治理性主义，经过仔细的考察后，会露出自己的真面目，不过是稍加掩饰的主张平等的宗派性，被提出来对抗那些前现代世界主张不平等的宗派性。

这项指责多少有些道理。相较于古典政治哲学的方案，洛克的宪制方案使政治辩论的论域明显变窄了。但是，除了那些教条主义或宗派主义表达，我们有必要想起洛克在《人类理智论》中坚持认为任何道德原则不是无可置疑的(*ECHU* 1.3.4; 4.12.4)，而且前一章结尾处所示证据也表明，洛克明确限定了假定理性平等这项原则。因此，从下述前提进行推演最为保险，即洛克立宪主义的宗派主义和教条主义本质上是策略性或教化性的。但是，要证成这个前提，要证成洛克反对更贵族性方案的平等主义，首先需要具体讨论洛克的代表制方案的本质。原因在于，仅仅说洛克式立法权代表了有关保护和促进私人财产权以及全体幸福的共同条件的公共共识是不够的。即便仅限于相对较小的宪制秩序(致力于自由的保存或理性自治)范围，洛克的代表制方案也旨在赋予某种宗派分歧的双方以发言权。似乎，在相对较小的范围内，一定程度的宗派之争有利于促进和保存理性自由。

在《政府论两篇》具体讨论立法代表时，洛克间接提及了宗派分歧的一般性质。他是在突然偏离有关立法权—执行权关系的总体讨论时给出这个分析的。允许执行权在尘世事物的"持续的……变动不居"降低立法权的代表性，在重新分派立法权的时候，洛克仔细考虑了什么是公平且平等的代表方式（*TT* II. 157—58）。洛克认为坚持传统分配方式是荒谬的做法，其结果只能是"有些地方仅有城市的名称，所遗留的只是废墟，在那里最多只能找到个别的羊圈和个别的牧羊人，而它们还同人口稠密和财富丰裕的郡那样，选出相同数目的代表出席庞大的立法者议会"（*TT* II. 157）。因此，似乎应当根据人口规模和财富来为洛克的立法机关分派代表。尽管有点随意而临时讲到这个问题，而且相关讨论也较为简短，[215]但是深入考察这两个标准提供的要求获得立法权的主张，我们就会发现，洛克式立法机关的宗派分歧的根源就是他的正义学说或政治正当性学说的核心问题。

　　通常，宗派分歧反映了推进理性自治的教化事业固有的一个双重要求。为了推进这项事业，洛克认为必须确认平等的理性人格这个假定，必须承认这项假定仅具有有限的历史证成依据，而且这项假定还会带来一些危害。必须确认平等的理性或平等的成人人格，很大程度上是因为，不这样假定会带来最严重的危害。在实践中，拒绝这项假定意味着，为了获得政治社会的完全成员资格，我们必须为自己统治自己以及同意他人统治自己的能力提供严肃的、正面的证明。如此就意味着，将调整成人和儿童之关系的原则运用于成人关系。所谓更理性或充分理性的人有权统治不那么理性的人。尽管洛克也承认，"年龄或德性可以给一些人以正当的优秀地位"，但他坚决否认指向政治权力的自然权利（*TT* II. 54）。洛克否认这点主要是基于（前文已提及）下述观点，即：几乎没有任何人，无论多么理性，可以被假定与我们一样或比我们更关注我们的自我保存和福祉（*TT* II. 22）。它还源于另一个与此相关的担忧——这种担忧源于洛克较为警惕，心灵对自身的自然供给的错觉造成的有害影响——完全理性者对政治职位享有自然权利这项原则,将为某种教士权谋提供沃土,滋长统治欲,从而阻碍其他有潜力达到完全理性的人的发展。

然而,理性假定这个学说也内含一个与此相关且同样严重的危险。尽管假定成人的理性有利于自我保护,甚至是必要的,然而就其培养了一种资格思维而言,它本身可能是有害的。如果我们假定,人格的权利完全在我们身上自然而然地出现,就像瓜熟蒂落一样,我们就割裂了权利与勤勉或成就之间的一切关联,而我们正是凭借后者证明自己配享有权利。因此,将权利视为假定的资格将导致人们蔑视甚至憎恨那些基于成就或功绩提出的权利主张。我们很容易看到这项原则——得不到其他任何原则的质疑或矫正——令人灰心的结果。如果我们认为,无论我们自己是否努力培养理性这项德性,自己都有资格拥有这项德性有关的权利或好处,那么我们为什么不应认为自己同样有资格获得与勤勉这项德性,或克制、正义或其他一切德性有关的权利或好处?当然,如果没有勤勉,就不存在可供人们享用的财富;如果人们都不培养理性和正义,就不存在可供某人共享的依法而治并设有代议制政府的理性共同体。如果理性自治原则必须节制那些讨好野心的主张,那么它也必须节制那些摧毁野心的主张。

[216]基于这个根本原因,洛克既尊重基于理性假定原则的代表权主张,也尊重基于劳动—财产权理论(包括对自己的财产权)的代表权主张。通过承认基于纯粹人口规模的主张具有正当性,洛克承认成人参与自治的假定权利。通过承认基于财富的主张上的正当性,洛克尊重生产性勤勉提出的主张,进而间接承认了努力获得的成就提出的主张,这些都是财富所表达的意思。毫无疑问,与世俗成功的其他体现一样,财富只是努力或德性的不完美标志。然而,通过政治代表制尊重和保护财富却是尊重和保护生产性勤勉这项德性——一种较易获得的德性,而且对于形成

负责的人格至关重要——最便捷的方式。

由此，在洛克具有宗派色彩的宪制秩序——基于平等主义的自然人权和同意性政府这些原则的——视野中，平等主义的代表权主张与混合的贵族和寡头式代表权主张之间，再次出现了一条窄缝。在这方面，洛克的宪制秩序类似于托克维尔所描述的包含两种平等激情的现代民主形式。一种是更纯粹民主或平等主义的激情，另一种则是被挥之不去(但已经被大幅驯化)的贵族骄傲冲淡了的平等激情。尽管托克维尔与洛克一样肯定平等原则具有根本上的正义性，但是相较于洛克，托克维尔更直白地提醒人们注意，这项原则将变成一种拉平的激情而遭到贬损。[①]然而，两人的差别仅仅是修辞方面的，而非实质意义上的。就在洛克有意无意地采纳了以人口和财富为标准的代表制方案的那段文字后，他更为直白地宣称，"真正的代表比例"基于"真正的理性"，立法代表应当根据这个"真正的理性"来分配。"无论他们怎样被包含在内都不能自称"享有代表权，洛克坚持，"而是以其对公众的贡献为比例"(*TT* II. 158)。

有的评注者将"对公众的贡献"解释为纳税，以此为证据认为洛克的宪制秩序具有寡头性质。[②]这里确实可以看出来，洛克实际上拒绝以基于纯粹身份的资格提出主张，修正或澄清了他对代表制的看法。我们已经看到，在洛克看来，基本权利本身与其说被视为一种原生的给定的身份，不如说被视为一种成就或行动，不断辛劳努力的目标。因此，真正的原则并不将代表基于自然资格，而是基于主张者的行为。主张者通过这些行为为国家的福祉做出贡献，从而表明自己尽了责任。

---

① *Democracy in America*, 1.1.3结尾处。

② 例如，MacPherson, *Political Theory of Possessive Individualism*, 251—58; Seliger, *Liberal Politics of John Locke*, 285—86。

但是，强调行为或成就并不表明洛克毫不含糊地接受寡头制。洛克所坚持的"对公众的贡献"当然在某种程度上指个人缴纳的地产税(*TT* II. 140)。然而，我们没有理由认为这是唯一的意思，也没有理由得出结论认为，[217]洛克在前一段采纳了基于人口规模的代表制，马上又不加解释地放弃了这个立场。人们不应将下述推论归给洛克，即：纳税人都是有钱人，因此基于纳税的代表制就必然排除穷人。①此外，人们应当考虑到，那些没有地产或没有需缴税之财产的人，可能以其他方式为公共福祉做出贡献，从而证成他们对代表权的要求。由于洛克对此语焉不详，这些考虑都还只是猜测而已。

以下两种方式看来比较可信。首先，为了促进理性的勤勉，既需要保护成就，也需要保护机会。在洛克(马基雅维利也是如此)这里，强调德性主要体现在它的效果上并不意味着一味地赞许成功。正如洛克为成功之人提供某些手段，以保护他们勤勉所获的成果，对抗那些旨在使得不勤勉的人受益的财富再分配方案是合理的做法，洛克为绝大多数劳动者或潜在的创业者提供某些手段，防止已经成功的人把他们的成就转变为排他性(甚或剥削性)特权，也是合理的做法(参见*TT* I. 41—43)。如此看来，通过以财富和人口来确定代表比例，洛克扩大了生产性勤勉得到的尊重和保护。洛克将下述这些人都囊括进来，其生产性劳动增加了当下的物质财富积累的人，将来可能做出这种贡献的人，还有那些艰难度日但却为国家的总体繁荣做出了不可或缺的贡献的人。

其次，洛克指望"多数人"做出的贡献，似乎不但包括生产性劳动，而且还包括服兵役。洛克对军事狂热精神的危险保持警惕，所以没有特别强调服兵役这项义务。尽管如此，他确实暗示，服兵役是每个人对其国家的一般义务(《教育漫话》"致读

---

① 参见Martin Hughes, "Locke on Taxation and Suffrage," *History of Political Thought* 11 no. 3 (1990): 423—42. 又见Ascraft, *Locke's Two Treatises*, 177—78。

者"）。所有国家"首要的根本自然法是保存社会"。尽管洛克强调这项法律将支配立法机关自身(*TT* II. 134)，但是这项法律肯定不仅仅适用于立法权或一般意义上的政府。社会的保存最终依赖于保持其军事力量(*TT* II. 139)。洛克式国家的个体成员既然授权社会或立法权"根据社会公共善的要求为其创制法律"，他们当然也就授权了立法机关提出服兵役的要求。

从这个角度来看，洛克基于人口和财富的代表制，是对两种贡献的恰当奖励：为共同体的安全和繁荣做出的贡献，或者为抵御人性或自然给人类造成的反复危险做出的贡献。随着《政府论（下篇）》论证的展开，洛克非但没有放弃而是完善了成人的假定理性这项平等主义原则，这项原则是他解释政治社会的建构的一个前提。[218]准确地说，成人的理性这个假定是一项可以驳回的前提。成年后的人要以一种配得上成年人所享权利的方式来行为。

（三）立法权：立法活动

与他的公民政府的宪制保持一致，洛克的代表制方案表现出一种典型的理论自信与理论谦抑的混合。这种理论自信与理论谦抑的混合不但体现在其宪制形式上，而且以更复杂的方式，更发人深省的方式体现在洛克式立法机关特有的活动中。

正如主导早期君主制政府的对外权为解决各个社会间冲突所需，主导真正的政治社会的立法权是在回应解决社会内部冲突的需要。根据洛克的历史分析，随着"较强或较幸运的国家吞并弱小的国家"这个情况的发展，内部分裂——较之更早期的部落或家长型君主国更为尖锐——导致社会撕裂，政府发展的对外权阶段逐渐需要进入一个立法主导阶段。(*TT* II. 115)①无论如何，

---

① Mansfield, *Taming the Prince*, 200; 又见Ruth Grant, "Locke's Political Anthropology and Lockean Individualism," *Journal of Politics* 50 (1988): 54—57。

公民政府(特别是立法权)的出现是必然性的产物。它们被建立起来作为"设置在人世间的裁判者有权裁判一切争端和救济国家的任何成员可能受到的损害"(*TT* II. 89; 比较*TT* II. 13、87—91、124—28)。

正如亚里士多德所说,政府起源于必然性这个命题与政府的终极功能的目的论理解完全相容。如果相关争议能够刺激立法权反思政治善和人类善,那么因需要裁决争议而发展起来的立法权将会发展为慎思理性的典范。洛克似乎要把这样一种立法权概念加入到他的宪制设计中,因为他赋予立法机关基于对公共善的成熟慎思创制法律的功能。(例如*TT* II. 135、142、156)尽管如此,在这里,两者之间的差异比它们的相似之处更能说明问题。洛克坚持群体立法权以及后来的政府立法权首先应当被视为一位裁判者(judge)。这与他的下述否定相一致,即集中体现"旧"哲学的对善的开放探究不是立法慎思的恰当典范(*ECHU* 2.21.55)。因为公共善的一般性质已为人知晓,洛克归给立法权的判断活动(judgement)不可牵涉任何根本性哲学探究,而必须只能是解释给定的、业已发现的法律(有关平等自然权利的"法")的次级活动。"各个国家的国内法……都是建立在自然法基础上,其规定根据自然法才是正当的,只能依据自然法进行解释"(*TT* II. 12; 比较*TT* II. 135)。[219]更确切些说,在洛克的设计中,立法权的判断活动,通过形成普遍社会规则(更一般的自然法的具体化),为解决国内争议提供基础。

因此,洛克突出了他的立法权概念(将其视为判断)的谦抑,使立法权服从一种高级法。尽管如此,人们也许会质疑,这种表面的谦抑实际上是否只是一个掩饰,旨在迎合一种严重的理论自信。对于孟德斯鸠和伯克等批评者来说,试图将政治社会直接基于普遍的、超宗派的自然权利原则包含了一种危险的不谦抑。现代自然权利运动反映出一种潜在的专横的忽视,即忽视历史特殊性的意义,并随之忽视政治生活所需的审慎理性。但是,尽管这种批判可以将法国大革命的激进主义甚至托马斯·潘恩的学说作为恰当的对象,但是如果指向洛克则有失公允。

当然,无可否认,洛克依赖普世自然权利这个基础。这种构建源于他对人类理性的自然缺陷——尤其表现为心灵对教义原则的欲求以及随之而来的相对混乱的焦躁,而心灵就是以这种状态去拥护各种道德原则——的观察(*ECHU* 1.3.42; *TT* I. 58)。重要的是,洛克仅仅在《人类理智论》这部他带点讽刺而谦逊地描述为"适合我这种水平的人"的作品中,而没有在《政府论两篇》这个明确的"政治"论著中(II. 52; 比较*ECHU* 3.9.3)主张,所有道德规则都是可质疑的(*ECHU*"致读者"; 1.3.4; 4.12.4)。但是,洛克将所谓的自明原则或可证明的原则当作自由共和主义的基石(用林肯的比喻来说就是"定海神针"[①]),其实是为了引导和稳定我们的道德和政治推理,而不是对其一锤定音。尽管他坚称,其政治著作主要是为了阐述有关政治权力的科学(政治权力的"起源、限度和目的"),而不在于详述统治的技艺,但是他对于政治权力的那个目标或几个目标的原则性阐述存在某种科学与技艺的相互作用。在最一般的层面上,保护财产权(或个人权利)与公共善这个双重目的表明,洛克拒斥政治教条主义。洛克为权利之治加入一些例外——公共善的可能性和公共善的主张使这些例外成为必要——的做法表明,洛克在分析政治权力的目标时较为审慎,这也为在不同层面的立法活动中践行审慎做了准备(*TT* II. 1, 6, 134、159、183、229)。

具体而言,除了他有关与执行活动相对的立法活动的性质

---

① Abraham Lincoln, "Speech at Peoria," 1845, in *The Collected Works of Abraham Lincoln*, ed. Roy Basler (New Brunswick, N. J.: Rutgers University Press, 1953), vol. 2, 266.

的一般看法外，洛克还在立法的另两个层面上为审慎判断留出了空间。洛克显然没有像孟德斯鸠那般热衷于分析各个社会的立法推理并为其提供详尽的指南。而且，洛克的关注点相对狭隘，不但是因为他需要处理英格兰的紧迫问题，[220]而且还因为，如我们在第四章所见，他似乎对非理性力量决定各种社会政治形态和文化形态的作用估计得更严重些。但是，正如孟德斯鸠并非像他有时表面上那般相对主义，洛克并非像他有时表面上那般教条主义。在宪制立法层面上，洛克对政府形式还原论的、马基雅维利式的简单处理方式，即将其视为实现共同目的的不同手段，并不意味着自然法普遍认可所有宪制形式这个教条主义结论。他明确地坚持，在理想条件下——即社会的普罗大众得到充分启蒙且坚决地理解和保卫他们的权利——一个分权制衡的代议制政府是推进理性自由事业的最佳途径。但是，洛克也认识到那些处于不理想的条件的共同体的特殊需要，故而赋予具体的共同体通过其基本立法行为来审慎选择自己的政府，到底是采取民主制、贵族制、世袭君主制或选举君主制，还是其他混合政体(*TT* II. 132)。在将绝对(且专断的)君主制定义为"根本不是政府形式"而予以排除(*TT* II. 90)时，洛克明白断言，在特殊情况下，(比如说)解决原始社会问题"最为简易和自然"方式的父权君主制仅仅具有临时正当性。(*TT* II. 75；比较 *TT* II. 015、107—11)

　　洛克关于立法建构的历史阐述与孟德斯鸠的如下观察，显然在口气上截然不同："尽管人类法律不同、风俗各异，但(人)都不该受幻想左右。"[1]但是，尽管孟德斯鸠比洛克更努力地评估不同文化条件下各种立法条款的合理性，但是更能说明问题的是，

---

① *The Spirit of the Laws*, "Preface". 孟德斯鸠接下来说，"大多数民族"服从专制政体。这表明，文中引用的说法实际上仅仅十分有限地肯定不同社会的法律的合理性(5.14结尾处)。

孟德斯鸠终究与洛克一样，提出了一种以英格兰宪制为基础的宪制，作为致力于理性自由事业社会的榜样。①

　　关于构建得当的立法权的日常活动，洛克提供的具体指南比他谈论宪制形式的选择问题时还要少。尽管如此，在这里，洛克相对惜字如金的阐述，其实表现了对立法权审慎的尊重而非拒斥。洛克在《政府论（下篇）》的开篇部分宣称实证法必须"基于自然法，其规定只有根据自然法才是正当的，只能依据自然法进行解释"后，接着在《政府论（下篇）》的后面具体说明了这项要求。他在讨论立法权限度时说，"（立法者）为人们行动创制的那些规则"不必都由高级法确定或来自于高级法。这些规则受自然法调整仅仅意味着，它们必须"符合"自然法或不与自然法矛盾（比较*TT* II. 12及*TT* II. 135）。不矛盾这个标准又为在制定实证法中做出的具体判断提供了相当大的空间，并且指出了洛克理解审慎的另一个重要方面。尽管抵制专断——即便不说是准确理解事物的本质——要求立法活动在根本上被理解为判断，[221]这种判断以自然法为基础，但是洛克承认，立法判断无法完全清除专断的因素。将制定实证法理解为在具体情况下直接识别自然法的授权——坚持找寻那项最完美的法，在那个情况下最有必要的法——就会再度陷入至善论的泥潭，引起的争执不休和最终带来的软弱无力并不亚于对人类至善的追求。这就解释了洛克描述立法活动的模糊性：尽管从根本上说，严格意义上的立法是某种判断，但是立法也依赖于创制（make）法律的权利（*TT* II. 3；比较*TT* II. 124）。与种类观念的形成一样，法律的制定基于一种部分自然，部分习俗的基础。

　　总而言之，在洛克的设计中，作为理性典范的立法活动，主要不是凭借其对公共善或人类善的本质做出慎思，而是体现在它

_____

① *The Spirit of the Laws*, 11.5 以下。

对理性自由的条件进行不那么直接的推理论证。这体现了一种有所节制的理性主义。因为在我们的"中庸"自然状况下，我们既不是依照严格的规则生活，也不是无法无天地生活，所以就一般的思考活动以及立法活动而言，良好的判断要求合理明智地尊重权力、权力的限度以及判断这项官能的限度。在洛克这里，立法推理的节制体现在混合或平衡了判断行为与创制（making）行为。将立法同化为判断，其根本的节制体现为将立法意志服从一种更高的通过理性把握的法，但也因其教条主义和至善论的可能性而携带了一点不节制的萌芽。另一方面，将立法同化为创制，其根本的不节制表现为将法律化约为突发奇想的专断意志的表达，但也因其承认人类事务固有的习俗主义和专断性而包含一定程度的节制。通过将立法理解为判断为主、创制为辅的混合物，洛克利用了这两种过于简单的理解各自的优点，克服了各自固有的缺点。如此一来，立法权凭借其对自己的代表结构以及自身行为的理解，成为理性节制的典范。洛克通过自己的宪制设计教导理性节制的努力，不仅体现在他的立法权概念上，而且体现在他对立法权与执行权之关系的分析上。

（四）分权：立法权与执行权

"在政府初创时期"洛克指出，"政府的统治差不多是全凭专权进行的"，正如部落社会的成员自愿"受一人治理，既然认为权力在他的诚实而审慎的掌握下相当安全，就没有明白的条件加以限制或规制"（*TT* II. 162、112）。但是，除了霍布斯的学说外，历史经验明确表明，自然状态的危险并没有因为个体将自然权力转移给主权者（不论是个人还是集体）而消除。[1] 此种"疏忽大

---

① Mansfield, *Taming the Prince*, 199. 在谈及个体的"自然的政治权力"时，Aschcraft 还是没有认识到政治权力在洛克设计中的显著特征，因为他没有充分　（转下页）

意"、"缺乏远见"地授予[222]不受限制且不负责任的权力只会带来一种稍作调整且可能更加危险的自然状态(*TT* II. 93—94、107、111、137)。真正能补救自然状态之危险的是公民政府;所有"建构良好"的真正的公民政府,其标志是立法权与执行权的分立或分离(*TT* II. 159、143—44)。当然,我们对这个学说已经耳熟能详。正是由于这个原因,我们最好还是重新考察一下,洛克如何理解分权的真正基础及限度。

因为自然状态的危险在于屈从绝对、专断的权力,公民政府的重要目标似乎是,必须通过使统治者和被统治者都服从"确定的、稳定的法律"或"保护权利(尤其是财产权)的明白规则"(*TT* II. 137),消除完全个人的、主观的、专断的权力或将其最小化。因此,在构建得当的国家里,立法权是"最高权力"(*TT* II. 149—50;比较*TT* II. 134—36、138)。为了迫使立法会的成员遵守自己制定的法律,洛克坚决要求,即便不进行有规律的选举,也要让这些人定期解散。相似地,为了保证法律在制定和适用过程中的无偏私或一般性,他坚决要求,创制法律的权力和执行法律的权力应由不同的部门掌握,只要人们清楚地认识到执行权隶属立法权:立法权包含"指导国家如何运用强力的权利"(*TT* II. 143)。

但是,法治包括立法权至上和权力分立这一事实却反映了法治固有的张力。如果像洛克所宣称的那样,执行权明确"辅助和隶属于立法权"(*TT* II. 153),那么执行权与立法权的真正分离或独立于立法权的程度就很有限。如此一来,洛克的宪制似乎将执行权降格到办事员的地位。用马基雅维利的话来说,"仅仅是执行者"或另一个更高权威的工具罢了。①但是将立法权限制在它的恰当

(接上页注①)认识到,自然状态下的权力是成问题的。(*Locke's Two Treatises*,166)。比较Tully, *An Approach to Political Philosopher*, 15—23。

① 比较*The Prince*, chap.6颇为讽刺地将摩西视为"上帝的执行员"。

范围内——创制一般性的、无偏颇的规则——要求执行权在将这些一般规则适用于具体案例时，在具体运作上享有相当程度的独立性。法治要求执行权时而服从立法权，时而独立于立法权。

相应地，不管洛克最初如何强调立法权至上，他很快就做出了限定。他不仅补充说"共同体永远保留最高权力"以抵抗立法者的不义图谋(*TT* II. 149)，而且还补充说，执行权必须被认为享有较大程度的运作独立性。到了这个时候，洛克宣称，执行权是"法律的最高执行者"，甚至"最高的执行权力"，允许执行权分享创制法律的"联合权力"。(*TT* II. 151—53、222)他提议，执行权可以被安全地授予召集、解散立法机关和重新分配立法权的权力(*TT* II. 156—58)；最为重要的是，他赋予了执行权这样的权力，"在法律保持沉默的场合，按照他们的自由选择来办理一些事情，甚至有时为了公共善，不惜违背法律的明文规定"(*TT* II. 164)。①[223]在看似消灭执行专权或将其最小化后，洛克又在公民政府的宪制中将其重新引入。正如拉赫(Paul Rahe)所言，"那么多英国哲学家服膺托马斯·霍布斯关于一人统治的论证，真的有些令人吃惊"。②

将专权再度制度化，也许是在审慎或大方地尝试将君主制的激情或"性情"与民主和寡头的激情或"性情"加以协调。打击抨击父权制的洛克，罕见而惊人地谈到了"神一般的"君主(*TT* II. 42、165—66)，无疑能够满足他那些最大胆的读者的最大心愿。但是，除了协调不同的激情，更重要的是协调不同的理性模式，保持其优点，制衡其弊端。

再重复一下，为了克服我们在自然状态下面临的专断性危

---

① Mansfield, *Taming the Prince*, 200—04.
② Rahe, *Republics*, 474. 由于没有领会自然状态问题的深度，Aschcraft没能足够重视洛克式执行权，仅仅将洛克对执行特权的讨论视为人民反抗学说的一个铺垫(*Locke's Two Treatises*, 186—91)。

险,洛克坚持去人格化、无偏颇的法治:"每一个个别成员的一切私人判断都被排除,共同体成了公断人,用确定、稳定的规则来公正地和同等地对待一切当事人。"(*TT* II. 87)但是,尽管洛克反复强调菲尔默和霍布斯的绝对主义固有的危险,但他同样清楚地看到极端的自由—理性主义回应将带来哪些问题。在努力战胜激情和迷信带来的狂热时,理性必须警惕自己的狂热,例如通过完全无偏颇的一般性法律统治政治生活这个自由主义愿景。如我们所见,尽管洛克允许立法包含审慎因素,但是体现在立法权活动中的审慎(根据他的设计)范围有限且不完善。洛克允许存在这种审慎是因为他承认,我们无法完全运用适用于所有社会的法律来统治某个具体社会。还需要承认的是,这种法律无法凭借自身统治任何政治社会。用洛克的例子来说,为了防止邻人房屋的火势蔓延,必须拆毁那位无辜的邻人的房子。此时还"严格甚至刻板地遵循"法律就是愚蠢而有害的法律主义,不仅违背公共善,也违背法律保护私人财产权的精神(*TT* II. 159)。此外,过度热情地企图通过一个完备的立法或官僚法规体系来最大限度地减少宗派统治或个人统治的程度,反而会恶化试图解决的问题,因为这样一个"精心设计"的体系会因其复杂程度给专断或偏私的执行提供大量的可乘之机。(*TT* II. 12)

因为"对于一切与公共事务相关的偶然事故和紧急事件,都不可能预见,因而法律也不可能都加以规定;而且如果所创制的法律……都严峻不苟地加以执行,也不可能不造成损害;因此,对于法律没有规定的许多特殊事情,要给执行权以相当的自由裁量权做出抉择"(*TT* II. 160)。为了克服个人理性的缺陷,从而保护政治生活免受个别统治者的一时兴起、激情和幻想之害,洛克坚持法治不可或缺。但是,为了抑制立法理性的狂热,洛克为执行权的自由裁量和审慎留出了相当大的空间行使专权。[224]在洛克的宪制里,立法权和执行权的分立不但实现了相反激情之间的平衡,而且更重要的是实现了科学与技艺之间的平衡,一般推理与特殊推理之间的平衡。在这方面,立法权与执行权的关系进一步反映了洛克的下述目的,即:在一个致力于理性自由原则的宪制秩序中,协调多数人的主张与少数人的主张,或普罗大众的主张与出类拔萃者的主张。

关于这两种推理模式的关系,一些颇具启发性的阐述出现在洛克《人类理智论》对心灵的"分辨"(discerning)官能的讨论中。凭借这个官能,心灵"知觉出两种观念是相同或相异的"。洛克观察到,"机智"(wits)多在于比较,"在于观念的集合······在于把各式各样的相似相合的观念配合起来",而"判断"多在于区分,"在于精细分辨各种观念的微细差异,免被比喻所误"。与判断相反,机智的呈现正是通过"明喻和暗喻","所以能活跃地打动想象","所以能迎合众意······(机智)所呈现的美丽,一望之下,便能动人,无需苦力思索其中所含的真理"(*ECHU* 2.11.1—2)。在洛克看来,这种对于判断的理解,即将其理解为对区分的知觉,更适合执行权而非立法权的行使,而且可以矫正前一节所描述的立法判断。这种专注于区分或区别的推理模式本身就是一种独特的推理模式。相较于有关比较、规则、概括的推理模式,它更为精细,更为困难。然而,两种模式本身都不完善。在洛克宪制秩序的语境中,将其中任何一个模式视为政治推理的全部都将为具有潜在危险的极端主义创造条件。如果推至极端,通常的立法模式就退化为做出概括的教条意志,通过一套确凿的一般规则为所有具体的紧急情况做好准备,从而排除独立思考的必要。如果将另外那个更为独特的推理模式推至极端,它就会退化为将不受法律制约的做法合理化,并最终退化为要求纯粹的非理性,其对具体情况之独特性的敏感,僵化为一种自相矛盾且虚无的主张,将特殊性或个人特有性视为唯一的、排他的、占统治地位的自然原则。

　　洛克的政府权力分权最深层的依据就在于此。以这种方式区分立法权和执行权，洛克式宪制强化了自然状态的教训，将人类个人理性的自然缺陷或不完善性这个提醒制度化，个人在自然状态下掌握的不可分割的权力（包括父亲和酋长）必须在政治社会中被分割开来，因为通常被假定具有完整性的个人理性实际上常常是偏颇的、自欺的。适合于支配我们的理性——即能够无偏颇地判断一般主张和具体主张，许多人和少数人或某个人的主张——更为可靠地源自两种制度权力的互动[225]而非某个人或某个机构的行为。凭借立法权与执行权以及他们所代表的两种推理模式之间相互补充、相互矫正的互动，洛克式宪制秩序再次教导一种节制的理性主义。

（五）人民的反抗权

　　关于洛克式宪制，还有最后一个问题需要考察。在洛克的设计中，政府权力既受到内部制约，也受到外部制约。"人民有重新为自己谋安全的权力……这个学说在立法者违背他们的信托时，是防范叛乱的最好篱笆，是最可能阻止叛乱的手段"（*TT* II. 226）。尽管公民政府要求将所有私人判断从立法权和执行权的日常运行中排除出去（*TT* II. 87），但是公民政府不能指望共同体放弃判断政府行为的正当性并执行这种判断的权利。正如洛克在《政府论（下篇）》结尾一章所解释的，人民判断政府不具备正当性就意味着政府权力复归共同体，共同体就可以执行自己的判断并重建一个法治政府。但是，潜在的困难在于下述事实，即：这样一来，共同体将以一种自然的不分割的形式运用政府权力。洛克有关"整个社会"的脆弱理性的说法（*ECHU* 1.3.9—12）足以表明，自然的或不分割的政府权力，掌握在共同体手中与掌握在个人手中一样危险。因此，共同体极为审慎地运用其判断和反抗的自然权力就很有必要。那么问题来了，洛克的学说是否要求共同体的大多数人达到那种在洛克看来只有极少数人才能达到的审慎程度？

为了将政府被恰当地限于其宪制权力的界限之内,洛克和洛克式宪制必须教导这些政府的臣民在运用自己的宪制外权力时保持审慎。这并不是要求臣民掌握最好的、"神一般的"君主才掌握的统治技艺,或者像明智的立法者那样在科学和技艺之间游刃有余。由于臣民被排除在实际统治事务之外,臣民的审慎只有有限的用武之地而且主要是回应性的,是一种辨别他人对他们的统治好不好或是否合格以及相应地选择他们的代表(也许还包括新的制宪者)的能力。民众的这种审慎是一种易于掌握的理性与良好判断力的混合。正如我们所看到的,洛克的许多教化措施的主要目的就在于培养"理性造物的判断力"(*TT* II. 230,强调为作者所加;比较*TT* II. 94、168、225)。这种教化的一个理想效果就是,"一位统治者,如果真的想为他的人民谋福利就不可能……不使他们看到和感受到这点;[226]正如一个家庭的父亲不可能不让他的子女看到他对它们的慈爱和照顾"(*TT* II. 209,强调为作者所加)。

民众相信这种受过训练的对政府意图的感觉,[①]符合节制的理性主义事业。它反映了这样一种认识,即:保护权利既需要科学也需要技艺,而且全面保护无辜者的权利并不总能够实现。因此,共同体在某些情况下同意善意的篡位者或征服者的统治也许是审慎的做法(*TT* II. 175、178、192),就如共同体运用他们保有的自然执行权"宽恕"或不去追究其统治者相对无害的因疏忽造成的、个别的越权行为的责任也许是审慎的做法(*TT* II. 210、225)。也许有点讽刺的是,个人自我占有的原则有助于社会容忍纯粹个别性的伤害,从而为人民的审慎提供支持。由于不愿投身

---

① 比较*TT* II. 135:"政府决不能有毁灭、奴役或故意使臣民陷于贫困的权利"(强调为作者所加)。

于与己无关的事业,如果某些个体的冤屈并没有预示更为普遍的失职或作恶即将到来,这些理性的、自我占有的洛克式国家成员通常会审慎地不愿搅扰政府(*TT* II. 168、209、230)。简而言之,践行审慎没有被排除在洛克式宪制秩序之外,也没有仅限于立法官员和执行官员。依照洛克对平等主义理论(公民政府的基石)的审慎理解,践行审慎既包括统治者,也包括臣民,鼓励他们践行审慎。①

五、知识精英问题: 平等、科学与政治理性

如此这般协调和平衡多数人与少数人——普通人和与众不同的人,大部分人和具体某个人,只顾保存或独处的人和野心勃勃的人——的偏颇要求,洛克希望他的宪制原则不但能带来和平,而且还能锻造对节制的理性自由事业的共同社会热忱。但是,人们不可就此推论,洛克的宪制实现了或试图实现这些相反原则之间的完美平衡或者平等混合。正如只有在共和党在1800年的选举中取得压倒性胜利之际,杰弗逊才宽宏地宣称"我们全是共和党人——我们是联邦党人",洛克的宪制将一个根本的平等主义基础与一些寡头因素和贵族因素混合。②尽管洛克的社会

---

① 洛克在将人民判断引入其宪制设计时相当谨慎。将他对司法权的处理与孟德斯鸠加以比较也可以看出这点。孟德斯鸠和洛克一样不信任教士精英,但相较于洛克,孟德斯鸠更进一步推进了自由主义清教原则。他坚持将人民陪审团拥有的独立司法权视为立宪政府必不可少的组成部分(*The Spirit of the Laws*, 11.6)。尽管洛克确实没有提出关于司法专权(judicial prerogative)的学说——他的沉默表明,他认为享有司法权的人实际上"仅仅是执行者"或法律的解释者,或者说,这确实是最小危险的部门——但是他似乎也赞成主要由一群专业的职业法官来掌握司法权。洛克突出强调,人民必须享有通过解释自然法来判断政府正当性的共同权利,但是他并没有赋予人民做出常规法律判决或宪法判决的权力。

② Jefferson, "First Inaugural Address," in *Life and Selected Writings*, eds., Koch and Peden, 322. 比较托克维尔在《论美国的民主》中的观点:"我常常想, (转下页)

主义或社会民主主义批评者合理地指出了洛克宪制中的宗派性危险，[①]但是他们说洛克式自由主义最严重的潜在困难，在于其寡头因素，而非其平等主义基础，这可就错了。正如我们所见，对洛克来说，最基本的事实不是我们获取财产的能力不平等，甚至不是他在人类智识能力方面发现的不平等。[227]不论对于我们自然会去追求的实质幸福，我们掌握的知识多么参差不齐，共同的人格这个最根本的事实支配着自然权利的分配。因此，最严重的危险在于下述可能性：洛克的平等主义将理性的标准降得如此之低，以至于最终消解了政治社会的健康所依赖的对理性的敬意，在大多数人和少数人那里都一样。

如果将洛克式宪制与古典政治科学盛行的一般方案加以对比，洛克式宪制根本的平等性及其面临的最严重的危险就会变得更明显。从古典方案的角度出发——具有培养德性的贵族热忱，径直接受将不平等制度化，为严肃追求德性提供条件——人们更能看清洛克自然权利学说的平等主义精神。洛克秉持这种精神，断言一种根本上平等的判断权和执行自然法的权利，将人民的同意与拥有德性或智慧同样视为判断政府正当性的标准。与他从合理性角度提炼基督教的做法一道，洛克的自然权利学说将人们对教士解释者阶层的需求最小化或干脆消除这种需求。[②]通过这个对比，人们同样能看到，洛克以更功利论或必然论的"消遣"观替代"悠闲"这个贵族概念(*STCE* 108、206；*CJL* 328号)的重要意

(接上页注②)所谓的混合政府实际是个怪物。根本就没有混合政府这种东西(就这个词的通常含义而言)，因为在任何社会，人们都会发现，最终都是某个行动原则主导其他原则。"(*Democracy in America*, 1.2.7)

① 这些批判者中最著名的当然是C. B. MacPherson。参见*The Political Theory of Possessive Individualilsm*, 194—262. 又见Wood, *The Politics of Locke's Philosophy* and *John Locke and Agrarian Capitalism*。

② 比较霍布斯努力使自然法或自然规范连资质最差的人也能理解(*Leviathan*, chap. 15, in MacPherson, 214). Arthur Melzer发现，卢梭提倡政治权利的平等原则也是出于相似的意图(*The Natural Goodness of Man*, 144—46)。

义。这也符合一种勤勉运动的伦理，而非导向沉思安静的伦理。最重要的是，与古典学说突出哲学生活不同，人们会惊讶于洛克的沉默或迂回。洛克没有阐述特别哲学的生活方式，他强调的是科学在功利和技术方面带给人的启发。

洛克对强大的支配欲以及更普遍的对于宗派狂热倾向异常敏感。正如潘戈所说，洛克不仅将宗教理性化，而且提出了一种文明化或"社会化"的理性概念。[①]这种社会化的平等主义理性固有的危险包括两个方面。首先，就洛克让理性的特殊律令服从公民风范或社会稳定的要求而言，他冒险削弱了理性独立对抗经常威胁政治社会的非理性浪潮的能力。考虑到洛克极为强调获得尊重的欲望在教化方面的有益作用，这方面的危险似乎显得尤为重要。它引发了下述问题，即洛克式绅士是否会将理性与名望混为一谈，或者，相较于使正义及其他卓越得以可能的那种精神的独立地位，更看重公民风范的价值。[②]

除了中间阶层盲从因袭这个危险之外，在根本上更为严重的危险是部分上等阶层的不服从甚或虚无主义。除非在常人的理性和精英的理性间建立起某种连接，除非洛克式社会能在公开促进的常人的勤勉理性，[228]与只有少数克制的理性人可能获得的真正自我占有的幸福之间建立一种关联，否则后者很可能觉得，服从这个社会是一种异化和不正义。只要洛克为了克服理性的分歧，试图把理性仅仅视为实现个人安全和舒适的手段，那么他就冒险模糊了理性在人类自我或灵魂中具有最高独特性这项关键原则的依据。如此贬低理性，似乎特别会让社会中最野心勃勃的人以及最接近理性的人心有不安。如果洛克完全摒弃理性

---

① *Spirit of Modern Republicanism*, 272.

② Tarcov, *Locke's Education for Liberty*, 116—17, 14—41, 194—98; Pangle, *Spirit of Modern Republicanism*, 216—29, 264—66, 272; Metha, *Anxiety of Freedom*, 133—53.

行动的终极目的，那么他将冒险教导最需要尊重理性的阶层，人类的自由不在于服从理性，而在于想象之物或意志的主张。他通过一种更为平等的理性观推进合乎理性的、非专断的政府的努力只会适得其反，鼓励一种比前现代政治思想造成的实践产物具有的所有任性还要极端的任性。

　　在考察这些危险时，潘戈指出，洛克试图将理性解放出来，使之无需通过抵御其传统的——神学的——对手来保护自己，以此推进理性的事业。①但是，潘戈论证道，不论这些对手如何"恼人"，不断直面各式各样的神学—政治权威是哲学的开放性及哲学存在的必要条件。认真对待这个反驳意见并不要求我们一定要同意潘戈的下述观点：洛克性格温润，"极度厌恶他作为哲学家必然身处的境地"，这使得洛克忽视了培养理性的必要条件。洛克在这个关键方面背离古典政治哲学，并不是出于个人激情或一时疏忽，而是因为他根据经验深思熟虑地反对下述命题：想象渴望超越人类的道德状况，故而（如潘戈所说）"是理性追求崇高的天然伙伴"。②洛克因下述信念采纳了一种表面上教条的平等主义：前现代政治科学非但没有支配想象，反而危险地讨好想象，而想象的巨大力量和紊乱性使得向愚人证明智慧的要求这个古典问题几乎无法解决。尽管如此，如果说过分高抬的理性概念会鼓励意志，那么过分贬抑理性结果也是一样，而且后者比前者更直白，故而更不设防。尽管我们可以合理地赞同洛克的下述质疑，即一个着魔般的敬畏文化到底有助于哲学（更不用说合乎理性的政治）的进步还是助长了狂热，但是我们必须探究一下洛克下述希望的基础，即他更为文明化、功利化的理性能够创造并维持一个健康政治社会所需的尊重程度。

---

① *Spirit of Modern Republicanism*, 273—74.
② *Spirit of Modern Republicanism*, 274, 214; 比较148。

如洛克对基督教、家庭和政府的重构含蓄表明的，他坚持认为，在普罗大众中培养对理性自由生活的热忱，[229]首先就得冲击野心勃勃的专断精英为大众理性设置的障碍。因此，在大众观念和情感的层面上，为了支持大众的理性独立精神，洛克试图针对职业观念贩子的货物，培养某种常识的、务实的、反精英的、反智的敌意。这个意图大致说明了洛克为何采用一种恶意的还原论——这个做法显然已经达到了一个洛克式国家成员必须具有的市民风范和宽容的极限——攻击经院哲学家。这些人故意提供"装模作样的愚陋，学问渊博的妄语"，带来了"混乱、纷乱和不确定性"（*ECHU* 3.10.9、12；3.10.6—13）。正如在《政府论（下篇）》中，热爱自由、富有血性的人民的武装反抗是防范图谋叛乱的僭主的最好篱笆（*TT* II. 226），在《人类理智论》中，基于常识怀疑宏大的立法性道德愿景常常是卑鄙利益的华丽面具，能够防止洛克的读者赞同少部分宗派分子的狼子野心。以类似的平民主义口吻，洛克声称，社会的知识精英也能从忙于生活琐事的大众（甚至是无知者或目不识丁者）那里学到不少东西。正如"相比于那些目光如炬、看问题透彻的人，无知者反而更能精细地根据事物的用途来分别它们"，所以，"商人们、爱人们、厨子们和成衣匠们都各有各的语言，来应付生活的琐事；因此，我想，哲学家和辩论家如果要想被人明白地了解自己，他们也应该有自己的语言才成"（*ECHU* 3.6.24、3.11.0；比较3.10.18—13）。①

鉴于洛克如此这般高抬常识性、功利性理性，认为这种理性比智识精英和属灵精英更有权要求占据统治地位，人们易于得出结论认为，洛克终究是"那些不忠的办事员中最狡诈的、最隐微秘传的"。②或许，洛克的确通过此种马基雅维利式的将思想还

---

① 参见Michael Zuckert, "Fools and Knaves," 555—64。

② 这个妙趣横生的说法来自于Dunn。他用这个说法说明施特劳斯之类的洛克批判者的观点的特征（*Political Thought fo John Locke*, 5）。

原为利益的做法，为那些专注这种还原的激进含义的少数人，削弱或解除了施加于任性的思想和行动上的道德限制。然而，即便如此，洛克也通过相同的做法，为社会大多数成员辨识这种任性的主张从而予以抵制做好了准备。但是，排斥此种精英有关自己掌握立法智慧的具有潜在专断性的主张，并非洛克推进政治理性之策略的全部。他清楚地认识到，尽管他能够也必须贬低这种主张，他没法完全消除政治社会对于精英指引的依赖。例如，人们也许还记得，合乎理性的基督教教义，尽管本身"简单"、"明白"，但是为了确立这种基督教，我们仍需要博学之士的辩护，抵御那些更深入但却不那么合乎理性的圣经解释。为了维持这种基督教无疑需要进一步的说明和辩护。正如洛克有时指出的，基督教和"自然宗教""对于人类来说都不是明白易懂的"（*ECHU* 3.9.23）。基督教和"自然宗教"的道德核心是自然法知识，而洛克承认（尽管起初有点含糊其辞），这种自然法能够为"理性造物，这种法律的钻研者"获得（*TT* II. 12、124；又见*LN* fols.16、34）。

[230]洛克诉诸世俗的理性自利的做法也不足以使大众理性完全无需某种精英指引。不仅因为利益通常被认为与正义时有不合，而且更重要的是，利益本身无法可靠地预测人类行动。我们在第四章考察过洛克的下述洞见，即：强大的群体归属欲和对教义原理的欲求，经常使人违背自己的根本利益，献身于这种或那种宗派狂热（*ECHU* 1.3.21—27）。在洛克看来，可以真正对抗宗派狂热分子的潜在专横意图的是得到人们对自身理性自由的骄傲加固的利益。①遭到《人类理智论》谴责的那些经院哲学家和其他派系分子，与《政府论两篇》指责的僭主秉性相似，不仅因

---

① 关于美国立宪主义中骄傲与利益的相互作用，参见Mansfield, *America's Constitutional Soul*, 尤其是chaps. 6, 7。

为他们迷惑性的虚夸辞藻掩藏了一种反社会利益，而且更根本的是，因为他们的狼子野心冒犯独立的理性人的骄傲。这种骄傲需要精心培养。尽管对自由和独立的热爱会在我们许多人心中自发或自然的出现，但是对理性自由的尊重却并非如此。因而，仅仅揭露如经院哲学家这样的人对于教化工作的自我标榜背后的宗派性或野心还不够。还需用真正的反精英来代替这些人。他们能够跨越世代和阶层，传播洛克式自由国家的健康必需的对于理性的尊重(将骄傲与理性连接起来)。

最终，尽管洛克明确排斥智慧对于立法权威的要求，但是洛克式社会也仍然需要哲学(或类似于哲学的东西)的间接统治。洛克自己的论证逻辑迫使他，即使不培育哲学本身，也至少得培育一个知识领导层，具有足够的哲学性能够知晓是什么使得理性高贵，从而使得理性值得守卫，消除其一再瓦解为专断的危险。

因而，洛克式自由主义面对一项非常微妙的任务。如果彻底排斥理性精英的主张，它就把社会理性的培养交给大众利益和风尚的错位力量。但是，如果洛克式自由主义公开或着重尊崇理性精英的主张，它就会讨好甚至腐化它想要支持的那种理性。洛克设计的自由政体的任务就是想办法同时重视两种理性的正当利益，一种理性将我们彼此区分开来，另一种理性将理性者和亚理性者区分开来。[①]说得更精确点，这项任务就是想办法，一方面重视那种将我们彼此区分开来的理性的正当利益，另一方面使之得到将我们区分于"低等造物"的那种理性的支持。因此，洛克要想倡导一种平等主义的理性观，就得在他自己不喜夸耀的(有点讽刺味道的)想象中塑造一种理性精英：这种精英面对自己的主人，谦逊地自称为纯粹的"小工"，情愿掩盖或掩饰自己的精英品质，尤其是在政治和立法事务方面。

---

① Mansfield, "The Political Character of Property in Locke," 33—34.

[231]本章的目的意在展示,从整体和宽泛的角度看,洛克式宪制秩序应被理解为一个教育政体。不仅在《教育漫话》里,而且在他其他所有作品中(尽管没有《教育漫话》那么明显),洛克都是教育施教者的人。人们能看到,洛克式精英的谦逊,不但体现在父母身上(洛克教导他们鼓励子女践行自己的自由),而且还体现在洛克式政治代表的身上,更体现在他刻画的理性而宽容的教士身上。但是,这些都不是社会尊重理性最终依赖的真正理性的精英。尽管洛克坚持,正确认知的宗教"应当把我们当理性造物看,把我们抬高于其他造物之上",研究这种宗教是普遍关切之事,亦是普世义务(*ECHU* 4.18.11,《论理智行为》8, 23),但是他没说,他想象的宪制秩序里的教士涌现不出真正的理性精英。洛克甚至没说,教士代表了一种属灵定位,高度自觉的理性主义可将其作为反面来衡量自身,维持自己的活力。毫无疑问,在洛克最具抱负的作品以及其他一些地方,他想要清除"知识之路上的垃圾",包括属灵事务方面,也包括世俗事务方面。然而,关键在于,"知识王国的建筑大师",洛克眼中真正的理性精英典范,并不是神学家,而是自然科学家(*ECHU* "致读者" 9—10)。

就像不论是对理性本身,还是对社会而言,理性或哲学成为神学的侍女是不安全的,洛克也在暗示,让哲学完全暴露于公众面前也同样不安全。然而,如果洛克式哲学化固有的反习俗主义,无法也不应通过为哲学穿上"一个国家日常的风俗和语言"这件衣裳完全隐藏起来,但是强调其社会实用性倒可能得到社会尊重。洛克暗示,哲学也像新"自然哲学"及其小工那样部分暴露于公众面前是相对安全的,甚至对哲学有益。洛克将自然哲学或自然科学的"建筑大师"的工作视为运用人类理性的典范,采用下述方式推进他的公共目的:洛克树立了一个致力于理性和真理并对经验证据和理性论证的说服力保持开放的重要典范。与此同时,他推崇一种有望产生巨大功利成效但不具有显著立法志向的推理。因此，洛克将《人类理智论》读者领向一种技术导向或能力导向的追求，而非沉思性质的追求（*ECHU* 1.1.5；2.23.12—13；4.12.10—12）。①将自己的注意力从自然"是为了什么"引导到自然"是怎样的"，洛克式知识精英，至少通过他们的公共影响力，在没有将某些人对其他人的宗派支配合理化的情况下，筹备好了有关人类力量高于非人类自然的论证。

[232]洛克估计，采用这种策略带来的物质繁荣程度，至少足以达成一种以保护财产权为基本正义原则的普遍社会共识，并且为促进一种全社会尊重理性（能被最多人理解的理性）奠定公共基础。它将使真理与功利之间的纽带更加紧密，并且看得见、摸得着。这样做将促进一种真理观：就算真理是手段，它也是一种几乎无法区分于目的的手段，为公共幸福和私人幸福不可或缺。此外，正如洛克式社会给予保护和促进其臣民的生产性勤勉的"明智的、神一般的"君主以"真正的权力和荣誉"（*TT* II. 111，42），洛克式社会也答应给予这样一个阶层的"费尽心血"（*ECHU* 4.3.16）以相当程度的此种荣誉或赞赏的感激，这个阶层的技术眷护对于整个社会的繁荣来说同样必要。正如培根所示，社会的普通成员（没有实践新科学的人）就会通过体验新科学的"作用和效果"学会尊重和支持理性。②与此同时，公开支持和推崇对自然界的无穷神秘展开科学探索，将为具有智识野心的阶层沉湎于其中的更为浩瀚的渴求提供有利于社会的指引。为了尽量不排斥这个阶层，洛克尽量降低在社会内部制造敌人的可能性，并进一步强化他的下述主张：将一项危险性最小且对各方最为公平的正义原则作为理性共识的基础。

---

① 又见"Knowledge, Its Extent and Measure," and "Of Study", in King, *Life of John Locke*, 87—01, 106—07, 以及"De Arte Medica," in Fox Bourne, *Life of John Locke*, I. 222—27。

② *New Organon*, 1.128.

　　但是,一如往常,在洛克这里,没有什么解决方案是完美的。无论洛克式伦理给予其精英实践者的凑巧的慷慨和智识的冒险能够提供多大的满足,其背后的禁欲主义因素依然可能成问题。这一伦理所要求的自律——在最高层次上体现为洛克在教化方面有所保留——在较高层次上也体现在洛克想象的科学精英身上。正如我们所见,作为一名谨慎的教育家,洛克大部分时候对自己做了限制,仅仅说服和敦促他的大部分读者在小心而持久地追求真正且牢靠的幸福中开展推理活动。洛克这样做是在效仿自然有益的克制,使他的读者同时认识到理性生活的必要性和尊严,尊重他们的理性独立,并通过仅仅为他们提供一些指向人类幸福之本质的散落材料或论证引子来培养他们的理性勤勉。克制败坏的快乐(常常与为他人立法或统治他人相联)似乎更清楚地体现在洛克式科学精英的下述做法中,即严格地抑制理解——或将其服从实验操控——整个自然(无论是人类的自然,还是非人类的自然)的欲望。尽管如此,问题仍然存在。从长远来看,洛克将哲学设为非目的论自然科学的小工或侍女这个工具性公共角色,到底克制了还是加强了发号施令的欲望?

　　在最为重要的方面,洛克式理性精英造成的问题和培根式理性精英造成的问题一样,[233]特别体现在培根的《新大西岛》中。在本色列(Bensalem)这个岛国上,尽管科学精英("所罗门宫的元老们")相对于国家似乎是自治的,但它们其实需要接受来自一个更整全智慧的引导,接受一种"秘密而退隐的"道德—政治科学的引导。①在培根的寓言里,智慧由"商人"乔宾(Joabin)

---

① 这种对《新大西岛》的解读深受下述研究的影响, Jerry Weinberger, *Science, Faith, and Politics: Francis Bacon and the Utopian Roots of the Modern Age* (Ithaca, N. Y.: Cornell University Press, 1985) and "Introduction" to *New Atlantis and The Great Instauration* (Arlington Heights, Ill.: Harlan Davidson, 1989), vii—xxxiii, Laurence Lampert, *Nietzsche and Modern Times*, 27—66. 有关培根将政治科学 (转下页)

掌握。这种智慧仅仅部分来自乔宾的"犹太人梦想"的延续或世俗化，主要还是得自于他作为"光之商人"的经验或他的自然科学探索。但是，这种智慧从新自然科学土壤中生长出来的具体方式，对培根式政治科学主要的秘密或神秘来说非同小可。也许下述主张可以归为培根的柏拉图主义，即这种单一的整全智慧的出现终究具有偶然性。但是，我们可以肯定，像乔宾这样的商人不可能在被当作牲口般圈养的同时[1]，仍然关心现代自然科学技术的文化到底为现代自然科学技术提供了充分的给养，还是（甚至）积极妨碍了它们的发展。如果不解释科学特有的相对狭隘的工具理性如何产出一种更为人道的智慧，那么就会存在现代科学理性工程可能自我戕害这个危险。屈从施特劳斯所谓的"能力的魅力"(the charm of competence)，[2]沉醉于他们前所未有的技术造诣，这些培根式理性精英的短暂狂喜，以丧失他们将推理活动理解为一种比权力主张更丰富的东西的能力为代价。培根坚持政治科学处于隐秘状态的做法似乎为一种篡夺提供了机会。那些比培根所意欲的更激进且实际上更不人道的革命篡夺他本想交给像乔宾这样审慎而人道的商人的巨大权力。

尽管洛克相对更为坦诚，将自己的政治科学以一种普遍可接受的方式加以呈现，但是洛克对于解释真正的理性幸福——支配并证成了科学—技术方案——的本质和起源问题的缄默不语似乎暗示，对于终极问题，洛克的政治科学包含那种危险的培根式隐秘。尽管如此，根据我的判断，洛克政治科学的表面坦诚，并非培根隐秘策略的绝妙延续或完善，而是对其做出了真正实质性的修正。我们在前面章节已看到，尽管洛克保持缄默，但他并没

（接上页注①）描述为"秘密而退隐"的科学，参见*Advancement of Learning* (Works III. 473)。

[1] 比较Plato, *Republic* 458e—460e, 546a—547a。

[2] *What Is Political Philosophy?*, 40.

有对幸福——能够补偿我们的劳动,甚至最克制的头脑清楚的推理者的劳动——的本质问题保持沉默或持相对主义立场。基于第三章所述,我们同样能看到,洛克悄悄地为理解下述问题埋下了伏笔,即必要的理性幸福概念如何从准确理解的现代培根式科学文化中生长出来。

尽管洛克将自己视作崇敬培根的学生和追随者,但他仍含蓄地质疑培根(以及笛卡尔)对于现代科学的道德—政治意义的展现和说明的充分性。[234]从洛克的角度来看,培根对现代科学方案夸大其词的描述,采取了一种讨好的态度,尽管反对那些与前现代哲学和神学相关的方案,但却与它们一样危险。《新大西岛》中的科学教士形象以及《新工具》宣布一场伟大的心灵革命(人类对自然的征服)的修辞,似乎很可能使少数人生出傲慢而狂热的自鸣得意,使多数人驯服如羔羊。这与洛克的理性自治事业不相容。培根有关革命和人类主宰的修辞也许在现代运动肇始起了作用或者说是必要的,为培根的号召与旧世界战斗增加了士气。然而,在洛克的时代,由于这一运动已经胜利在望,故而有必要调整方向,从推翻旧秩序转向建立新秩序。尽管为了推翻基于神的主宰这个压抑的教条的旧制度,有必要大胆地宣称人类的主宰,但是在一个新秩序中建立稳定的统治依赖于较为谦抑地理解人类状况的中等性。尽管洛克和培根都认为,现代科学—技术事业有助于实现下述这个持久的需要,即关心人类理性的状况,[1]但是与培根不同,在洛克看来,客观情况要求我们更坦率地面对这项事业的大胆无畏背后更深处的谦抑。

对洛克来说,现代科学的教化功效,取决于它激励第三章到第五章描述的那种思想活动的能力。现代科学可以为自由宪制

---

[1]　想想培根颇具启发性的说法:"我不在乎机械技术,只在乎那些对哲学有贡献的东西",*Works* IV. 271,转引自Lampert, *Nietzsche and Modern Times*, 65。

共和国作出关键贡献。这种贡献不仅表现在它与革新或人类创造力这些培根或马基雅维利式主题之间的联系，而且表现在它对于人类能力、知识和智慧潜在的巨大容量以及终极限度的节制教导中。①因此，洛克不厌其烦地重申他在《人类理智论》开篇的教导，"我们理智的识别能力赶不上纷纭错杂的事物"（*ECHU* 1.1.5）。这种谦卑并非言不由衷，也没有与对理性的恰当骄傲相冲突。洛克完全同意培根，通过不断进步的实验不断发现自然实体固有的力量，有望无限增强人类掌控自然之力的能力。但是同样重要的是，由于人最终无法知晓事物的自然本质，自然实体的能力原则上就是无限的，人类无法提前完全预知他们的用处——正如"普通的贱石"铁矿这个例子所表明的（*ECHU* 4.12.11；比较 4.6.11）——因此洛克为自然研究设立的表面上功利性的依据，必然会提高我们对于自己的知识不完善的认识。持续享受我们能够获得的知识带来的好处，并进一步增加这种好处，依赖于我们始终都能认识到自然世界终究是神秘的。

更重要的是，在洛克的论证中，自觉承认我们对于自然世界的理解包含的人类创造力或习俗主义因素，[235]将刺激我们反思创造性自我的本性和自然状况。我们操控实验条件发现，自然存在物的隐秘力量必然会刺激我们反思我们掌控这些力量的目的和欲望，从而更彻底地反思我们能在多大程度上操控或重塑这些活泼的欲望。此时，通过让我们想象一种彻底的人类主宰状况——在这种情况下，我们获得了重新创造我们的自然状况以及我们自己的类神能力——洛克向我们说明，这种想象根本上是徒劳的，是一种危险的想入非非。

---

① 被我视为洛克审慎而富有建设性的谦逊，在Metha看来则是一种胆怯与压抑，因为Metha认为，自由并不在于理性自治，而在于自由的想象（*Anxiety of Freedom*, 99=01, 118）。

　　准确地反思自然和人类自身的自然状况会令人谦卑地承认人类无法改变的"中庸"的自然状况。这个状况框定了我们的积极努力。不论我们变得多么强大，我们都无法突破自己作为有形的理性存在物的限度。我们无法将天生就分裂的个体性与社会性——或者更深入些，对自己的有朽性的意识中分裂的生与死——的自我变成一个完美的整体。我们最终无法克服心灵的需求感，我们对于适合自己的法和幸福的理解最终都是不完整的。因而，我们要学会满足于拥有这样一些官能，这些官能最多只能实现一种仅仅属人的幸福，类似于苏格拉底在柏拉图《申辩篇》中所说的仅仅属人的智慧。

　　以自然科学的教化意义来结束讨论是合适的。原因在于，总而言之，在构成洛克宪制秩序的各式制度中（包括政府的和非政府的），技术性自然科学是其中最重要也最可能产生问题的制度。尽管为了试图同时维持平等主义和理性主义，洛克式国家需要大众理性与精英理性的相互合作或相互加强，但是准确地塑造知识型、教化型精英仍然特别重要，甚至最为重要。因此，传播有关塑造这种精英的主要影响力的认识也格外重要。在很大程度上，洛克式国家的长期稳定依赖于，至少在知识精英中间传播一种对现代自然科学的重大意义的准确认识。甚至当我们在享受自然科学的实际好处，骄傲于（自然科学让我们意识到）自己的聪明能干的时候；以及反过来，甚至当我们承认自己对自然的知识是不完善的时候，洛克仍然告诫我们抵制教条的一概而论，无论是来自于现代科学实践，还是来自于现代科学理论。

　　不论是出于技术骄傲，还是出于哲学怀疑论，我们都必须抵制激进而彻底的习俗主义得出的懒惰（仅仅表面上令人获得解放）的推断。凭借这种推断，理性的主张被冷嘲热讽且不加区分地等同于权力主张。再一次，我们必须接受新科学的可靠好处。但是，并不像蒙田建议的那样，用来将我们的心灵转离其更高的紊乱的渴望，而是将新科学作为某种压舱物，稳住我们的心智，反思我们的自然状态为我们供给了什么，没供给什么。[236]我们不应认为，新科学的怀疑主义和不完善抹杀了道德规范或道德理性，而是应当将其视为合理的道德导向本身的一个有力来源，视为人类"中庸"状态或部分主宰的一个标志。只要我们能够保持这种理解，现代科学就能够一直为洛克式国家做出贡献。这种理解主要通过下述方式支持洛克关于理性自治的教导，即控制最危险的欲望以及现代科学本身(随同其他现代原则和制度)最可能激发的欲望，即想要实现自治，实现完全自由且绝对主宰的欲望。

第七章　结　论

[245]与政治自由主义的保守主义和社群主义批判者以及它的实用主义和反基础主义拥护者的说法不同，相较于其他宪制形式或政治学说，政治自由主义更直接、更明确地诉诸政治哲学。自由秩序基于理性自治和理性同意。如果要实现良好的自治，自由主义者必须能够通过真正的理性选择，确认他们的宪制秩序和生活方式。他们必须为抵制群体团结的非理性诉求以及欲壑难填的自我放纵和基于想象的自我表达提供理由，必须为践行自由社会所需的德性提供理由。因而，自由社会需要强意义上的政治哲学。自由主义不仅要求政治哲学履行理性批判的"小工"职能，揭露我们的理论缺陷，挫败我们的宗派狂热，而且还要履行下述积极职能，即：通过一种哲学上可辩护的对于人类状况以及正义和自然权利原则的理解，使我们的选择依据清晰可见。特别是，自由主义必须澄清，我们为什么坚信理性自由生活是美好的。它的个人权利学说以及基于同意的立宪有限政府学说都有赖于此。

理性自由主义者有正当理由担心许多今天的自由派和非自由派反基础主义立场固有的危险。与此同时，由于对找到牢固基础如此敏感,他们也必须谨防忽视自己野心勃勃的事业可能存在固有的危险。密尔(John Stuart Mill)对于一个能使像苏格拉底这样的人在其中得到公共支持甚至欢迎的社会的理想,不过是乌托邦幻梦,[246]是典型的自由主义幻梦。自由主义总是忘记哲学与政治生活的关系本身就存在问题,所以才会做出这样的梦。如果让哲学的真正苏格拉底式形态进入公共生活,让这种哲学毫无修辞遮掩地开展其全面的、无尽的、无解的追问,那么就有风险消解共同体的政治纽带和道德热忱,或者挑起民粹主义的愤怒,加剧共同体对于理性引导的抵制。另一方面,让哲学为捍卫共同体原则服务,会冒险将哲学政治化从而腐化哲学。这是在交出哲学的理性引导,换取教条的可能压迫性的统治,相信政治思想都可以被冷嘲热讽地还原为意识形态。

因此,说自由主义比其他主义更需要政治哲学的引导,就是说,自由主义所有那些成问题的模棱两可都需要政治哲学。要保卫自己的理性同意和理性自治基础,自由主义既需要一种对政治生活的哲学理解,也需要以政治敏感的方式呈现哲学生活。自由主义需要牢固地基于一种对人类状况和适合这种状况的正义原则令人信服的解释,还必须令人不安地承认人类理性的不完善以及自我批判的必要。

我们重新思考洛克政治哲学的最深层的正当理由就在于此。当今的自由主义受过度接受或过度反对理性主义志向之苦,而洛克作为现代思想家中最成功的哲学立法者屹立不倒,首先是因为他设计稳定的宪制秩序的高超技术。这个秩序基于对人类状况的深刻洞见,并且因其对哲学和政治生活之关系的敏感体察而有所节制。洛克政治哲学的根本指导原则来自于下述这个观察,即人类自然的、无法改变的状况是一个"中庸"状态或分裂状

态。依照洛克的理解，人的生活处于一种多重紧张状态。人自然
地分裂为自我与他人、独处与社会、法律与无序；自由与必然、运
动与静止、劳动与安逸、行动与激情、占有与欲望；更重要的是，
自然与习俗、科学与信仰、理性与意志(或想象)、世俗与超验、
生存与死亡。洛克教导说，人类智慧的关键是使自己适应这个事
实，接受它施加的训导，实现它允许达致的幸福。这是一种克制
的智慧。洛克向我们表明，我们最深层、最强烈的渴望最多只能
部分得到满足，而且这些渴望有时会相互冲突。他借此让我们
明白，我们最不安、最恼人的焦虑深深植根于我们的自然状况。
他向我们强调下述严峻的观察，即：人类的非理性浪潮将不断袭
来，而我们根据自己的中等状况这个事实来实现理性自治，将是
一项永远在路上的努力。[247]因此，他首先向我们说明，我们逃
离或彻底改变造成焦虑的状况的极限，从而为我们控制自己的焦
虑做好准备。

　　因而，从洛克的视角来看，下述情况并不令人惊讶甚至是可
以预见的，即：我们时代的自由主义者——也许是受意识形态引
发的大战以及20世纪上半叶惨绝人寰的非人道现象的触动，或者
受自由主义原则和制度在世纪末的明显胜利的鼓舞——觉得可
以放任自己的深层渴望，渴望一个无懈可击的理性学说基础，或
渴望从所有理性的或非主观的基本原则中彻底解放出来。还是
从洛克的视角来看，其他人从自由社会显著的个人主义及不断扩
散的道德败坏中找到理由，放任自己对于群体团结或古典德性的
渴望，也并不令人惊讶。尽管如此，这些人都能从洛克的下述教
导中受益，即：以一种谨慎的节制态度，控制那些看上去最人道
或最急迫的欲望。秉持这种态度，社群主义者和道德至善论者也
许会反思，那些旨在重建德性共同体的运动曾经多少次将他们反

对的现代性激进化。与此相似,过度理性主义基础论的拥护者也
许会考虑到,信仰和诗歌就像自然本身一样,总会回来的(tamen
usque recurret)。并且,自由主义基础论者和反基础论者也许都会
反思,信仰和诗歌可能以怎样的方式再次出现在社会中。这些社
会试图将它们完全驱逐出公共生活,或者授予诗歌或信仰不受理
性调节的主宰地位。

对于那些想要将洛克式自由主义的核心原则视为回应当今
自由主义之缺陷并对其作出矫正的人来说,洛克复杂而多面的说
明制造了不少困难。鉴于洛克修辞上的含糊其辞,有些人误认为
当代自由主义者的争论——使基础主义者和反基础主义者,至善
论者和反至善论者相互争斗——早已在洛克自己脑中斗争激烈,
是可以原谅的。然而,如果我们想要从洛克那里学到应学到的东
西,我们就不能将理论节制和修辞微妙(为洛克的政治哲学事业
所必需)的标志误当成智识混乱和浅陋的标志。洛克出了名的含
糊其辞,在很大程度上是协助我们争取理性自治的一个方式。
由于自然状况本身的中等性,由于洛克必须诉诸的人类智识"口
味"具有自然多样性,尤其是由于我们的自然缺陷并拒绝接受有
关我们状况的朴素事实,这种含糊其辞是必要的。简而言之,洛
克既解释又推进理性自治事业的意图的双重性使得含糊其辞是
必要的。

与当今自由主义思想主要流派的代言人一样,洛克明显对
人类追求不可置疑的道德基本原则与道德完善(或至善)的强烈
欲望内含的危险颇为敏感。[248]但是与当代许多自由主义者不
同,洛克认为这种欲望是自然的,是无法清除的,甚至是道德—
政治健康不可或缺的。因而,他不会试图消灭这些欲望,而是努
力教导这些欲望。对于基本原则的欲求,洛克认为,由于我们无

法消除不确定性的所有踪迹,我们必须承认,我们的道德政治思想具有部分习俗的经验性质。然而,承认我们思想的习俗主义因素并不意味着需要向习俗主义因素屈服。尽管我们对于不可动摇的基本原理的强烈欲望常常将我们引向鲁莽和错误,甚至是不宽容和残忍,但是这种欲望如果得到恰当的节制和训导,就可以为理性自治事业提供不可或缺的支持。与柏拉图政治哲学传统一致,与更为教条的基础论和反基础论自由主义者不同,洛克既没有完全放逐信仰(或诗歌)的拥护者,也没有将城邦交给这些人。洛克的"制造物"论证与平等自然权利论证都具有一定程度的诗意,但这是一种理性主义的诗意。这些论证为我们的基础论欲望提供了部分的安抚,帮助我们出色地经营自己的事务,践行负责任的自治。在程度和种类上,它们培养了一种适合所有人的理性——"民众普遍接受"的智慧——即便,对于更出众一点的读者来说,它们指明了一种更深层、更具自觉的理性自由。

我们从洛克对至善主义欲望的控制中也能学到这点。洛克担心对道德完善或"至善"的欲望的极端表达固有的危险。尽管在这点上,他无需抵制当今的自由主义者,但是这个担心并没有使他产生这样一种不节制的欲望,即平等看待所有人类实质幸福或人类善观念,甚至将所有这些观念从公共生活中排除出去。当然不可否认的是,洛克在说明公共原则和公共制度时,德性语言受到限制,没有发出声音。同样不可否认的是,洛克主要强调个人安全、物质繁荣和身体健康,聚焦的是手段,拒绝给出一个关于幸福或人类善的具体概念。确实,理性生活大部分就是不断应付必然性,抵挡我们的自然状态固有的各种恶,而完善且完满的人类幸福的本质无疑是一个存在争议的问题,存在多种可能性。尽管如此,在洛克的理解中,人类行动并不就是或并非归根到底就是毫无愉悦、无休无止的西西弗之旅，而幸福作为一种积极的经验，其本质也不是相对的。

至善论自由主义者在合理地担心当代自由社会道德消解的程度时，需要想想，就像洛克表面上教条的基础主义论证存在一定程度的修辞遮掩，他看似采纳霍布斯式反至善论的做法也并非我们眼睛所见的那样。无论理性行动是多么的躁动不安、无休无止和辛劳万分，[249]在洛克的观念中，理性行动如果说没有提供一种最终或永久的解脱，也至少提供了一种名副其实的解脱，即从痛苦和服从严苛的自然必然性中解脱出来，从而为实现一种值得肯定的状态做好了准备。如果说洛克教导我们，像托克维尔笔下的美国人那样，过着好生活也保持躁动不安，那么他也教导我们，到最后我们应想一想，作为我们辛劳的躁动不安的原因和补偿的更深层的好生活。原因在于，洛克所理解的理性劳动包括理性地反思我们真正的自然状况，而理性劳动不仅提供了从物理和物质必然性中解脱出来的手段，而且最重要的是，将我们从最深的心理焦虑中解脱出来。通过沉着、镇静而基于自我支配的肯定，我们的自然供给总的来说是充足的，我们将获得一种根本的幸福。这种幸福不仅使我们的日常劳动变得可以承受，而且使我们可以获得其他较为少见的快乐，例如来自于真正理性的友爱的快乐，以及另一种密切相关的对洛克具有最大吸引力的快乐，即理性探索事物本性的乐趣。

从洛克的视角看，我们没有必要将自由主义者为之奋斗的自由理解成非道德的贪婪或自我表达，也没有必要更进一步将其理解为一种过度且任性的反抗，反抗一个道德冷漠且专断约束的自然状况。自然状况确实艰苦且令人厌恶。但是，通过开展理性劳动，我们就会看到自然状况不止如此。尽管自然拒绝给予我们绝对的确定性、最终的道德完善以及彻底的解放，但是自然通过允许我们部分地统治自己而正当地统治我们。自然为我们提供了实现幸福的材料，只不过要求我们开发这些材料。因此，理性是"我们唯一的星辰和罗盘"，而且还不止于此。理性或运用理性不仅仅是发现幸福的手段，而且其本身就是人类幸福不可或缺的基本组成部分。这种通过理性自我占有达到最根本的幸福——让我们能规制自己最卑下的欲望和最让人膨胀的渴望——比霍布斯所讲的"争取"（striving）更高，比柏拉图的哲学活动更易得到。这是"理性造物真正的尊严和卓越"所在。对洛克来说，这才是人类权利和自由的真正根基，这也是自由主义的政治和教化制度应该追求的不可或缺的人类完善。

参考文献

Aaron, Richard. *John Locke.* Oxford: Clarendon Press, 1955.

Aarslef, Hans. "The State of Nature and the Nature of Man in Locke." In *John Locke: Problems and Perspectives.* Edited by John Yolton. Cambridge: Casmbridge University Press, 1969.

Ackerman, Bruce. *Social Justice in the Liberal State.* New Haven, Conn.: Yale University Press, 1980.

Acosta, Jose de. *The Natural and Moral History of the Indies.* Translated by Edward Grimshaw. London: Hackluyt Society, 1604.

Aquinas, St. Thomas. *St. Thomas Aquinas on Politics and Ethics.* Edited by Paul Sigmund. New York: W.W. Norton, 1988.

——. *Summa Contra Gentiles.* Edited by Anton C. Pegis. Notre Dame, Ind.: University of Notre Dame Press, 1975.

Arendt, Hannah. *Between Past and Future.* New York: Viking Press, 1968.

Aristotle. *Nicomachean Ethics.* Edited by Terence Irwin. Indianapolis: Hackett, 1985.

——. *The Politics.* Edited by Carnes Lord. Chicago: University of Chicago Press, 1984.

Aronson, Christopher, and Douglas Lewis. "Locke on Mixed Modes, Knowledge, and Substances." *Journal of the History of Philosophy* 8 (1970): 193–99.

Ashcraft, Richard. "Faith and Knowledge in Locke's Philosophy." In *John Locke: Problems and Perspectives.* Edited by John Yolton. Cambridge: Cambridge University Press, 1969.

——. "Locke's State of Nature: Historical Fact or Moral Fiction?" *American Political Science Review* 62 (1968): 898-915.

——. *Locke's Two Treatises of Government.* London: Allen and Unwin, 1987.

——. "Political Theory and the Problem of Ideology." *Journal of Politics* 42 (August 1980): 687–705.

——. *Revolutionary Politics and Locke's Two Treatises of Government.* Princeton, N.J.: Princeton University Press, 1986.

Ayers, Michael. *Locke. 2 vols.* London: Routledge, 1991.

Bacon, Francis. *Of the Dignity and Advancement of Learning.* In *Francis Bacon: A Selection of His Works.* Edited by Sidney Warhaft. New York: MacMillan, 1982.

——. *New Atlantis.* Edited by Jerry Weinberger. Arlington Heights, Ill.: Harlan Davidson, 1989.

——. *The New Organon.* Edited by Fulton Anderson. Indianapolis: Bobbs-Merrill, 1960.

Blankenhom, David. *Fatherless America.* New York: HarperCollins, 1995.

Bloom, Allan. "Jean-Jacques Rousseau." In *History of Political Philosophy.* Edited by Leo Strauss and Joseph Cropsey. Chicago: University of Chicago Press, 1972.

——. *Love and Friendship.* New York: Simon and Schuster, 1993.

——. *The Closing of the American Mind.* New York: Simon and Schuster, 1987.

Bluhm, William, Neil Wintfield, and Stuart Teger. "Locke's Idea of God: Rational Truth or Political Myth?" *Journal of Politics* 42 (1980): 414–38.

Budziszewski, J. *True Tolerance.* New Brunswick, N.J.: Transaction Publishers, 1992.

Burtt, E. A. *The Metaphysical Foundations of Modern Science.* Atlantic Highlands, N.J.: Humanities Press, 1952.

Butler, Melissa. "Early Liberal Roots of Feminism: John Locke and the Attack on Patriarchy," *American Political Science Review* 72 (1978): 135–50.

Caton, Hiram. "Toward a Diagnosis of Progress." *Independent Journal of Philosophy* 4 (1983): 1–13.

Cicero, Marcus Tullius. *On the Commonwealth.* Edited by George Sabine. Columbus: Ohio State University Press, 1929.

Clark, Lorenne. *The Sexism of Social and Political Theory.* Toronto: University of Toronto Press, 1979.

Clay, Diskin. "Translator's Introduction" to *Locke's Questions Concerning the Law of Nature.* Ithaca, N.Y.: Cornell University Press, 1990.

Colie, Rosalie. "The Essayist in his Essay." In *John Locke: Problems and Perspectives.* Edited by John Yolton. Cambridge: Cambridge University Press, 1969.

Colman, John. *John Locke's Moral Philosophy.* Edinburgh: Edinburgh University Press, 1983.

Cox, Richard. *Locke on War and Peace.* Oxford: Oxford University Press, 1960.

Cranston, Maurice. *John Locke: A Biography*. Oxford: Oxford University Press, 1957.

Curley, E. M. "Locke, Boyle, and the Distinction Between Primary and Secondary Qualities." *Philosophical Review* 81 (1972): 438–64.

Descartes, Rene. *Descartes: Discourse on Method and the Meditations.* Edited by F. E. Sutcliffe. Middlesex: Penguin, 1968.

Dunn, John. "The Identity of the History of Ideas." In *Philosophy, Politics, and Society.* Series IV. Edited by Peter Laslett, W. G. Runciman, and Quentin Skinner. Oxford: Clarendon Press, 1972.

———. *John Locke*. Oxford: Oxford University Press, 1984.

———. "Justice and the Interpretation of Locke's Political Theory." *Political Studies* 16 (1968): 68-87.

———. *The Political Thought of John Locke*. Cambridge: Cambridge University Press, 1969.

———. "What Is Living and What Is Dead in the Political Theory of John Locke?" In *Interpreting Political Responsibility*. Princeton, N.J.: Princeton University Press, 1990.

Dworetz, Stephen. *The Unvarnished Doctrine: Locke, Liberalism, and the American Revolution*. Durham, N.C.: Duke University Press, 1990.

Dworkin, Ronald. *A Matter of Principle*. Cambridge, Mass.: Harvard University Press, 1985.

———. "Neutrality, Equality, and Liberalism" In *Liberalism Reconsidered*. Edited by Douglas MacLean and Claudia Mills. Totowa, N.J.: Rowman and Allenheld, 1983.

———. *Taking Rights Seriously*. Cambridge: Harvard University Press, 1977.

Eisenach, Eldon. "Religion and Locke's *Two Treatises of Government*." In *John Locke's Two Treatises of Government.* Edited by Edward Harpham. Lawrence: University Press of Kansas, 1992.

Epstein, David. *The Political Theory of the Federalist*. Chicago: University of Chicago Press, 1984.

Farr, James. "'So Vile and Miserable an Estate': The Problem of Slavery in Locke's Political Thought." *Political Theory* 14 (1986): 263-89.

Flathman, Richard. *Willful Liberalism*. Ithaca, N.Y.: Cornell University Press, 1992.

Flew, Anthony. "Locke and the Problem of Personal Identity." In *Locke and Berkeley*. Edited by C. B. Martin and D. M. Armstrong. Garden City, N.Y.: Doubleday, 1968.

Foster, David. "The Bible and Natural Freedom in John Locke's Political Thought." In *Piety and Humanity: Essays on Religion and Early Modern Political Philosophy*. Edited by Douglas Kries. Lanham, Md.: Rowman and Littlefield, 1997.

——. "Taming the Fathers: John Locke's Critique of Patriarchal Fatherhood." *Review of Politics* 56, no. 4 (Fall 1994): 641–70.

Fox Bourne, H. R. *The Life of John Locke.* 2 vols. New York: Harper and Brothers, 1876.

Fukuyama, Francis. *The End of History and the Last Man.* New York: Free Press, 1992.

Galston, William. *Liberal Purposes.* Cambridge: Cambridge University Press, 1991.

Gibson, James. "Locke's Theory of Mathematical Knowledge and a Possible Science of Ethics." *Mind* 5 (1896): 38–59.

Givner, David. "Scientific Preconceptions in Locke's Philosophy of Language." *Journal of the History of Ideas* 33 (1962): 340–54.

Glat, Mark. "John Locke's Historical Sense." *Review of Politics* 43 (1981): 3–21.

Glausser, Wayne. "Three Approaches to Locke and the Slave Trade," *Journal of the History of Ideas* 51 (1990): 199–216.

Goldwin, Robert. "John Locke." In *History of Political Philosophy.* Edited by Leo Strauss and Joseph Cropsey. Chicago: University of Chicago Press, 1972.

——. "Locke's State of Nature in Political Society." *Western Political Quarterly* 29 (1976): 126–35.

Gough, J. W. *John Locke's Political Philosophy.* Oxford: Clarendon Press, 1973.

Grant, George. *English-Speaking Justice.* Notre Dame, Ind.: University of Notre Dame Press, 1974.

Grant, Ruth. *John Locke's Liberalism.* Chicago: University of Chicago Press, 1987.

——. "Locke's Political Anthropology and Lockean Individualism." *Journal of Politics* 50 (1988): 42-63.

Gray, John. "Can We Agree To Disagree?" *New York Times Book Review*, 16 May 1993: 35.

Hamilton, Alexander, John Jay, and James Madison. *The Federalist.* Edited by Clinton Rossiter. New York: New American Library, 1961.

Harpham, Edward. "Introduction" to *John Locke's Two Treatises of Government.* Edited by Edward Harpham. Lawrence: University Press of Kansas, 1992.

Harre, Rom. *Matter and Method.* London: MacMillan, 1964.

Harrison, John, and Peter Laslett. *The Library of John Locke.* Oxford: Clarendon Press, 1971.

Hittinger, Russell. "John Rawls' *Political Liberalism*." *Review of Metaphysics* 47 (March 1994): 585-602.

Hobbes, Thomas. *Leviathan.* Edited by C. B. MacPherson. New York: Penguin, 1968.

——. *Man and Citizen.* Edited by Bernard Gert. New York: Humanities Press, 1978.

Holmes, Oliver Wendell. *Collected Legal Papers.* New York: Harcourt Brace Jovanovich, 1920.

Horwitz, Robert. "Editor's Introduction" to *Locke's Questions Concerning the Law of Nature.* Ithaca, N.Y.: Cornell University Press, 1990.

Hughes, Martin. "Locke on Taxation and Suffrage." *History of Political Thought* 11, no. 3 (Autumn 1990): 423–42.

Hunter, Michael. *Science and Society in Restoration England.* Cambridge: Cambridge University Press, 1981.

Huylei, Jerome. *Locke in America: The Moral Philosophy of the Founding Era.* Lawrence: University Press of Kansas, 1995.

Innes, David C. "Bacon's *New Atlantis*: The Christian Hope and the Modem Hope." *Interpretation* 22, no. 1 (Fall 1994): 3–37.

Jackson, Reginald. "Locke's Distinction Between Primary and Secondary Qualities." In *Locke and Berkeley.* Edited by C. B. Martin and D. M. Armstrong. Garden City, N.Y.: Doubleday, 1968.

Jaffa, Harry V. "Leo Strauss: 1899–1973." In *The Conditions of Freedom.* Baltimore: Johns Hopkins University Press, 1975.

Jefferson, Thomas. *The Life and Selected Writings of Thomas Jefferson.* Edited by Adrienne Koch and William Peden. New York: Modem Library, 1944.

Kateb, George. *The Inner Ocean.* Ithaca, N.Y.: Cornell University Press, 1992.

Kautz, Steven. *Liberalism and Community.* Ithaca, N.Y.: Cornell University Press, 1995.

Kelly, Patrick. "Locke and Molyneux: the anatomy of a friendship." *Hermathena* 126 (Summer 1977): 38–54.

King, Lord Peter, ed. *The Life of John Locke.* 2 vols. London: Colburn and Bentley, 1830.

Kraynak, Robert. "John Locke: From Absolutism to Toleration." *American Political Science Review* 74, no. 1 (1980): 53–69.

Lampert, Laurence. *Nietzsche and Modern Times: A Study of Bacon, Descartes, and Nietzsche.* New Haven, Conn.: Yale University Press, 1993.

Lamprecht, Sterling. *The Moral and Political Philosophy of John Locke.* New York: Russell and Russell, 1918.

Larmore, Charles. *Patterns of Moral Complexity.* Cambridge: Cambridge University Press, 1987.

Laski, Harold. *Political Thought from Locke to Bentham.* New York: Henry Holt, 1920.

Laslett, Peter. "Introduction" to *Locke: Two Treatises of Government.* Cambridge: Cambridge University Press, 1988.

Lincoln, Abraham. *The Collected Works of Abraham Lincoln*. Edited by Roy P. Basler. 8 vols. New Brunswick, N.J.: Rutgers University Press, 1953.

Locke, John. *Of the Conduct of the Understanding*. Edited by Francis Garforth. New York: Teachers' College, 1966.

——. *The Correspondence of John Locke*. Edited by E. S. De Beer. 8 vois. Oxford: Clarendon Press, 1976.

——. *The Educational Writings of John Locke*. Edited by James Axtell. Cambridge: Cambridge University Press, 1968.

——. *An Essay Concerning Human Understanding*. Edited by Peter Nidditch. Oxford: Clarendon Press, 1975.

——. *John Locke: Essays on the Law of Nature*. Edited by Wolfgang Von Leyden. Oxford: Clarendon Press, 1954.

——. *A Letter Concerning Toleration*. Edited by James Tully. Indianapolis: Hackett, 1983.

——. *Questions Concerning the Law of Nature*. Edited by Robert Horwitz. Ithaca, N.Y.: Cornell University Press, 1990.

——. *On the Reasonableness of Christianity*. Edited by George Ewing. Washington, D.C.: Gateway, 1965.

——. *Two Tracts on Government*. Edited by Philip Abrams. Cambridge: Cambridge University Press, 1967.

——. *Two Treatises of Government*. Edited by Peter Laslett. Cambridge: Cambridge University Press, 1988.

——. *The Works of John Locke*. 10 vols. London: Thomas Tegg, 1823.

——. *The Works of John Locke*. Edited by J. A. St. John, 1877. 2 vols. Reprinted. Freeport, N.Y.: Books for Libraries Press, 1969.

Lovejoy, Arthur. *The Great Chain of Being*. Cambridge, Mass.: Harvard University Press, 1966.

Macedo, Stephen. *Liberal Virtues*. Oxford: Clarendon Press, 1990.

Machiavelli, Niccolo. *Discourses on Livy*. Translated by Harvey C. Mansfield, Jr. and Nathan Tarcov. Chicago: University of Chicago Press, 1996.

——. *The Prince*. Translated by Harvey C. Mansfield, Jr. Chicago: University of Chicago Press, 1985.

MacIntyre, Alasdair. *After Virtue*. Notre Dame, Ind.: University of Notre Dame Press, 1984.

Mackie, J. L. *Problems From Locke*. Oxford: Clarendon Press, 1976.

MacPherson, C. B. *The Political Theory of Possessive Individualism*. Oxford: Oxford University Press, 1962.

Mandelbaum, Maurice. *Philosophy, Science, and Sense Perception*. Baltimore: Johns Hopkins University Press, 1964.

Manent, Pierre. *Intellectual History of Liberalism.* Lanham, Md.: Rowman and Littlefield, 1994.

Mansfield, Harvey C., Jr. *America's Constitutional Soul.* Baltimore: Johns Hopkins University Press, 1991.

———. "Democracy and the Great Books." *New Republic,* 4 April 1988: 33–37.

———. "On the Political Character of Property in Locke." In Powers, *Possessions, and Freedom.* Edited by Alkis Kontos. Toronto: University of Toronto Press, 1979.

———. *The Spirit of Liberalism.* Cambridge, Mass.: Harvard University Press, 1978.

———. *Taming the Prince.* New York: Free Press, 1989.

———. "Thomas Jefferson." In *American Political Thought.* Edited by Morton Frisch and Richard Stevens. Itasca, Ill.: F. E. Peacock, 1983.

Marshall, John. *John Locke: Resistance, Religion, and Responsibility.* Cambridge: Cambridge University Press, 1994.

Marx, Karl. *Karl Marx: Selected Writings.* Edited by David McLellan. Oxford: Oxford University Press, 1977.

McGuinness, Celia. "The *Fundamental Constitutions of Carolina* as a Tool for Lockean Scholarship." *Interpretation* 17 (1989): 127–43.

Mehta, Uday Singh. *The Anxiety of Freedom.* Ithaca, N.Y.: Cornell University Press, 1992.

Melzer, Arthur. *The Natural Goodness of Man.* Chicago: University of Chicago Press, 1990.

Miller, Eugene. "Locke on the Meaning of Political Language: The Teaching of the *Essay Concerning Human Understanding.*" *Political Science Reviewer* 9 (Fall 1979): 163–93.

Montaigne, Michel de. *The Complete Essays of Montaigne.* Edited by Donald Frame. Stanford, Calif.: Stanford University Press, 1965.

Montesquieu, Charles, Baron de. *The Spirit of the Laws.* Edited by Anne Cohler, Basia Miller, and Harold Stone. Cambridge: Cambridge University Press, 1989.

Neal, Patrick. "Liberalism and Neutrality." *Polity* 14, no. 4 (Summer 1995): 664–84.

———. "Vulgar Liberalism." *Political Theory* 21, no. 4 (1993): 625–29.

Nietzsche, Friedrich. *Beyond Good and Evil.* Edited by Walter Kaufmann. New York: Vintage, 1967.

———. *The Portable Nietzsche.* Edited by Walter Kaufmann. New York: Viking Press, 1968.

———. *The Will to Power.* Edited by Walter Kaufmann. New York: Vintage, 1967.

Nozick, Robert. *Anarchy, State, and Utopia*. Cambridge, Mass.: Harvard University Press, 1974.

Pangle, Thomas. "Executive Energy and Popular Spirit in Lockean Constitutionalism." *Presidential Studies Quarterly* 17, no. 2 (Spring 1987): 253–66.

——. *The Spirit of Modern Republicanism*. Chicago: University of Chicago Press, 1988.

Parry, Geraint. *John Locke*. London: Allen and Unwin, 1978.

Pascal, Blaise. *Pensees*. Translated by W. F. Trotter. New York: E. P. Dutton, 1958.

Pateman, Carole. *The Sexual Contract*. Stanford, Calif.: Stanford University Press, 1988.

Perry, Michael. "Neutral Politics?" *Review of Politics* 51, no. 4 (1989): 479–509.

Plato. Gorgias. Edited by Donald Zeyl. Indianapolis: Hackett, 1987.

——. Phaedo. In *Plato: Five Dialogues*. Translated by G. M. A. Grube. Indianapolis: Hackett, 1981.

——. *The Republic of Plato*. Edited by Allan Bloom. New York: Basic Books, 1991.

——. *Symposium*. Translated by Alexander Nehamas and Paul Woodruff. Indianapolis: Hackett, 1989.

Pocock, J. G. A. "The History of Political Thought: A Methodological Enquiry." In *Philosophy, Politics, and Society*. Series II. Edited by Peter Laslett and W, G. Runciman. Oxford: Clarendon Press, 1962.

——. *Politics, Language, and Time*. New York: Atheneum, 1973.

Polin, Raymond. "John Locke's Conception of Freedom." In *John Locke: Problems and Perspectives*. Edited by John Yolton. Cambridge: Cambridge University Press, 1969.

Rabieh, Michael. "The Reasonableness of Locke, or the Questionableness of Christianity." *Journal of Politics* 53, no. 4 (November 1991): 933–57.

Rahe, Paul. "John Locke's Philosophical Partisanship." *Political Science Reviewer* 20 (Spring 1991): 1–43.

——. *Republics Ancient and Modem*. Chapel Hill: University of North Carolina Press, 1992.

Rapaczinski, Andrzej. *Nature and Politics*. Ithaca, N.Y.: Cornell University Press, 1987.

Rawls, John. *Political Liberalism*. New York: Columbia University Press, 1993.

——. *A Theory of Justice*. Cambridge, Mass.: Harvard University Press, 1971.

Raz, Joseph. *The Morality of Freedom*. Oxford: Clarendon Press, 1986.

Rogers, G. A. J. "Locke's *Essay* and Newton's *Principia*." *Journal of the History of Ideas* 39 (1978): 217–32.

Rorty, Richard. *Contingency, Irony, and Solidarity*. Cambridge: Cambridge University Press, 1989.

———. *Objectivity, Relativism, and Truth*. Cambridge: Cambridge University Press, 1991.

———. "That Old-Time Philosophy." *New Republic*, 4 April 1988: 28–33.

Rosenblum, Nancy. *Another Liberalism*. Cambridge, Mass.: Harvard University Press, 1987.

Rousseau, Jean-Jacques. *Discourse on the Origin and Foundations of Inequality Among Men*. In *Jean-Jacques Rousseau: The First and Second Discourses*. Edited by Roger Masters. New York: St. Martin's, 1964.

Rylc, Gilbert. "John Locke on the Human Understanding." In *Locke and Berkeley*. Edited by C. B. Martin and D. M. Armstrong. Garden City, N.Y.: Doubleday, 1968.

Salkever, Stephen. *Finding the Mean*. Princeton, N.J.: Princeton University Press, 1990.

———. "'Lopp'd and Bound': How Liberal Theory Obscured the Goods of Liberal Practices." In *Liberalism and the Good*. Edited by R. Bruce Douglass, Gerald R. Mora, and Henry S. Richardson. London: Routledge, 1990.

Sandel, Michael. *Liberalism and the Limits of Justice*. Cambridge, Mass.: Harvard University Press, 1982.

———. "The Procedural Republic and the Unencumbered Self." *Political Theory* 12 (1984): 81–96.

Sargentich, Thomas. "Locke and Ethical Theory: Two MS. Pieces." *Locke Newsletter* 5 (1974): 26–28.

Schaefer, David L. *The Political Philosophy of Montaigne*. Ithaca, N.Y.: Cornell University Press, 1990.

Schaub, Diana. *Erotic Liberalism*. Lanham, Md.: Rowman and Littlefield, 1996.

———. "Marriage envy." *The Public Interest* (Winter 1996): 93–102.

Schochet, Gordon. "Quentin Skinner's Method." *Political Theory* 2, no. 3 (1974): 261–76.

Schouls, Peter. *The Imposition of Method*. Oxford: Clarendon Press, 1980.

———. *Reasoned Freedom: John Locke and Enlightenment*. Ithaca, N.Y.: Cornell University Press, 1992.

Seliger, Martin. *The Liberal Politics of John Locke*. London: Allen and Unwin, 1968.

———. "Locke, Liberalism, and Nationalism." In *John Locke: Problems and Perspectives*. Edited by John Yolton. Cambridge: Cambridge University Press, 1969.

Shapiro, Barbara. *Probability and Certainty in Seventeenth-Century England*. Princeton, N.J.: Princeton University Press, 1983.

Shapiro, Ian. *The Evolution of Rights in Liberal Theory*. Cambridge: Cambridge University Press, 1986.

Sherlock, Richard, and Roger Barrus. "The Problem of Religion in Liberalism." *Interpretation* 20, no. 3 (Spring 1993): 285–307.

Shklar, Judith. *Ordinary Vices*. Cambridge, Mass.: Harvard University Press, 1984.

Simmons, A. John. *The Lockean Theory of Rights*. Princeton, N.J.: Princeton University Press, 1992.

——. "Locke's State of Nature." *Political Theory* 17 (1989): 449–70.

Singh, Raghuveer. "John Locke and the Theory of Natural Law." *Political Studies* 9 (1961): 105–18.

Skinner, Quentin. *The Foundations of Modern Political Thought*. Cambridge: Cambridge University Press, 1978.

——. "Hermaneutics and the Role of History" *New Literary History* 1 (1975–76): 209–32.

——. "Meaning and Understanding in the History of Ideas." *History and Theory* 8 (1969): 3–53.

——. "Motives, Intentions, and the Interpretation of Texts." *New Literary History* 3 (1972): 393–408.

——. "Some Problems in the Analysis of Political Thought and Action." *Political Theory* 2 (1974): 277–303.

Spellman, W. M. *John Locke and the Problem of Depravity*. Oxford: Clarendon Press, 1988.

Squadrito, Kathleen. *John Locke*. Boston: G. K. Hall, 1979.

——. "Locke's View of Essence and Its Relation to Racism." *Locke Newsletter* 6 (1975): 41–54.

Strauss, Leo. *The City and Man*. Chicago: University of Chicago Press, 1964.

——. *Natural Right and History*. Chicago: University of Chicago Press, 1953.

——. *What is Political Philosophy? and Other Essays*. Glencoe, Ill.: Free Press, 1959.

Tarcov, Nathan. *Locke's Education for Liberty*. Chicago: University of Chicago Press, 1984.

——. "Locke's Second Treatise and the 'Best Fence Against Rebellion.'" *Review of Politics* 43 (1981): 198–217.

——. "A Non-Lockean Locke and the Character of Liberalism." In *Liberalism Reconsidered*. Edited by Douglas Mac Lean and Claudia Mills. Totowa, N.J.: Rowman and Allenheld, 1983.

——. "Quentin Skinner's Method and Machiavelli's *Prince*." *Ethics* 92 (1982): 692–709.

Taylor, Charles. "Atomism." In *Communitarianism and Individualism*. Edited by Shlomo Avineri and Avner de-Shalit. New York: Oxford University Press, 1992.

Tipton, I. C., ed. *Locke on Human Understanding*. Oxford: Oxford University Press, 1977.

Tocqueville, Alexis de. *Democracy in America*. Edited by J. P. Mayer. Garden City, N.Y.: Doubleday, 1969.

Tuck, Richard. *Natural Rights Theories: Their Origin and Development*. Cambridge: Cambridge University Press, 1979.

Tully, James. *An Approach to Political Philosophy: Locke in Contexts*. Cambridge: Cambridge University Press, 1993.

———. *A Discourse on Property: John Locke and his Adversaries*. Cambridge: Cambridge University Press, 1980.

Vaughan, C. E. *Studies in the History of Political Philosophy Before and After Rousseau*. New York: Russell and Russell, 1925.

Vega, Garcilasso de la. *Royal Commentaries of the Incas, Part One*. Translated by Harold Livermore. Austin: University of Texas Press, 1966.

Voegelin, Eric. *Science, Politics, and Gnosticism*. Chicago: Henry Regnery, 1968.

Von Leyden, Wolfgang. "Editor's Introduction" to *John Locke: Essays on the Law of Nature*. Oxford: Clarendon Press, 1954.

———. *Seventeenth-Century Metaphysics*. London: Duckworth, 1968.

Waldron, Jeremy. "John Locke: Social Contract Versus Political Anthropology." *Review of Politics* 51, no. 3 (Winter 1989): 3–28.

Wallin, Jeffrey. "John Locke and the American Founding." *In Natural Right and Political Right*. Edited by Thomas Silver and Peter Schramm. (Durham, N.C.: Carolina Academic Press, 1984.

Walsh, Mary. "Locke and Feminism on Public and Private Realms of Activities." *Review of Politics* 57, no. 1 (Spring 1995): 251–77.

Weinberger, Jerry. "Editor's Introduction" to *New Atlantis and the Great Instauration*. Arlington Heights, Ill.: Harlan Davidson, 1989.

———. *Science, Faith, and Politics: Francis Bacon and the Utopian Roots of the Modern Age*. Ithaca, N.Y.: Cornell University Press, 1985.

White, Morton. *The Philosophy of the American Revolution*. New York: Oxford University Press, 1978.

Whitehead, A. N. *Science and the Modem World*. New York: MacMillan, 1925.

Whitehead, Barbara Dafoe. *The Divorce Culture*. New York: Alfred A Knopf 1997.

Wilson, James Q. "On Abortion." *Commentary* 97, no. 1 (January 1994): 21–29.

Wilson, Margaret. "Superadded Properties: The Limits of Mechanism in Locke." *American Philosophical Quarterly* 16 (1979): 143–50.

Wolfson, Adam. "Toleration and Relativism: The Locke-Proast Exchange." *Review of Politics* 59, no. 2 (Spring 1997): 213–31.

Wolin, Sheldon. *Politics and Vision*. Boston: Little, Brown, 1960.

Wood, Neal. *John Locke and Agrarian Capitalism*. Berkeley: University of California Press, 1984.

———. *The Politics of Locke's Philosophy*. Berkeley: University of California Press, 1983.

Wootton, David. "John Locke: Socinian or Natural Law Theorist?" In *Religion, Secularization, and Political Thought*. Edited by James E. Crimmins. London: Routledge, 1989.

Yolton, John, ed. *John Locke: Problems and Perspectives*. Cambridge: Cambridge University Press, 1969.

———. *Locke and the Compass of Human Understanding*. Cambridge: Cambridge University Press, 1970.

———. *Locke: An Introduction*. Oxford: Basil Blackwell, 1985.

———. "Locke on the Law of Nature." *Philosophical Review* 67 (1958): 477–98.

Zuckert, Michael. "Appropriation and Understanding in the History of Political Philosophy." *Interpretation* 13, no. 3 (1986): 403–24.

———. "Fools and Knaves: Reflections on Locke's Theory of Philosophic Discourse." *Review of Politics* 36, no. 4 (1974): 544–64.

———. "An Introduction to Locke's *First Treatise*." *Interpretation* 8 (1979): 58–74.

———. "Locke and the Problem of Civil Religion." In *The Moral Foundations of the American Republic*. Edited by Robert Horwitz. Charlottesville: University Press of Virginia, 1986.

———. *Natural Rights and the New Republicanism*. Princeton, N.J.: Princeton University Press, 1994.

———. "Self-Evident Truth and the Declaration of Independence." *Review of Politics* 49, no. 3 (1987): 319–39.

———. "Of Wary Physicians and Weary Readers: The Debates on Locke's Way of Writing." *Independent Journal of Philosophy* 2 (1978): 55–66.

索　引

(索引中的页码均为原书页码)

译 后 记

大约十年前，我在为博士论文收集资料时，发现了迈尔斯的这本书。翻阅之后发现，作者对洛克政治思想的分析相当独到，给我提供了不少启发，特别是他对洛克的自然状态概念的分析。因此，几年后，当好友黄涛邀我一起主编"不列颠古典法学丛编"时，我便提议将这本书纳入其中。希望能让更多的中国读者看到这项研究。

首先需要说明书名的翻译。本书的原书名是*Our Only Star and Compass: Locke and the Struggle for Political Rationality*。为便于中文读者理解，译者与迈尔斯、中文版出版社编辑商议后，将书名意译为《洛克与政治理性》。被省去的"Our Only Star and Compass"（"我们唯一的星辰和罗盘"）出自洛克《政府论·下篇》第58节对理性的形容；被省去的"Struggle for"是"努力争取"、"努力获得"的意思，读者在阅读本书时想必能领会到这层意思。

本书作者迈尔斯从芝加哥洛约拉大学（Loyola University Chicago）获得政治科学博士学位。他的博士论文《约翰·洛克论权利的自然性》（*John Locke on the Naturalness of Rights*）获美国政治科学协会1992年的最佳政治哲学博士论文"列奥·施特劳斯奖"。六年后，迈尔斯出版了《洛克与政治理性》。在洛克研究方面，继《洛克与政治理性》之后，迈尔斯还发表了几篇有关洛克的论文，例如2005年，他发表了对扎克特的《开创自由主义：论洛克式政治哲学》一书的长篇讨论；[①]2013年，发表《洛克主义者、改革派和解放派》[②]。除了政治思想史的研究，迈尔斯另一个学术兴趣是种族政治问题。他在2008年出版了《弗雷德里克·道格拉斯：种族与美国自由主义的重生》[③]一书。有兴趣的读者不妨找来看看。

本书最大的一个特点是，试图将洛克的哲学和政治学结合起来，或者说解读洛克政治思想的哲学基础。由于洛克的政治学经典《政府论两篇》出了名的"不哲学"，因此迈尔斯的研究重点不是被大量解读的《政府论两篇》本身，而是《人类理智论》和《教育片论》、《基督教的合理性》等非纯粹政治学著作。对于其他思想家来说，这样的研究也许并无特别之处，但是对于研究洛克而言，这项工作其实具有很大的挑战性。我们知道，拉斯莱特在为他编辑的《政府论两篇》所写的著名导言中区分了"作为哲学家的洛克与作为政治理论家的洛克"[④]。他尖锐地指出，"《政府论两篇》……不是《人类理智论》中的一般哲学向政治领域的扩展"。[⑤]换言之，即使研究者花费力气阅读洛克的《人类理智论》等著作，阐述洛克的政治哲学依然面临一个无法克服的困难，即洛克的哲学(还有神学等)似乎与他的政治学有所抵牾。

与此相关的另一个问题就是洛克思想的融贯性。身处时代

① On Michael Zuckert's Launching Liberalism, *Interpretation* 32 (3): 231—239 (2005).
② Peter C. Myers, Lockeans, Progressives, and Liberationists, *Society* 50 (5), 2013.
③ Peter C. Myers, *Frederick Douglass: Race and the Rebirth of American Liberalism*, University Press of Kansas (February 21, 2008).
④ 彼得·拉斯莱特，《洛克〈政府论〉导论》，冯克利译，生活·读书·新知三联书店2007年版，页102。
⑤ 同上，页106。

转型、思想变迁和激烈论战的特殊语境,洛克的大部分作品(包括
《政府论两篇》)都兼有理论和实践的双重性质、论证和修辞的双
重功能。如果要从哲学上分析洛克的政治理论,那就必须深究,
洛克的概念和论点是否严谨和融贯,洛克不同性质的作品之间是
否保持一致。有一些学者就认为,洛克的思想似乎在多个地方呈
现出一些不融贯,甚至是根本性的不融贯。在这个方面,迈尔斯
试图为洛克辩护。他认为,洛克提供了一个融贯的政治理性主义
学说。这是本书最核心的主张与最主要的贡献。就此而言,迈尔
斯的这项研究可谓雄心勃勃,试图克服上述这些困难,为洛克的
政治理论提供一个坚实而融贯的哲学基础。

　　另一方面,如剑桥学派一直强调的,洛克的政治理论的"语
境"恐怕对于全面理解洛克也是必不可少的要素和角度。这方
面的代表性研究包括塔利的《论财产权:约翰·洛克和他的对
手》①、邓恩的《约翰·洛克的政治思想:〈政府论两篇〉的论证的
历史解释》②以及阿什克拉夫特的《革命政治与洛克的〈政府论两
篇〉》③等等。迈尔斯在问题意识、方法论和研究意图上不同于这
类"语境"研究,他在书中与上述这些研究展开了不少交锋。总
的来说,迈尔斯更偏向施特劳斯学派,尽管在某些关键问题上并
不完全赞同施特劳斯等人的解读。读者朋友们也可以在这个层
面上阅读和考察本书。

---

① James Tully, *A Discourse on Property: John Locke and his Adversaries*(Cambridge: Cambridge University Press,1980). 中文译本参见詹姆斯·塔利:《论财产权:洛克和他的对手》,王涛译,商务印书馆,2014年。

② John Dunn, *The Political Thought of John Locke: An Historical Account of the Argument of the 'Two Treatises of Government'* (Cambridge. Cambridge University Press,1969). 中文译本即将由华东师范大学出版社出版。

③ Richard Ashcraft, *Revolutionary Politics and Locke's Two Treatises of Government* (Princeton, N. J.:Princeton University Press,1986 London: Allen and Unwin,1987).中文译本即将由华东师范大学出版社出版。

毫无疑问,洛克对于理解西方政治思想史来说至关重要,但是研究他的政治思想确实有点像是组装拼图或探寻迷宫,极为考验学者分析文本、复原语境、把握脉络等方面的能力。有些读者可能会觉得迈尔斯的某些解读有点勉强,他自己也坦然承认这点。在本书的某些地方,迈尔斯只能基于一定的猜想或不那么充分的推理来分析洛克的政治哲学。也许,洛克的政治哲学确实面临一些无法调和的困难或者说所谓的"缺陷"。不过我们需要注意,他的理论能够在实际政治生活中取得成功并产生巨大的历史影响力并不意味着他提出了一种完美无缺、天衣无缝的理论。但是,既然洛克的政治著作不仅仅是普通的政论小册子,他的政治思想具有推进人类思想演变的能力,那么迈尔斯这样的努力就是值得鼓励的。

目前,牛津大学出版社1956年启动的37卷本"克拉伦登版约翰·洛克作品集"(Clarendon Edition of the Works of John Locke)还在陆续出版中。最近一本是2019年3月出版的《约翰·洛克:文学与历史著作》[①]。接下来还包括《约翰·洛克:〈人类理智论〉草稿》、《约翰·洛克:论奇迹以及其他神学作品》、《约翰·洛克:论自然哲学和医学的作品》、《约翰·洛克:论教会的性质》、《约翰·洛克:三卷本日记》等等。[②]随着洛克作品集的陆续出

---

① John Locke: Literary and Historical Writings, edited by J. R. Milton, Oxford University Press (March 17, 2019).

② Drafts for the Essay Concerning Human Understanding, vol. 2, eds. G. A. J. Rogers and J. R. Milton; A Discourse of Miracles and other Theological Writings, ed. Victor Nuovo; Writings on Natural Philosophy and Medicine, eds. Peter Anstey and Lawrence Principe; The Nature of Churches, ed. Timothy Stanton; The Journals, 3 vols., ed. Henry Schankula。除此之外还有: The Conduct of the Understanding and Other Philosophical Writings, 1690—1704, *eds. Paul Schuurman and Jonathan Craig Walmsley; The Correspondence, vol. 9, Supplement, ed. Mark Goldie; The Correspondence, vol. 10, Index, ed. M. A. Stewart; Colonial Writings, ed. David Armitage; Disputations on the Law of Nature, eds. Hannah Dawson　(转下页)

版,学界的洛克研究必然会进一步加深和完善,相关的争论肯定也会延续。晚近十几年,国内学界越来越重视西方现代早期思想史的研究。我们也期待,中国学者将来在这个领域产出高质量的研究。

本书由我和刘敏共同翻译,我们的合作方式较为复杂。总的来说,一人承担一半的翻译工作,最后由我通校全书。我们都对洛克的思想颇感兴趣,各自都对洛克做过一些粗浅的研究。翻译这本书是我们向中国读者介绍国外洛克研究成果的共同心愿。

感谢迈尔斯通过邮件向译者的一些翻译问题作出耐心的解释。还要感谢一些朋友,华东政法大学公共管理学院的徐震宇、华东政法大学马克思主义学院的王江涛、复旦大学法学院的杨晓畅,他们分别对书中涉及的基督教神学术语、古典政治哲学术语、当代政治理论术语的译法给出建议。当然,同样需要感谢华东师范大学出版社的倪为国先生和彭文曼女士,在他们的大力支持下,这本书以及整个"欧诺弥亚译丛"才得以面世。

王涛

松江,2019年12月

(接上页注②)and Richard Ellis; Two Tracts on Government, eds. Jacqueline Rose and Peter Maxwell-Stuart; Letters Concerning Toleration, 2 vols., ed. Teresa Bejan; Translations of Pierre Nicole's Essais de Morale, ed. Delphine Soulard; Two Treatises of Government [no current editor]; Replies to Edward Stillingfleet [no current editor].

图书在版编目(CIP)数据

洛克与政治理性/(美)彼得·C.迈尔斯著;刘敏,
王涛译. --上海:华东师范大学出版社,2020
ISBN 978-7-5760-0216-4

I.①洛… II.①彼… ②刘… ③王… III.①洛克
(Locke, John 1632–1704)—政治哲学—研究 IV.
①B561.24

中国版本图书馆CIP数据核字(2020)第047110号

华东师范大学出版社六点分社

企划人　倪为国

洛克与政治理性

著　　者	[美]彼得·C.迈尔斯
译　　者	刘　敏　王　涛
责任编辑	彭文曼
责任校对	王寅军
封面设计	刘怡霖

出版发行　华东师范大学出版社
社　　址　上海市中山北路3663号　　邮编　200062
网　　址　www.ecnupress.com.cn
电　　话　021-60821666　　　　行政传真　021-62572105
客服电话　021-62865537　　　　门市(邮购)电话　021-62869887
地　　址　上海市中山北路3663号华东师范大学校内先锋路口
网　　店　http://hdsdcbs.tmall.com

印　刷　者　上海盛隆印务有限公司
开　　本　890×1240　1/32
印　　张　11.5
字　　数　275千字
版　　次　2020年9月第1版
印　　次　2020年9月第1次
书　　号　ISBN 978-7-5760-0216-4
定　　价　68.00元

出　版　人　王　焰

(如发现本版图书有印订质量问题,请寄回本社客服中心调换或电话021-62865537联系)